TOEIC® L&R TEST
〔Part 7 長文読解〕完全攻略
正解が見えてくる
キム・デギュン メソッド

キム・デギュン 著

IBCパブリッシング

装　　幀　　斉藤　啓（ブッダプロダクションズ）
日本語翻訳　　鄭　美羅、松浦 悦子
編集協力　　久松 紀子

まえがき

『TOEIC® L&R TEST〔Part 7 長文読解〕完全攻略』を日本の読者のために自信を持って出版します。著者はTOEICテストを約360回受験し、満点を記録してきた世界最多の受験者であり、満点記録を保有している講師です。過去の記録も大事ですが、新TOEICに変わってからも欠かさずTOEICテストを受けてきました。韓国ではTOEICテストが1年間24回行われるので、これもかなりきつくて大変な作業になります。しかし、新TOEICは著者が自ら受験しながら徹底的に分析しないとよい本は書けないので、この過程を怠けることはできません。本書を日本の読者に合わせて構成し、韓国版と同時期に出版することになり、大変うれしく思っています。

著者は日本を約50回訪問しています。日本の職人精神と素直な国民性を尊敬しています。日本の読者と先生との交流が本書を書くのにすごく役に立ちました。本書がより活発な日韓交流に少しでも役立つことを願っています。

最近、韓国の受験生の大半はPart 7を解く時間が足りなくて悩んでいます。それで、本書は時間を意識して、基本的な解法テクニックを整理する独特なアイデアで構成しました。本書が出るまで、天才的な構成とアイデアを整理してくれたMy best friendには大変助けられました。最高のコンテンツと最高の構成になるように最善を尽くした教材なので、信じて勉強していただきたく思います。

実際の試験に近い問題で時間配分を練習し、最新の同意語リストを整理すれば、よい結果が出ることでしょう。本書の同意語を整理するために10年以上努力してきました。読解同意語を最近出題されたものまで、全てを入れることができました。

本書に出る読解の内容と問題は実際の試験に近いもので、TOEICを準備する読者が30日以内に最も効率的にTOEIC Part 7を勉強できるように構成しました。また、なるべく簡単で明確な解法テクニックとともに、実際に問題を解いてみて正確な時・分・秒を計測して整理することで、時間内に問題を解く自信と実力を備えるように構成しました。一度読んで、もし理解できなかったら、またくり返して勉強するようにしてください。心配しないでくり返して教材を読んでみると、より速く読める実力がつき、TOEICテストに自信を持つようになるはずです。

本書の出版まで力を貸してくれた社長の浦晋亮さんと編集の杉山博英さんに感謝申し上げます。本書の出版まで大きなインスピレーションと力をくれた神様と日本の読者に感謝申し上げます。

また、本書の出版を手伝ってくれたキム・ザホンさん、キム・スホンさん、キム・ジヨンさんに感謝申し上げます。

キム・デギュン

目次

＊TMIとは、“Too Much Information”の略で、「どうでもいい情報」を意味する造語。

DAY 1

テクニック

01 テーマ、目的、対象を問う問題の正解は本文の最初の段落にある。

TOEIC Part 7の大半の本文には「テーマ、目的、誰のための文章」なのかを問う質問が登場する。「テーマ、目的、誰のための文章」に関する質問も答えは90%以上本文の最初の段落にある。

1. タイトルと最初の段落の最初の文章を読んで、必要であれば、最初の段落を全部読む。
2. 2番目の段落と3番目の段落の最初の文章を読む。
3. 最初の段落と残りの段落の最初の文章を要約して、テーマを整理する。

■ キム・デギュンのTMI

テーマを問う問題より、この文章がなぜ書かれたか、その目的を問う文章がより多く出題される！(電子メール/手紙/告知など)

問題と選択肢を読む	26秒	
本文に目を通す	20秒	全74秒！
核心語を読む	20秒	(1分14秒)
正解を選ぶ	8秒	

Questions 001-002 refer to the following notice. 難易度：下

◀文章の種類を把握

There is something new at
Everett Menswear
to improve your shopping experience even further!

◀タイトルは必ず注意して見る！

In response to customer request, we have decided to extend our opening hours. Effective February 1st, all four of our branches will be open for business from 9:00 A.M. through to 11:00 P.M. Monday to Friday and from 11:00 A.M. to 6:00 P.M. on Saturday and Sunday.

◀最初の段落の最初の文章をちゃんと読む！

Additionally, to reduce waiting in line at checkouts, we will be offering several automated checkouts where customers can scan and pay for their purchases without the assistance of a clerk.

◀2番目の段落の最初の文章をちゃんと読む！

See you in store!
- Everett Menswear

001. Who is the notice written for? 問題を読む 3秒 正解を選ぶ 3秒

(A) Consumers
(B) Store clerks
(C) Company management
(D) New designers

002. What is stated about Everett Menswear? 問題を読む 3秒 正解を選ぶ 5秒

(A) They are closed on Sundays. 選択肢を読む 5秒
(B) They sell school uniforms. 選択肢を読む 5秒
(C) They used to operate automated checkouts. 選択肢を読む 5秒
(D) They will lengthen their business hours. 選択肢を読む 5秒

● テーマ、目的、対象を問う質問

What is the purpose of the e-mail?	このEメールの目的は何ですか。
Why did A send the e-mail to B?	AがBにEメールを送信したのはなぜですか。
Why was the memo sent?	このメモは何のために送信されましたか。
What is being advertised?	何が宣伝されていますか。
For whom is the e-mail intended?	このEメールの対象は誰ですか。
Who is the notice written for?	これは誰に向けて書かれたお知らせですか。
Why was the memo written?	このメモは何のために書かれましたか。
Why was the letter written?	この手紙は何のために書かれましたか。
What is the article about?	これは何に関する記事ですか。
What does the e-mail announce?	このEメールは何を発表していますか。
For whom was the notice written?	このお知らせは誰に向けて書かれていますか。

キム・デギュンが実際に試験場で問題を解く順番と方法

(解答と解説▶p.332)

Step 1 問題と選択肢を読む 26秒

1. **001**は、文章を読む対象を探す問題である。
2. **002**は、詳細情報の確認問題。問題の核心語はEverett Menswearである。選択肢の核心語は(A)closed on Sundays (B)school uniforms (C)used to operate ~ (D)lengthen their business hoursである。
3. 問題を解く順番を決める。
   002(詳細問題)➡ **001**(目的/テーマ/文章を読む対象)の順序でアプローチする。

Step 2 本文に目を通す 20秒

1. 文章の紹介を見る。告知(notice)だとわかる。
2. 最初の3行を読む。Everett Menswearにショッピングをよりよくする何か新しいものがあるという事実を把握する。
3. 最初の段落の最初の文章で、営業時間が延長されていることを把握する。
4. 2番目の段落の最初の文章で、チェックアウトの待機時間を減らすために、自動チェックアウトが提供される予定であることを把握する。

Step 3 問題を解く 核心語を読む 20秒・正解を選ぶ 8秒

1. **002**を解く。
   詳細情報の問題をうまく解く方法は、核心語が本文のどの段落にあるのかを素早くチェックしながら読むことである。最初の段落をざっと読んだ内容にもとづいて、正解が(D)であることがわかる。
2. **001**を解く。
   ざっと読んだ内容を総合すると、正解が(A)であることがわかる。

テクニック

02 文章のテーマを把握する問題で、最初の部分に答えがない場合は、反転となる接続詞や副詞をちゃんと確認しよう。

最近は、テーマを把握する問題で最初の部分に答えがない場合がよくある。この場合、淀みなくざっと読んで、中間部の接続詞(or, but)、または副詞(however, therefore, in additionなど)を探して確認しよう！

1. タイトルと最初の段落の最初の文章を読んで、必要であれば、最初の段落を全部読む。
2. 2番目の段落と3番目の段落の最初の文章を読む。
3. 最初の段落でテーマをつかみにくい時は、目立つ副詞(however, therefore, in additionなど)を探して、最終的に伝えたいことが何かを確認しよう！

問題と選択肢を読む 26秒
本文に目を通す 25秒 全106秒！
核心語を読む 35秒 (1分46秒)
正解を選ぶ 20秒

Questions 003–004 refer to the following memo. 難易度：中

◀文章の種類を把握 - メモ

> **Remington Interiors**
>
> From: Terry Balmer, CEO
> To: All staff
> Date: 12 October
> Re: Malaysian Interior Design Expo
>
> I am excited to announce that Remington Interiors has been cordially asked to attend the fourth annual Malaysian Interior Design Expo (MIDE) which will be held at the Forsythe Conference Centre in Kuala Lumpur from November 16 to 22. This event is a wonderful opportunity for us to develop an international presence beyond our home market of Australia.
>
> To aid our participation in this year's MIDE, our management team has drawn up a basic plan. However, before we go any further, we would like to ask the staff for feedback and suggestions. That is why a presentation will be given in room 205 on Friday, 18 October, at 11:00 AM. All employees are asked to attend.

◀タイトル
◀送信者
◀受信者
◀日付
◀タイトルからテーマを把握しよう
◀最初の文章を通じて背景を説明
◀最初の文章を通じて話題を転換
◀副詞(Howeverを通じてテーマを転換)

003. What is the purpose of the memo? 問題を読む 3秒 正解を選ぶ 10秒

(A) To postpone that date of a product launch
(B) To invite workers to a charity dinner
(C) To announce the results of an office survey
(D) To ask employees to attend a special talk

004. What is the suggested about Remington Interiors? 問題を読む 3秒 正解を選ぶ 10秒

(A) It is an Australian company. 選択肢を読む 5秒
(B) It has been in business for four years. 選択肢を読む 5秒
(C) It attends the MIDE every year. 選択肢を読む 5秒
(D) It has staff meetings every Friday. 選択肢を読む 5秒

キム・デギュンが実際に試験場で問題を解く順番と方法

(解答と解説▶p.333)

Step 1 問題と選択肢を読む 26秒

1. **003**は文章の目的を問う問題である。
2. **004**は推論問題である。問題の核心語はRemington Interiorsである。選択肢の核心語は(A)オーストラリアの会社 (B)4年の業歴 (C)MIDE毎年参加 (D)毎週金曜日の会議である。
3. 問題を解く順番を決める。
   004(推論問題)➡ **003**(目的/テーマ/文章を読む対象)の順序でアプローチする。

Step 2 本文に目を通す 25秒

1. 文章の紹介を見る。メモ(memo)である。
2. タイトルを読む。Remington Interiorsに関する文章であることを把握する。
3. 最初の4行でCEOのTerry Balmerが会社の従業員を対象に10月12日にマレーシアのインテリア・デザイン・エキスポに関して作成したメモであることを把握する。
4. 最初の段落の最初の文章を読む。Remington Interiorsが第4回マレーシアのインテリア・デザイン・エキスポ(MIDE)に参加するように招待されたことを把握できる。
5. 2番目の段落の最初の文章を読む。会社がMIDEに参加するための計画を立てることを把握する。しかし、すぐ次の文章にHoweverという副詞が見える。したがって、Howeverまでは必ず読む。
6. Howeverの次の文章で、会社が従業員にフィードバックと提案を求めていることを把握する。

Step 3 **問題を解く** 核心語を読む 35秒・**正解を選ぶ** 20秒

1. **004**を解く。
   選択肢(A)のオーストラリアに関する核心語を探してみると、最初の段落の最後で国内マーケットをオーストラリアと言っているので、会社がオーストラリアの会社であることを把握できる。したがって、正解は(A)である。
2. **003**の問題を解く。
   目を通した部分で把握したHowever以降の内容に注目すると、CEOが従業員にフィードバックと提案を求めている。また、その次の文章の内容を総合すると、正解が(D)であることがわかる。

● 読解同意語の練習問題

(解答と解説▶p.333)

文章の下線部の単語と最も近い意味を表す単語を選びなさい。

1. Many sons and daughters assume that their mothers are invulnerable.

(A) suppose (B) take (C) assure (D) access

2. We can't afford to fall behind our competitors.

(A) at the rear of (B) later than (C) following in rank (D) back

3. Can you spare me a few minutes?

(A) give (B) extra (C) not being used (D) spend

実践シミュレーション

問題と選択肢を読む	31秒	
本文に目を通す	20秒	全111秒！
核心語を読む	30秒	(1分51秒)
正解を選ぶ	30秒	

Questions 001-003 refer to the following e-mail. 難易度：中

To:	Sales team
From:	Henry Yammer
Subject:	Great news
Date:	September 16

Dear Sales Team,

As a result of the recent domestic promotion for Manup's latest range of vehicles, we have witnessed an unbelievable number of interested customers visiting our dealerships and a huge boost in sales. Not only that, but recent market research from the International Transport Association shows that Manup is now considered one of the most original brands in the country!

As we prepare for the final quarter of the year, we must continue to build on this success. Our promotion to reward customers who buy our new electric vehicle by paying their home electricity bill for a year was a huge hit, but we need to follow it up with another original campaign. Therefore, there will be a brainstorming session on September 22 from 10 A.M. to 3 P.M. in the McCormick conference room. Dave Rennie will take us through some exercises to assist us think up some attention-grabbing deals. Lunch is being provided by The Journeyman Café. If you already have some ideas, please contact me on extension 896.

Henry Yammer
Director of Sales

001. What is the purpose of the e-mail? 問題を読む 3秒 正解を選ぶ 10秒

(A) To explain the company's latest sales strategy
(B) To publicize the building of a new dealership
(C) To ask staff to attend a special meeting
(D) To request feedback on a vehicle's performance

002. According to the e-mail, why were the Manup advertisements considered a success? 問題を読む 5秒 正解を選ぶ 10秒

(A) They caused foreign consumers to become aware of the brand. 選択肢を読む 5秒
(B) They significantly lifted the number of vehicles being sold. 選択肢を読む 5秒
(C) They won an award from an international advertising organization. 選択肢を読む 5秒
(D) They were done on an extremely low budget using social media. 選択肢を読む 5秒

003. What is the sales division being asked to do? 問題を読む 3秒 正解を選ぶ 10秒

(A) Think of more innovative ideas
(B) Postpone an upcoming workshop
(C) Analyze recent consumer trends
(D) Estimate a quarterly budget

キム・デギュンが実際に試験場で問題を解く順番と方法

(解答と解説▶p.334)

Step 1 問題と選択肢を読む 31秒

1. **001**は文章の目的を問う問題である。
2. **002**の問題は文章の詳細情報を確認する問題である。質問の核心語はwhyとconsidered a successである。選択肢の核心語は(A)aware of the brand (B)lifted the number of (C) won an award (D)low budget using social mediaである。
3. **003**の問題は文章の詳細情報を確認する問題である。質問の核心語は'sales division' である。
4. 問題を解く順番を決める。
002(詳細問題) ➡ **003**(詳細問題) ➡ **001**(テーマ/目的/文章を読む対象)の順序でアプローチする。

Step 2 本文に目を通す 20秒

1. 文章の紹介を読む。電子メール(e-mail)である。
2. 最初の4行を通じて、Henry Yammerが営業チーム(Sales team)に送った、何かのよいお知らせであることを把握できる。
3. 最初の段落の最初の文章で、プロモーションによって営業実績が大きく上昇したことを把握できる。

4. 2番目の段落の最初の文章を通じて、これからもこのような実績を続けていかなければならないという内容が出ると類推できる。
5. 2番目の段落の中間部にある副詞のTherefore部分は読んでみる。この内容を最初の文章と繋げて考えてみると、実績上昇を続けていくために、ブレインストーミング・セッションを該当する期間に開催するという計画を把握できる。

Step 3 問題を解く 核心語を読む 30秒・正解を選ぶ 30秒

1. **002**を解く。最初の段落の最初の文章を通じて、正解が(B)であることがわかる。
2. **003**の問題を解く。文章を読む対象が要請/勧告/提案を受けた内容に対する正解の根拠は、本文の後半にある場合が多い(**テクニック05**参考)。後半を読んでみると、新しいアイデアを出す会議が開催される予定なので、正解は(A)である。
3. **001**の問題を解く。前の二つの問題を解きながら、情報をまとめてみると、目的が(C)であることがわかる。

DAY 2

テクニック

03 名前からちゃんと読もう！　詳細情報の問題で名前がわからないと迷ってしまう。

- 名前からちゃんと読もう！ 時間が足りないと、タイトルや最初に登場する名前を見逃す受験生が多い。
- 名前だけちゃんと読んでも、名前に関する詳細情報の問題を簡単に解くことができる！ 特に、手紙や電子メールの場合、送信者と受信者を把握して、最初と最後を見て誰が受信者で、誰が送信者なのかを正しく理解すると意外と簡単に答えられる！

1. 問題の核心語に名前が登場しているのか把握する。
2. 文章の前半と後半を読みながら、人の名前が出ると、名前に○をつけよう！
3. 問題を解く時、該当する部分を中心に読む。

問題と選択肢を読む	14秒	全59秒！
本文に目を通す	15秒	(59秒)
核心語を読む	20秒	
正解を選ぶ	10秒	

Questions 005-006 refer to the following receipt. 難易度：下　◀文章の種類を把握

Receipt of Apartment Rent　◀タイトルを必ずチェックする

Date: 29 October
Received from: Kimberly Wade　◀最初の名前を覚えよう。支払いする人
The sum of $ 600.

For rent at:　◀賃貸物件
Street 551 Jupiter Way　Suite/Apt. 12D
City Freemantle
Zip WA 6258
Period of time paid for 1 / November to 30 / November　◀期間
The next monthly payment is before 6 December

Paid by:　◀支払い方法
Cash ✓
Check ______ Check #______
Money order ______
Credit/Debit Card ______

Rent money received by Nathaniel Johnson　◀受領者の名前
Signature of recipient *Nathaniel Johnson*

DAY 02

005. Who most likely is Mr. Johnson? 問題を読む 3秒 正解を選ぶ 5秒

(A) A tour guide 選択肢を読む 2秒

(B) A shop keeper 選択肢を読む 2秒

(C) A property manager 選択肢を読む 2秒

(D) A bank clerk 選択肢を読む 2秒

006. When was the money received? 問題を読む 3秒 正解を選ぶ 5秒

(A) On October 29

(B) On November 1

(C) On November 30

(D) On December 6

キム・デギュンが実際に試験場で問題を解く順番と方法

(解答と解説▶p.335)

Step 1 問題と選択肢を読む 14秒

1. **005**は推論問題である。質問の核心語はMr. Johnsonである。
2. **006**は詳細情報の確認問題である。質問の核心語はWhenとmoneyである。
3. 問題を解く順番を決める。
   006(詳細問題) ➡ **005**(推論問題)の順序でアプローチする。

Step 2 本文に目を通す 15秒

1. 文章の紹介を読む。領収書(receipt)である。
2. タイトルでこの領収書がアパートのレンタル領収書であることがわかる。
3. 項目を中心に提示されている情報のカテゴリーを把握する。Date, Received from, For rent at, Period of time, Paid by, Rent money received byなど必要な情報の位置を把握する。
4. 人の名前の中で、質問に出るJohnsonが最後に登場することを把握する。

Step 3 問題を解く 核心語を読む 20秒・正解を選ぶ 10秒

1. **006**を解く。目を通した部分で把握したDate項目を中心に読む。正解が(A)であることがわかる。
2. **005**を解く。Johnsonの名前が最後にあったので、該当する部分を集中して読んでみると、お金を受け取る人であることがわかる。したがって、正解は(C)になる。

テクニック

04 文章の最初に提示された日付/期間/時間をちゃんと読もう！ 詳細情報を問う問題の正解の根拠がそこにある。

TOEIC Part 7の大半の選択肢には詳細情報を問う質問が出る。日付や時間、期間などが出ると、詳細情報を問う問題の正解になる。可能性が高いので、とりあえず○をつけよう！

1. 問題の核心語に日付/期間/時間が出るか把握する。
2. タイトルから目を通して、日付/期間/時間が見えたら○をつけておく！

問題と選択肢を読む	31秒	
本文に目を通す	20秒	全96秒！
核心語を読む	35秒	(1分36秒)
正解を選ぶ	30秒	

Questions 007-009 refer to the following form. 難易度：中

◀文章の種類を把握

Wells & Rover Business Supplies
Quarterly Employee Assessment

◀タイトル

Employee Name: Marcus Stevens
Title: Junior Sales Associate
Department: Sales

Supervisor's Name: Jim Barnes
Title: Senior Sales Manager
Length of time you have supervised the employee: Years: 1 Months: 2

◀評価対象及び評価担当者

◀期間が出たので○をつける。

◀評価表

	Exceptional	Very Good	Average	Needs Improvement
Product knowledge	X			
Communications skills		X		
Ability to meet quota			X	

Supervisor's Comments: Mr. Stevens has obtained an excellent understanding of our new product line in a very short time. He has managed his time efficiently and has been enthusiastic during team meetings. Despite his great communication skills, Mr. Stevens was unable to meet his monthly sales quota last month. I advise senior management to enroll Mr. Stevens in our yearly sales workshop so that he may gain some useful tips on maintaining relationships with clients. Mr. Stevens is a valued member of our team and has a bright future at the company.

◀監督官の評価

Employee Signature: Marcus Stevens
Supervisor: Jim Barnes　Signature: Jim Barnes
Reviewer: Cora Sanders　Signature: Cora Sanders

◀署名欄

007. What is the purpose of the form? 問題を読む 3秒 正解を選ぶ 15秒

(A) To suggest a list of company courses
(B) To evaluate a worker's employment performance
(C) To recommend a worker for a raise
(D) To reject an application for funding

008. What is indicated about Mr. Stevens? 問題を読む 3秒 正解を選ぶ 10秒

(A) He has worked at the company for over a year. 選択肢を読む 5秒
(B) He exhibits exceptional organizational skills. 選択肢を読む 5秒
(C) He has taken a course on sales techniques. 選択肢を読む 5秒
(D) He lacks enthusiasm during company meetings. 選択肢を読む 5秒

009. What skill does Mr. Stevens need to improve the most?
問題を読む 5秒 正解を選ぶ 5秒

(A) Knowledge of merchandise
(B) Time management
(C) Public speaking
(D) Customer satisfaction

キム・デギュンが実際に試験場で問題を解く順番と方法

(解答と解説▶p.336)

Step 1 問題と選択肢を読む 31秒

1. **007**は文章の目的を問う問題である。
2. **008**は推論問題である。問題の核心語は、人物Mr. Stevensで、選択肢の核心語は(A)work for over a year (B)exceptional organizational skills (C)a course on sales techniques (D)lacks enthusiasmである。
3. **009**の問題は文章の詳細情報を確認する問題である。問題の核心語はwhat skillとneed to improveである。
4 問題を解く順番を決める。
009(詳細問題) ➡ **008**(推論問題) ➡ **007**(テーマ/目的/文章を読む対象)の順序でアプローチする。

Step 2 本文に目を通す 20秒

1. 文章の紹介を読む。フォーム(form)である。
2. 文章のタイトル及び小見出しを見て、四半期の従業員評価に関するフォームであることがわかる。
3. 表の項目を見る。Name, Title, Department, Supervisor, Title, Length of time~などの情報を把握する。特に、従業員の名前がStevensであることを把握する。

4. 項目及び下のコメントの最初の文章を読む。この部分ではSupervisorがStevensの長所について述べることを把握する。
5. 最後の部分を読む。SupervisorとReviewerの名前が再登場することを把握する。

Step 3 問題を解く 核心語を読む 35秒・正解を選ぶ 30秒

1. **009**を解く。
詳細情報の確認問題をうまく解く方法は、見つけた核心語が本文のどの段落にあるかを早く把握することである。コメント部分を読む。I advise～など自分の意見が提示されている部分を通じて、正解が顧客との関係維持、つまり(D)顧客満足に関するテクニックが必要であることがわかる。
2. **008**を解く。
目を通した部分で把握したことを順番で見る。文章の前半の項目に、この評価シートを作成したsupervisorがStevensを1年以上監督してきたことを把握できる。正解は(A)である。文章の前半に出る日付/期間/時間は、いつも正解になりうることを覚えておこう。
3. **007**を解く。
本文の小見出しを通じて、正解が(B)であることがわかる。

● 読解同意語の練習問題

(解答と解説▶p.337)

文章の下線部の単語と最も近い意味を表す単語を選びなさい。

1. A <u>courtesy</u> bus operates between the hotel and the town center.

(A) behavior (B) action (C) polite (D) free

2. Life is a <u>natural</u> cycle, just like the changing seasons.

(A) wildlife (B) plants (C) logical (D) animals

3. I'd like to <u>reserve</u> a table for three for seven o'clock.

(A) silent (B) arrange to use (C) prevent (D) to not allow people

実践シミュレーション

問題と選択肢を読む	8秒	
本文に目を通す	15秒	全53秒!
核心語を読む	20秒	(53秒)
正解を選ぶ	10秒	

Questions 004-005 refer to the following text message. 難易度：下

TO: Julia Park
FROM: Gina Thomas

I unexpectedly got stuck in a meeting this morning. Instead of picking you up at your office, I'll send a taxi for you. I'll meet you at the Hanfield Conference Center at 3 P.M. I have your slides and I'll make sure the audio video equipment is ready for your speech. I'll get some coffee on the way as well.

004. Why was the message sent? 問題を読む 3秒 正解を選ぶ 5秒

(A) To provide directions to a conference center
(B) To inform of a change in plans
(C) To request a car service
(D) To cancel a presentation

005. According to the text message, what will Ms. Thomas do at the Hanfield Conference Center? 問題を読む 5秒 正解を選ぶ 5秒

(A) Prepare some equipment
(B) Join a meeting
(C) Participate in a training seminar
(D) Make some beverages

キム・デギュンが実際に試験場で問題を解く順番と方法

(解答と解説▶p.337)

Step 1 問題と選択肢を読む 8秒

1. **004**は文章の目的を問う問題である。
2. **005**の問題は文章の詳細情報を確認する問題である。問題の核心語はHanfield Conference Centerである。選択肢が短いので、詳細情報を問う問題だが、選択肢を読まない。
3. 問題を解く順番を決める。
   005(詳細問題) ➡ **004**(テーマ/目的/文章を読む対象)の順序でアプローチする。

Step 2 本文に目を通す 15秒

1. 文章の紹介を読む。テキストメッセージ(text message)である。
2. 最初の2行で、Gina ThomasがJulia Parkに送ったメッセージであることを把握する。
3. 最初の文章で、今朝予想していなかった会議に参加して問題が起きた状況であることを把握する。

Step 3 問題を解く 核心語を読む 20秒・正解を選ぶ 10秒

1. **005**を解く。
   質問の核心語であるthe Hanfield Conference Centerが本文に登場した部分を中心に前後の文章を読む。I have your slides and I'll make sure the audio video equipment is ready for your speechを通じて、正解が(A)であることがわかる。
2. **004**を解く。
   最初の文章で、予想していなかった問題が起きたことがわかる。また、次の文章で計画が変更されたことを知らせている。したがって、正解は(B)である。

DAY 3

テクニック 05 要請事項/勧告事項/提案に関する質問の答えは、本文の「中・後半」に出る！

TOEICによく出る「誰かに何かをするように要請、または勧告する」質問の正解は、主に本文の中・後半に出る。

1. 問題に要請事項/勧告事項/提案に関する質問があるかを確認する。
2. 該当する問題の根拠は、本文の最後の段落を中心に根拠を探す。

■ キム・デギュンのTMI

- 要請/提案の問題は望む人と、受ける人を混乱しないように表示するのが重要！
- 要請/提案の問題は命令文をちゃんと見てみよう！ 特にpleaseの後！

問題と選択肢を読む	51秒	
本文に目を通す	20秒	全136秒！
核心語を読む	35秒	(2分16秒)
正解を選ぶ	30秒	

Questions 010-012 refer to the following letter. 難易度：中

◀文章の種類を把握

Auckland University Hospital

Auckland University Hospital
22 Princess Street
Auckland 1010

◀送信者

3 May

Kathy Thessen
134 Northcote Road
North Shore, Auckland

◀受信者

Dear Ms. Thessen,

We appreciate your interest in the junior pediatric doctor's position at Auckland University Hospital. Your panel interview will begin at 9:00 AM on Thursday, 17 May. Please note that the interview will be held in room 107 of the Holden Building next to the hospital. As soon as you arrive, please give your name to the secretary. For your information, your interview panel will be comprised of Gareth Rogers, head of pediatric department, Stanley Strauss, Attending Physician and Joy Connor, Chief Resident.

◀最初の文章を通じて目的を把握

As I mentioned over the phone, car parking at the hospital is available but often very congested. If you intend to drive, to avoid being late, we recommend you secure street parking. However, I personally advocate catching the bus as the Alfred Street bus stop is directly opposite the Holden Building. Please don't hesitate to call me if you would any more information about getting to the interview.

◀最初の文章を通じて話題を転換

◀反転の副詞を通じて個人的な勧告/提案事項が登場

Yours sincerely,
Daniel Fromont,
Medical Director

010. What is indicated about Ms. Thessen? 問題を読む 3秒 正解を選ぶ 10秒

(A) She has previously studied at Auckland University. 選択肢を読む 5秒
(B) She will encounter Mr. Fromont at the Holden Building. 選択肢を読む 5秒
(C) She has communicated with Mr. Fromont by telephone. 選択肢を読む 5秒
(D) She is seeking a secretarial position at a hospital. 選択肢を読む 5秒

DAY 03

011. What is stated about Mr. Strauss? 問題を読む 3秒 正解を選ぶ 10秒

(A) He is on the Auckland University Hospital board of directors. 選択肢を読む 5秒
(B) He will take part in Ms. Thessen's interview. 選択肢を読む 5秒
(C) He has recently graduated medical school. 選択肢を読む 5秒
(D) He arranged the venue for Ms. Thessen's interview. 選択肢を読む 5秒

012. What recommendation does Mr. Fromont make to Ms. Thessen?
問題を読む 5秒 正解を選ぶ 10秒

(A) Utilize public transportation
(B) Park her car in the hospital parking basement
(C) Bring referees' contact details
(D) Confirm her attendance by email

キム・デギュンが実際に試験場で問題を解く順番と方法

(解答と解説▶p.338)

Step 1 問題と選択肢を読む 51秒

1. **010**は推論問題である。問題の核心語はMs. Thessenである。選択肢の核心語は(A) previously studied at Auckland University (B)encounter Mr. Fromont at the Holden Building (C)communicated with Mr. Fromont by telephone (D)secretarial position at hospitalである。
2. **011**の問題は文章の詳細情報を確認する問題である。質問の核心語はMr. Straussである。選択肢を見てみると、(A)on the Auckland University Hospital board of directors (B) Ms. Thessen's interview (C)graduated medical school (D)arranged venue for the interviewである。
3. **012**の問題は文章の詳細情報を確認する問題である。質問の核心語はMs. Thessenがするように勧告(recommendation)を受けたことである。
4. 問題を解く順番を決める。
011(詳細問題) ➡ **012**(詳細問題 - 勧告/要請) ➡ **010**(推論問題)の順序でアプローチする。

Step 2 本文に目を通す 20秒

1. 文章の紹介を読む。手紙(letter)である。
2. 最初の7行で、Auckland University HospitalがKathy Thessenに書いた手紙であることを把握する。
3. 最初の段落の最初の文章を通じて、求人に関する手紙であることを把握する。
4. 2番目の段落の最初の文章を通じて、駐車に関する情報が提供されていることを把握する。
5. 2番目の段落の中にHoweverが見えるので、この部分を読む。バスに乗ることを提案していることを把握する。

Step 3 問題を解く 核心語を読む 35秒・正解を選ぶ 30秒

1. **011**を解く。
   核心語であるMr. Straussが登場した最後の段落の最後の部分を通じて、正解が(B)であることがわかる。
2. **012**を解く。
   誰かが要請/提案/勧告されたことに関する問題の正解の根拠は、主に文章の後半に登場する。核心語であるMs. Thessenがするように勧告されたことを後半で探してみると、バスに乗るように提案していることがわかる。したがって、正解は(A)である。
3. **010**を解く。
   2番目の段落の最初の文章を通じて、以前電話で連絡したことがわかる。正解は(C)である。

テクニック

何かの資格や情報を得る方法に関する質問は、文章の後半に正解の根拠がある。

TOEICによく出る、「誰かが何かを得るための方法、または特典を受けるための方法」を問う質問は、主に後半に正解の根拠がある。
1. 質問に何かの資格や情報を得る方法に関する質問があるかを確認する。
2. 該当する問題を解く時、文章の後半で正解の根拠を探す。

問題及び選択肢を読む	49秒	
本文に目を通す	15秒	全129秒！
核心語を読む	30秒	(2分09秒)
正解を選ぶ	35秒	

Questions 013-015 refer to the following policy. 難易度：下

◀文章の種類を把握

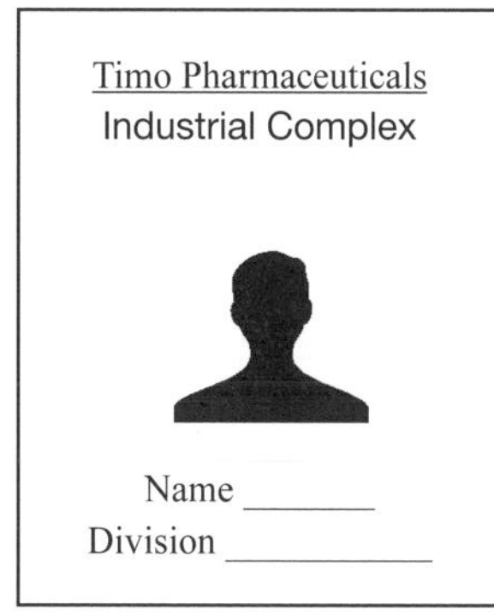

All new employees must obtain a security clearance card before completing their week-long orientation. This card allows entry to all facilities and offices in Timo Pharmaceuticals' industrial complex and must be visible to security personnel at all times. To order a card, contact James Schmidli, Human Resources Manager, on extension 1981. A current form of photo idetification must be presented to Mr. Scmidli before he can have a card issued.

◀最初の文章、テーマを把握

◀To order～ など To動詞の原形を通じて、何かの資格や情報を得る方法が登場

013. For whom is the policy intended? 問題を読む 3秒 正解を選ぶ 15秒

(A) Security personnel at an industrial complex 選択肢を読む 5秒

(B) Employees of a courier company 選択肢を読む 5秒

(C) Recently hired staff at Timo Pharmaceuticals 選択肢を読む 5秒

(D) Visitors to Timo Pharmaceuticals' premises 選択肢を読む 5秒

014. According to the policy, why is the card necessary?
問題を読む 3秒 正解を選ぶ 10秒

(A) To obtain an employee handbook 選択肢を読む 5秒

(B) To freely move around company buildings 選択肢を読む 5秒

(C) To log on to the company computer network 選択肢を読む 5秒

(D) To record arrival and departure times 選択肢を読む 5秒

015. How can the card be obtained? 問題を読む 3秒 正解を選ぶ 10秒

(A) By visiting the security office

(B) By contacting the personnel manager

(C) By e-mailing a recent photograph

(D) By filling in an online application

キム・デギュンが実際に試験場で問題を解く順番と方法

(解答と解説▶p.339)

Step 1 問題と選択肢を読む 49秒

1. **013**は文章を読む対象を問う問題である。
2. **014**は詳細情報の確認問題である。質問の核心語はwhyとnecessaryである。選択肢の核心語は(A)employee handbook (B)move around company buildings (C)computer network (D)arrival and departure timesである。
3. **015**は詳細情報の確認問題である。質問の核心語はHowとcardである。
4. 問題を解く順番を決める。
   014(詳細問題) ➡ **015**(詳細問題)➡ **013**(テーマ/目的/文章を読む対象)の順序でアプローチする。

Step 2 本文に目を通す 15秒

1. 文章の紹介を読む。政策(policy)である。
2. 最初の文章を読む。新入社員がオリエンテーションを終える前までセキュリティカードを入手しなければならないことを把握する。
3. 中間部にTo order a card, ～という内容が見える。この部分でカードを入手する方法に関する情報を得られることを把握する。

Step 3 問題を解く 核心語を読む 30秒・正解を選ぶ 35秒

1. **014**を解く。
   最初の文章を通じて、カードが必要な理由がオフィスと複合空間に出入りするためだとわかる。正解は(B)である。
2. **015**の問題を解く。
   文章を読む人がある資格や情報を得るための方法を問う質問である。文章の後半のTo order a cardの以下が正解の根拠である。したがって、正解は(B)である。
3. **013**の問題を解く。
   前の二つの問題を解くことで、新入社員がカードを入手する方法に関する文章であることをすでに把握している。したがって、正解は(C)である。

● 読解同意語の練習問題

(解答と解説▶p.340)

文章の下線部の単語と最も近い意味を表す単語を選びなさい。

1. Clara received a Grammy Award, the highest <u>award</u> in the music business.

   (A) ultimate (B) accolade (C) critical (D) status

2. The maximum capacity of our factory is now <u>roughly</u> 1,000 units per hour.

   (A) approximately (B) individually (C) economically (D) harshly

3. Our research has only recently begun to <u>yield</u> important results.

   (A) produce (B) give up (C) love (D) hate

実践シミュレーション

問題と選択肢を読む	31秒	
本文に目を通す	25秒	全126秒!
核心語を読む	35秒	(2分6秒)
正解を選ぶ	35秒	

Questions 006–008 refer to the following letter. 難易度：下

Association of Hospitality Workers
41 Avondale Street
Shepard's Bush, London
555-4425

December 5

Claire Briasco
12 Jupiter Cresent
Whitebridge, London

Dear Ms. Briasco:

This is your final issue of Hospitality Hub! If you wish to continue your subscription then please pay next year's membership fees for the Association of Hospitality Workers (AOHW) by January 4 so that we can continue to send you editions of Hospitality Hub without disruption.

Please be aware that this magazine is only one of the many benefits associated with your AOHW membership. Of course, the publication itself provides further incentives to retain your membership as each monthly issue has great travel tips and interviews with leading figures in the hospitality field. In next month's issue, we have a feature on touring Barcelona on a budget, a no-holds-barred interview with DJ Sasha Reynolds, resident at the legendary Berlin club Footloose, and a review of accommodation in Poland and Russia. Can you find similar information anywhere else?

Your membership fees can be paid online on our homepage at http://www.aohw.com. Additional information about the AOHW members-only discounts on European travel packages are also posted there.

Yours sincerely,
Austin Aimer
Membership Manager

006. What is a purpose of the letter? 問題を読む 3秒 正解を選ぶ 15秒

(A) To ask about potential vacancies
(B) To request payment for a travel article
(C) To apply for a place at an international seminar
(D) To recommend membership fees be paid

007. What is suggested about Hospitality Hub? 問題を読む 3秒 正解を選ぶ 10秒

(A) It publishes magazines every three months. 選択肢を読む 5秒
(B) It provides interviews with industry experts. 選択肢を読む 5秒
(C) It is seeking experienced travel writers. 選択肢を読む 5秒
(D) It has recently relocated to new headquarters 選択肢を読む 5秒

008. How can AOHW members get more information on special travel discounts?
問題を読む 5秒 正解を選ぶ 10秒

(A) By contacting Mr. Aimer
(B) By buying Hospitality Hub
(C) By visiting AOHW homepage
(D) By calling a telephone hotline

キム・デギュンが実際に試験場で問題を解く順番と方法

(解答と解説▶p.340)

Step 1 問題と選択肢を読む 31秒

1. **006**は文章の目的を問う問題である。
2. **007**の問題は推論問題である。質問の核心語はHospitality Hubである。選択肢の核心語は(A)publish magazines every three months (B)interview with industry experts (C) experienced travel writers (D)relocated to new headquartersである。
3. **008**の問題は文章の詳細情報を確認する問題である。質問の核心語はHowとmore informationである。
4. 問題を解く順番を決める。
008(詳細問題) ➡ **007**(推論問題) ➡ **006**(テーマ/目的/文章を読む対象)の順序でアプローチする。

Step 2 本文に目を通す 25秒

1. 文章の紹介を読む。手紙(letter)である。
2. タイトルでAssociation of Hospitality Workersが送った手紙であることと、最初の4行でその対象がClaire Briascoであることを把握する。
3. 最初の段落の最初の文章を通じて、出版物の最後の号だと知らせていることを把握できる。

4. 最初の段落の2番目の文章を通じて、追加購読のために来年の会員費を払うことを案内する手紙であることを把握できる。
5. 2番目の段落の最初の文章を通じて、会員の追加ベネフィットがこの段落で紹介されると推測できる。
6. 3番目の段落の最初の文章を通じて、この段落ではホームページに関する情報が提供されると推測できる。

Step 3 問題を解く 核心語を読む 35秒・正解を選ぶ 35秒

1. **008**を解く。
   この問題は、詳細情報を確認する問題であり、文章を読む人がある資格と情報を得るための方法を問う質問である。主に本文の後半に正解の根拠がある！ 最後の段落を通じて、正解が(C)であることがわかる。
2. **007**の問題を解く。
   Hospitality Hubのベネフィットに関する詳細情報が2番目の段落にあると把握したので、該当する段落を見る。2番目の文章を根拠にして正解が(B)であることがわかる。
3. **006**の問題を解く。
   本文の最初の部分の情報と、前の二つの問題の正解を総合的に考えてみると、正解が(D)であることがわかる。

DAY

4

テクニック

07 これから起こることに関する質問のヒントは主に「後半」にある！

TOEICによく出る「誰かに何かをするように要請、または勧告」する質問の正解は、文章の構造上、主に本文の中・後半に出る。

1. 未来時制を通じて、これから起こることに関する質問が出るか確認する。
2. 正解を選ぶ時、本文の後半で根拠を探す。

問題と選択肢を読む	26秒	
本文に目を通す	20秒	全83秒！
核心語を読む	20秒	(1分23秒)
正解を選ぶ	17秒	

Questions 016–017 refer to the following notice. 難易度：下 ◀文章の種類を把握

International Parcel Delivery ◀タイトル
Notice of Parcel Arrival

Recipient: Jan Simpson, Simpson Design ◀受信者
Sender: Tammy Zing, Z&B Textiles ◀送信者

On Monday, November 4 at 9:55 AM, an International Parcel Delivery person attempted to deliver your parcel to your: ◀詳細情報

☐ Residence

◉ Business

We were unable to complete the delivery due to:

☐ No answer at the door

☐ Insufficient payment on delivery

◉ Signature required

Additional Notes: Recipient was unavailable to sign for the parcel.

Your package is scheduled for redelivery on Wednesday, November 6, or you can pick it up at Main Street International Parcel Delivery office after 5PM today. If you have any questions please contact Jennifer Prince at 987-778-4564. ◀追加情報(主に未来に起こること)

Tom Wells
International Parcel Delivery

016. Who is the parcel from? 問題を読む 3秒 正解を選ぶ 7秒

(A) Jan Simpson
(B) Tammy Zing
(C) Jennifer Prince
(D) Tom Wells

017. According to the notice, what will happen on November 6?
問題を読む 3秒 正解を選ぶ 10秒

(A) The parcel will be returned to the sender. 選択肢を読む 5秒
(B) The parcel will be picked up at a delivery office. 選択肢を読む 5秒
(C) There will be a second attempt to deliver the parcel. 選択肢を読む 5秒
(D) There will be an additional tax added to the delivery. 選択肢を読む 5秒

DAY 04

キム・デギュンが実際に試験場で問題を解く順番と方法

(解答と解説▶p.342)

Step 1 問題と選択肢を読む 26秒

1. **016**は詳細情報の確認問題である。質問の核心語はWhoとparcelである。
2. **017**は詳細情報の確認問題である。質問の核心語はNovember 6である。
3. 問題を解く順番を決める。
   016(詳細問題)➡ **017**(詳細問題)の順序でアプローチする。

Step 2 本文に目を通す 20秒

1. 文章の紹介を読む。告知(notice)である。
2. タイトルで国際宅急便の配達に関する内容で、到着(arrival)に関する内容であることを把握する。
3. 最初の2行を通じて、Tammy ZingがJan Simpsonに送る内容であることを把握する。
4. 先に下の詳細情報の文章をさっと読んで、Business配達であることを把握する。また、署名(signature)をもらえなくて、配達が完了されていないことを把握する。
5. 追加の内容が提示されていることを確認する。
6. 最後の段落で品物が再配達される予定であることを把握する。

Step 3 問題を解く 核心語を読む 20秒・正解を選ぶ 17秒

1. **016**を解く。
   文章の前半に提示される名前をちゃんと読む。Sender: Tammy Zing, Z&B Textilesを通じて、正解が(B)であることがすぐわかる。
2. **017**を解く。
   未来の特定された時点で起こることに関する質問は、正解の根拠が主に後半に出る。目を通した部分で確認したように、11月6日には再配達される予定であることがわかる。したがって、正解は(C)である。

テクニック

08 広告文の割引/特典に関する情報は中・後半に提示される。

- 広告文の割引/特典に関する情報は、本文の中・後半に正解の根拠が提示される。
- request/ask(要請), For membership(会員登録), please call～などの周りを集中的に見る！

1. 質問で割引情報/特典に関する質問が出るか確認する。
2. 正解を探す時、先に文章の中・後半で根拠を探す。

問題と選択肢を読む	22秒	
本文に目を通す	15秒	全82秒！
核心語を読む	25秒	(1分22秒)
正解を選ぶ	20秒	

Questions 018-019 refer to the following advertisement. 難易度：下 ◀文章の種類を把握 – 広告

Solomon Sporting Goods ◀タイトル
1187 Victoria Avenue
Atlantic City

Monday–Friday: 9 A.M. – 6 P.M. ◀営業時間
Weekends: 10 A.M. – 3 P.M.
555-9933

We are proud to stock the region's widest range of: ◀詳細/製品情報
· Outdoor camping equipment
· Fishing rods and reels
· Hiking boots and wet weather gear

End of season special! Save 40 percent on all outdoor footwear. ◀割引/特典情報
Offer expires February 28.

018. What is mentioned about Solomon Sporting Goods? 問題を読む 3秒 正解を選ぶ 10秒

(A) It is open for business daily. 選択肢を読む 4秒
(B) It sells river and sea kayaks. 選択肢を読む 4秒
(C) It welcomes phone orders. 選択肢を読む 4秒
(D) It offers a money back guarantee. 選択肢を読む 4秒

019. According to the advertisement, what is on sale? 問題を読む 3秒 正解を選ぶ 10秒

(A) Camping supplies
(B) Boating accessories
(C) Winter jackets
(D) Hiking shoes

DAY **04**

キム・デギュンが実際に試験場で問題を解く順番と方法

(解答と解説▶p.343)

Step 1 問題と選択肢を読む 22秒

1. **018**は詳細情報の確認問題である。質問の核心語はSolomon Sporting Goodsである。選択肢の核心語は(A)open for business daily (B)river and sea kayaks (C)phone orders (D) money back guaranteeである。
2. **019**は詳細情報の確認問題である。この問題で核心語は'on sale'である。
3. 問題を解く順番を決める。
   018(詳細問題)➡ **019**(詳細問題)の順序でアプローチする。

Step 2 本文に目を通す 15秒

1. 文章の紹介を読む。広告(advertisement)である。
2. 先にタイトルを読む。Solomon Sporting Goodsに関する広告である。
3. 最初の3行を通じて、月～金曜日、週末の営業時間を把握する。
4. 2番目の段落の最初の文章を通じて、商品の種類が提示されていることを把握する。
5. 最後の段落の最初の文章で割引特典が提示されていることを把握する。

Step 3 問題を解く 核心語を読む 25秒・正解を選ぶ 20秒

1. **018**を解く。
   目を通した部分で、営業時間について見ると、お店が休日なしで、毎日営業していることがわかる。したがって、正解は(A)である。
2. **019**を解く。
   この問題の核心は、セール(on sale)中の項目で、最後の段落に正解の根拠(outdoor footwear)がある。正解は(D)である。

● 読解同意語の練習問題

(解答と解説▶p.343)

文章の下線部の単語と最も近い意味を表す単語を選びなさい。

1. It's wonderful to see the children's <u>zest</u> for life.
   (A) zero (B) enthusiasm (C) knowledge (D) reorganization

2. Darren surrounds himself with <u>attractive</u>, intelligent, or well-known people.
   (A) cosy (B) exceeding (C) inviting (D) physical

3. The government <u>contracted</u> my company to build shelters for the homeless.
   (A) contacted (B) documented (C) coincided (D) retained

実践シミュレーション

問題と選択肢を読む	31秒	
本文に目を通す	25秒	全136秒!
核心語を読む	50秒	(2分16秒)
正解を選ぶ	30秒	

Questions 009-011 refer to the following notice. 難易度：中

We hope you enjoy using your new Acorn K-2 photocopier. A special starter color cartridge has already been installed in your machine. It is intended to last for approximately three months, after which we urge you to buy a full-size cartridge. Replacement toner can be ordered from our Web site, www.acorncopying.com. We guarantee delivery within five business days or your money back. As a V.I.P. customer, you are also eligible for a 25 percent discount off any single future purchase. To take advantage of this offer, enter the code 5589 when making your online order. If you intend to purchase cartridges in person, then remember that our products are sold at all leading electronic retailers. However, please be aware that the majority of retailers will not honor our special offers or promotions.

Need help with your new copier? Contact us at 555-2234 any time of day or night for technical support, or 555-2235 Monday to Friday 9 A.M. to 6 P.M. for sales and payments.

009. For whom was the notice written? 問題を読む 3秒 正解を選ぶ 10秒

(A) Call center workers
(B) Electronic store owners
(C) Purchasers of new copiers
(D) Sales representatives

010. What promise is made about making orders for ink? 問題を読む 5秒 正解を選ぶ 10秒

(A) The purchaser pays nothing if shipment is delayed. 選択肢を読む 5秒
(B) Sales representatives are available around the clock. 選択肢を読む 5秒
(C) Starter ink cartridges will last for at least a year. 選択肢を読む 5秒
(D) Technicians are not available on weekends. 選択肢を読む 5秒

011. How can shoppers receive a discount? 問題を読む 3秒 正解を選ぶ 10秒

(A) By contacting customer service
(B) By typing a number on a Web site
(C) By visiting any leading electronics store
(D) By presenting a special voucher

キム・デギュンが実際に試験場で問題を解く順番と方法

(解答と解説▶p.344)

Step 1 問題と選択肢を読む 31秒

1. **009**の問題は文章を読む対象を問う問題である。
2. **010**の問題は文章の詳細情報を確認する問題である。質問の核心語はwhat promiseとmaking orders for inkである。選択肢の核心語は (A)pays nothing if delayed (B)Sales representatives (C)last for at least a year (D)not available on weekendsである。
3. **011**の問題は文章の詳細情報を確認する問題である。同時に、読者が資格/情報を得る方法を問う問題である。
4. 問題を解く順番を決める。
   010(詳細問題) ➡ **011**(詳細問題) ➡ **009**(テーマ/目的/文章を読む対象の問題)の順序でアプローチする。

Step 2 本文に目を通す 25秒

1. 文章の紹介を読む。告知(notice)である。
2. 最初の段落の最初の文章を読む。Acorn K-2コピー機を使う人を対象に作成された文章であることを把握できる。
3. 最初の段落の後半にHoweverが登場する。However部分を読む。ある特別な特典があるが、大半の小売店舗では提供されないことを把握する。
4. 2番目の段落の最初の文章を読む。追加の問い合わせ情報に関する情報を提供する段落であることを把握する。

Step 3 問題を解く 核心語を読む 50秒・正解を選ぶ 30秒

1. **010**を解く。
   この問題は、本文の内容が質問にparaphrasingされている。本文の交換用トナー(replacement toner)という表現が、質問でfor inkにparaphrasingされることで、核心語を見つけにくくなり、間違える可能性が高くなる。本文の内容が質問にparaphrasingされる内容に気をつけよう！ 5日の営業日内に品物が届かない場合、払い戻すという内容があるので、正解として(A)を選べる。
2. **011**を解く。
   読者が情報を得る方法を問う。主に、本文の中・後半に正解の根拠があるので、最後の段落を見てみよう。根拠がない！ すると、すぐ前の段落の後半から内容に目を通しながら根拠を探すのが最も早い方法である。最初の段落の中盤部に関連情報が提示されている。したがって、正解は(B)である。
3. **009**を解く。
   目を通した内容にもとづいて、正解が(C)であることがわかる。

DAY

5

テクニック

09 本文の言葉が質問にparaphrasingされることをきちんと把握しよう！

Part 7では、本文で言及された単語が質問にparaphrasingされ、核心語を見つけ難くする場合が多い！ Paraphrasingに慣れると、Part 7の点数が上がる！

1. 質問の核心語を整理する。
2. 文章を読む時、核心語と同じじゃないけど、似ている単語が出る部分を注目して読む。

■ キム・デギュンのTMI

- paraphrasingの常連は同意語に変える！
- 動詞＋副詞は形容詞＋名詞にparaphrasing！
- 名詞/副詞は形容詞に！ 形容詞は副詞にparaphrasing！
- 下位概念の単語を包括する上位概念の単語にparaphrasing!

問題と選択肢を読む	11秒	
本文に目を通す	20秒	全91秒！
核心語を読む	30秒	(1分31秒)
正解を選ぶ	30秒	

Questions 020-022 refer to the following schedule. 難易度：中　◀文章の種類を把握 - 日程

15th Annual International Bicycle Tourism Conference ◀タイトル

Coronado Hotel and Conference Center, San Diego—April 21-23 ◀日程及び場所
Event registration includes all activities listed in the schedule. ◀条件

Saturday Agenda ◀詳細情報

8:00 A.M.	Registration and packet pick-up
9:00 A.M.	Keynote: The Future of Bicycle Tourism by Scott Garner
10:15 A.M.	Cycle Tech: Interactive Discussion of the Basics of Bike Tourism by Nikki Pierce
11:30 A.M.	Roll Green: Sustainable Bicycle Tourism by Andy Hanshaw
12:30 P.M.	Lunch in the hotel's Mission Cafeteria, Mezzanine Level
1:00 P.M.	Cyber Reach: Building a Digital Ad Campaign that Converts for Bicycle Tourism & Events by Brooke Reynolds
2:30 P.M.	Outside the Lanes: Cultivating Diversity in Bike Tourism by Roger Lorde

020. For whom is the event most likely intended? 問題を読む 3秒 正解を選ぶ 10秒

(A) Journalists
(B) Travel agents
(C) Hotel managers
(D) Graphic designers

021. What is included with the event registration? 問題を読む 3秒 正解を選ぶ 10秒

(A) Airline tickets
(B) Networking events
(C) A free meal
(D) A hotel stay

022. Whose presentation will most likely be related to environmental issues?
問題を読む 5秒 正解を選ぶ 10秒

(A) Mr. Garner's
(B) Ms. Reynolds's
(C) Mr. Hanshaw's
(D) Ms. Pierce's

キム・デギュンが実際に試験場で問題を解く順番と方法

(解答と解説▶p.345)

Step 1 問題と選択肢を読む 11秒

1. **020**は文章を読む対象を問う問題である。
2. **021**の問題は文章の詳細情報を確認する問題である。質問の核心語はevent registrationである。選択肢の核心語は(A)飛行機のチケット (B)ネットワーキング・イベント (C)無料の食事 (D)ホテル宿泊である。
3. **022**の問題は推論問題である。問題の核心語はenvironmental issuesである。
4. 問題を解く順番を決める。
   021(詳細問題) ➡ **022**(推論問題) ➡ **020**(目的/テーマ/文章を読む対象の問題)の順序でアプローチする。

Step 2 本文に目を通す 20秒

1. 文章の紹介を読む。日程(schedule)である。
2. タイトルを含め、最初の3行を通じて、国際自転車ツアーの会議日程に関する内容で、4月21-23日の間、サンディエゴで会議が行われることを把握する。
3. 3番目の行で、イベント登録に日程の全ての活動が含まれていて、該当する情報を下記のスケジュール表で確認できることを把握する。
4. 土曜日の時間帯別に案件が提示されていることを把握する。

Step 3 **問題を解く** 核心語を読む 30秒・正解を選ぶ 30秒

1. **021**を解く。
   目を通した内容にもとづいて、該当する情報がスケジュール表に提示されていることがわかる。整理した選択肢の核心語を基準に、情報を探して一つずつ読むと、(C)無料の食事が含まれることがわかる。
2. **022**の問題を解く。
   文章からはenvironmentという単語が見つからない。この問題では、Sustainable Bicycleという、本文の単語が質問でenvironmental issuesにparaphrasingされた場合である。したがって、正解は(C)である。Paraphrasingが選択肢だけでなく、質問に出る場合も多いので、paraphrasingされた部分を早く探すのがポイント！
3. **020**の問題を解く。
   タイトルで、関連イベントが自転車のツーリズムの会議に関する内容なので、すぐ正解が(B)であることがわかる。常に覚えておくこと！ 目的/テーマ/文章を読む対象に関する質問は、正解の根拠が主にタイトルと本文の前半に提示される。

テクニック

10 選択肢に出る期間、数字に関するparaphrasingに正解がある！

- 広告文の割引情報/特典に関する情報は、本文の中盤部、または後半に正解の根拠が提示される。
- request/ask(要請), For membership(会員登録), please call ～などの周りを集中的に見る！

1. 詳細情報、推論問題の選択肢に期間、数字が出ると、必ず核心語なので注目しよう！
2. 文章を読む時、核心語と同じじゃないけど、似ている期間や数字が出る部分を注目して読む。
3. 細かい日付/数字が広い範囲の期間に変換されていないのか確認する！

問題と選択肢を読む	78秒	
本文に目を通す	45秒	全218秒！
核心語を読む	60秒	(3分38秒)
正解を選ぶ	35秒	

Questions 023–026 refer to the following job advertisement. 難易度：中

◀問題の種類を把握
－求人広告

JOB VACANCIES ....

◀タイトル

Eagleson BV
Seeking Senior Avionics Engineer

◀会社紹介

A world leader in aircraft repair and maintenance, Eagleson BV is famous for providing the highest quality service to private and corporate aircraft owners in over 45 different countries. Our head office in Germany is responsible for a network of branches across Europe, including France, Spain, Switzerland, Italy and the United Kingdom.

◀探している人の職務

◀職務の詳細

Our head office is currently looking for a senior avionics engineer. Essential responsibilities include:

- Identifying and repairing the source of malfunctions in existing circuitry
- Installing updated software in client's aircraft circuits
- Modernizing out-of-date circuitry to meet current industry safety standards
- Providing accurate reports about assigned tasks
- Maintaining a safe working environment

Furthermore, the successful applicant must be available to travel abroad at least once every two months to attend educational seminars and conferences.

◀資格要件

Candidates should have completed a university degree in engineering and have worked for a minimum of three years in an avionics' environment. Candidates should be highly organized and be exceptionally good at problem-solving as well as having above average report writing and public speaking skills.

◀特典

We provide a competitive compensation package and can assist with the cost of relocating.

◀追加情報

The application form can be downloaded at www.eaglesonbv.co.de. Interested applicants must fill out and submit all documentation before September 30. Successful candidates will be contacted for an interview before October 20.

023. What is indicated about Eagleson BV? 問題を読む 3秒 正解を選ぶ 10秒

(A) Its customers are all based in Europe. 選択肢を読む 5秒
(B) It will move its head office to another location in November. 選択肢を読む 5秒
(C) It upgrades electronic aircraft circuits. 選択肢を読む 5秒
(D) It recently purchased a new aircraft. 選択肢を読む 5秒

024. In what country will the newly hired employee probably work?
問題を読む 5秒 正解を選ぶ 5秒

(A) France
(B) Spain
(C) Switzerland
(D) Germany

025. What is a stated duty of the senior avionics engineer? 問題を読む 5秒 正解を選ぶ 10秒

(A) Recruiting qualified staff to fill vacancies 選択肢を読む 5秒
(B) Running the orientation program for junior engineers 選択肢を読む 5秒
(C) Going on a number of business trips 選択肢を読む 5秒
(D) Updating the company's administrative software 選択肢を読む 5秒

026. What does the advertisement instruct applicants to do? 問題を読む 5秒 正解を選ぶ 10秒

(A) Complete their applications before the end of September 選択肢を読む 5秒
(B) State the title and salary of their current job 選択肢を読む 5秒
(C) Supply at least two letters of recommendation 選択肢を読む 5秒
(D) Call the HR department for more details about the position 選択肢を読む 5秒

キム・デギュンが実際に試験場で問題を解く順番と方法

(解答と解説▶p.346)

Step 1 問題と選択肢を読む 78秒

1. **023**は推論問題である。質問の核心語はEagleson BVである。推論問題なので、選択肢の核心語を先に整理しておく。(A)all based in Europe (B)move to another location in November (C) upgrades electronic aircraft circuits (D)recently purchased a new aircraftである。
2. **024**は詳細情報の確認問題である。質問の核心語はwhat countryとnewly hired employeeである。
3. **025**は詳細情報の確認問題である。質問の核心語はduty of the senior avionics engineerで、選択肢の核心語は(A)recruiting qualified staff (B)orientation program (C)business trips (D)updating administrative softwareである。

4. **026**は詳細情報の確認問題である。同時に、要請/勧告事項を問う問題である。選択肢の核心語は(A)Complete applications (B)State the title and salary (C)at least two letters (C) Call the HR departmentである。
5. 問題を解く順番を決める。
   024(詳細問題) ➡ **025**(詳細問題) ➡ **026**(詳細問題) ➡ **023**(推論問題)の順序でアプローチする。

Step 2 本文に目を通す 45秒

1. 文章の紹介を読む。求人広告(job advertisement)である。
2. タイトルを読む。Eagleson BV社がSenior Avionics Engineerを探す広告である。
3. 最初の段落の最初の文章を読む。会社紹介に関する段落であることを把握する。
4. 2番目の段落の最初の文章を読む。現在求人中の人の業務に関する情報が並べられている段落であることを把握する。
5. 3番目の段落の最初の文章で、追加業務に関する情報が提示される段落であることを把握する。
6. 4番目の段落の最初の文章で、応募者の資格に関する情報が提示されることを把握する。
7. 5番目の段落で、会社が従業員に補償と住居支援をするという情報を把握する。
8. 最後の段落の最初の文章で、支援方法と追加情報に関する内容が提示されることを把握する。

Step 3 問題を解く 核心語を読む 60秒・正解を選ぶ 35秒

1. **024**を解く。
   最初の段落にもとづいて(Our head office in Germany ~)、正解が(D)であることがわかる。
2. **025**の問題を解く。
   業務の内容が出ている2番目と3番目の段落を集中的に読む。3番目の段落にthe successful applicant must be available to travel abroad at least once every two months to attend educational seminars and conferencesのat least once every two monthsという具体的な期間が選択肢でa number ofという広い範囲の期間にparaphrasingされた。TOEIC Part 7では、このように具体的な時間/数字/期間をより広い範囲の表現にparaphrasingする場合がよく出題される。この問題の正解は(C)である。
3. **026**の問題を解く。
   応募者がするように指示(要請/勧告)される内容に関するものである。先の**テクニック05**で言及したように、この場合、正解の根拠が文章の後半に出る場合が多い。応募方法に関する内容が提示されると把握した最後の段落を中心に見る。正解は(A)である。
4. **023**番の問題を解く。
   目を通した部分で、この会社で働く人がやるべき業務が2番目と3番目の段落に出ることを把握したので、該当する部分を読んでみると、正解が(C)であることがわかる。

● 読解同意語の練習問題

（解答と解説▶ p.347）

文章の下線部の単語と最も近い意味を表す単語を選びなさい。

1. Exams are not the only means of <u>assessing</u> a student's ability.

   (A) judging (B) assigning (C) degrading (D) accessing

2. You can <u>adjust</u> the height of the chair.

   (A) ajar (B) modify (C) modernize (D) justify

3. We need <u>a breakdown</u> of the statistics into age groups.

   (A) failure (B) effect (C) analysis (D) downsizing

実践シミュレーション

問題と選択肢を読む	56秒	
本文に目を通す	25秒	全181秒!
核心語を読む	55秒	(3分1秒)
正解を選ぶ	45秒	

Questions 012-015 refer to the following Web page. 難易度：中

S&S Welcome to Schmidli and Sons
Serving Toronto for two decades

HOME	PROJECT PORTFOLIO	CLIENT TESTIMONIALS	DIRECTIONS

Schmidli and Sons is family-owned and operated business, specializing in restoring automobiles and motorcycles. We can return your vehicle to pristine condition whether it is antique or modern, and has two, three, four or more wheels! We stock an enormous selection of replica and original parts, and if we don't have it, we will source it for you, free of charge!

Why restore an old vehicle? Over time, interiors become worn and uncomfortable, paintwork becomes faded or scratched and engine parts simply wear out. Schmidli and Sons can prolong the life, and the enjoyment you get from your vehicle, by restoring them to their original condition. Our experienced employees provide friendly, expert guidance on colors, materials, and maintenance. We have proudly served the region over the years and are well-known for providing superior results. We can meet the needs of the regular car enthusiast as well as the unique needs of a specialized collector or investor.

For an obligation free quote, send us an e-mail at info@schmidliandsons.com, or call us at 555-2150, or simply drop by our Toronto workshop. We are situated on the corner of Phillip Street and Queens Road, near the Marylane Shopping Mall. Presenting a copy of this online advertisement will earn you a 15 percent discount on the next purchase you decide to make with us.

012. How do Schmidli and Sons serve their clients? 問題を読む 3秒 正解を選ぶ 10秒

(A) By catering special occasions 選択肢を読む 5秒
(B) By restoring vehicles 選択肢を読む 5秒
(C) By renting out cars 選択肢を読む 5秒
(D) By renovating properties 選択肢を読む 5秒

013. What is mentioned about the Schmidli and Sons business? 問題を読む 3秒 正解を選ぶ 10秒

(A) It can be found in the Marylane Shopping Mall. 選択肢を読む 5秒
(B) It provides free delivery to customers based in Toronto. 選択肢を読む 5秒
(C) It has been in operation for the last 20 years. 選択肢を読む 5秒
(D) It is planning to open a larger garage. 選択肢を読む 5秒

014. According to the Web page, what is the business especially known for?
問題を読む 5秒 正解を選ぶ 10秒

(A) Speedy service
(B) Reasonable rates
(C) Excellent workmanship
(D) Community service

015. According to the Web site, when will the business offer a discount?
問題を読む 5秒 正解を選ぶ 15秒

(A) When customers display a copy of the advertisement
(B) When the business fails to find a necessary engine part
(C) When a customer is not satisfied with the quality of the work
(D) When existing clients refer the business to their friends

キム・デギュンが実際に試験場で問題を解く順番と方法

(解答と解説▶p.347)

Step 1 問題と選択肢を読む 56秒

1. **012**の問題は文章の詳細情報を確認する問題である。質問の核心語は、Howとserve their clientsである。選択肢を見ると、(A)special occasions (B)vehicles (C)cars (D) propertiesに整理できる。
2. **013**の問題は文章の詳細情報を確認する問題である。質問の核心語は、the Schmidli and Sons businessである。選択肢の核心語は(A)Marylane Shopping Mall (B)free delivery to customers in Toronto (C)for the last 20 years (D)open a larger garageである。
3. **014**の問題は文章の詳細情報を確認する問題である。質問の核心語はknown forである。
4. **015**の問題は文章の詳細情報を確認する問題である。質問の核心語はdiscountである。
5. 問題を解く順番を決める。
   012(詳細問題) ➡ **013**(詳細問題) ➡ **014**(詳細問題) ➡ **015** (詳細問題)の順序でアプローチする。

DAY **05**

Step 2 本文に目を通す 25秒

1. 文章の紹介を読む。ウェブページ(Web page)である。
2. タイトルで、この文章が20年以上トロントで何かをしてきたSchmidli and Sonsという会社に関する内容であることを把握する。
3. 最初の段落の最初の文章で、この会社が自動車とバイクを修理する会社であることを把握する。同時に、この段落が会社を紹介する段落であることを把握する。
4. 2番目の段落の最初の文章を通じて、古い車を修理して使うことの長所が出る段落であることを類推する。
5. 最後の段落の最初の文章を通じて、問い合わせ方法に関する情報が提示される段落であることを把握する。

Step 3 問題を解く 核心語を読む 55秒・正解を選ぶ 45秒

1. **012**を解く。
   目を通した部分を通じて、正解が(B)であることがわかる。
2. **013**の問題を解く。
   タイトルを通じて、正解が(C)であることがわかる。このように、選択肢で日付/時間/期間の情報が出ると、正解である可能性がより高いので、該当する核心語を比較してみる。この問題では、two decadesがfor the last 20 yearsにparaphrasingされて出題された。
3. **014**の問題を解く。
   目を通した部分を通じて、2番目の段落の最初の文章でその段落になぜ私たちを選択しなければならないのかに関する長所が出ることを把握した。したがって、2番目の段落を詳しく読んでみると、正解が(C)であることがわかる。
4. **015**の問題を解く。
   この問題は、文章の後半に正解の根拠が出る可能性が高く、最後の段落に問い合わせ方法に関する情報があったので、該当する部分を読んでみると、正解が(A)であることがわかる。

DAY 6

MINI TEST 01

問題と選択肢を読む	51秒	
本文に目を通す	25秒	全166秒!
核心語を読む	50秒	(2分46秒)
正解を選ぶ	40秒	

Questions 001-003 refer to the following article. 難易度：下

This month in Dalton

The Jackson Film School is screening a series of eight short films directed by Switzerland's Andreas Schumacher. The opening film of the event, The Color White, is being shown this Friday, April 6, at 8:00 P.M. in the institute's Guardian Auditorium, situated inside Menhir Hall. Professor John Stevenson, author of Films of the Ages, will say a few words before the screening. The 1972 film was the very first movie produced by Angelo Studios and stars the unforgettable Terry Brooks.

For a full list of all the films to be screened over the month, visit the school's Web site, www.jacksonarts.org/short_films. Tickets are available at the box office in Menhir Hall from 2:00 P.M. to 6:00 P.M. Tickets cost $5 for students with valid film school identification and $10 for everyone else. Concession passes for the entire eight-film series cost $30 for students and $55 for local residents.

001. What is the article mainly about? 問題を読む 3秒 正解を選ぶ 10秒

(A) A film screening
(B) A new cinema complex
(C) A professor's new discovery
(D) A course about method acting

002. What is indicated about Terry Brooks? 問題を読む 3秒 正解を選ぶ 15秒

(A) He graduated from the Jackson Film School. 選択肢を読む 5秒

(B) He was born and raised in Dalton. 選択肢を読む 5秒

(C) He is the lead character in an old film. 選択肢を読む 5秒

(D) He is Professor Stevenson's coworker. 選択肢を読む 5秒

003. What is mentioned about the students at the film school?

問題を読む 5秒 正解を選ぶ 15秒

(A) They can get a part-time job at the theater ticket office. 選択肢を読む 5秒

(B) They should enroll for classes before April 6. 選択肢を読む 5秒

(C) They are expected to take a class on screenwriting. 選択肢を読む 5秒

(D) They are eligible for a discount when buying a concession ticket. 選択肢を読む 5秒

DAY 06

キム・デギュンが実際に試験場で問題を解く順番と方法

(解答と解説▶p.349)

Step 1 問題と選択肢を読む 51秒

1. **001**の問題はテーマを問う問題である。
2. **002**の問題は推論問題である。質問の核心語はTerry Brooksで、選択肢の核心語は(A) graduated from the Jackson Film School (B)born and raised in Dalton (C)the lead character (D)Professor Stevenson's coworkerである。
3. **003**の問題は文章の詳細情報を確認する問題である。質問の核心語はstudent at film schoolである。選択肢の核心語は (A)part-time job (B)enroll before April 6 (C)class on screenwriting (D)concession ticketである。
4. 問題を解く順番を決める。
   003(詳細問題) ➡ **002**(推論問題) ➡ **001**(テーマ/目的/文章を読む対象の問題)の順序でアプローチする。

Step 2 本文に目を通す 25秒

1. 文章の紹介を読む。記事(article)である。
2. タイトルで、今月のDaltonでの事件に関する内容を扱っていることを把握する。
3. 最初の段落の最初の文章を読む。The Jackson Film Schoolが8本の映画を上映していることを把握できる。この段落で該当する内容の紹介が提示されることを把握する。
4. 2番目の段落の最初の文章を読む。ホームページのアドレスが紹介され、読者が得られる情報に関する情報がこの段落にあることを把握する。

Step 3 問題を解く 核心語を読む 50秒・正解を選ぶ 40秒

1. **003**を解く。
   選択肢の核心語を中心に本文を読む。(A), (B), (C)の核心語は見つからないまま、(B)の核心語であるApril 6が最初の段落の中に見えるが、選択肢の内容とは関係ない。(D)のconcession ticketの内容を探してみると、文章の最後の部分に該当する情報があり、正解が(D)であることがわかる。
2. **002**を解く。
   核心語であるTerry Brookがある文章を中心に情報を把握する。1972年の映画がAngelo Studiosが製作し、Terry Brooksが出る最初の映画と言っているので、正解は(C)である。
3. **001**を解く。
   テーマ問題の正解の根拠は、文章の前半に提示される。最初の段落の最初の文章を通じて、正解がfilm screeningに関することであることがわかる。したがって、正解は(A)である。

問題と選択肢を読む	6秒	
本文に目を通す	15秒	全61秒!
核心語を読む	20秒	(1分1秒)
正解を選ぶ	20秒	

Questions 004-005 refer to the following sign. 難易度：下

R L Fender Home, Inc.

We provide a full range of services:

- Project planning, pricing and estimating
- Competitive bidding
- Construction management
- Demolition and renovation services
- Site maintenance and repair

We are fully insured, bonded and comply with all OSHA rules and regulations.
We match any competitor's price!
Visit our Web site for testimonials and pictures of our work.
http://www.rlfenderhome.com

Call to schedule your service today! (937) 258-9047

004. What type of service does the company offer? 問題を読む 3秒 正解を選ぶ 10秒

(A) Home construction
(B) Photography
(C) Accounting
(D) Yard care

005. What can customers do on the company's Web site? 問題を読む 3秒 正解を選ぶ 10秒

(A) View samples of work
(B) Submit a payment
(C) Schedule an appointment
(D) Request a price estimate

キム・デギュンが実際に試験場で問題を解く順番と方法

(解答と解説▶p.350)

Step 1 問題と選択肢を読む 6秒

1. **004**の問題はテーマを問う問題である。
2. **005**の問題は文章の詳細情報を確認する問題である。質問の核心語はon the company's Web siteである。
3. 問題を解く順番を決める。
   005(詳細問題)➡ **004**(テーマ/目的/文章を読む対象の問題)の順序でアプローチする。

Step 2 本文に目を通す 15秒

1. 文章の紹介を読む。Sign(標識)である。
2. タイトルのR L Fender Home, Inc.を通じて、何か家に関する会社に関する内容であることを類推する。
3. 最初の段落の最初の文章を読む。下に並べられた情報がサービスの内容であることを把握する。
4. 2番目の段落の最初の文章を通じて、会社が信用できるという点を強調している。2番目の段落の最後の文章を通じて、ホームページへのアクセスを誘導していることを把握する。
5. 最後の段落は、問い合わせ方法に関する情報を提供していることを把握する。

Step 3 問題を解く 核心語を読む 20秒・正解を選ぶ 20秒

1. **005**を解く。
   核心語がWeb siteなので、Web siteに関して言及された内容を探してみる。2番目の段落の最後の内容を通じて、正解が(A)であることがわかる。
2. **004**を解く。
   タイトルを通じて、家に関する会社であることを確認できる。また、提供しているサービスの内容を見てみると、Construction managementなどを通じて、この会社が建設会社であることがわかる。正解は(A)である。

問題と選択肢を読む	29秒	
本文に目を通す	30秒	全139秒!
核心語を読む	40秒	(2分19秒)
正解を選ぶ	40秒	

Questions 006-008 refer to the following letter. 難易度：中

Eye on Fashion Monthly

765 Glasson Street ‖ Melbourne, VIC 3006

21 March

Justin Gotti
126 Abbey Road
South Bank

Dear Mr. Gotti,

We hope you have enjoyed reading Eye on Fashion Monthly! We are writing to remind you that your subscription is set to expire on 30 April. If you renew your membership for another 12 months or more, you will be eligible to receive a complimentary copy of fashion designer Andre Billings' recent autobiography, Fashion Is Forever. To save you time, we have taken the liberty of including a renewal form with this letter. We will charge you at a later date.

As you are well aware, Eye on Fashion Monthly offers readers detailed coverage of the most recent developments in the fashion industry. We offer in depth interviews, knowledgeable commentary, in addition to satirical columns by Bernard Kissenger and tips on how to dress for any occasion from Lucy Bulger.

Kind regards,

Sheila Milne

Sheila Milne
Circulation Manager

Enclosure

006. What is the main purpose of the letter? 問題を読む 3秒 正解を選ぶ 15秒

(A) To give an opinion on some clothing
(B) To deliver a reminder
(C) To welcome new readers
(D) To announce a new book

007. What is Mr. Gotti asked to do? 問題を読む 3秒 正解を選ぶ 10秒

(A) Purchase a book
(B) Review an article
(C) Submit a form
(D) Meet for an interview

008. What is indicated about Mr. Kissenger? 問題を読む 3秒 正解を選ぶ 15秒

(A) He has hired an interior designer. 選択肢を読む 5秒
(B) He leads a circulation division. 選択肢を読む 5秒
(C) He reviews fashion publications. 選択肢を読む 5秒
(D) He contributes articles to a magazine. 選択肢を読む 5秒

キム・デギュンが実際に試験場で問題を解く順番と方法

(解答と解説▶p.350)

Step 1 問題と選択肢を読む 29秒

1. **006**の問題は目的を問う問題である。
2. **007**の問題は文章の詳細情報を確認する問題である。質問の核心語はMr. Gottiが要請されたことである。
3. **008**の問題は推論問題である。核心語はMr. Kissengerである。
4. 問題を解く順番を決める。
   007(詳細問題) ➡ **008**(推論問題) ➡ **006**(テーマ/目的/文章を読む対象の問題)の順序でアプローチする。

Step 2 本文に目を通す 30秒

1. 文章の紹介を読む。手紙(letter)である。
2. タイトルのEye on Fashion Monthlyを通じて、月間ファッションに関する内容であることを把握する。
3. 最初の4行を読む。3月21日にJustin Gottiに書いた手紙である。
4. 最初の段落の最初の文章を読む。特に重要な内容がないので、その次の文章まで読む。その次の文章を通じて、この手紙が購読期間満期を知らせるために作られたことを把握する。

5. 2番目の段落の最初の文章を読む。該当する雑誌のコンテンツを扱っていることを把握する。
6. 最後にSheila Milneというマネージャーがこの手紙を書いたことを把握する。

Step 3 問題を解く 核心語を読む 40秒・正解を選ぶ 40秒

1. **007**を解く。
   最初の段落で満期が迫っていることを知らせた後、購読期間を延長する時の特典を言及して、フォームを同封したと言っている。したがって、(C)が最も適切である。直接に提出してくださいとは言っていないが、文脈上、文章を書いた人の意図を把握しなければならない。
2. **008**を解く。
   問題の核心語であるMr. Kissengerに気をつけて文章を見てみると、2番目の段落で風刺コラムを書いているという情報が提示されているので、コラムニストであることがわかる。したがって、(D)が正解になる。
3. **006**を解く。
   最初の段落で、4月30日が購読期間満期であることがわかるので、(B)が正解になる。

DAY 7

テクニック

11 広告文の目的は明らかだ！ 整理して次に進むと時間が短縮される！

広告文はTOEIC Part 7にいつも出る文章の種類である。広告文の目的は品物やサービスの販売なので、目的がはっきり決まっていて、文章の構造もほとんど似ている。この点をちゃんと覚えておこう！

1. 文章の紹介で文章の種類が広告であることを確認する。
2. 提示された問題を読む。
3. 確認しなければならない核心語が、文章の構造上どこにあるか推測しながら文章を読む。

問題と選択肢を読む	26秒	
本文に目を通す	20秒	全94秒！
核心語を読む	30秒	(1分34秒)
正解を選ぶ	18秒	

Questions 027-028 refer to the following advertisement. 難易度：中

◀文章の種類を把握－広告

Give Your Property New Look For Summer with
Portfolio Painting!

◀タイトルを通じて、広告の素材が何かを把握！

Whether your needs are for your private home, rental property or business, Portfolio Painting is committed to delivering customer satisfaction, through our meticulous work and professionalism!

◀会社紹介！ 興味を引く！

We work on schedule, pay careful attention to detail and we work with you to provide relevant, affordable solutions to successfully address your finishing needs!

◀サービスの特徴！

For a limited time, homeowners in the Greenville area can get a great deal on a fresh coat of paint from Portfolio Painting. Schedule a consultation before July 1 and take $150 off the regular cost of our interior painting service!

◀サービスの特典！

◀特典とサービスの長所を強調！

We can send one of our trained professionals over to give you a fast and fair estimate within 24 hours. Call soon, as our appointments fill up quickly!

◀購入方法

Portfolio Painting
(707) 520-9888

027. Who is the intended audience of the advertisement? 問題を読む 3秒 問題を解く 8秒

(A) People who own property
(B) Renters in the Greenville area
(C) Real estate agents
(D) Painting consultants

028. How can customers take advantage of the offer? 問題を読む 3秒 問題を解く10秒

(A) By visiting the Portfolio Painting office 選択肢を読む 5秒
(B) By registering as trained professionals 選択肢を読む 5秒
(C) By paying a one-time fee of $150 選択肢を読む 5秒
(D) By making an appointment by June 30 選択肢を読む 5秒

広告文の構造

問題のパターン	内容	注意して見る部分
広告の素材	何を広報しているか? (製品/サービス)	タイトル、前半
広告を見る対象	誰が対象か?	職業、人、テーマ
製品/サービスの特徴	製品/サービスの特徴/特典は?	中・後半
購入方法	どうやって購入するか?	中・後半
制限規定	ただし!と付け加える規定!	最後の部分、小さな字

皆さんが広告文を作成するとしたら?

1. まず、最初にサービス/製品の名前を提示するのではないか?
2. (必要ならば)会社を紹介して、興味を引くだろう。
3. 次に、サービス/製品の特徴(主に長所)を述べるだろう。
4. 今すぐ購入すると、特典があると広報するだろう。
5. 最後に、具体的な購入方法やお問い合わせ情報を提示するだろう。
6. もし、消費者に不利な詳細規定などがあったら、最後の部分に小さく書くようになるだろう。

頭の中でこの構造を思い出しながら、文章を読んでみよう!

キム・デギュンが実際に試験場で問題を解く順番と方法

(解答と解説▶p.352)

Step 1 問題と選択肢を読む 26秒

1. **027**の問題は広告の対象が誰かを問う問題である。
2. **028**の問題は文章の詳細情報を確認する問題である。質問の核心語は'顧客の特典(advantage of the offer)'である。選択肢の核心語は (A)オフィス訪問 (B)専門家として登録 (C)150ドルの料金支払い (D)6月30日まで約束を決めることである。
3. 問題を解く順番を決める。
   028(詳細問題) ➡ **027**(目的/テーマ/文章を読む対象)の順序でアプローチする。

Step 2 本文に目を通す 20秒

1. 文章の紹介を読む。広告(advertisement)である。
2. タイトルを読む。Portfolio Paintingという会社が、住宅のペインティングに関する広報をしていることを把握できる。
3. 最初の段落の最初の文章を読む。会社を紹介しながら、興味を引いている。
4. 2番目の段落の最初の文章を読む。会社のサービスの特徴を述べている。
5. 3番目の段落の最初の文章を読む。サービスの特典に関する内容であることを把握する。
6. 4番目の段落の最初の文章を読む。サービスと長所をもう一度強調している。
7. 最後の段落を読む。お問い合わせ情報が提示されている。

Step 3 問題を解く 核心語を読む 30秒・正解を選ぶ 18秒

1. **028**を解く。
   3番目の段落で特典に関する情報が出たので、注意して読む。7月1日以前に相談日程を決めると、内部ペインティングサービス金額から150ドルを割引してくれるという情報がある。before July 1なので、by June 30となり、正解は(D)である。このようなparaphrasingに気を付けよう！
2. **027**の問題を解く。
   3番目の段落の最初の文章で広告のプロモーションがhomeownersを対象に行われているという情報がある。この表現がparaphrasingされた(A) People who own propertyが正解である。

テクニック

12 告知(notice)は人々に情報を知らせるための文章！

告知文はTOEIC Part 7でよく出題される。告知は、行事に関する案内、規則の変更、人事異動、施設の利用案内などさまざまなテーマにわたって、誰かにある情報を提供するために書かれた文章である。この点をちゃんと覚えておこう！

1. 文章の紹介で文章の種類が告知であることを確認する。
2. 提示された問題を読む。
3. 確認しなければならない核心語が、文章の構造上どこにあるか推測しながら文章を読む。

問題と選択肢を読む	31秒	
本文に目を通す	30秒	全131秒！
核心語を読む	40秒	(2分11秒)
正解を選ぶ	30秒	

DAY 07

Questions 029–031 refer to the following notice. 難易度：中

◀文章の種類を把握 – 告知

Ronoco Technology Competition

◀タイトル – Ronoco Technology Competitionに関する内容

Are you aware of a new concept or invention that could benefit society? Then enter the Ronoco Technology Competition!

◀興味を引く

What is the Ronoco Technology Competition?

◀内容 – Ronoco Technology Competitionとは何か

The competition, started by Italian inventor Ollie Ronoco, who heads the world renowned Rome Center for Research and Development (RCRD), intends to discover solutions to real world problems. The grand prize winners will be presented with 100,000 Euros to commercialize their idea. The most recent competition's winners have gone on to patent and manufacture lightweight solar-panels to produce electricity in disaster areas.

Prize winners will be honored at a special ceremony at the Michaelangelo Civic Center on the grounds of Alberto University on October 10.

◀入賞者の特典

Who is eligible?

◀応募資格

The competition is open to European passport holders of all ages, background, and areas of expertise. Students, hobbyists, and professional inventors are all welcome to enter. However, competition entries must not have an existing patent or have been previously commercialized.

How to apply?
Submissions can be made online and must be received by 15 September. The full competition rules and relevant application forms are available for download from our Web site at www.rcrd.org.it/rtc/entry_form. Edwardo Miocene may be contacted at 555 0782 if contestants require additional information. Those interested in taking part in the event as a judge, please call our Event Coordinator, Bella Thompson on 555 5543.

◀応募方法

029. What is the purpose of the notice? 問題を読む 3秒 正解を選ぶ10秒

(A) To review a university course
(B) To solicit sponsors for an event
(C) To publicize a competition
(D) To advertise a business seminar

030. What is mentioned about the RCRD? 問題を読む 3秒 正解を選ぶ10秒

(A) It is under the management of Ollie Ronoco. 選択肢を読む 5秒
(B) It is situated on the campus of Alberto University. 選択肢を読む 5秒
(C) It manufactures portable solar panels. 選択肢を読む 5秒
(D) It owns the Michaelangelo Civic Center. 選択肢を読む 5秒

031. According to the notice, why would an individual call Ms. Thompson?
問題を読む 5秒 正解を選ぶ10秒

(A) To confirm a date
(B) To ask for research funds
(C) To arrange accommodation
(D) To volunteer

告知文の構造

問題のパターン	内容	注意して見る部分
目的	告知の目的は何か？	前半
対象	告知の対象は誰か？	前半
内容	何を告知するか？	中盤部
要請事項	告知を通じてやるべきことは？	中・後半
お問い合わせ先及びお問い合わせ方法	お問い合わせ先はどこで、どうやってお問い合わせできるか？	後半

皆さんが告知文を作成するとしたら？

1. まず、最初にタイトルに何に関する告知なのか作成するだろう。
2. 告知を作成する背景に関する説明をするだろう。
3. 具体的な情報、または変更事項に関する説明をするだろう。
4. その次に、もし告知を見る対象に要請する事項を作成するだろう。
5. 最後に、告知に関して問い合わせできるよう、問い合わせ先や方法を作成するだろう。

頭の中でこの構造を思い出しながら、文章を読んでみよう！

DAY 07

重要な正解の表現

-You[We] should/could/had better/must ~	あなたは(私たち)は～しなければならない
-We ask/hope/recommend that ~	私たちは～することを要請/希望/推薦する
-A + require/encourage/force/want + B + to V	BがVすることを要求/督励/強要/願う
-(Please) 命令文	～しなさい/～してください

キム・デギュンが実際に試験場で問題を解く順番と方法

(解答と解説▶p.353)

Step 1 問題と選択肢を読む 31秒

1. **029**は文章の目的に関する問題である。
2. **030**は詳細情報の確認問題である。質問の核心語はRCRDである。選択肢の核心語を把握すると、(A)Ollie Ronocoの管理 (B)Alberto University Campusに位置 (C)携帯用の太陽光パネルの製造 (D)Michaelangelo Civic Center所有である。
3. **031**は詳細情報の確認問題である。質問の核心語はMs. Thompsonで、彼女に電話しなければならない理由を探す。
4. 問題を解く順番を決める。
030(詳細問題) ➡ **031**(詳細問題) ➡ **029**(目的/テーマ問題)の順序でアプローチする。

Step 2 本文に目を通す 30秒

1. 文章の紹介を読む。告知(notice)である。
2. タイトルを読む。この文章がある大会(Competition)に関する内容であることを把握する。
3. 最初の小見出しを読む。最初の段落がRonoco Technology Competitionに関する紹介であることを把握する。
4. 最初の段落で**030**の核心語であるRCRDが登場した位置を確認する。
5. 2番目の小見出しを読む。応募資格に関する情報が提供される位置を把握する。
6. 最後の小見出しを読む。応募方法に関する情報が提供されることを把握する。

Step 3 問題を解く 核心語を読む 40秒・正解を選ぶ 30秒

1. **030**を解く。
   RCRDという核心語が含まれた文章にもとづいてOllie RonocoがRCRDのトップであることがわかる。したがって、**030**の正解は(A)である。
2. **031**を解く。
   Ms. Thompsonが登場した最後の段落部分を集中して読むと、イベントに参加しようとする人は彼女に連絡しなければならないことがわかる。したがって、正解は(D) '志願する' である。
3. **029**を解く。
   タイトル及び紹介文の疑問文を通じて、目的が大会を知らせる(C)であることがわかる。

● 読解同意語の練習問題

(解答と解説▶p.354)

文章の下線部の単語と最も近い意味を表す単語を選びなさい。

1. Training will <u>commence</u> on 5 July, running from Tuesday to Saturday inclusive.

   (A) commend (B) command (C) end (C) begin

2. His son operates a <u>custom</u> furniture business.

   (A) tradition (B) young (C) personalized (D) culture

3. The president said that the army would <u>comply with</u> the ceasefire.

   (A) follow (B) result in (C) depend (D) refuse

実践シミュレーション

問題と選択肢を読む	26秒	
本文に目を通す	25秒	全101秒!
核心語を読む	25秒	(1分41秒)
正解を選ぶ	25秒	

Questions 016-017 refer to the following notice. 難易度：下

Ferguson Drycleaners

To our valued clients:

Ferguson Drycleaners of Bunnythorpe are excited to announce a new complimentary delivery service beginning October 10. When you visit our store with clothing in need of specialized cleaning, please inform us whether you will be picking them up in person or would prefer us to deliver them back to you at an address and time of your choosing. This service is completely free but currently only available to premises within the Bunnythorpe boundaries. We look forward to seeing you in store!

016. What will occur on October 10? 問題を読む 3秒 正解を選ぶ10秒

(A) A new branch will officially open. 選択肢を読む 5秒

(B) A new service will be provided. 選択肢を読む 5秒

(C) A store will close for remodeling. 選択肢を読む 5秒

(D) A current employee will retire. 選択肢を読む 5秒

017. What are clients requested to do? 問題を読む 3秒 正解を選ぶ15秒

(A) Make appointments over the phone

(B) Pay outstanding accounts

(C) Attend a celebratory ceremony

(D) Inform staff of their preference

DAY 07

キム・デギュンが実際に試験場で問題を解く順番と方法

(解答と解説▶p.354)

Step 1 問題と選択肢を読む 26秒

1. **016**は文章の詳細情報の確認問題で、同時に未来に起こることに関する質問である。質問の核心語はOctober 10で、選択肢の核心語は(A)new branch (B)new service (C) remodeling (D)retireである。
2. **017**の問題は詳細情報の確認問題で、同時に要請事項に関する問題である。
3. 問題を解く順番を決める。
   016(詳細問題)➡**017**(詳細問題)の順序でアプローチする。

Step 2 本文に目を通す 25秒

1. 文章の紹介を読む。告知(notice)である。
2. 最初の文章のタイトルを読む。この文章の内容がFergusonドライクリーナーであることを把握する。
3. 最初の段落の最初の文章を読む。10月10日から無料配達サービスが新しく開始することを知らせている(announce)ことを把握する。
4. 最初の段落の最後の部分を読む。現在、サービスが一部の地域だけで完全に無料で提供されることを把握する。

Step 3 問題を解く 核心語を読む 25秒・正解を選ぶ 25秒

1. **016**を解く。
   目を通す部分を通じて把握したように、最初の文章で新しいサービスが始まることがわかる。したがって、正解は(B)である。
2. **017**を解く。
   要請事項に関する問題は、主に文章の後半に正解の根拠が提示される。最後の部分に正解の根拠がないと、中盤部で正解の根拠を探す。文章の中盤部にplease inform us～以下の文章を通じて、洗濯物を受け取る時の好みに関して教えてくれるように頼んでいる。したがって、正解が(D)であることがわかる。

DAY 8

テクニック 13 手紙(letter)は言いたい言葉を展開する方法に注目しよう。反転に気をつけよう！

手紙はTOEIC Part 7でいつも出る文章の種類である。主に公式的な結果の通知、要請、告知などの内容が作成される。しかし、手紙(letter)の場合、最近反転が入っているケースが多いので、反転に気をつけなければならない。

1. 文章の紹介で文章の種類が手紙(letter)であることを確認する。
2. 提示された問題を読む。
3. 確認しなければならない核心語が、文章の構造上どこにあるか推測しながら読む。
4. 副詞を使った内容の反転がないか、もう一度確認する！

■ キム・デギュンのTMI

もう一つ！ 本文の最後にenclose(同封する), attach(添付する), send along(一緒に送る)のような表現が出たときは気をつけて読む。

問題と選択肢を読む	33秒	全143秒！(2分23秒)
本文に目を通す	30秒	
核心語を読む	40秒	
正解を選ぶ	40秒	

Questions 032-034 refer to the following letter. 難易度：中

◀文章の種類を把握 – 手紙

Koala Point Hotel
1148 Newlands Drive
Maroochydore
Queensland Australia 4558

◀誰が送ったか – Koala Point Hotel

21 November

To All Interested Parties:

We appreciate your interest in joining our internship program at Koala Point Hotel. Unfortunately, we are only able to accept a limited number of summer interns. As our program offers invaluable, first-hand experience of the Australian hospitality and tourism industries, we are only interested in those applicants who are currently studying subjects in a related field. By spending the summer with us, you will gain the skills necessary to function successfully in a resort environment.

◀誰に送ったか – 興味を示した人たち
◀最初の文章！
◀Unfortunately! 内容の反転

Included with this letter is an application packet with a detailed breakdown of the available positions and their responsibilities. Please review these carefully and submit your application directly to the division that most interests you. The deadline for applications is December 7, with our Human Resources team conducting the first round of interviews from December 12. Internships begin on January 5 and continue until February 20.

◀最初の文章！ – 同封したファイル

We look forward to hearing from you.

Sincerely,

Timothy Bell

Timothy Bell
Program Coordinator

◀ Timothy Bell が送る

032. What is suggested about recipients of the letter? 問題を読む 5秒 正解を選ぶ15秒

(A) They have booked rooms at the hotel. 選択肢を読む 5秒
(B) They are employed at travel agencies. 選択肢を読む 5秒
(C) They have previously communicated with the hotel. 選択肢を読む 5秒
(D) They will be interviewed by Timothy Bell. 選択肢を読む 5秒

033. What are recipients of the letter requested to read? 問題を読む 5秒 正解を選ぶ 15秒

(A) Documentation about various employment positions
(B) A list of the latest adjustments to a program
(C) A flier detailing the resort's facilities
(D) Annual financial targets of the business

034. When are applications due? 問題を読む 3秒 正解を選ぶ 10秒

(A) On November 21
(B) On December 7
(C) On January 5
(D) On February 20

DAY 08

手紙(letter)に関する正解のヒントになる表現

パターン	根拠
前半の根拠	I'm writing / sending to / I'd like to announce that ~ / In response to your request / as you request など
中盤部の根拠	Unfortunately / however / I'm sorry / but ~など
後半の根拠	Please / I advise you ~ / Could (you) ~ / Would (you) ~など

Tip! 皆さんがビジネス用の手紙を書くときを、想像してみよう。

1. 〈相手が先に送った手紙に同意〉前半に同意するという意見を書くだろう。

2. 〈相手が先に送った手紙に反対〉ビジネス用の手紙なので、最初は感謝の気持ちを伝えながら、相手の意見を尊重すると書いた後、unfortunately, howeverなどの副詞を通じて、断る意見や反対の意見を提示するだろう。
3. 内容に関する説明が多い手紙を書く時も、結局最後には要求事項を明確にするために、Pleaseや動詞の原形を使うだろう。

このような構造を考えながら文章を読む。

キム・デギュンが実際に試験場で問題を解く順番と方法

(解答と解説▶p.355)

Step 1 問題と選択肢を読む 33秒

1. **032**の問題は推論問題である。質問の核心語はrecipients of the letterである。選択肢の核心語は、(A)ホテルルームの予約 (B)旅行会社に雇用される (C)ホテルと事前連絡を取る (D) Thimothy Bellがインタビューする予定である。
2. **033**の問題は詳細情報の確認問題で、同時に要請事項に関する問題である。問題の核心語はrecipients of the letterが読む内容である。
3. **034**は詳細情報を把握する問題で、核心語はapplication dueである。
4. 問題を解く順番を決める。
   033(詳細問題) ➡ **034**(詳細問題) ➡ **032**(推論問題)の順序でアプローチする。

Step 2 本文に目を通す 30秒

1. 文章の紹介を読む。手紙(letter)である。
2. 最初の4行を読む。Koala Point Hotel All interested Partiesに送った手紙であることを把握する。
3. 最初の段落の最初の文章を通じて、手紙を受け取る人たちが、すでにインターンシップ・プログラムに興味を示したことを把握する。
4. 最初の段落の2番目の文章がUnfortunatelyで始まったので、内容の反転がある可能性が高い。該当する内容を読んで次に進む。インターンシップ参加人数に制限があると、内容が反転されたことを把握する。
5. 2番目の段落の最初の文章を通じて、手紙に何かを同封したことを把握する。

Step 3 問題を解く 核心語を読む 40秒・正解を選ぶ 40秒

1. **033**の問題は要請事項に関する問題で、文章の後半に正解の根拠が提示される。2番目の段落を中心に読む。2番目の段落のPlease review these ～ のtheseが示す内容で、すぐ前の文章を根拠に正解が(A)であることがわかる。
2. **034**の問題も2番目の段落に問題の核心語(due)がparaphrasingされたdeadlineが登場する部分を中心に読む。該当する文章を根拠に正解が(B)であることがわかる。
3. **032**の問題を解く。
   手紙の最初の部分に、すでに手紙の受信者がインターンシップに興味を示したことを、目を通す部分で把握した。
   したがって、正解は(C)を選ぶ。

テクニック

記事は事件を中心に段落の核心を把握しながら読む。

記事はテーマの範囲は広いが、反転がなく、最初の段落でテーマが明確に表れる方である。

1. 各段落の最初の文章を素早く読みながら、段落別の小テーマを把握する。
2. ところどころ強調する副詞(Therefore, As a result, In addition〜)や動詞の原形、Please〜などで始まる文章があると、該当する部分を必ず読む。

問題と選択肢を読む	74秒	
本文に目を通す	40秒	全224秒！
核心語を読む	50秒	(3分44秒)
正解を選ぶ	60秒	

Questions 035-038 refer to the following article. 難易度：中

◀文章の種類を把握 - article

Naughty Nails Opens

Johannesburg, 15 April—Naughty Nails celebrated its grand opening on Monday. Owner and nail artist Margaret O'Neal was pleased to see the occasion well attended, and her schedule for the next couple of weeks is booked solid. Katherine Small, who went to the store for the first time yesterday to have her nails painted, said that she is not surprised by Naughty Nails' popularity. "The quality of their work is outstanding," she said. "And it's such a convenient location right in the middle of the main business district where I work."

◀最初の段落の最初の文章 - オープニング紹介

Naughty Nails is situated in busy Queens Avenue, just down the road from several of the city's biggest skyscrapers which are home to financial institutions employing several thousand workers. "I chose Queens Avenue because it is in the middle of downtown Johannesburg. My goal is to attract business women on their lunch breaks," said O'Neal during the official opening.

◀2番目の段落の最初の文章 - お店の位置

Another customer commented that the prices of the salon's services and nail care products were surprisingly cheap. "I was delighted to discover a good beautician that is so competitively priced," said Sarah Staine. "I intend to be a regular here."

◀3番目の段落の最初の文章 - 顧客評価

For more details or to make a reservation, call 633-3344 or visit www.naughtynails.co.za.

◀4番目の段落の文章 - 追加のお問い合わせ

035. Why was the article written? 問題を読む 3秒 正解を選ぶ 20秒

(A) To inform readers that a business will be moving
(B) To announce an international competition for nail artists
(C) To publicize a business that has just opened
(D) To tell local businesswomen about a special deal

036. What is stated about Ms. Small? 問題を読む 3秒 正解を選ぶ10秒

(A) She works near Queens Avenue. 選択肢を読む 5秒
(B) She is the manager of Naughty Nails. 選択肢を読む 5秒
(C) She attended the store's opening ceremony. 選択肢を読む 5秒
(D) She made a reservation via the internet. 選択肢を読む 5秒

037. According to Ms. O'Neal, why was the salon opened on Queens Avenue? 問題を読む 5秒 正解を選ぶ 15秒

(A) Because there are no other salons in the neighborhood 選択肢を読む 5秒
(B) Because there is free parking across the street 選択肢を読む 5秒
(C) Because the rent is cheaper than other areas 選択肢を読む 5秒
(D) Because it is in a busy central business district 選択肢を読む 5秒

038. What is indicated about Naughty Nails? 問題を読む 3秒 正解を選ぶ15秒

(A) It is looking for a new employee. 選択肢を読む 5秒
(B) It sells nail products at competitive prices. 選択肢を読む 5秒
(C) It gives all new customers a discount. 選択肢を読む 5秒
(D) It offers complimentary nail care consultations. 選択肢を読む 5秒

キム・デギュンが実際に試験場で問題を解く順番と方法

(解答と解説▶p.356)

Step 1 問題と選択肢を読む 74秒

1. **035**の問題はテーマ問題である。
2. **036**の問題は文章の詳細情報を確認する問題である。質問の核心語はMs. Smallである。選択肢の核心語は (A)業務場所近く Queens Avenue (B)Naughty Nails マネージャー (C)オープニングセレモニーに参加 (D)インターネットで予約である。
3. **037**は詳細情報の確認問題である。質問の核心語は'Ms. O'Neal'の話から、サロン(salon)がQueens Avenueにオープンした理由である。選択肢の核心語は (A)近くに他のサロンがない (B)無料駐車場 (C)安い賃料 (D)繁華街である。
4. **038**は推論問題である。質問の核心語はNaughty Nailsである。選択肢の核心語は(A) 新しい従業員を求人中 (B) 適切な値段でネイル製品を販売 (C) 新しいお客さんに割引提供 (D) 無料ネイル管理相談である。
5. 問題を解く順番を決める。
   036(詳細問題) ➡ **037**(詳細問題) ➡ **038**(推論問題) ➡ **035** (テーマ、目的問題)の順序でアプローチする。

Step 2 本文に目を通す 40秒

1. 文章の紹介を読む。記事(article)である。
2. タイトルを読む。Naughty Nailsの開業に関する記事であることを把握する。
3. 最初の段落の最初の文章を読む。お店の開業に関する内容であることを把握する。
4. 2番目の段落の最初の文章を読む。繁華街のQueens Avenueに位置している。この段落にQueens Avenueに関する内容がある程度で把握する。
5. 3番目の段落の最初の文章を読む。前の段落から続いてお客さんのインタビューがあり、お店に関する情報もあることを把握する。
6. 最後の段落の最初の文章を読む。お問い合わせ情報が提供されていることを確認する。

Step 3 問題を解く 核心語を読む 50秒・正解を選ぶ 60秒

1. **036**を解く。
   核心語であるMs. Smallが登場した最初の段落のKatherine Smallの近くで彼女の発言を読んでみると、本人が働いている所の近くに位置しているという情報が含まれている。したがって、正解は(A)である。
2. **037**を解く。
   037の問題は、2番目の段落がQueens Avenueに関する話から始まっているので集中して読む。O'Nealのインタビューに、本人がQueens Avenueを選択した理由がJohannesburg市内の真ん中にあるからという情報がある。したがって、正解は(D)である。
3. **038**を解く。
   038の問題は、本文の2番目の段落以後の内容に集中して正解の根拠を探す。3番目の段落の最初の文章で、サロンの値段がびっくりするほど安いという情報が提示されていて、正解は(B)のcompetitive pricesになる。
4. **035**を解く。
   035は、上記の問題を解きながら、この記事が「(C) 開業したばかりの事業を知らせるために」作成されたことがすぐわかる。

● 読解同意語の練習問題

(解答と解説▶p.357)

文章の下線部の単語と最も近い意味を表す単語を選びなさい。

1. We had to wait 3 months for the council to <u>approve</u> our plans to build the building.

   (A) accept　(B) recall　(C) produce　(D) acquire

2. The soldiers <u>assumed</u> control of the plane and forced it to land in the desert.

   (A) supposed　(B) took over　(C) accommodate　(D) boost

3. The president <u>allotted</u> a separate desk to everyone.

   (A) allocated　(B) associated　(C) accounted for　(D) allured

実践シミュレーション

問題と選択肢を読む	56秒	
本文に目を通す	25秒	全186秒!
核心語を読む	40秒	(3分6秒)
正解を選ぶ	65秒	

Questions 018-021 refer to the following article. 難易度：中

Pushing Pedal Power

By Sam Young

SPRINGVALE (March 22) — On Monday Super Cycles celebrated the opening of its first franchise just 15 kilometers from its flagship store on Main Street. Centrally-located Super Cycles has been serving all Springvale residents' cycling needs for the last fifteen years. With recent public concern over global warming and environmental friendliness, there has been significant growth in temporary bicycle rentals, and this is the niche market that the new store, situated on Featherston Street, is targeting.

Super Cycles founder Matthew Reid said that the opening of the second store was a result of the increase in international tourists and the growing number of university students who want to cycle to lectures during the semester but don't want the hassle of storing or taking a new bike home with them over the holidays. He mentioned that "students are extremely reluctant to buy a bicycle because they all plan on buying cars once they graduate. They also usually lack the equipment necessary to safely transport their bicycles to their hometowns."

Super Cycles clientele who hire bicycles at one store location are able to return them to either store, giving day-riders much more freedom when deciding which of the city's new cycle trails to take. Mr. Reid has hired experienced mountain biker Steve Walsh to regularly service the rental fleet.

018. What is the purpose of the article? 問題を読む 3秒 正解を選ぶ 15秒

(A) To announce an employment vacancy at a local store
(B) To publicize a partnership between two businesses
(C) To compare the cost of bicycles with automobiles
(D) To provide details about the growth of a local business

019. According to Mr. Reid, why do some people choose not to buy a bicycle?
問題を読む 5秒 正解を選ぶ 15秒

(A) They believe that bicycles are too expensive. 選択肢を読む 5秒
(B) They do not plan on keeping them for long. 選択肢を読む 5秒
(C) They lack knowledge of bicycle maintenance. 選択肢を読む 5秒
(D) They are not aware of the city's bicycle routes. 選択肢を読む 5秒

020. What is NOT indicated about the Super Cycles shop on Main Street?
問題を読む 5秒 正解を選ぶ 20秒

(A) It accepts bicycles hired from the Featherston Street store. 選択肢を読む 5秒
(B) It is situated in the middle of the city. 選択肢を読む 5秒
(C) It buys residents' old bicycles for resale. 選択肢を読む 5秒
(D) It has been in business for fifteen years. 選択肢を読む 5秒

021. Why was Mr. Walsh hired? 問題を読む 3秒 正解を選ぶ 15秒

(A) To repair the Featherston Street store's inventory
(B) To start a bicycle club in Springvale
(C) To consult with the city council
(D) To run city tours for tourists

キム・デギュンが実際に試験場で問題を解く順番と方法

(解答と解説▶p.358)

Step 1 問題と選択肢を読む 56秒

1. **018**は文章の目的を問う問題である。
2. **019**は詳細情報の確認問題である。質問の核心語はwhyとnot to buy a bicycleである。選択肢の核心語は (A)too expensive (B)not plan on keeping them for long (C)lack knowledge (D)not aware of the city's bicycle routesである。
3. **020**は否定語NOTが入っている推論問題である。質問の核心語はSuper Cycles shopである。選択肢の核心語は (A)accepts bicycles from the Featherston (B)situated in the middle of the city (C)buys old bicycles for resale (D)in business for fifteen yearsである。
4. **021**の問題は文章の詳細情報を確認する問題である。質問の核心語はwhyとhiredである。
5. 問題を解く順番を決める。
   019(詳細問題) ➡ **020**(NOT 推論) ➡ **021**(詳細情報) ➡ **018**(目的)の順序でアプローチする。

Step 2 本文に目を通す 25秒

1. 文章の紹介を読む。記事(article)である。
2. 文章のタイトルを読む。Pedal Powerに関する内容であることを把握する。
3. 最初の段落の最初の文章を読む。月曜日に最初のフランチャイズ店がオープンすることを祝う内容であることを把握する。
4. 2番目の段落の最初の文章を読む。2番目のお店がオープンする背景に関する内容であることを把握する。
5. 3番目の段落の最初の文章を読む。顧客に提供される特典やサービスに関する内容であることを把握する。

Step 3 問題を解く 核心語を読む 40秒・正解を選ぶ 65秒

1. **019**を解く。
   Mr. Reidのインタビューが引用された2番目の段落で、卒業すると車を買いたいと思っているので、自転車を買うことをためらっているという情報が出る。したがって、(B)が正解である。
2. **020**を解く。
   (A)は最後の段落、(B)と(D)は最初の段落で情報を確認できるので、この問題の正解は(C)になる。
3. **021**を解く。
   Mr. Walshに気をつけて文章を見てみると、3番目の段落の最後の文章で、レンタル自転車を定期的に点検するために雇用されたことがわかる。したがって、(A)が正解である。
4. **018**を解く。
   最初の文章で、注力の店舗の他に、初めてのフランチャイズ店をオープンしたというお知らせを扱っているので、正解は(D)である。

DAY 08

DAY 9

テクニック

15 求人/求職の広告でよく出題される問題を整理しよう！正解を見つけるスピードが速くなる！

求人/求職の広告は目的がはっきりしているので、問題がパターン化している。問題をパターン別に整理して必修情報を覚えると、正解を見つけるスピードがより速くなる。

1. 文章の紹介を読む。求人/求職の広告であることを確認する。
2. 先に問題を読んで、下記に整理した各問題の正解の根拠を素早く探す。

問題と選択肢を読む	42秒	全137秒！(2分17秒)
本文に目を通す	40秒	
核心語を読む	35秒	
正解を選ぶ	20秒	

Questions 039-040 refer to the following job-posting. 難易度：中

◀文章の種類を把握－求人

Procurement Manager for Chemical Manufacturer ◀タイトル

International manufacturer of agricultural chemicals requires a procurement manager. The role will be overseen by the chief financial officer and their primary responsibility is the purchase of all raw materials and equipment used at the company's Thames manufacturing facility. Secondary duties include the regular inspection of products on display at expos and trade fairs as well as visiting vendors once or twice a quarter. Previous experience in inventory management will be looked upon favorably. To be considered for the position, candidates must have:

◀求人の職種 ◀職務1 ◀職務2 ◀資格要件

- ◆ At least at bachelor's degree (business majors are preferred)
- ◆ A minimum of three years of purchasing experience
- ◆ Proven ability to negotiate
- ◆ Experience with drawing up contracts
- ◆ A working knowledge of online purchasing systems
- ◆ Logistical experience to ensure all deliveries are made on-time

Interested candidates are asked to e-mail their resume with an accompanying cover letter including their salary expectations to Patrick Wiley, pwiley@starrecruiters.com no later than May 1. Interviews will be held on May 18.

◀志願方法

039. What is suggested about the work that the procurement manager will do?
問題を読む 5秒　正解を選ぶ 15秒

(A) It involves training new employees. 選択肢を読む 5秒
(B) It is likely to change significantly. 選択肢を読む 5秒
(C) It includes considerable traveling. 選択肢を読む 5秒
(D) It requires selling machinery. 選択肢を読む 5秒

040. What is NOT included in the job posting? 問題を読む 5秒　正解を選ぶ 15秒

(A) The start date for employment 選択肢を読む 3秒
(B) The deadline 選択肢を読む 3秒
(C) The contact information 選択肢を読む 3秒
(D) The immediate supervisor 選択肢を読む 3秒

求人/求職(Job advertisement)に関する問題のパターンと正解のヒントに関する内容を整理

パターン	問題	根拠
職種の質問	What position ~	look for, in need of, searching for, accepting application for, seek, advertising, people to V, individual to V (探す、求人、～を探す、志願書を受け取る、探す、広告中である、～する人、～する個人)
所属上長の質問	Under whom ~	report to ~ (～に提出する)
勤務地の質問	Where ~ work?	場所が登場する副詞句 *会社の本社と書類を提出する場所が同じ場合があるので注意！
業務の質問	What ~ as responsibilities What ~ as duties	responsibilities include ~ (業務は～を含む) duties include ~ (業務は～を含む) be responsible for ~ (～を担当する)
志願資格の質問1	What ~ as qualification What ~ as requirement	must, should have, be necessary, be required, be essential, possess ~ (しなければならない、～を持っていなければならない、～が必要だ、～を要求される、～が必修的だ、(能力を)持っていなければならない)
志願資格の質問2	What ~ as qualification What ~ as requirement	必修資格: prerequisite (前提条件) 優遇資格: benefit, plus, preferred, not mandatory, bonus, advantageous, desire, desirable, be beneficial, helpful, asset, favorably (特典がある、加算となる、好まれる、義務ではない、加算となる、有利な、ほしい、望ましい、有益である、役に立つ、(能力は) 資産、好意的に)

DAY 09

副詞や特典の質問	What ~ as benefit What ~ as compensation	主に文章の中・後半に出る。 Salary, insurance, pension, retirement fund, housing, transfer allowanceなどを見る。 (給与、保険、年金、引退年金、無償住宅、転勤手当)
志願方法の質問	How ~ apply	主に文章の後半に出る！ Interested candidates are asked to ~(興味のある志願者は〜してください) If interested ~(興味があれば〜)

キム・デギュンが実際に試験場で問題を解く順番と方法

(解答と解説▶p.360)

Step 1 問題と選択肢を読む 42秒

1. **039**の問題は推論問題である。問題の核心語はthe procurement managerである。選択肢の核心語は(A)training new employees (B)likely to change significantly (C) considerable traveling (D)selling machineryである。
2. **040**の問題は否定語NOTが入っている詳細情報の確認問題である。問題の核心語はjob postingである。選択肢の核心語は(A)start date (B)deadline (C)contact information (D) immediate supervisorである。
3. 問題を解く順番を決める。
   040(否定語NOT詳細問題) ➡ **039**(推論問題)の順序でアプローチする。

Step 2 本文に目を通す 40秒

1. 文章の紹介を読む。求人(job posting)である。
2. タイトルを読む。化学製造会社で調達管理者を探している。
3. 最初の段落の最初の文章を読む。農業化学業の国際的な製造会社で調達管理者を探している。
4. 最初の段落に早く目を通す。該当する職種の職務が提示されていることを確認する。
5. 2番目の段落を読む。職務の資格要件が提示されていることを把握する。
6. 最後の段落の最初の文章を読む。興味のある志願者が志願する方法が提示されていることを把握する。

Step 3 問題を解く 核心語を読む 35秒・正解を選ぶ 20秒

1. **040**を解く。
   告知と各選択肢を対照しながら、言及されている内容を消去していく方法で解決する。目を通した部分に基づいて、最初の段落で(D)を消去する。最後の段落で(C)と(B)を消去する。正解は(A)になる。
2. **039**を解く。
   職務に関する質問である。目を通した部分にもとづいて、最初の段落に集中して問題を解く。その中で、Secondary duties include〜で、エキスポと貿易博覧会及び供給会社を訪問しなければならないことを把握できる。したがって、正解は(C)である。

テクニック

16 案内は小見出しをちゃんと読むこと。正解の根拠がどの段階にあるのか把握しやすくなる。

案内文(information)の出題頻度は比較的に少ないが、記事と同じくらい難しい文章である。案内文は主に利用方法に関する案内が大半である。

1. 文章の紹介を読む。案内文であることを確認する。
2. 問題の核心語を整理した後、小見出し、または書く段落の最初の文章に目を通す。
3. 目を通して、小見出しを整理した後、問題で問われている情報がある段落だけをちゃんと読んで問題を解く。

問題と選択肢を読む	61秒	
本文に目を通す	25秒	全156秒！
核心語を読む	40秒	(2分36秒)
正解を選ぶ	30秒	

Questions 041–043 refer to the following information. 難易度：下

◀文章の種類を把握－案内文

Helpful Hints for Using Madeon's SX 90 Coffee Maker

◀タイトル－テーマを把握

Plug the SX 90 into its own grounded outlet.

◀小見出し1－別途のコンセント使用

If the electric circuit is overloaded with several appliances, your coffee maker may not function properly. The SX 90 should be operated on its own circuit, separate from other appliances.

Keep the SX 90 turned "ON."

◀小見出し2－"電源On"を維持

To brew a fresh cup of coffee, tea or hot cocoa whenever you want, always leave your coffee maker turned "ON". Of course, the SX 90 is fully programmable so, if required, you may set it to turn on and off automatically to match your lifestyle. Or you may set the machine to automatically turn off after a fixed period of time. Follow the simple instructions on pages 7–9 in the user manual to find the settings that are most appropriate for you.

For the best tasting beverage, Madeon recommends using bottled water.

◀小見出し3－勧告事項－水の使用

Water quality varies depending on the location. If you notice an undesirable taste in your cup of coffee, we recommend you consider using bottled water or water from a filtration system. For best results, carefully follow the instructions in the user manual.

041. Where would the above information most likely be found? 問題を読む 5秒 正解を選ぶ 10秒

(A) In an owner's manual

(B) In a newspaper advertisement

(C) On a office bulletin board

(D) In a subscription newsletter

042. According to the information, what can the SX 90 do? 問題を読む 3秒 正解を選ぶ 10秒

(A) Be operated outside on battery power 選択肢を読む 5秒

(B) Purify any available water source 選択肢を読む 5秒

(C) Vary the final temperature of the beverage 選択肢を読む 5秒

(D) Be programmed to switch itself on or off 選択肢を読む 5秒

043. What is NOT a recommendation Madeon makes? 問題を読む 5秒 正解を選ぶ 10秒

(A) Learn how to use the machine by perusing the directions. 選択肢を読む 7秒

(B) Do not plug it into an adaptor with other appliances. 選択肢を読む 7秒

(C) For the best experience, use bottled water. 選択肢を読む 7秒

(D) The product must be switched off when not in use. 選択肢を読む 7秒

案内文(information)の核心まとめ

パターン	問題	有用なTIP！
製品/機械/施設の利用案内	Where ~ found? (どこで見える案内文なのか？)	(特定の製品や機械の利用案内の場合) 正解がマニュアル、製品のボックスの場合が多い。
	What can ~ do? (何ができるか?)	(特定の製品や機械の利用案内の場合) 文章の中盤部の詳細情報を中心に見る。
	Who ~ intended for? (文章を読む対象は誰か？)	(特定の製品や機械の利用案内の場合) customer, buyer, purchaser, clientなどの場合が多い。
	What is (Not) a recommendation ~ ((非)推薦事項は何か？)	主に文章の後半に正解のヒントがある！

キム・デギュンが実際に試験場で問題を解く順番と方法

(解答と解説▶p.361)

Step 1 問題と選択肢を読む 61秒

1. **041**の問題は推論問題である。
2. **042**の問題は文章の詳細情報を確認する問題である。質問の核心語はthe SX 90である。選択肢の核心語は (A)battery power (B)purify (C)vary the final temperature (D)switch itself on or offである。
3. **043**の問題は否定語NOTが入っている詳細情報の確認問題である。質問の核心語はrecommendationである。選択肢の核心語は(A) 指示事項に従う機械の使用方法 (B)他の機械と一緒にコンセントを挿さないこと (C)お水を使用すること (D)使用しない時はスイッチを消すことである。
4. 問題を解く順番を決める。
   042(詳細情報) ➡ **043**(否定語Notの詳細問題) ➡ **041**(推論問題)の順序でアプローチする。

Step 2 本文に目を通す 25秒

1. 文章の紹介を読む。案内文(information)である。
2. タイトルを読む。SX90がコーヒーメーカーで、この文章が使用方法に関することを把握する。
3. 最初の小見出しを読む。特定のコンセントに挿すことを説明している内容であることを把握する。
4. 2番目の小見出しを読む。スイッチを"ON"にするように説明している内容であることを把握する。
5. 3番目の小見出しを読む。お水を使用することをお勧めする内容であることを把握する。

Step 3 問題を解く 核心語を読む 40秒・正解を選ぶ 30秒

1. **042**を解く。
   小見出しの中で選択肢の核心語と関係のある部分を見て、内容と対照する。2番目の段落の2番目の文章を読んでみると、ライフスタイルに合わせて自動的にSX90をオン・オフできると言っているので、正解は(D)である。
2. **043**を解く。
   否定語NOTが入っている問題は一つずつ消去しながら問題を解く。最後の小見出しでrecommendationがあったので、この部分を集中して読む。2番目の文章で(C)を消去、小見出しで(A)を消去できる。選択肢(B)の内容は、最初の小見出しと内容で消去できる。したがって、正解は(D)である。
3. **041**を解く。
   製品に関する案内文の場合、マニュアルや製品のボックスの中にこのような案内書がある可能性が最も高い。この問題では、3番目の段落の最後の文章で正解が(A)であることがわかる。

● 読解同意語の練習問題

(解答と解説▶p.362)

文章の下線部の単語と最も近い意味を表す単語を選びなさい。

1. A regular <u>brisk</u> walk will improve muscle tone.

   (A) available　(B) customized　(C) strong　(D) slow

2. A reporter was dispatched to Paris to <u>cover</u> the riot.

   (A) include　(B) pay　(C) discuss　(D) report

3. The money will <u>cover</u> the costs of planting, maintaining and protecting the new trees.

   (A) report　(B) pay　(C) apply to　(D) envelop

実践シミュレーション

問題と選択肢を読む	28秒	
本文に目を通す	25秒	全108秒!
核心語を読む	35秒	(1分48秒)
正解を選ぶ	20秒	

Questions 022-023 refer to the following advertisement. 難易度：中

Four Flowers
Musical Messages

Four Flowers singing messengers have been providing celebratory singing services for years. From birthdays to wedding anniversaries, graduations to retirements, we always offer a unique experience. Whatever and wherever the occasion, we'll create a personalized musical message to suit each customer. Our entertainers guarantee to bring a smile!

We are seeking …

highly skilled singers, dancers, and musicians — even clowns. Ability to play instruments such as the accordion or trumpet is a plus.

Training is offered for both full and part-time positions.

Have what it takes? Please send us a short video highlighting your skills.
Please submit the video and personal details, to Matthew Stanford, 88 Clover Street, New Market, Bristol, B19 2RT.

022. What is the purpose of the advertisement? 問題を読む 3秒 正解を選ぶ 10秒

(A) To organize a special occasion
(B) To introduce a new television show
(C) To recruit people with talent
(D) To market a new business

023. What is suggested about the entertainers who work at Four Flowers?

問題を読む 5秒　正解を選ぶ 10秒

(A) They travel frequently. 選択肢を読む 5秒
(B) They must own a musical instrument. 選択肢を読む 5秒
(C) They are in their twenties. 選択肢を読む 5秒
(D) They record the events that they attend. 選択肢を読む 5秒

キム・デギュンが実際に試験場で問題を解く順番と方法

(解答と解説▶p.362)

Step 1　問題と選択肢を読む 28秒

1. **022**は文章の目的を問う問題である。
2. **023**は推論問題である。質問の核心語はentertainers who work at Four Flowersである。選択肢の核心語は (A)travel frequently (B)own a musical instrument (C)in their twenties (D)record the eventsである。
3. 問題を解く順番を決める。
   023(推論問題) ➡ **022**(目的問題)の順序でアプローチする。

Step 2　本文に目を通す 25秒

1. 文章の紹介を読む。広告(advertisement)である。
2. 文章のタイトルを読む。Four Flowersに関する内容であることを把握する。
3. 最初の段落の最初の文章を読む。会社紹介が出る。
4. 太い字を読む。求人中の人に関する情報がここに出ることを把握する。
5. 次の段落を読む。訓練が提供されることを把握する。
6. 最後の段落の最初の文章を読む。応募する方法に関する内容であることを把握する。

Step 3　問題を解く 核心語を読む 35秒・正解を選ぶ 20秒

1. **023**を解く。
   最初の段落の会社紹介で、何でもどこでも(Whatever and wherever the occasion)という表現を通じて、移動が多い可能性が高いとわかる。正解は(A)である。
2. **022**を解く。
   この文章の目的は、真ん中の太い字を見ると求人広告であることがわかる。正解は(C)である。

DAY

10

テクニック

回覧(memo)は電子メール形式をした社内の告知！ よく出る内容を整理すれば、より早く正確に問題を解くことができる。

回覧(memo)は主に電子メールの形式で出るが、扱っている内容が主に社内の政策変更、従業員の人事異動などに関する内容である。

1. 文章の紹介を読む。回覧であることを確認する。
2. 送信者、受信者、タイトル(RE:, Subject:)をちゃんと読む。
3. 告知する内容が何か把握する。
4. 従業員に要請する内容があるか、連絡方法は何か把握する。

問題と選択肢を読む	20秒	
本文に目を通す	25秒	全110秒！
核心語を読む	40秒	(1分50秒)
正解を選ぶ	25秒	

Questions 044-045 refer to the following memo. 難易度：上

◀文章の種類を把握 – 回覧

To: All Human Resources Personnel ◀受信者
From: Kent Alsworth, Information Technology Manager ◀送信者
Date: July 1
Re: Upcoming change ◀テーマ

The operating systems of the human resource department's computers will be updated on July 7. In addition to the update, new software to help manage employee information will also be loaded onto every computer in the department. In order to assist you becoming familiar with the updated version of the operating system and new programs, instruction will be offered in following ways: ◀最初の文章 – 目的

◀詳細情報 – 新しいプログラムの案内を提供

- ✓ Training manuals have been printed and are available on request from the IT department.
- ✓ A presentation for all staff will be made on July 11 from 1 P.M. to 3 P.M. in conference room number 2.
- ✓ Workers who are unable to attend the presentation may request one-on-one instruction at a time of their choosing by calling Todd Rutene on extension 510.

Please don't hesitate to contact me on ext. 687 if you have questions about the upcoming update, software or training. ◀お問い合わせ先

044. Why was the memo written? 問題を読む 3秒 正解を選ぶ15秒

(A) To inform employees to upgrade software
(B) To give details about educational resources
(C) To announce that a recent project was successful
(D) To ask for suggestions on how to improve the company

045. According to the memo, to whom should questions about the update be addressed? 問題を読む 5秒 正解を選ぶ15秒

(A) The human resources department manager 選択肢を読む 3秒
(B) Todd Rutene 選択肢を読む 3秒
(C) The presenter at the seminar 選択肢を読む 3秒
(D) Kent Alsworth 選択肢を読む 3秒

回覧(memo)の核心まとめ

パターン	有用なTIP！
会社の政策の変更	既存の会社の政策の一部が変更されることを告知 - 核心単語: regulation, policy, procedure, guideline (規制、政策、手順、ガイドライン)
システムの導入	新しいシステムの導入を告知 - 核心単語: update, introduce, instruction (アップデート、導入、指針)
従業員の昇進	従業員の昇進、または役職の変更を告知 - 核心単語: promote (昇進する)
従業員の退職	従業員の退職を告知 - 核心単語: resign, retire, quit (辞任する、引退する、退職する)

DAY 10

キム・デギュンが実際に試験場で問題を解く順番と方法

(解答と解説▶p.363)

Step 1 問題と選択肢を読む 20秒

1. **044**は目的を問う問題である。
2. **045**は詳細情報の確認問題である。
3. 問題を解く順番を決める。
045(詳細情報) ➡ **044**(目的問題)の順序でアプローチする。

Step 2 本文に目を通す 25秒

1. 文章の紹介を読む。回覧(memo)である。
2. 最初の4行を読む。IT部署のKent Alsworthが人事部全員に送る"これからの変更事項"に関する電子メールであることを把握する。
3. 最初の段落の最初の文章を読む。OSシステムがアップデートされる予定であることを把握する。
4. 最初の段落の最後の文章を読む。新しいプログラムの指針が次の段落に提示されることを把握する。
5. 最後の段落の文章を読む。お問い合わせ方法に関する段落であることを把握する。

Step 3 問題を解く 核心語を読む 40秒・正解を選ぶ 25秒

1. **045**を解く。
   文章を読む対象が何かをする方法に関する質問で、主に文章の後半に正解の根拠がある。目を通した部分にもとづいて、最後の段落でお問い合わせの担当者は本メモを書いた人であることがわかる。送信者が正解なので、正解は(D)である。
2. **044**を解く。
   文章の目的に関する決定的な根拠は前半に提示されるが、全体的な内容を総合しないと見つからない場合もある。パソコンのOS更新及びプログラムの設置に関して言及した後、これに関する教育があることを知らせているので、(B)が正解である。

テクニック

18 文章の意味を問う問題はほとんどその文章の前の文章に手がかりがある。

最近TOEIC Part 7のテキストメッセージ(text messaging)、オンラインチャット議論(online chat discussion)などでよく出題されるパターンで、特定の文章の意味を問うパターンの問題である。普段、必ず一つは出題される！

1. 質問で文章の意味を問う問題が出ているか確認する。
2. 該当する問題を先に解く。
3. 該当する文章を解釈する。
4. 該当する文章のすぐ前の会話がどんな内容だったか確認する。

■ キム・デギュンのTMI

- 文章の意図を問う問題はtext message chain / online chat discussionだけで出題される！
- online chat discussion問題では、急に割り込んできた人の話に注目！

問題と選択肢を読む	12秒	
本文に目を通す	45秒	全152秒！
核心語を読む	55秒	(2分32秒)
正解を選ぶ	40秒	

Questions 046-048 refer to the following online chat discussion.

難易度：中

◀文章の種類を把握 - オンラインチャット議論

Eric Ferulli [9:25 A.M.]

Hey folks! As you all know, my promotion to editor in chief came suddenly. Because the process went so quickly, I need your help getting up to speed on our operations. So I'd appreciate it if you could tell me how we're attempting to boost traffic to the Web site.

◀話題を提示 - 昇進

◀要請

Lena Bolton [9:26 A.M.]

Well, we've been working on an improved reader interface for our daily editions. We'll debut the upgraded online edition on Monday, June 12.

◀現在の業務情報

Aruna Okoyne [9:27 A.M.]

It's going to be really special. There are enhanced features and a full archive, so readers can easily find previously published articles. It's more user friendly and works on multiple devices.

◀新しいサービスの特徴

Eric Ferulli [9:28 A.M.]

Those seem like essential improvements, but I think we need something that keeps readers coming back to us.

◀問題提起

Chantal Kovitz [9:29 A.M.]

Well. I've been working on a new mobile app that would allow readers to select what would be featured on their front page. The app would be a personalized version of each edition.

◀新しいサービスの特徴

Lena Bolton [9:30 A.M.]

That's correct. Chantal has told me that subscribers could choose stories by category, such as sports or politcs, or by location, perhaps their hometown or place of employment.

◀新しいサービスの特徴

Eric Ferulli [10:21 A.M.]

That sounds great. Let me know when you've worked out the details.

◀詳細事項を要請

Chantal Kovitz [10:22 A.M.]

The app and a model layout should be ready by the end of the week.

◀業務期間の情報

Eric Ferulli [10:23 A.M.]

OK. I'd like to give it a test run for myself. Let's all meet in my office on Monday morning.

◀要請

046. Where do the writers most likely work? 問題を読む 3秒 正解を選ぶ10秒

(A) At a software design developer
(B) At a travel agency
(C) At a library
(D) At a newspaper office

047. What is being improved? 問題を読む 3秒 正解を選ぶ10秒

(A) An office layout
(B) A training program
(C) An online experience
(D) A hiring process

048. At 10:23 A.M., what does Mr. Ferulli mean when he writes, "I'd like to give it a test run for myself."? 問題を読む 6秒 正解を選ぶ20秒

(A) He wants to work on the program that Mr. Kovitz is developing.
(B) He wants to see how a program works.
(C) He approves of Ms. Bolton's choice of a vacation spot.
(D) He is pleased that a consultant has been hired.

キム・デギュンが実際に試験場で問題を解く順番と方法

(解答と解説▶p.364)

Step 1 問題と選択肢を読む 12秒

1. **046**は推論問題である。核心語はwritersとworkである。
2. **047**は詳細情報の確認問題である。核心語はimprovedである。
3. **048**は文章の意味を問う問題である。
4. 問題を解く順番を決める。
   048(文章の意味) ➡ **047**(詳細問題) ➡ **046**(推論問題)の順序でアプローチする。

Step 2 本文に目を通す 45秒

1. 文章の紹介を読む。オンラインチャット議論(online chat discussion)である。
2. 最初の会話を読む。Eric Ferulliが昇進により業務スピードをもっと上げたがる内容を把握して次に進む。
3. Lena Boltonの最初の会話を読む。読者のインターフェイス向上のために努力してきたことを把握する。
4. Aruna Okoyneの最初の会話を読む。新しいサービスの特徴が言及される。
5. Ericの2番目の会話を読む。顧客が戻ってくる方法を探している。
6. Chantal Kovitzの最初の会話を読む。新しいモバイルアプリの特徴に関して言っている。

7. Lena Boltonの2番目の会話を読む。前のChantalの内容を繰り返して言っている。
8. Ericの3番目の会話を読む。
9. Chantal Kovitzの2番目の会話を読む。アプリのレイアウトの準備完了期限を言及する。
10. Ericの最後の会話を読む。チャットのみんなにミーティングを提案する。

Step 3 問題を解く 核心語を読む 55秒・正解を選ぶ 40秒

1. **048**を解く。
ChantalがChantal Kovitz [10:22 A.M.]で、アプリとモデルレイアウトが週末まで終わると言ったことに対して、Ferulliは直接テストをしてみたいと言っているので、このプログラムがうまく動くかを直接見たがっていることがわかるので、正解は(B)である。
2. **047**を解く。
核心語は'改善されたもの'で、会話の中で、日刊紙のためのリーダーインターフェイスを改善する作業をしてきて、アップグレードされたインターネットエディションがもうすぐリリースされると言っているので、正解は(C)である。
3. **046**を解く。
最初の部分にもmy promotion to editor in chiefが登場する。また、以前発刊された記事を読者が簡単に探せるように機能を向上させたと言っている部分で、この人たちが記事と関係のある仕事をしていると予想できるので、正解は(D)である。

● 読解同意語の練習問題

(解答と解説▶p.365)

文章の下線部の単語と最も近い意味を表す単語を選びなさい。

1. You'll also receive periodic special alert emails <u>covering</u> important events and topics.

(A) dealing with (B) travel (C) disguise (D) protect

2. How do we begin to <u>address</u> the issue of racism?

(A) speak to (B) write the name and address
(C) the place where someone lives (D) deal with

3. Once we know how much money we'll need, let's spend the <u>balance</u>.

(A) remainder (B) position (C) arrangement (D) equality

実践シミュレーション

問題と選択肢を読む	18秒	
本文に目を通す	25秒	全103秒!
核心語を読む	30秒	(1分43秒)
正解を選ぶ	30秒	

Questions 024-025 refer to the following text messaging. 難易度：中

Trina Giovanni (2:20 P.M.)

Hi, William. I'm working on a travel itinerary and need some information. Could you help me?

William Schuster (2:20 P.M.)

What's up?

Trina Giovanni (2:21 P.M.)

I need the cost of round-trip airfare from Seattle to Chicago in August and a two-night stay at a mid-range priced hotel, preferably somewhere around the McCormick Place Convention Center.

William Schuster (2:22 P.M.)

I can get that to you first thing in the morning.

Trina Giovanni (2:22 P.M.)

It shouldn't take but a few minutes.

William Schuster (2:22 P.M.)

I realize that but I'm under a very tight deadline. I'm putting together portfolios for this evening's meeting with Irving Capital Partners and then I'll be taking notes at the meeting.

Trina Giovanni (2:24 P.M.)

Noted. Tomorrow morning is fine.

024. At 2:24 P.M., what does Ms. Giovanni most likely mean when she writes, "Tomorrow morning is fine."? 問題を読む15秒 正解を選ぶ20秒

(A) She can wait for the information she needs.
(B) Prices for airfare are likely to increase.
(C) Tomorrow will be a better day for traveling.
(D) She can attend the meeting in the morning.

025. What, most likely, is Mr. Schuster's job? 問題を読む 3秒 正解を選ぶ10秒

(A) Travel agent
(B) Investment analyst
(C) Customer service representative
(D) Administrative assistant

キム・デギュンが実際に試験場で問題を解く順番と方法

(解答と解説▶p.366)

Step 1 問題と選択肢を読む 18秒

1. **024**の問題は文章の意味を問う問題である。
2. **025**の問題は推論問題である。質問の核心語はMr. Schuster's jobである。
3. 問題を解く順番を決める。
025(文章の意味) ➡ **026**(詳細問題)の順序でアプローチする。

Step 2 本文に目を通す 25秒

1. 文章の紹介を読む。テキストメッセージ(Text message)である。
2. Trina Giovanniの最初の文章を読む。旅行を準備していて、情報が必要であることを把握する。
3. William Schusterの最初の文章を読む。最初の2行を通じて、Schusterの職業を類推する。
4. Giovanniの2番目の文章を読む。具体的な旅行日程と好みの位置を把握する。
5. William Schusterの最後の文章を読む。日程が難しいことを把握する。
6. Giovanniの最後の文章を読む。次の日の朝、情報が届くことを把握する。

Step 3 問題を解く 核心語を読む 30秒・正解を選ぶ 30秒

1. **024**の問題を解く。
引用文の前の文章で、Giovanniは飛行機及びホテルの情報が必要だと言ったが、Schusterが明日の朝調べると言ったことに対して、それも大丈夫だと言ったので、待つことができるという意味で理解できる。したがって、正解は(A)である。
2. **025**の問題を解く。
Giovanniが頼んだことをすぐできない理由を全部読んでみる。会議のためのポートフォリオを作り、会議で記録もしなければならないと言っていることから、選択肢の中で、彼が行政補助員であることを予想できる。したがって、正解は(D)である。

DAY

11

テクニック 19 空欄を埋める問題は代名詞、略語、指示語に注意して読むこと！

・Part 7で難易度の高い問題である'空欄を埋める'問題は、前後の文章に出る代名詞、略語、指示語を活用すると簡単に解くことができる！
・もう一つ！ 略語を表示する(　　)部分に注意しよう！ 空欄の文章に略語が登場する場合、本文で略語を定義する(　　)が出た後の番号だけが、正解になりうる。

1. 質問に提示されている空欄の文章を先に解釈する。
2. 各空欄の前後の文章を読みながら、空欄の文章の内容を示す代名詞、略語、指示語があるか確認する。

問題と選択肢を読む	28秒	
本文に目を通す	20秒	全118秒！
核心語を読む	30秒	(1分58秒)
正解を選ぶ	40秒	

Questions 049-051 refer to the following letter. 難易度：中

◀文章の種類を把握－手紙

Mr. Milton Chapps
2333 W. Mondale Road
Charleston, WV 25301

◀受信者

December 12

Dear Mr. Chapps,

Welcome to the Charleston City Library. — [1] —. Our institution is a member of the Polaris Resource Network (PRN), a syndicate of 236 libraries nationwide dedicated to sharing resources and information. — [2] —. By accessing your library account online, you can also download digital books, audiobooks and magazines that you can read on any personal electronic device.

◀機関の紹介

Our library hosts many wonderful programs, services and exhibits for people of all ages. — [3] —. Visit the Charleston City Library's Web site, www.charlestonlibrary.org.gov, and opt to have weekly programming e-mail alerts sent to you.

◀機関の運営プログラム

Perhaps you would like to learn how to use the library more efficiently. Our staff members would be delighted to guide you through what the library has to offer on an individualized tour. They can tailor the information to address your specific interests. — [4] —. Stop by the circulation desk or send an e-mail to info@charlestonlibrary.org.gov to request an appointment.

◀機関の利用方法

Sincerely,

Anna Rivers
Assistant Library Director, Charleston City Library

049. What is the purpose of the letter? 問題を読む 3秒 正解を選ぶ10秒

(A) To explain a membership application
(B) To promote an upcoming program
(C) To provide an overview of services
(D) To announce a collaboration

050. In which of the positions marked [1], [2], [3] and [4] does the following sentence best belong? 問題を読む 20秒 正解を選ぶ20秒
"Your new library card allows you to borrow any of the millions of items in the collections of the PRN member libraries."

(A) [1]
(B) [2]
(C) [3]
(D) [4]

051. How can library patrons get news updates from the library?
問題を読む5秒 正解を選ぶ10秒

(A) By calling the circulation desk
(B) By picking up a newsletter
(C) By sending an e-mail to Ms. Rivers
(D) By signing up on a Web site

キム・デギュンが実際に試験場で問題を解く順番と方法

(解答と解説▶p.367)

Step 1 問題と選択肢を読む 28秒

1. **049**は文章の目的を問う問題である。
2. **050**は空欄を埋める問題である。質問の文章を先に読む。核心語としてnew library cardとPRN memberなどが見える。
3. **051**の詳細情報の確認問題であり、資格や利用方法に関する情報を問う問題でもある。
4. 問題を解く順番を決める。
   050(空欄を埋める) ➡ **051**(詳細情報)➡ **049**(目的/テーマ/文章を読む対象問題)の順序でアプローチする。

Step 2 本文に目を通す 20秒

1. 文章の紹介を読む。手紙(letter)である。
2. 最初の3行を読む。この手紙はMr. Milton Chappsに届いた手紙であることを把握する。
3. 最初の段落の最初の文章を読む。Charleston City図書館に関する文章であることを把握する。
4. 2番目の段落の最初の文章を読む。図書館が様々なプログラムを提供していることを把握する。
5. 3番目の段落の最初の文章を読む。図書館を効率よく利用できるチップに関する情報がある段落であることを把握する。

Step 3 問題を解く 核心語を読む 30秒・正解を選ぶ 40秒

1. **050**の問題を解く。
   TOEICでパッセージの中の( )部分は略語を示すので重要である。PRNという略語が2回、登場する。図書館カードでPRN会員図書館を利用する方法についての文章は、PRN会員図書館であるCharleston City図書館の紹介の後で出るのが適切である。正解は(B)である。
2. **051**の問題を解く。
   Charleston City図書館からニュースアップデートを得る方法を問う問題なので、文章の後半に集中する。2番目の段落の最後の部分で、週間プログラムを電子メールで受け取るように選択すればいいと言っているので、正解は(D)である。
3. **049**の問題を解く。
   最初の段落に注目する！ 電子メールはCharleston City図書館にアクセスして利用する方法の概要を説明しているので、正解は(C)である。

テクニック

同意語問題は、代入して意味と文法が全部合ったら正解！

- 主に"In the advertisement, the word "○○○" in paragraph 1, line 5, is closest in meaning to : ～"という質問である。通常2問くらいが出願される。
- 簡単に見えるが、気を許すと間違いやすい問題！ 該当する単語がどこにあるか早く把握して、前後の文章を読んだ後で文脈に合っている選択肢を選択！
- set問題での同意語問題は一番先に解いた方がいい。該当する単語の単純な辞書的な意味は選択しないのがTip！

1. 問題の中で同意語問題があるか確認する。
2. 該当する問題の単語がどのような脈絡で使われたか確認して、この問題を一番最初に解く。

■ キム・デギュンのTMI

- 同意語は通常2問が出題！ 昔より比重が減っている！

問題と選択肢を読む	48秒	
本文に目を通す	25秒	全168秒！
核心語を読む	40秒	(2分48秒)
正解を選ぶ	55秒	

Questions 052-055 refer to the following e-mail. 難易度：中

◀文章の種類を把握 - 電子メール

To:	Vita Yelnick <yelnick.vita@baylor.edu.gov>
From:	Ryan Laughlan <rlaughlan@dfwba.org>
Subject:	Fund-raising
Date:	April 22

◀受信者
◀送信者
◀タイトル

Dear Professor Yelnick,

Several of my colleagues and I attended your fund-raising seminar last night at Baylor University. As board members of the Dallas-Fort Worth Business Association (DFWBA), we were really impressed with your insights and your handouts. We hope that you will agree to give a similar talk to our association.

◀最初の段落の最初の文章 - 話の導入

The DFWBA is a group of community organizations in the Dallas-Fort Worth metropolitan area. Currently we have 75 affiliated organizations and 1,400 individual members and our membership is growing. We provide several services to our communities, including an online job board, career counseling and networking events. Additionally, once a month we host a workshop on an area of interest to our members. Would you be available to give your fund-raising presentation on March 20? We meet from 1:00 P.M. to 3:00 P.M. We would appreciate a response by March 9, the date of our next board meeting.

◀2番目の段落の最初の文章 - コミュニティ機関の紹介

Sincerely,
Ryan Laughlan

◀送信者

052. Why did Mr. Laughlan send the e-mail to Professor Yelnick?

問題を読む 5秒　正解を選ぶ15秒

(A) To ask her to give a presentation
(B) To request a copy of her handouts
(C) To schedule an interview with her
(D) To suggest changes to her lecture

053. What is indicated about the DFWBA? 問題を読む 3秒 正解を選ぶ15秒

(A) It offers weekly classes. 選択肢を読む 5秒

(B) It meets once a year. 選択肢を読む 5秒

(C) It has just been launched. 選択肢を読む 5秒

(D) It organizes talks for its members. 選択肢を読む 5秒

054. The word "area" in paragraph 2, line 7, is closest in meaning to 問題を読む 3秒 正解を選ぶ10秒

(A) part

(B) subject

(C) space

(D) level

055. What is NOT mentioned as a service that the DFWBA provides to its members? 問題を読む 5秒 正解を選ぶ15秒

(A) Networking events 選択肢を読む 3秒

(B) Professional workshops 選択肢を読む 3秒

(C) Safe investing information 選択肢を読む 3秒

(D) Career counseling 選択肢を読む 3秒

キム・デギュンが実際に試験場で問題を解く順番と方法

(解答と解説▶p.368)

Step 1 問題と選択肢を読む 48秒

1. **052**は文章の目的を問う問題である。問題の核心語はMr. LaughlanがYelnickに手紙を送った理由である。
2. **053**の問題は推論問題である。質問の核心語はDFWBAである。選択肢の核心語は(A) weekly classes (B)once a year (C)just been launched (D)organizes talksである。
3. **054**の問題は同意語問題である。
4. **055**の問題は否定語NOTが入っている詳細情報の確認問題である。質問の核心語はservice that the DFWBA providesである。選択肢の核心語は(A)Networking events (B) Professional workshops (C)Safe investing information (D)career counselingである。
5. 問題を解く順番を決める。
   054(同意語問題) ➡ **055**(否定語NOT詳細問題) ➡ **053**(推論問題) ➡ **052**(文章の目的)の順序でアプローチする。

Step 2 本文に目を通す 25秒

1. 文章の紹介を読む。電子メール(e-mail)である。
2. 最初の4行を読む。Vita YelnickにRyan LaughlanがFund-raisingに関して書いた電子メールであることを把握する。
3. 最初の段落の最初の文章を読む。Yelnickがfund-rasing seminarを前日開催したことを把握する。
4. 2番目の段落 最初の文章を読む。DFWBAに関して紹介していることを把握する。

Step 3 問題を解く 核心語を読む 40秒・正解を選ぶ 55秒

1. **054**を解く。
   2番目の段落に出る"area"の意味は、'分野'という意味で使われた。意味も文法も全て合っているので、選択肢の中で最も適切な正解は(B)である。
2. **055**を解く。
   2番目の段落の中盤部で、DFWBAは会員にインターネット求人、職業相談、ネットワーキング・イベントとワークショップなどを提供していると言っているが、投資情報は言及されてないので、正解は(C)である。
3. **053**を解く。
   2番目の段落で、DFWBAは会員に関心分野のワークショップを月1回ずつ開催すると言っているので、正解は(D)である。
4. **052**を解く。
   最初の段落の最後の文章でYelnick教授に協会のための講演をしてほしいと言っているので、正解は(A)である。

● 読解同意語の練習問題

(解答と解説▶p.369)

文章の下線部の単語と最も近い意味を表す単語を選びなさい。

1. John's personality has several <u>dimensions</u>.

   (A) heights (B) lengths (C) widths (D) characteristics

2. I would call it one of the most <u>unsanitary</u> areas in the world.

   (A) unfold (C) uncomfortable (C) unclean (D) healthful

3. Something needs to be done to <u>expedite</u> the process.

   (A) export (B) speed up (C) explain (D) decide

実践シミュレーション

問題と選択肢を読む	28秒	
本文に目を通す	40秒	全178秒!
核心語を読む	45秒	(2分58秒)
正解を選ぶ	65秒	

Questions 027-030 refer to the following advertisement. 難易度：中

Company Profiles

Stackhouse Executive

Why hire an outside company to find executives when your business has a department that is responsible for finding new employees? Clint Stackhouse, CEO of Philadelphia-based Stackhouse Executive, says there are several good reasons. — [1] —. "The main reason that companies hire us is to find a replacement for an executive who is still on the job."

Companies frequently deplete their own network and connections for referrals. — [2] —. Whatever the motivation, Stackhouse is a resource for companies hoping to attract top talent. Although Stackhouse specializes in manufacturing and transportation, they have experience with other industries as well.

"Unlike smaller agencies, we have offices in 27 countries, so we have access to a wide network of qualified people," explains Mr. Stackhouse, "We identify the best candidates based on the goals of our clients." — [3] —. Hiring an executive search firm can be pricey (rates start at $25,000). Even so, Mr. Stackhouse asserts it is worth the expense. "We have a very high rate of success."

While the company does not represent individuals looking for a new position, it is always interested in hearing about executives willing to relocate. — [4] —. "The right executive may well be on another continent but I guarantee we will find just the right person."

027. What is the purpose of the article? 問題を読む 3秒 正解を選ぶ15秒

(A) To advertise open corporate positions
(B) To describe the recent hiring of an executive
(C) To profile an executive search company
(D) To discuss trends in social networking

028. What is indicated about Stackhouse Executive? 問題を読む 3秒 正解を選ぶ15秒

(A) It drafts contracts for executives.
(B) It offers training in interview techniques.
(C) It was established recently.
(D) It operates internationally

029. What is mentioned as a disadvantage of firms like Stackhouse Executive?
問題を読む 7秒 正解を選ぶ15秒

(A) Their databases are often limited.
(B) Their services can be costly.
(C) They tend to specialize in only one field.
(D) They do not have a high success rate.

030. In which of the positions marked [1], [2], [3] and [4] does the following sentence best belong? 問題を読む 15秒 正解を選ぶ20秒
"Or perhaps the company wants to recruit from a competitor."

(A) [1]
(B) [2]
(C) [3]
(D) [4]

キム・デギュンが実際に試験場で問題を解く順番と方法

(解答と解説▶p.369)

Step 1 問題と選択肢を読む 28秒

1. **027**の問題は文章の目的を問う問題である。
2. **028**の問題は推論問題である。質問の核心語はStackhouse Executiveである。選択肢の核心語は (A)drafts contracts for executives (B)training in interview techniques (C) established recently (D)internationallyである。
3. **029**の問題は文章の詳細情報を確認する問題である。質問の核心語はa disadvantage of firmsである。選択肢の核心語は (A)often limited (B)costly (C)specialize in only one field (D)not have a high success rateである。
4. **030**の問題は空欄を埋める問題である。まず、質問の空欄の文章を解釈する。"Or"が出て、内容が競争会社から採用したい内容である。
5. 問題を解く順番を決める。
   030(空欄を埋める問題) ➡ **029**(詳細問題) ➡ **028**(推論問題) ➡ **027** (目的)の順序でアプローチする。

Step 2 本文に目を通す 40秒

1. 文章の紹介を読む。広告(advertisement)である。
2. タイトルを読む。会社の名前がStackhouse Executiveであることを把握する。
3. 最初の段落の最初の文章を読む。質問で、外部の会社を通じて役員を探す理由に関する喚起が出る。
4. 2番目の段落の最初の文章を読む。人材推薦に関するネットワークが足りないという内容であることを把握する。
5. 3番目の段落最初の文章を読む。会社の長所を述べていることを把握する。
6. 4番目の段落最初の文章を読む。転職したいと思っている役員の声に耳を傾けるという内容であることを把握する。

Step 3 問題を解く 核心語を読む 45秒・正解を選ぶ 65秒

1. **030**を解く。
   会社が他の競争会社から従業員を採用したがる理由として、会社が人材を推薦してもらえるネットワークが涸れるためだという文章の次に出るのが適切である。正解は(B)である。
2. **029**を解く。
   役員の求人会社を使うとお金がたくさんかかるHiring an executive search firm can be pricey (rates start at $25,000).と言っているので、正解は(B)である。
3. **028**を解く。
   3番目の段落で、Stackhouseは27カ国にオフィスがあると言っているので、正解は(D)である。
4. **027**を解く。
   最初の段落で、会社がStackhouseを利用する主な理由が、まだ働いている役員の代わりになる人材を探すからだと言っているので、正解は(C)である。

DAY 12

MINI TEST 02

問題と選択肢を読む	31秒	
本文に目を通す	25秒	全121秒!
核心語を読む	30秒	(2分1秒)
正解を選ぶ	35秒	

Questions 009-011 refer to the following e-mail. 難易度：中

To:	All Employees <ALL@pureengineering.com>
From:	Gordon Wilson <gwilson@pureengineering.com>
Date:	July 27
Re:	Let's celebrate summer!

Pure Engineering would like to invite all employees and their families to a special summer barbeque on Saturday, August 9 from 4:00 to 9:00 PM at Kowhai Park.

There will be complimentary finger food and refreshments provided. The main meal, which is only $15 per family, will include sausages, steak, chicken drumsticks, mince patties, hamburger buns, salad and coleslaw with ice cream and fruit for dessert. Dale Eastern and his band have generously offered to provide the entertainment.

Those interested in attending this event must register their names and the number of family members expected to attend, and pay either Peter Singh or Geoff Gouldie the $15 fee before August 5.

If anyone has any ideas for future events or would like more details about the event, please visit me in Human Resources or simply send an email to gwilson@pureengineering.com.

See you at the barbeque!
Gordon Wilson
Site Manager

009. What is the reason for the e-mail?

(A) To ask employees to attend a gathering
(B) To request donations for a local charity
(C) To inform employees about new regulations
(D) To remind workers of an upcoming public holiday

010. What is NOT indicated about the event?

(A) It is being arranged by the company.
(B) It is put on every year.
(C) It will include a live band.
(D) It will be held in a local park.

011. Who should employees contact for additional information?

(A) Peter Singh
(B) Geoff Gouldie
(C) Dale Eastern
(D) Gordon Wilson

キム・デギュンが実際に試験場で問題を解く順番と方法

(解答と解説▶p.371)

問題を解く

1. **011**を解く。
資格の獲得/使用方法に関する問題の根拠は文章の後半に出る。追加情報を提供する担当者がポイントであることを把握して、人名に気をつけて文章を読む。本文の最後の部分と見ると、電子メールを書いた人が担当者であることがわかる。したがって、(D)Gordon Wilsonが正解になる。
2. **010**を解く。
問題の核心語はthe eventである。選択肢の核心事項は (A)会社で準備 (B)毎年開く (C)ライブバンド (D)地域の公園である。最初の段落で(A)と(D)を、2番目の段落で(C)を確認できる。したがって、正解は(B)である。
3. **009**を解く。
タイトルを読む。タイトルから、主に「記念イベント」に関する内容が出ると類推できる。最初の段落の最初の文章でより具体的に出る。したがって、(A)が正解になる。

問題と選択肢を読む	6秒	
本文に目を通す	15秒	全61秒!
核心語を読む	20秒	(1分1秒)
正解を選ぶ	20秒	

Questions 012-014 refer to the following article. 難易度：下

Andrew Hillary Ready for Change

Wellington, November 12—Amended plans for the Andrew Hillary High Speed Railway were submitted to the Wellington Transportation Board by Eric Rush, the project's lead engineer, on October 28.

Schematics for the new railway, to be built connecting the two major cities of Wellington and Eastland, were initially approved four years ago. However, additional research conducted by the board last year discovered that passenger numbers are expected to increase significantly faster than originally anticipated. This is largely because airline companies have announced plans to increase ticket prices to pay for higher fuel costs. This is expected to cause the public to favor cheaper transportation by rail.

The necessary modifications include constructing larger capacity carriages, expanding ticketing areas, and increasing the number of dining establishments in every passenger terminal.

Board chairman Allan Anderson expects the board to approve the altered plans before the end of the month, which will enable the first construction stage for the railway to start as initially planned in January.

012. Why did Eric Rush meet with board members in October?

(A) To ask for additional research to be undertaken
(B) To report his company's intention to construct a refinery
(C) To present modifications to design plans
(D) To summarize why construction work will be delayed

013. What is indicated about the railway?

(A) It will connect several international cities.
(B) It will be the country's second high-speed train.
(C) It will make use of bigger than average carriages.
(D) It will offer half-price tickets for the month of January.

014. Who is Allan Anderson?

(A) An executive at an airline company
(B) Leader of the Wellington Transportation Board
(C) Senior engineer of the railway project
(D) Lead designer of the train engine

キム・デギュンが実際に試験場で問題を解く順番と方法

(解答と解説▶p.372)

問題を解く

1. **012**を解く。
核心語のEric RushとOctoberに気をつけて読んでみると、最初の段落の最初の文章を通じて、改定案を提出した日付であることがわかるので、(C)が正解になる。
2. **014**を解く。
核心人物のAllan Andersonが言及された部分を探してみると、最後の段落のBoard chairman Allan Andersonで(B)が正解であることがわかる。
3. **013**を解く。
改定内容を扱っている3番目の段落で、より広い乗り物を作ることが含まれると言っている。したがって、(C)が正解である。

問題と選択肢を読む	35秒	
本文に目を通す	25秒	全140秒!
核心語を読む	45秒	(2分20秒)
正解を選ぶ	35秒	

Questions 015-017 refer to the following notice. 難易度：中

Brisbane Metropolitan Transportation Board
Weekend Service Announcement, Blue Line

Operations between Eagle Junction and Nudgee will be suspended as a result of scheduled maintenance this weekend, beginning on Saturday, 18 June, at 6:00 AM. During this period, the Blue Line will be divided into two parts: the first, from South Bank to Eagle Junction; the second, from Nudgee to Shorncliffe. Bindha Station, between Northgate and Banyo Stations, will be closed while repairs are made to the track, so no trains will be running between these three stops. Alternative transportation will be provided in the form of special shuttle buses which will transport commuters between the affected destinations. This service is absolutely free. Normal Blue Line service will recommence on Monday, 20 June, at 6:00 AM. No other lines will be affected during this period.

The Brisbane Metropolitan Transportation Board would like to express their gratitude to commuters for their patience and understanding while it continues to develop the city's public transportation system.

015. At which station is maintenance work scheduled?

(A) Eagle Junction Station
(B) Nudgee Station
(C) Bindha Station
(D) Shorncliffe Station

016. What is indicated about the service changes?

(A) They affect all forms of public transportation.
(B) They will result in higher transport costs.
(C) They are only expected to be temporary.
(D) They were a complete surprise.

017. According to the notice, what is the reason for the shuttle buses?

(A) To link several train stations
(B) To reduce crowding on platforms
(C) To assist commuters in suburban areas
(D) To provide low cost transportation

キム・デギュンが実際に試験場で問題を解く順番と方法

(解答と解説▶p.373)

問題を解く

1. **015**を解く。
核心語のmaintenance workと関連する駅を探す。最初の段落の中盤部のBindha Station, between Northgate and Banyo Stations, will be closed while repairs are made to the trackで正解(C)を確認できる。
2. **017**を解く。
核心語のshuttle busesに関する部分を探す。最初の段落の後半に、影響を受ける目的地に行く通勤者に代替の交通手段としてシャトルバスを提供する(Alternative transportation will be provided in the form of special shuttle buses which will transport commuters between the affected destinations)と言っている。したがって、(A)が正解になる。
3. **016**を解く。
核心語のservice changesに注目して内容を把握する。最初の段落でNormal Blue Line service will recommence on Monday, 20 June, at 6:00 AMと、6月20日の月曜日の午前6時にサービスが'再開する'と出ているので、(C)が最も適切である。

DAY

13

詳細情報を探す問題は質問の「核心語」を整理して、本文で「核心語」を早く探さなければならない。

- TOEIC Part 7の半分くらいの問題が詳細情報を探す問題である。このパターンは質問の'核心語'と選択肢の'核心語'を把握してから、本文で核心語を中心に早く情報を探して一つずつ対照する。
- 一つの本文を20～30秒で目を通しながら、平均的に一行で一つのキーワードを早くチェックして、重要情報を先に確保する'skimming'に慣れるのが重要！

1. 問題を読みながら、詳細情報を確認する問題なのか確認する。
2. 問題の核心語と選択肢の核心語を早く整理する。
3. 目を通しながら該当する問題の核心語が登場しそうな文章をチェックする。
4. 問題の核心語が登場する文章、または段落を中心に情報を一つずつ対照する。

■ キム・デギュンのTMI

- 詳細情報は試験ごとに17問題が出題される！
- 期間/時点の表現は核心事項！　必ずチェックしよう！
- 選択肢は文章に出ないのも特徴！

問題と選択肢を読む	50秒	
本文に目を通す	20秒	全125秒!
核心語を読む	30秒	(2分5秒)
正解を選ぶ	25秒	

Questions 056-057 refer to the following advertisement. 難易度：下　◀文章の種類を把握 - 広告

Melbourne's New Museum of Science　◀タイトル - Melbourneの新しい科学博物館

Learn about the world's most famous scientists, their experiments and discoveries via hands-on, interactive activities!　◀博物館の紹介

Grand opening April 17. Buy your annual pass now!　◀商品の広報
Family Pass $75, Adult Pass $40, Student Pass $20
(Student ID required)
Benefits of the annual pass include:
Unlimited free entry for paying member and one guest　◀商品の特典
Special private invitations to exhibition openings
Monthly e-newsletter updates
PLUS 20% off admission to the Melbourne Zoo

Visit www.sciencemuseum.co.au/annualpass for more information.　◀購入方法

056. What is indicated about the museum? 問題を読む 5秒 正解を選ぶ10秒

(A) It provides free admission to senior citizens. 選択肢を読む 5秒
(B) It has just reopened after being remodeled. 選択肢を読む 5秒
(C) It offers a discounted package for school trips. 選択肢を読む 5秒
(D) It presents work by researchers from around the world. 選択肢を読む 5秒

057. What is one of the benefits of an annual pass? 問題を読む 5秒 正解を選ぶ15秒

(A) A subscription to a scientific publication 選択肢を読む 5秒
(B) A free meal from the museum cafeteria 選択肢を読む 5秒
(C) Early access to new exhibitions 選択肢を読む 5秒
(D) Opportunities to meet famous scientists 選択肢を読む 5秒

● 詳細情報を確認する質問

What is stated about ~?	～について何と言っていますか。
What is mentioned about ~?	～について何と言っていますか。
What is attached to the e-mail?	何がEメールに添付されていますか。
Under what circumstances would A 動詞 B?	このような状況でAはBに（動詞）か。
According to A, what is~?	Aによると、～は何ですか。
According to A, when is~?	Aによると、～はいつですか。
Who is ~?	～とは誰ですか。
What is ~?	～は何ですか。
When will ~?	～はいつですか。
How can ~?	どのようにして～できますか。
Why is ~?	なぜ～ですか。
According to A, how can~?	Aによると、どのようにして～できますか。

キム・デギュンが実際に試験場で問題を解く順番と方法

(解答と解説▶p.374)

Step 1 問題と選択肢を読む 50秒

1. **056**の問題は推論問題である。質問の核心語は'博物館(museum)'である。選択肢の核心語は (A)free admission (B)reopened (C)a discounted package (D)researchers from around the worldである。
2. **057**の問題は文章の詳細情報を確認する問題である。質問の核心語は'年間パスの特典(the benefits of an annual pass)'である。選択肢の核心語は (A)a subscription (B)a free meal (C)early access (D)meet famous scientistsである。
3. **057**(詳細問題)➡ **056**(推論問題)の順序でアプローチする。

Step 2 本文に目を通す 20秒

1. 文章の紹介を読む。広告(advertisement)である。
2. タイトルを読む。Melbourneの新しい科学博物館に関する内容であることを把握する。
3. 最初の段落を読む。博物館の紹介文であることを把握する。
4. 2番目の段落の最初の文章を読む。オープニングの日付と年間パス商品が提示されていることを把握する。
5. 2番目の段落に目を通す。商品購入時の特典に関する情報が提示されていることを把握する。
6. 最後の文章を読む。追加情報が提示されていることを把握する。

Step 3 問題を解く 核心語を読む 30秒・正解を選ぶ 25秒

1. **057**を解く。
   前の**テクニック11**で整理したように、広告文での特典は主に文章の中・後半に提示される。目を通した内容に基づいて、2番目の段落の後半を見てみると、正解の根拠(Special private invitations to exhibition opening)が出るので、正解は(C)である。
2. **056**を解く。
   目を通した内容にもとづいて、最初の段落の最初の文章で正解(D)を見つけられる。

テクニック

22 詳細情報/推論問題/否定語NOT問題では選択肢の期間/金額/時点に注意しよう!

詳細情報/推論問題/否定語NOT問題で、期間/金額/時点に関する選択肢は主にparaphrasingされて出る。このような選択肢の中で、文章の期間/金額/時点情報に正解がある。

1. 問題を読みながら詳細情報/推論問題なのか判断する。
2. 問題の核心語と選択肢の核心語を早く整理する。
3. 選択肢で期間/金額/時点に関する表現が出たとき○をつける。
4. 目を通した後で、問題の核心語が登場する文章、または段落と期間/金額/時点が登場する内容を集中して読む。

問題と選択肢を読む	73秒	
本文に目を通す	40秒	全208秒!
核心語を読む	60秒	(3分28秒)
正解を選ぶ	35秒	

Questions 058-060 refer to the following article. 難易度：中

◀文章の種類を把握 - 記事

Trevor's Travels:

Gisborne In A Day

By Trevor Andrews, Staff Writer

◀タイトル– Trevorの旅行記

◀タイトル– Gisborneを一日で観覧

September 16—I'll be doing something different this week. In place of my regular account of some remote, exotic destination, I will review a few of the sights worth seeing in my hometown of Gisborne has to offer.

◀最初の段落の最初の文章 – 記事の導入

9:00 A.M.—Whenever I am home, I love to have at least one breakfast at Kelvin's Eatery. Although a new edition to Gisborne's dining scene, Kelvin's Eatery has already developed a loyal following among local residents. I can personally recommend the Elizabeth omelet.

◀2番目の段落の最初の文章 – Kelvin食堂

11:00 A.M.—The walking trail along the river is a good way to relax after breakfast, and if you are feeling particularly energetic, you can rent mountain bikes and tackle some of the cycle trails on Durie Hill. The view from the hilltop lookout is incredible, and well worth the difficult pedalling to the summit.

◀3番目の段落の最初の文章 – 朝食後の活動

1:00 P.M.—When you are ready for lunch, the Gaslight Bakery is the place you might want to head to. The family owned and operated business is famous for its mince pies and cream filled donuts. You can view their menu on their web site at www.gaslightbakery.com. If you are visiting on a weekend, however, it pays to make a reservation, as there is often a long line of customers waiting for a table. If you don't mind take-out, you can simply pay for your meal and then wander down to Durie Hill Park, which is only a 10 minute walk from the Gaslight Bakery.

◀4番目の段落の最初の文章 – Gaslightベーカリー

2:30 P.M.—Finally, no tour of Gisborne would be complete without a visit to the Maori Culture exibition at Sergeant Gallery (SG), featuring traditional clothing, tools, canoes and jewelry kindly donated by local tribes. If you are unable to attend the exhibition, which ends September 26, don't panic as the SG holds new exhibitions every eight weeks.

◀5番目の段落の最初の文章 – Sergeantギャラリーの Maori文化展

If you have any recommendations for other activities in Gisborne, please e-mail me at trevor@fever.com. Please type "Gisborne In A Day" in the subject line.

◀読者の意見を要請

058. What is suggested about Mr. Andrews's column? 問題を読む 3秒 正解を選ぶ10秒

(A) It usually focuses on Gisborne. 選択肢を読む 5秒
(B) It typically involves humor. 選択肢を読む 5秒
(C) It is published on a weekly basis. 選択肢を読む 5秒
(D) It is the publication's most read column. 選択肢を読む 5秒

059. According to the article, what is true about Gaslight Bakery?
問題を読む 5秒 正解を選ぶ10秒

(A) It offers discounts to local residents. 選択肢を読む 5秒
(B) It doesn't open until after lunch. 選択肢を読む 5秒
(C) It is part of a nationwide franchise. 選択肢を読む 5秒
(D) It is very popular on Saturdays and Sundays. 選択肢を読む 5秒

060. What is NOT a suggestion made by Mr. Andrews? 問題を読む 5秒 正解を選ぶ15秒

(A) Purchasing a specific meal for breakfast 選択肢を読む 5秒
(B) Eating lunch in Durie Hill Park 選択肢を読む 5秒
(C) Viewing the SG web site for ticketing information 選択肢を読む 5秒
(D) Submitting additional activities available in Gisborne 選択肢を読む 5秒

よくParaphrasingされる期間、金額、時点のまとめ

パターン	表現
期間	Annual, monthly, weekly, before, for a long time, regularly, frequently など
金額	Off, discount, sale, reduced price, free, at no cost, complimentary, without charge, free of charge, for free など
時点	After, before, following, next, during, since, on weekend, recently, currently, in advance, prior to, previous to など

キム・デギュンが実際に試験場で問題を解く順番と方法

(解答と解説▶p.374)

Step 1 問題と選択肢を読む 73秒

1. **058**の問題は推論問題である。質問の核心語はMr. Andrews's columnである。選択肢の核心語は (A)Gisborne (B)humor (C)weekly basis (D)most read columnである。
2. **059**の問題は文章の詳細情報を確認する問題である。質問の核心語はGaslight Bakeryである。選択肢の核心語は (A)discounts to local (B)not open until after lunch (C) nationwide franchise (D)popular on Saturdays and Sundaysである。
3. **060**の問題は否定語NOTが含まれた詳細情報の確認問題である。質問の核心語はMr. Andrewsである。選択肢の核心語は (A)a specific meal for breakfast (B)lunch in Durie Hill Park (C)SG web site for ticketing information (D)additional activitiesである。
4. 問題を解く順番を決める。
   059(詳細問題) ➡ **060**(否定語NOT詳細問題) ➡ **058**(詳細問題)の順序でアプローチする。

Step 2 本文に目を通す 40秒

1. 文章の紹介を読む。記事(article)である。
2. タイトルを読む。この文章が旅行記で、Gisborneでの一日日程であることを把握する。
3. 最初の段落の最初の文章を読む。内容の導入であることを把握する。
4. 2番目の段落の最初の文章を読む。Kelvin食堂に関する情報が提示されることを把握する。
5. 3番目の段落の最初の文章を読む。食事後の活動に関する内容が提示されることを把握する。
6. 4番目の段落の最初の文章を読む。ランチのためのGaslightベーカリーに関する内容であることを把握する。
7. 5番目の段落の最初の文章を読む。SergeantギャラリーのMaori文化展に関する内容であることを把握する。
8. 最後の段落の最初の文章を読む。追加的に読者の意見を要請する内容であることを把握する。

Step 3 問題を解く 核心語を読む 60秒・正解を選ぶ 35秒

1. **059**を解く。
   Gaslight Bakeryの4番目の段落を読む。ランチできる場所として言及されて、家族が運営していて、週末は並んでいる人が多いので、予約が必要だと情報が提示されている。詳細情報/推論問題で、選択肢(D)のように時間/期間/金額が出てきたら注目する。ここではweekendの週末という時間がSaturdays and Sundaysという具体的な時間にparaphrasingされているので、一番最初に確認しよう。(D)が正解である。
2. **060**を解く。
   (A)は2番目の段落で、(B)は4番目の段落で、(D)が最後の段落で確認できる。したがって、正解は(C)になる。
3. **058**を解く。
   最初の段落の最初の文章を通じて、コラムが一週間間隔で発刊されることを類推できる。正解は(C)である。

● 読解同意語の練習問題

（解答と解説▶p.376）

文章の下線部の単語と最も近い意味を表す単語を選びなさい。

1. We can accept sample order and <u>bulk</u> order.

   (A) small　(B) large　(C) modest　(D) beautiful

2. Let's <u>break down</u> the project into smaller parts in order to deal with them one by one.

   (A) divide　(B) collapse　(C) die　(D) abandon

3. The accident happened <u>over</u> a hundred years ago.

   (A) on top of　(B) exceed　(C) enough　(D) more than

実践シミュレーション

問題と選択肢を読む	53秒	
本文に目を通す	25秒	全148秒!
核心語を読む	40秒	(2分28秒)
正解を選ぶ	30秒	

Questions 031-033 refer to the following information. 難易度：中

ANDERSON CUSTOM ROLLER SHADES
FAQ

We produce custom-made roller shades in a variety of different sizes. We are able to print patterns on the shades from any digital format, film, or even old photographs. Customers are primarily interested in decorating their homes or offices with the unique images on their windows or walls.

Is there a size limit? The biggest prints we produce are 3 x 3 meters. However, these prints require top-quality photographs. If the original photograph is not up to the required standard, we will be forced to ask you for an alternative one before continuing with your project.

How long do orders take? Printing usually takes a maximum of two working days while shipping can take up to three. Customers can expect to receive a completed order within 5 days of making a purchase.

Are Anderson shades washable? Woven from fiberglass & polyester glass, the fabric is machine washable.

Are discounts available? Clients purchasing ten or more shades are asked to contact us by phone or e-mail. Depending on the order, discounts may be possible. Please be aware that extremely large orders may take longer than the usual two day processing time.

031. What is mentioned as a possible use for the shades? 問題を読む 5秒 正解を選ぶ 10秒

(A) Offering them to loyal customers 選択肢を読む 5秒
(B) Protecting merchandise from UV rays 選択肢を読む 5秒
(C) Adorning office walls 選択肢を読む 5秒
(D) Promoting new products 選択肢を読む 5秒

032. What is true about shade orders? 問題を読む 3秒 正解を選ぶ 10秒

(A) They have a minimum size. 選択肢を読む 5秒
(B) They can be made from the website. 選択肢を読む 5秒
(C) They must include an original photo. 選択肢を読む 5秒
(D) They usually arrive within a week. 選択肢を読む 5秒

033. What are customers asked to do if they want a large number of shades?
問題を読む 5秒 正解を選ぶ 10秒

(A) Pay a ten percent deposit
(B) Have an on-site consultation
(C) Discuss the purchase in advance
(D) Only order shades in one size

キム・デギュンが実際に試験場で問題を解く順番と方法

(解答と解説▶p.376)

Step 1 問題と選択肢を読む 53秒

1. **031**は文章の詳細情報の確認問題である。質問の核心語はa possible use for the shadesである。選択肢の核心語は (A)loyal customers (B)protecting merchandise (C)office walls (D)new productsである。
2. **032**は文章の詳細情報の確認問題である。質問の核心語はshade ordersである。選択肢の核心語は (A)a minimum size (B)made from the website (C)original photo (D)within a weekである。
3. **033**番の問題は文章の詳細情報の確認問題であり、資格の獲得/使用方法を問う問題でもある。
4. 問題を解く順番を決める。
   031(詳細問題) ➡ **032**(詳細問題) ➡ **033**(詳細問題)の順序でアプローチする。

Step 2 本文に目を通す 25秒

1. 文章の紹介を読む。案内文(information)である。
2. 1行目のタイトルを読む。この文章がカスタマイズ日よけ(custom roller shades)に関することを把握する。
3. 最初の段落の最初の文章を読む。色んなサイズのカスタマイズ日よけを作る会社に関する紹介であることを把握する。
4. 2番目の段落の最初の文章を読む。サイズ制限に関する段落であることを把握する。
5. 3番目の段落の最初の文章を読む。注文期間に関する段落であることを把握する。
6. 4番目の段落の最初の文章を読む。洗えるかどうかに関する情報が提示されることを把握する。
7. 最後の段落の最初の文章を読む。この段階で割引情報が提示されることを把握する。

Step 3 問題を解く 核心語を読む 40秒・正解を選ぶ 30秒

1. **031**を解く。
   目を通した内容に基づいて、この情報が提供できる段落が最初の段落であることを把握する。最初の段落の最後の文章に基づいて正解は(C)である。
2. **032**を解く。
   目を通した部分を通じて、'注文'に関する段落が3番目の段落であることを把握する。3番目の段落を集中して読む。3番目の段落のwithin 5 days of making a purchaseという文章を選択肢(D)でwithin a weekに期間をparaphrasingした。正解は(D)である。**テクニック22**で学んだように、詳細情報の確認問題の選択肢で期間/金額/時間が出ると、このようによくparaphrasingされるので注意する。
3. **033**を解く。
   目を通した部分を通じて、大量購入に関する情報は3番目の段落、または最後の段落に提示されることを把握する。最後の段落で、大量注文するお客さんは電話や電子メールで連絡するようにと提示した後、注文によって割引できると加えている。したがって、(C)が正解になる。

DAY 14

23 NOTの有無を見逃すと、間違いやすい問題。数回読まないと答えが出ない、とても面倒なパターン！

- TOEIC Part 7で最も時間がかかる問題の一つである。選択肢の四つの中で三つが正しい情報なので、本文の解釈に役に立つ。A～Dの選択肢を先に読んで、本文でコンマが多い部分や符号が出ている部分などを中心に読むと、より簡単に解決できる！ 本文を読む前に選択肢を先に読むこと！
- 否定語NOTが入っている問題は質問の核心語と選択肢を先に全部読んでおく。Not Questionの問題は、選択肢のキーワードを整理 → 選択肢のキーワードを本文で探す → 本文で見つけた内容と選択肢の内容を比較して、間違いを探す順序でアプローチする！
- 他の問題は質問だけ見てパターンを把握した後で、該当する部分を探して解釈すると解くことができるが、Not/TrueのパターンはA～Dの選択肢まで読んでから本文を読む。

1. 問題を読みながら否定語NOTが入っている問題があるか確認する。
2. 問題の核心語を早く整理して、各選択肢をしっかり読みながら核心語を整理する。
3. 目を通しながら該当する問題の核心語が登場しそうな段階を表示する。
4. 問題の核心語が登場する文章、または段落を中心に情報を一つずつ対照する。

問題と選択肢を読む	24秒	
本文に目を通す	20秒	全99秒!
核心語を読む	35秒	(1分39秒)
正解を選ぶ	20秒	

Questions 061-062 refer to the following advertisement. 難易度：下 ◀文章の種類を把握 – 記事

Hillman Technical College
Interested in going back to school?

◀タイトル – Hillman工科大学

Education is a vital part of not only getting a job but developing your career, and Hillman Technical is proud to offer Oakville's widest range of adult education courses. As well as our usual daytime classes, we now have online programs which you can complete in the comfort of your own home.

◀最初の段落の最初の文章 – 学校紹介 – 成人教育機関

We have courses in a variety of subject areas, including computer security, restaurant management, and entrepreneurship. Please visit our Web site, www.hillmantech.edu, for more information about the available courses.

◀2番目の段落の最初の文章 – プログラムの紹介

If you have any questions about our certification programs, please call our admissions department on 555–1982 or write to info@hillmantech.edu.

◀3番目の段落の文章 – お問い合わせ情報

061. According to the advertisement, what is new at Hillman Technical?

問題を読む 5秒　正解を選ぶ10秒

(A) Internet courses
(B) Career advice
(C) The administration office
(D) A new library

062. What is NOT stated as a way to find out more about Hillman Technical?

問題を読む 7秒　正解を選ぶ10秒

(A) Making a phone call 選択肢を読む 3秒
(B) Writing an e-mail 選択肢を読む 3秒
(C) Browsing their Web site 選択肢を読む 3秒
(D) Walking through campus 選択肢を読む 3秒

● 否定語NOTが入っている質問

What is NOT mentioned about ~?	～として述べられていないことは何ですか。
What is NOT available ~?	～利用できないことは何ですか。
What is NOT included ~?	～に含まれていないものは何ですか。
What is NOT indicated in ~?	～で示されていないものは何ですか。
What is NOT true about ~?	～について正しくないことは何ですか。
What is NOT stated about ~?	～として示されていないことは何ですか。
What is NOT scheduled to ~?	～する予定になっていないことは何ですか。
What is NOT suggested about ~?	～として示唆されていないことは何ですか。
What is NOT implied about ~?	～についてほのめかされていないものは何ですか。

DAY 14

キム・デギュンが実際に試験場で問題を解く順番と方法

(解答と解説▶p.378)

Step 1 問題と選択肢を読む 24秒

1. **061**の問題は文章の詳細情報を確認する問題である。質問の核心語はnew at Hillman Technicalである。選択肢の核心語は (A)Internet courses (B)Career advice (C)The administration office (D)A new libraryである。
2. **062**の問題は否定語NOTが入っている問題である。質問の核心語はway to find out moreである。選択肢の核心語は (A)phone call (B)e-mail (C)Web site (D)campusである。
3. 問題を解く順番を決める。
   061(詳細問題) ➡ **062**(否定語NOT詳細問題)の順序でアプローチする。

Step 2 本文に目を通す 20秒

1. 文章の紹介を読む。広告(advertisement)である。
2. タイトルを読む。Hillman Technical Collegeに関する内容であることを把握する。
3. 最初の段落の最初の文章を読む。成人教育コースを提供する学校であることを把握する。
4. 2番目の段落の最初の文章を読む。運営中の科目情報が提示されることを把握する。
5. 3番目の段落の文章を読む。追加の問い合わせに関する情報が提示される段落であることを把握する。

Step 3 問題を解く 核心語を読む 35秒・正解を選ぶ 20秒

1. **061**の問題を解く。
   目を通した内容にもとづいて、大学紹介で新しい点が提供されることを類推する。最初の段落で、これからオンラインプログラムを利用して家で簡単に受講できると言っているので、(A)が正解になる。
2. **062**の問題を解く。
   目を通した内容を通じて、3番目の段落に追加の問い合わせに関する情報があることがわかる。3番目の段落で(A)と(B)を確認できる。2番目の段落の最後の部分で(C)の情報も確認できるので、正解は(D)である。

テクニック 24 「推論問題」と「否定語NOT問題」は、質問の配置順から本文の中で正解の根拠になる位置を予測できる。

「推論問題」と「否定語NOT問題」の配置が「詳細情報の確認問題」を基準にして前方に配置されていると、詳細情報の確認問題の正解の根拠の前に、後ろに配置されていると文の後半に正解の根拠がある可能性が高い。

1. 問題を読みながら「推論問題」と「否定語NOT問題」があるか確認する。
2. 問題の核心語と選択肢の核心語を早く整理する。
3. 目を通して詳細情報の問題を先に解く。
4. 「推論問題」や「否定語NOT問題」が詳細情報の確認問題より先に配置されていると、詳細情報の確認問題の正解の根拠より前の文章を確認する。詳細情報の確認問題より後ろに配置されていると、詳細情報の確認問題の正解の根拠より後ろの文章を集中的に読む。

問題と選択肢を読む	56秒	
本文に目を通す	35秒	全191秒!
核心語を読む	60秒	(3分11秒)
正解を選ぶ	40秒	

Questions 063-066 refer to the following article. 難易度：中

◀文章の種類を把握 - 記事

Sydney, April 24 – Wilson Instrumentation, a medical equipment manufacturer, has been voted Sydney's best employer by Godwin Resources, a business research institution. James Drew, managing director of Wilson Instrumentation, said he was thrilled, mentioning, "We are in the medical industry, and encouraging health and happiness is central to our overall goal. We hold the welfare of our employees in the highest regard," Mr. Drew believes his employees' satisfaction is partly due to a telecommuting option started this year. "We discovered that our workers are much more productive when they are regularly allowed to work from home," he stated.

◀最初の段落の最初の文章 - 記事の導入 - 最高の雇い主にWilson機器が選定

Workers at the second-place winner, Rodney's Gourmet Market, expressed admiration for the way store manager Graham Morgan developed and promoted long-serving employees, while staff at Mighty Financial Services, the business which came third, valued having so many social functions. Sian Gomez, Mighty's HR director, said, "We organize a lot of group events, such as last month's fishing trip, which are completely free for our workers and their families."

◀2番目の段落の最初の文章 - 2位はRodney Gourmet Market、3位はMighty Financial Servicesが選ばれる

All three businesses were also found on Careerpath.org's list of the 20 most successful local businesses last year. A Godwin spokeswoman, Camille Airlie, said she was not surprised. "There's a clear connection between a satisfied workforce and profitability for firms," she said. Over 1,200 workers from a wide range of Sydney companies answered Godwin's questionnaire this year.

◀3番目の段落の最初の文章 - 3社は前年度の最も成功した20ローカルビジネスのリストにあった

063. What is the reason for the article? 問題を読む 3秒 正解を選ぶ 10秒

(A) To evaluate the newest technology in the medical field
(B) To describe how to open a new business from home
(C) To comment on the unemployment rate in an area
(D) To publicize the findings of a survey

064. According to the article, what is true about Wilson Instrumentation workers?
問題を読む 5秒 正解を選ぶ10秒

(A) They have a lot of chances to socialize. 選択肢を読む 5秒
(B) They are allowed to work from home. 選択肢を読む 5秒
(C) They are promoted for their loyalty. 選択肢を読む 5秒
(D) They receive bonuses at the end of the year. 選択肢を読む 5秒

065. Who manages a store? 問題を読む 3秒 正解を選ぶ10秒

(A) James Drew
(B) Graham Morgan
(C) Sian Gomez
(D) Camille Airlie

066. What is NOT mentioned about Mighty Financial Services?
問題を読む 5秒 正解を選ぶ10秒

(A) It was one of last year's most successful companies. 選択肢を読む 5秒
(B) It is owned by a member of the community. 選択肢を読む 5秒
(C) It organizes social activities for its workers. 選択肢を読む 5秒
(D) It employs over 1,200 people. 選択肢を読む 5秒

キム・デギュンが実際に試験場で問題を解く順番と方法

(解答と解説▶p.379)

Step 1 問題と選択肢を読む 56秒

1. **063**の問題はテーマを問う問題である。
2. **064**の問題は文章の詳細情報を確認する問題である。質問の核心語はWilson Instrumentation workersである。選択肢の核心語は (A)chances to socialize (B)work from home (C)promoted for their loyalty (D)bonusesである。
3. **065**の問題は文章の詳細情報を確認する問題である。質問の核心語はWho managesである。
4. **066**の問題は否定語NOT問題である。質問の核心語はMighty Financial Servicesである。選択肢の核心語は (A)most successful companies (B)a member of the community (C) social activities for its workers (D)over 1,200 peopleである。
5. 問題を解く順番を決める。
   064(詳細問題) ➡ **065**(詳細問題) ➡ **066**(否定語NOT問題) ➡ **063** (テーマ, 目的の問題) の順序でアプローチする。

Step 2 本文に目を通す 35秒

1. 文章の紹介を読む。記事(article)である。
2. 最初の段落の最初の文章を読む。最高の雇い主にWilson機器が選定されたことと、この段階がWilson Instrumentに関する段落であることを把握する。
3. 2番目の段落の最初の文章を読む。2位にRodney Gourmet Market, 3位にMighty Financial Servicesが選定されたことを把握する。この段階が2, 3位企業に関する内容であることを類推する。
4. 3番目の段落の最初の文章を読む。上位の3社が前年度の最も成功した20ローカルビジネスのリストにあったことを把握する。

Step 3 問題を解く 核心語を読む 60秒・正解を選ぶ 40秒

1. **064**を解く。
   目を通した内容にもとづいて、核心語の<Wilson機器>について説明している最初の段落を読む。従業員の満足度の理由が部分的には在宅勤務にあったことが表れている。したがって、(B)が正解になる。
2. **065**を解く。
   目を通した内容を通じて、2番目の段落の最初の文章で'店舗の管理者'がGraham Morganであることがわかる。正解は(B)である。
3. **066**を解く。
   否定語NOT問題が詳細情報の**064**と**065**の次である**066**に配置されているので、**テクニック24**で述べたように**065**の正解の根拠(store manager)があった文章以降を集中的に読む。特に質問の核心語のMighty Financial Servicesに関する部分を集中的に読む。(A)と(B)は3番目の段落の最初の文章で、(C)は2番目の段落の中盤部で確認できる。したがって、正解は(D)である。
4. **063**を解く。
   最初の段落の最初の文章を通じて、主に<リサーチ会社の調査内容>に関する情報が出ることを類推できるので、(D)が最も適切である。

● 読解同意語の練習問題

(解答と解説 ▶ p.380)

文章の下線部の単語と最も近い意味を表す単語を選びなさい。

1. Leave the thread slightly slack to <u>allow</u> for movement.

   (A) gives permission　(B) alleviate　(C) makes possible　(D) stretch

2. This was the first commercially available machine to <u>employ</u> artificial intelligence.

   (A) use　(B) hire　(C) adept　(D) invent

3. It's perfectly <u>feasible</u> to produce electricity without creating pollution.

   (A) visible　(B) possible　(C) comprehensive　(D) intact

実践シミュレーション

問題及び選択肢を読む	75秒	
本文に目を通す	35秒	全200秒!
核心語を読む	50秒	(3分20秒)
正解を選ぶ	40秒	

Questions 034-036 refer to the following advertisement. 難易度:中

EDMOND EVENT CENTER

Situated a single hour's drive from Bethlehem International Airport, Edmond Event Center is fast becoming one of the region's most popular venues. The newly remodeled facilities are located on twelve acres of beautiful forest and winding rivers; it is the perfect backdrop for your next company event or family occasion. We have ten luxurious meeting rooms in a range of sizes, all of which have moveable seating which can be turned to face a small stage, or, for a more conventional business setting, positioned around a rectangular table. Each meeting room is fully equipped with all the modern technology you would expect to find at a leading five star hotel. And our grand banquet hall is ideal for hosting a large celebration of up to 400 guests.

Whether you intend to put on a bountiful feast or simply provide finger food at your meeting, our on-site caterers can design a personalized menu to your specific requirements. Additionally, we only hire the most talented, enthusiastic staff which allows us to guarantee that whatever event you are planning, if you are not satisfied with our service, we will refund your entire purchase. For a free tour of the premises with our resident event planner, Joy Briasco, or for further details about our facilities, contact us at 555-4491 or e-mail us at events@edmondevents.com.

034. What is stated about the Edmond Event Center? 問題を読む 5秒 正解を選ぶ 10秒

(A) It has rooms with capacity for 500 people. 選択肢を読む 5秒
(B) It was recently renovated. 選択肢を読む 5秒
(C) It offers free airport shuttle transfers for visitors. 選択肢を読む 5秒
(D) It is the biggest event center in the area. 選択肢を読む 5秒

035. What is NOT a service that is being offered in the advertisement?
問題を読む 5秒 正解を選ぶ15秒

(A) Use of cutting-edge equipment for presentations 選択肢を読む 5秒
(B) Developing unique menus for banquets 選択肢を読む 5秒
(C) The chance to inspect the facilities in person 選択肢を読む 5秒
(D) Assistance with selecting musical entertainment 選択肢を読む 5秒

036. What is indicated about the meeting rooms? 問題を読む 5秒 正解を選ぶ15秒

(A) They are all exactly the same dimensions. 選択肢を読む 5秒
(B) They must be booked up to four weeks in advance. 選択肢を読む 5秒
(C) They can be arranged in two different ways. 選択肢を読む 5秒
(D) They boast beautiful views of the ocean. 選択肢を読む 5秒

キム・デギュンが実際に試験場で問題を解く順番と方法

(解答と解説▶p.380)

Step 1 問題と選択肢を読む 75秒

1. **034**は詳細情報の確認問題である。質問の核心語はEdmond Event Centerである。選択肢の核心語は (A)rooms with capacity for 500 people (B)recently renovated (C)free airport shuttle transfers (D)biggest event centerである。
2. **035**は否定語NOT問題である。質問の核心語はa serviceと(not) being offeredである。選択肢の核心語は (A)cutting-edge equipment (B)unique menus (C)to inspect the facilities (D)musical entertainmentである。
3. **036**は推論問題である。質問の核心語はmeeting roomsである。選択肢の核心語は(A) same dimensions (B)booked up to four weeks in advance (C)arranged in two different ways (D)views of the oceanである。
4. 問題を解く順番を決める。
034(詳細問題) ➡ **035**(否定語NOT問題) ➡ **036**(推論問題)の順序でアプローチする。

Step 2　本文に目を通す 35秒

1. 文章の紹介を読む。広告(advertisement)である。
2. 文章のタイトルを読む。Edmond Event Centerに関する内容であることを把握する。
3. 最初の段落の最初の文章を読む。Edmond Event Centerの位置と最近人気があるという情報が提示された。センターに関する紹介と詳細情報が提示される段落であることを把握する。
4. 2番目の段落の最初の文章を読む。計画によって現場のケータリングサービスがカスタマイズメニューを提供するという情報が提示された。サービスに関する情報が提示される段落であることを把握する。

Step 3　**問題を解く 核心語を読む 50秒・正解を選ぶ 40秒**

1. **034**を解く。
   Edmond Event Centerに関する内容なので、最初の段落を中心に読む。2番目の文章でThe newly remodeled facilitiesを通じて、正解(B)を見つけられる。
2. **035**を解く。
   否定語NOTの問題が詳細情報の問題の次に提示された。**034**の問題の正解の根拠になった最初の段落の2番目の文章以降を中心に読む。(A)は、最初の段落の後半に各部屋に現代的なテクノロジーが完備(fully equipped with all the modern technology)されていると言っているので消去できる。(B)と(C)は、2番目の段落の最初の文章と最後の文章で消去できる。したがって、この問題の正解は(D)である。
3. **036**を解く。
   035を解きながら、meeting roomに関する情報が最初の文章の中盤部に提示されたことを把握した。該当する部分を読んでみると、二つのタイプの会議室が提示されているので、正解は(C)である。

DAY 15

テクニック

Double Passagesにはいつも相互作用がある。その中でもメールが核心。(1)

Double Passagesにはいつも二つの文の間で相互作用がある。その中でも最も多く出題される手紙/電子メールは要旨把握のための核心文である。ただし、手紙/電子メールが最初に出たか、2番目に出たかによって、そのパターンが違うので、よく出る内容を整理しておくと問題を解く時間を減らすことができる。

1. 文章の紹介文を読みながら、Double Passages文の中で手紙/電子メールが出題されているか確認する。
2. 問題を読む。
3. 手紙/電子メールの前半を読みながら、要請/抗議/問い合わせの中でどれなのか要旨を把握する。
4. 該当する要旨を考えながら、2番目の文に目を通す。

キム・デギュンのTMI

テーマを問う問題より、この文章がなぜ書かれたか、その目的を問う文章がより多く出題される！(電子メール/手紙/告知など)

問題と選択肢を読む	87秒	全222秒！ (3分42秒)
本文に目を通す	40秒	
核心語を読む	35秒	
正解を選ぶ	60秒	

Questions 067–071 refer to the following letter and invoice.
難易度：中下

◀文章の種類を把握 − 手紙及びインボイス

October 12

Maxi Products, Inc.
Customer Service Department
507 Main Street
Dresden, Kentucky 40504

◀受信者 - Maxi Products

To Whom It May Concern:

My order was delivered to my office today, a day earlier than I had anticipated. While I was pleased with the speed of the shipment, there was a minor problem. According to my records, I ordered 40 units of item number 910 at the recommended retail price of $15.00 per item. However, this is not what I received and is not shown on the invoice. I have ordered parts from Maxi Products several times over the last couple of years, and I am generally satisfied with your product quality, in particularly your racing tires and hubcap covers. Please look into this error and send the additional parts and an updated invoice as soon as possible.

◀最初の文章 − 配送の完了

◀However登場！ − 内容の反転インボイスが間違っている。

◀Please登場！ − 追加部品の配送及びインボイスのアップデートを要請

Sincerely,
Johnny Leguna
Manager, Durham Road Garage
Enclosure

◀送信者 - Johnny Leguna

MaxiProducts, Inc.
507 Main Street
Dresden, Kentucky 40504

Invoice	5811	Invoice Date	October 9	
Balance Due	$954.30	Payment Due	October 26	
Billed to	Durham Road Garage 117 Durham Road Suwanee, Georgia 30024			
Catalog No.	Product Name	Qty.	Price per Unit	Total
910	Engine oil filters	30	15.00	450.00
5477	Racing tires	4	140.00	560.00
225	Vinyl hubcap covers	8	9.95	79.60
3055	Ceramic brake pads (set of 2)	10	21.45	214.50
			Subtotal	$1304.10
			Shipping	$ 50.00
			Total Purchase	$1354.10
			VIP customer Bonus Discount	$ -50.00

◀MaxiProducts発行
◀インボイス番号
インボイス発行日
◀未支払金額
支払期限
◀項目
◀全ての金額
◀割引金額

067. Why did Mr. Leguna write the letter? 問題を読む 5秒 正解を選ぶ 10秒

(A) To compliment a company's excellent customer service 選択肢を読む 5秒
(B) To highlight a shortage in a shipment 選択肢を読む 5秒
(C) To ask if a catalog item is still being produced 選択肢を読む 5秒
(D) To recommend an improvement to a manufacturing process 選択肢を読む 5秒

068. What is indicated about Mr. Leguna? 問題を読む 5秒 正解を選ぶ 15秒

(A) He has dealt with Maxi Products, Inc., in the past. 選択肢を読む 5秒
(B) He recently hired a number of new mechanics. 選択肢を読む 5秒
(C) He only orders accessories through the internet. 選択肢を読む 5秒
(D) He used to buy from a competitor of Maxi Products, Inc. 選択肢を読む 5秒

069. When does Maxi Products, Inc, expect Mr. Leguna's payment? 問題を読む 5秒 正解を選ぶ 10秒

(A) By September 9
(B) By October 11
(C) By October 12
(D) By October 26

070. What item is Maxi Products, Inc., asked to deliver quickly to Durham Road Garage? 問題を読む7秒 正解を選ぶ 10秒

(A) Oil filters
(B) Racing tires
(C) Hubcap covers
(D) Brake pads

071. What is suggested by the invoice? 問題を読む5秒 問題を解く 15秒

(A) That Mr. Leguna had overpaid on a previous order 選択肢を読む 5秒
(B) That brake pads are very popular items 選択肢を読む 5秒
(C) That loyal customers are given discounts 選択肢を読む 5秒
(D) That the shipment was sent to the incorrect address 選択肢を読む 5秒

手紙/電子メールがDouble Passagesの最初の文に出る場合

手紙/電子メールの文	手紙/電子メールの内容	他の文
文1の場合	要請/抗議/問い合わせ	返信/図表/スケジュール

Double Passagesで電子メールが文1に出た理由は、起きた「状況」について:
1) 要請したり
2) 問題について抗議したり
3) 内容について問い合わせする場合
が大半である。

この場合、文2は文1の電子メールへの返信、要請に関する図表、スケジュール、価額表などで、関連情報を提示する場合が多い。早く状況をつかんで、二つの文の間の相互作用が何かをしっかり把握しよう！

キム・デギュンが実際に試験場で問題を解く順番と方法

(解答と解説▶p.382)

Step 1 問題と選択肢を読む 87秒

1. **067**は目的を問う質問である。
2. **068**は推論問題である。質問の核心語はMr. Legunaである。選択肢の核心語は (A)Maxi Productsとの取引経験 (B)最近多くの整備員を採用 (C)インターネットでアクセサリーだけ注文 (D)Maxi Productsの競争会社との取引経験である。
3. **069**は詳細情報の確認問題である。核心語はMr. Leguna's paymentが期待する時点である。
4. **070**は詳細情報の確認問題で、要請/提案/勧告に関する問題である。質問の核心語はdeliver quickly to Durham Road Garageしなければならない品目である。選択肢の核心語は(A)オイルフィルター (B)レーシングタイヤ (C)ハブキャップのカバー (D)ブレーキパッドである。
5. **071**は推論問題である。質問の核心語はinvoiceである。選択肢の核心語は (A)以前の注文での過払金 (B)ブレーキパッドの人気 (C)常連に割引 (D)配送の間違いである。
6. 問題を解く順番を決める。
   069(詳細情報問題)➡ **070**(詳細情報問題) ➡ **068**(推論問題) ➡ **071**(推論問題) ➡ **067**(目的問題)の順序でアプローチする。

Step 2 本文に目を通す 40秒

1. 文章の紹介文を読む。手紙とインボイスであることを把握する。手紙で要請/抗議/問い合わせが出ると類推する。
2. 手紙の問い合わせの最初の4行と最後の行を読んで、この手紙はJohnny LegunaがMaxi Products, Incに書いた手紙であることを把握する。
3. 手紙の問い合わせの最初の文章を読む。注文した品物が予想より一日早く届いたことを把握する。
4. 手紙の問い合わせの真ん中で、Howeverでテーマが反転された部分を読む。受領したアイテムのインボイス(invoice)が間違って発行された状況であることを把握する。
5. 手紙の問い合わせの後半に、Pleaseでテーマを明確化した部分を読む。追加部品の配送とインボイスのアップデートを要請していることを把握する。
6. 2番目の文に目を通す。Maxi Productsで発行したインボイスであることを把握する。
7. 個別の項目のタイトルだけ、優先的に把握しながら読む。インボイスの発行日、未支払金額(Balance Due)、支払期限(Payment Due)、品物のリスト、項目の名前、全ての金額、割引金額が提示されていることを把握する。

Step 3 問題を解く 核心語を読む 35秒・正解を選ぶ 60秒

1. **069**を解く。
   目を通した内容で確認した2番目の文でPayment Dueの部分を確認すると、正解が(D)になる。
2. **070**を解く。
   目を通した内容に基づいて、受領したアイテムのインボイスが間違って発行された状況であることを把握したので、該当する部分を詳しく読む。Item number 910を一個$15で40個注文したという内容があるので、2番目の文のインボイスでItem番号910番を確認すると、正解が(A) オイルフィルターであることがわかる。

I ordered 40 units of item number 910 (文 1)
Catalog No. 910 ➡ Engine oil filters (文 2)

= 正解: Oil filters

3. **068**を解く。
推論問題が5つの問題の中で2番目の問題で、詳細情報の確認問題より前に位置している。したがって、正解の根拠は最初の文にある可能性が高い。I have ordered parts from Maxi Products several times over the last couple of yearsで、以前からMaxi Productsと取引していることがわかる。正解は(A)である。
4. **071**を解く。
推論問題が最後の問題で、詳細情報の確認問題の後ろに位置している。したがって、文2の後半に正解が出る可能性が高い。2番目の文の最後にVIP customerの場合Bonus Discountがあることを確認できる。したがって、正解は(C)である。
5. **067**を解く。
配送で抜けている部分を強調するために作成されたことがわかる。正解は(B)である。

テクニック

26 Double Passagesにはいつも相互作用がある。その中でもメールが核心。(2)

- Double Passagesで電子メールが文2に出たものは、文1に告知、情報、記事、メモ、電子メールなどが提示される場合である。主に文1に出た情報やイベント、電子メールに関する情報を要請、問い合わせ、前の電子メールに返信するパターンである。したがって、先に電子メールを読むと、前の文の情報も把握できる！
- 文2に電子メールが登場した場合、RE:やSubject:、最初の文章を読むと、文1の内容を読まなくてもある程度の状況把握ができて解釈に役立つ。

1. 文章の紹介文を読みながらDouble Passages文の中で手紙/電子メールが出題されたか確認する。
2. 問題を読む。
3. 先に手紙/電子メールの前半を読みながら、前半が要請/抗議/問い合わせの中でどの内容なのか要旨を把握する。
4. 要旨を考えながら、最初の文に目を通す。

問題と選択肢を読む	45秒	
本文に目を通す	35秒	全170秒！
核心語を読む	40秒	(2分50秒)
正解を選ぶ	50秒	

Questions 072–076 refer to the following schedule and e-mail.

難易度：下

◀文章の種類を把握 – スケジュール表と電子メール

Course	Date	Time	Instructor
Engine Maintenance–Basic Principles	Mar. 25	4 P.M.	Matt Davis
All about Tires	Mar. 29	6 P.M.	Diane Rasmas
All about Tires	Apr. 3	7 P.M.	Diane Rasmas
Engine Maintenance–Advanced Principles	Apr. 29	2 P.M.	Oliver Frost
Principles of Tuning	Apr. 30	10 A.M.	Brendon Wendell
Principles of Tuning	May 2	4 P.M.	Brendon Wendell
Workshop Safety	May 5	2 P.M.	Guy Hubble
Disposal of Dangerous Liquids	May 7	6 P.M.	Matt Davis
Mechanical Troubleshooting–Cars	May 9	10 A.M.	Tyler Sharot
Mechanical Troubleshooting–Trucks	May 16	6 P.M.	Tyler Sharot

◀スケジュール表の項目 – コース、日付、時間、講師

Unless otherwise stated, all morning and afternoon sessions last three hours, and all evening sessions last two hours.

◀その他の条件

To apply, please complete an online enrollment form before 6:00 P.M. on February 16.

◀登録方法

To:	Tom Bennet <tbennet@zoommail.ca>
From:	Nina Withers <nwithers@dpb.ca>
Date:	Friday, February 18
Subject:	DPB Seminars

◀受信者 –Tom Bennet

◀送信者 – Nina Withers

◀テーマ: DPB セミナー

Mr. Bennet:

Thank you for expressing interest in two of our courses this spring. You have been accepted to the All about Tires class on March 29. Unfortunately, as a result of low student numbers, we have been forced to drop the April 30 program that you also wanted to register for. Due to financial constraints, we are unable to put on any course which has less than 35 percent enrollment by the application deadline. However, Mr. Wendell will be teaching the same program at a later date, and not all the spots have been taken. If you are interested in taking this alternative class, please contact me as soon as you are able.

Nina Withers
Course Coordinator

◀最初の文章 – 興味を持ってくれたことに関する感謝

◀Unfortunately! – 授業キャンセルに関する案内

◀However!
– Mr. Wendellの同じ授業の情報

072. For whom are the training sessions most likely intended? 問題を読む 5秒 正解を選ぶ 10秒

(A) Industrial painters
(B) Automobile mechanics
(C) Restaurant owners
(D) Security specialists

073. Whose classes are offered only in the evening? 問題を読む 5秒 正解を選ぶ 10秒

(A) Mr. Davis's
(B) Ms. Rasmas's
(C) Mr. Hubble's
(D) Mr. Sharot's

074. How long will Mr. Frost's session last? 問題を読む 5秒 正解を選ぶ10秒

(A) One hour
(B) Two hours
(C) Three hours
(D) Four hours

075. Why was one of the sessions canceled? 問題を読む 5秒 正解を選ぶ10秒

(A) The instructor relocated to another city. 選択肢を読む 5秒
(B) Not enough people expressed interest. 選択肢を読む 5秒
(C) The area assigned for it is required for another event. 選択肢を読む 5秒
(D) Equipment necessary for the class is currently unavailable. 選択肢を読む 5秒

076. When can Mr. Bennet take a class to replace the one that was canceled?
問題を読む 5秒 正解を選ぶ 10秒

(A) On April 29
(B) On April 30
(C) On May 2
(D) On May 7

手紙/電子メールがDouble Passagesの2番目の文に出る場合

手紙/電子メールの文	手紙/電子メールの内容	他の文
文2の場合	要請/問い合わせ/返信	案内/記事/メモ

Double Passagesで電子メールが文2に出た理由は、文1の任意の「状況」について:

1) 追加情報を要求する(お知らせ、記事メモ、電子メール)
2) 特定の情報について尋ねる(お知らせ、記事、メモ、電子メール)
3) 文１の問い合わせに対して回答する場合

が大半である。

この場合、文2の“RE:”や“subject”、あるいは電子メールの前半部分では文1の内容の状況を要約し、内容を再確認する場合が多い。したがって、“RE:”や“subject”、あるいは文2の最初の段落を読んで、すぐに文１のパッセージの状況をつかみ、二つの文の間の相互作用が何かをしっかり把握しよう！

キム・デギュンが実際に試験場で問題を解く順番と方法

(解答と解説▶p.384)

Step 1 問題と選択肢を読む 45秒

1. **072**は推論問題である。質問の核心語はFor whomとthe training sessionsである。
2. **073**は詳細情報の確認問題である。質問の核心語はonly in the eveningである。選択肢の核心語は各人名である。
3. **074**番は詳細情報の確認問題である。質問の核心語はMr. Frost's sessionとhow long ~ lastである。
4. **075**は詳細情報の確認問題である。質問の核心語はwhyとcanceledである。選択肢の核心語は(A)講師の移動 (B)関心のある人が少ない (C)授業する場所で他のイベント (D)必要な装備が使用不可である。
5. **076**は詳細情報の確認問題である。質問の核心語はMr. Bennetの代替授業である。
6. 問題を解く順番を決める。
   073(詳細情報問題) ➡ **074**(詳細情報問題) ➡ **075**(詳細情報問題) ➡ **076**(詳細情報問題) ➡ **072**(推論問題)の順序でアプローチする。

Step 2 本文に目を通す 35秒

1. 文章の紹介を読む。スケジュール表と電子メール(Schedule and e-mail)である。
2. 電子メールが登場したので、電子メールから読む。最初の4行を読む。Tom BennetにNina Withersが書いた電子メールで、内容はDPBというセミナーに関する件であることを把握する。
3. 最初の文章でBennetが二つの授業に興味を持っている事実を把握する。
4. Unfortunatelyで内容の転換があった部分を読む。学生が少ないので4月30日の授業をキャンセルする内容であることを把握する。
5. Howeverで内容の転換があった部分を読む。Mr. Wendellが同じ授業をして、残席があるという内容を確認する。
6. 文1を読む。図表が出たら、簡単に範疇と分類だけ確認する。さまざまな授業の種類があって、授業日、時間、講師が出る。
7. 表の下の条件を読む。授業時間(長さ)に関する情報があることを把握する。
8. 最後の文章を読む。受講方法に関する情報があることを把握する。

Step 3 **問題を解く** 核心語を読む 40秒・**正解を選ぶ** 50秒

1. **073**を解く。
目を通した内容にもとづいて、文1の図表の中で夕方だけ授業がある講師を探す。夕方だけ授業がある(B) Ms. Rasmasが正解になる。
2. **074**を解く。
目を通した内容にもとづいて、スケジュール表の下の条件部分で授業時間(長さ)に関する情報があったことを把握した。午前、午後の授業は3時間、夕方は2時間という情報があった。したがって、正解は(C)である。
3. **075**を解く。
授業がキャンセルされた理由は、目を通しながらすでに把握した。Unfortunately以下の文章で登録生徒数が少なくてキャンセルされたと言っているので、正解は(B)である。
4. **076**を解く。
目を通しながら2番目の文のHoweverでMr. Wendellが4月30日以降同じプログラムを進行するという情報を確認した。文1でMr. Wendellの授業の中で4月30日以降の授業を探してみると、正解は(C)である。

> Mr. Wendell will be teaching the same program at a later date (文2)
> Principles of Tuning - May 2 - Brendon Wendell (文1)
>
> ---
>
> = 正解: On May 2

5. **072**を解く。
具体的に授業のタイトルを通じて、推論できる。Engine、Car、Truck、Mechanicなどの単語が登場するので、内容上正解は(B)である。

● 読解同意語の練習問題

(解答と解説▶p.385)

文章の下線部の単語と最も近い意味を表す単語を選びなさい。

1. A tag was attached to each <u>article</u>.

(A) item (B) composition (C) report (D) art

2. Computers <u>account for</u> 5% of the country's commercial electricity consumption.

(A) explain (B) constitute (C) narrate (D) take

3. <u>Adjust</u> your language to the age of your audience.

(A) Amaze (B) Belong to (C) Adapt (D) Concur

実践シミュレーション

問題と選択肢を読む	70秒	
本文に目を通す	35秒	全205秒!
核心語を読む	45秒	(3分25秒)
正解を選ぶ	55秒	

Questions 037-041 refer to the Web site and e-mail. 難易度：中下

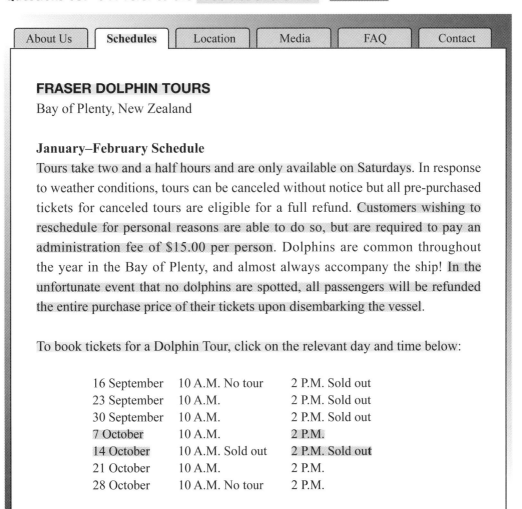

About Us | **Schedules** | Location | Media | FAQ | Contact

FRASER DOLPHIN TOURS

Bay of Plenty, New Zealand

January–February Schedule

Tours take two and a half hours and are only available on Saturdays. In response to weather conditions, tours can be canceled without notice but all pre-purchased tickets for canceled tours are eligible for a full refund. Customers wishing to reschedule for personal reasons are able to do so, but are required to pay an administration fee of $15.00 per person. Dolphins are common throughout the year in the Bay of Plenty, and almost always accompany the ship! In the unfortunate event that no dolphins are spotted, all passengers will be refunded the entire purchase price of their tickets upon disembarking the vessel.

To book tickets for a Dolphin Tour, click on the relevant day and time below:

16 September	10 A.M. No tour	2 P.M. Sold out
23 September	10 A.M.	2 P.M. Sold out
30 September	10 A.M.	2 P.M. Sold out
7 October	10 A.M.	2 P.M.
14 October	10 A.M. Sold out	2 P.M. Sold out
21 October	10 A.M.	2 P.M.
28 October	10 A.M. No tour	2 P.M.

From:	Jonathan Rankin <jrankin@rankinimports.co.au>
To:	customerservice@fraserdolphintours.co.nz
Subject:	Tour
Date:	14 September

Dear Customer Service,

I recently bought a ticket via your Web site for the afternoon dolphin tour on 23 September. Due to unforeseen circumstances, my arrival in New Zealand has been delayed until the 30 September. I would therefore like to change my tour to the afternoon of October 7 or 14. Is this possible?

Thank you in advance,
Jonathan Rankin

037. On the Web site, the word "notice" in paragraph 1, line 2, is closest in meaning to: 問題を読む 5秒 正解を選ぶ 10秒

(A) attention
(B) announcement
(C) result
(D) observation

038. According to the Web site, why would a customer be charged an additional fee? 問題を読む 5秒 正解を選ぶ 10秒

(A) For purchasing life insurance 選択肢を読む 3秒
(B) For paying for tickets by credit card 選択肢を読む 3秒
(C) For modifying the date of a tour 選択肢を読む 3秒
(D) For canceling a booking 選択肢を読む 3秒

039. According to the Web site, what is a feature of Fraser Tour's business policy? 問題を読む 5秒 正解を選ぶ 10秒

(A) There is a full refund if dolphins are not seen. 選択肢を読む 5秒
(B) A tour may be canceled if all tickets are not sold. 選択肢を読む 5秒
(C) Returning customers can expect significant discounts. 選択肢を読む 5秒
(D) Ticket prices vary depending on the time of year. 選択肢を読む 5秒

040. What is indicated about Mr. Rankin? 問題を読む 3秒 正解を選ぶ 15秒

(A) He is intending to bring his entire staff on the tour. 選択肢を読む 5秒

(B) He has delayed a trip because of an unexpected situation. 選択肢を読む 5秒

(C) He is having trouble navigating the Web site. 選択肢を読む 5秒

(D) He is attending a conference in New Zealand. 選択肢を読む 5秒

041. When will Mr. Rankin most likely go on a cruise? 問題を読む 5秒 正解を選ぶ 10秒

(A) On September 23

(B) On September 30

(C) On October 7

(D) On October 14

キム・デギュンが実際に試験場で問題を解く順番と方法

(解答と解説▶p.386)

Step 1 問題と選択肢を読む 70秒

1. **037**は同意語を問う問題である。
2. **038**は推論問題である。質問の核心語はwhyとadditional feeである。選択肢の核心語は(A) life insurance (B)tickets by credit card (C)modifying the date (D)cancelingである。
3. **039**は詳細情報の確認問題である。質問の核心語はa feature of Fraser Tour's business policyである。選択肢の核心語は (A)full refund (B)canceled (C)significant discount (D) prices varyである。
4. **040**は推論問題である。質問の核心語はMr. Rankinである。選択肢の核心語は (A)bring his entire staff (B)delayed because of an unexpected situation (C)trouble navigating the Web site (D)a conference in New Zealandである。
5. **041**は推論問題である。質問の核心語はWhenとgo on a cruiseである。
6. 問題を解く順番を決める。
   037(同意語問題) ➡ **039**(詳細情報問題) ➡ **038**(推論問題) ➡ **040**(推論問題) ➡ **041**(推論問題)の順序でアプローチする。

Step 2 本文に目を通す 35秒

1. 文章の紹介を読む。ホームページと電子メール(Web site and e-mail)である。
2. 電子メールが登場したので、電子メールから読む。最初の4行を読む。Jonathan Rankinがお客様センター(customerservice)に送った電子メールで、ツアー(Tour)に関する内容であることを把握する。
3. 最初の文章を読む。Rankinが最近ホームページで9月23日の午後のイルカツアーチケットを予約したことを把握する。
4. 手紙の最後にthereforeで、テーマの文章が提示されるので、該当する文章を読む。10月7日か14日の午後に日程を変更しようとすることを把握する。

5. 文2の手紙を読んで、文1の内容がイルカツアーに関する内容で、ホームページのチケット購入に関する内容が出ることを把握できる。
6. 文1のタイトルを読む。Fraserイルカツアーに関する内容であることを把握する。
7. 小見出しを読む。1-2月のスケジュールに関する情報が出ることを把握する。
8. 文の最後を読む。イルカが見えない場合、全額を払い戻すという情報を確認する。
9. 2番目の段落の最初の文章を読む。イルカツアーの予約のためのスケジュールが下に提示されていることを把握する。

Step 3 問題を解く 核心語を読む 45秒・正解を選ぶ 55秒

1. **037**を解く。
   <事前'通知'なしでキャンセル可能>という要旨の文脈である。意味と文法が全部合っている正解は(B)である。
2. **039**を解く。
   目を通した内容を通じて、最初の段落の最後にイルカが現れない場合、全額を払い戻すという政策をすでに把握したので、(A)が正解になる。
3. **038**を解く。
   文1でadditional feeに関する部分を読む。最初の段階で個人的な理由で日程を変更することは可能だが、一人当たり$15を払わなければならないので、正解は(C)である。
4. **040**を解く。
   目を通した内容を通じて、核心語のMr. Rankinがチケットをキャンセルしたことを把握した。該当する文の前の文章を読んでみると、予想外のことが起きて到着が遅れたことがわかる。したがって、(B)が最も適切である。
5. **041**を解く。
   目を通した部分で、Mr. Rankinは10月7日か14日にチケットの変更が可能なのかを聞いている。文1の最後の部分の旅行スケジュールを改めて確認する。14日の午後はすでに完売(14 October, 2 P.M. Sold out)されているので、(C) 7 October, 2 P.M.が正解になる。

	change my tour to the afternoon of October 7 or 14 (文2)
+	14 October, 2 P.M. Sold out (文1)
=	正解: On October 7

DAY 16

テクニック

27 Triple Passagesにいつも出る電子メール！電子メールを攻略しよう！

Double Passagesと同じく、Triple Passagesにも電子メールはいつも出題される。短い電子メールを先に読むことで三つの文を貫通する情報を得ることができる。

1. 文の紹介文を読みながらTriple Passagesの文の中で電子メールが出題されているか確認する。
2. 問題を読む。
3. 電子メールの文を一番最初に読みながら、三つの文の共通テーマを把握する。

問題と選択肢を読む	69秒	
本文に目を通す	45秒	全224秒！
核心語を読む	60秒	(3分44秒)
正解を選ぶ	50秒	

Questions 077-081 refer to the following memo, telephone message, and e-mail. 難易度：中

◀文章の種類を把握 - 回覧

From:	Teresa Griesmeier, Chief Operations Officer
To:	All Cornerstone Partners Employees
Date:	September 23
Subject:	Friday closure

◀送信者 - Teresa Griesmeier
◀受信者 - 従業員全員
◀テーマ - 金曜日の閉鎖

Beginning on Friday afternoon, the Maintenance Department will be installing new overhead light fixtures. All existing fixtures will be replaced throughout the building. To support our company initiative to cut costs over the long term, we will be installing energy-efficient LED light bulbs that consume less electricity than our current bulbs.

◀最初の段落の最初の文章 - 施設補修チームが照明の設置を開始

In order to give unobstructed access to the maintenance workers, the building will be closed beginning Friday, September 27, at 2:00 P.M. So unless there is an unexpected delay, all work should be finished by noon Sunday.

◀2番目の段落の最初の文章 - 閉鎖開始時間

For safety reasons, please remove all portable items (papers, supplies, small equipment) from any desk surfaces and safely store them in a drawer or cabinet. You should also ensure that the floor space in your workstation is clear of all personal items.

◀3番目の段落最初の文章 - 安全上の注意事項

TELEPHONE MESSAGE

For: Teresa Griesmeier
Caller: Kenneth Hoard (Maintenance)
Company: Internal
Phone Number: Ext. 1002

◀ 受信者 - Teresa Griesmeier
◀ 送信者 - Kenneth Hoard (施設補修チーム)
◀ 内線連絡

☑ Called For You
☐ Returned Your Call
☐ Will Call Back
☑ Left A Message (see below)

◀ メモ対象 - Teresa Griesmeier

Message:
The LED bulbs won't be arriving until Friday afternoon, so our workers will begin installation on Saturday morning. Our estimated time of completion will be a few hours later than originally planned. Call if you have any questions.

◀ 工事の延期を伝える - LEDの未到着

Date: Thursday, September 26
Time: 10:04 A.M.
Taken by: Ashleigh White

◀ メモした人 - Ashleigh White

From:	Ashleigh White
To:	Cornerstone Partners Staff
Date:	September 26
Subject:	Office Closing

◀ 送信者 - Ashleigh White
◀ 受信者 - 従業員
◀ テーマ - オフィスの閉鎖

Hello, everyone,

The Maintenance Department has just informed us that their scheduled weekend work will not begin until Saturday. Therefore, you can work through the end of the business day tomorrow or stop work at 2:00 P.M. as originally planned. In either case, please make sure to complete all the maintenance-related tasks outlined in Ms. Griesmeier's memo before you leave the office tomorrow.

◀ 最初の文章 - 土曜日に施設補修開始
◀ Therefore文章 - 業務可能時間
◀ Please文章 - 頼み事項

Ashleigh White
Administrative Assistant, Operations

077. According to the memo, why will the building close temporarily?
問題を読む 5秒 正解を選ぶ 10秒

(A) Desks will be replaced. 選択肢を読む 3秒
(B) Lighting will be installed. 選択肢を読む 3秒
(C) Floors will be refinished. 選択肢を読む 3秒
(D) Inspections will be conducted. 選択肢を読む 3秒

078. What company goal does Ms. Griesmeier mention in the memo?
問題を読む 5秒 正解を選ぶ 10秒

(A) Expanding operations
(B) Ensuring productivity
(C) Saving money
(D) Hiring skilled workers

079. Why did Mr. Hoard call Ms. Griesmeier? 問題を読む 5秒 正解を選ぶ 10秒

(A) To report a problem with a delivery 選択肢を読む 5秒
(B) To request additional staff for a project 選択肢を読む 5秒
(C) To get approval for an order 選択肢を読む 5秒
(D) To cancel a meeting 選択肢を読む 5秒

080. What is the new estimated time for project completion?
問題を読む 5秒 正解を選ぶ 10秒

(A) Saturday morning
(B) Saturday afternoon
(C) Sunday morning
(D) Sunday afternoon

081. What does Ms. White remind employees to do? 問題を読む 5秒 正解を選ぶ 10秒

(A) Clear items from their desks 選択肢を読む 3秒
(B) Turn off their computers 選択肢を読む 3秒
(C) Turn in their office keys 選択肢を読む 3秒
(D) Report any needed repairs 選択肢を読む 3秒

キム・デギュンが実際に試験場で問題を解く順番と方法

(解答と解説▶p.388)

Step 1 問題と選択肢を読む 69秒

1. **077**の問題は文章の詳細情報を確認する問題である。質問の核心語はbuilding close temporarilyである。選択肢の核心語は (A)机の交替 (B)照明の設置 (C)フロアの再仕上げ (D)検査実施である。
2. **078**の問題は文章の詳細情報を確認する問題である。質問の核心語は'Ms. Griesmeierが言及した会社の目標'である。選択肢の核心語は (A)事業拡張 (B)生産性の確保 (C)コスト低減 (D)熟練者の採用である。
3. **079**の問題は文章の詳細情報を確認する問題である。質問の核心語はMr. HoardがMs. Griesmeierに電話した理由である。選択肢の核心語は (A)配送問題の報告 (B)従業員の追加を要請 (C)注文の承認 (D)会議のキャンセルである。
4. **080**の問題は文章の詳細情報を確認する問題である。質問の核心語は'プロジェクト完了の新しい日程'である。
5. **081**の問題は詳細情報の確認問題であり、要請/勧告/提案に関する問題でもある。質問の核心語はMs. Whiteと従業員である。ある種の要請内容として文の最後に正解が出る確率が高い。
6. 問題を解く順番を決める。
   077(詳細情報問題) ➡ **078**(詳細情報問題) ➡ **079**(詳細情報問題) ➡ **080**(詳細情報問題) ➡ **081**(詳細情報問題)の順序でアプローチする。

Step 2 本文に目を通す 45秒

1. 文章の紹介を読む。回覧、電話のメッセージ、電子メール(memo, telephone message, and email)である。
2. 電子メール(文3)を先に読む。最初の4行を通じて、Ms. WhiteがStaffに送ったOffice Closingに関するメールであることを把握する。
3. 最初の文章を読む。施設補修チーム(the Maintenance Department)がもともと週末に予定していた業務を土曜日に始めるという点を把握する。
4. 次の文章がThereforeというテーマを見せる副詞で始まるので読んでみる。次の日の夕方まで仕事するか、2時に業務を終了しても大丈夫という内容を把握する。
5. 次の文章にplease make sure to complete～がある。要請情報があることを把握して、回覧(文1)に進む。
6. 回覧(文1)の最初の4行を読む。Griesmeierが従業員に金曜日の閉鎖を知らせる内容であることを把握する。
7. 最初の段落の最初の文章を読む。新しい照明の設置工事が金曜日の午後に始まることを把握する。
8. 2番目の段落の最初の文章を読む。円滑な作業のために金曜日の2時から閉鎖が始まるという情報を把握する。
9. 3番目の段落の最初の文章を読む。安全のために従業員に何かを頼む内容であることを確認する。
10. 電話のメッセージ(文2)を読む。GriesmeierにKenneth Hoardが残したメッセージである。
11. 中盤部のチェックされた表示を読む。電話でメッセージを残したことを把握する。
12. メッセージを読む。最初の文章でLED電球が届いていなくて、土曜日の午前に設置すると、日程の変更があることを把握する。

Step 3 問題を解く 核心語を読む 60秒・正解を選ぶ 50秒

1. **077**を解く。
目を通した内容で照明(Lighting)設置が理由であることを把握した。文1の最初の文章の最後に根拠(installing new overhead light fixtures)が明確に提示された。正解は(B)である。
2. **078**を解く。
最初の段落の最後の部分で会社の長期的なコスト低減のためのイニシアティブを支援する目的であることを説明している。したがって、正解は(C)である。
3. **079**を解く。
目を通した部分で把握したようにLED配送の問題で作業日程が変更されることを知らせるためである。したがって、正解は(A)である。
4. **080**を解く。
目を通した内容にもとづいて、プロジェクト完了の新しい日程は最後の文で探す。最初の文章で土曜日に始まることと、業務を2時に終えても大丈夫ということを把握できる。また、電話のメッセージ(文2)で、施設補修チームの予想時間が既存の計画の数時間後に完了すると言っているので、2時以後に作業が始まることを類推できる。したがって、正解は(B)である。
5. **081**を解く。
要請/勧告/提案に関する内容に関する正解の根拠は、主に文の最後にヒントがあることを覚えよう。目を通した部分で把握したように、文3の最後の部分にMs. Griesmeier's memoにあったことを完了してほしいと頼む内容がある。したがって、目を通した部分で把握した文1の最後の部分の頼みの内容を確認すると、正解は(A)である。

テクニック

28 Double Passages、Triple Passagesに図表、時刻表が出ると100%連係問題！

- 最近TOEIC Part 7では、主に図表とスケジュール表などを活用する問題がより多く出題される傾向を見せている。受験生が難しいと感じるDouble PassagesとTriple Passagesで図表やスケジュール表が登場すると、この部分は100%連係問題だと思えばいい。
- 図表やスケジュールが出たときは、分類と範疇を事前に把握しよう！

1. Double Passages、Triple Passagesで文に図表やスケジュール表が出るのか確認する。
2. 問題を読みながら選択肢で図表やスケジュール表から情報を得なければならない問題を確認する。
3. 目を通す時、図表やスケジュール表では必ずタイトルと各範疇(category)に何があるか把握する。
4. 該当する問題を解く時は、図表を中心に情報を探して問題を解く。

問題と選択肢を読む	63秒	
本文に目を通す	45秒	全223秒！
核心語を読む	50秒	(3分43秒)
正解を選ぶ	65秒	

Questions 082-086 refer to the following article and program listing. ◀ 文章の種類を把握 – 記事とプログラムの目録

難易度：中

New Challenge for Musical Star

◀ タイトル – ミュージカルスターの新しい挑戦

Vancouver (14 August)–Jean Paul Proctor is one of the most successful stage performers in Canada, but you have likely never heard of him. He does not appear in movies or television, and only avid theatre-goers would be aware of his remarkable talents. However, this is likely to change as Mr. Proctor's latest project, *Minor Details*, a new television show, premieres next month. In the show, Mr. Proctor plays Benedict Frost, a weird journalist who covers the stories that no-one else wants.

◀ 最初の段落の最初の文章 – Jean Paul Proctor紹介

◀ However! – Minor Detailsプログラムで以前の状況の反転

"Acting for the camera is much more difficult than I imagined." Mr. Proctor said in a recent interview. "It really is quite different to acting on stage. I have had to go back to basics."

◀ 2番目の段落の最初の文章 – Mr. Proctorのインタビュー

However, *Minor Details* is not Mr. Proctor's first foray into television. Eight years ago, he starred in the comedy *Martin Who*?, but the series was canceled before it even began as the pilot show received extremely poor ratings. Remembering that experience, he said, "even though the show was canceled, I promised myself that if I continued playing the roles that I was interested in, success would eventually come."

◀ 3番目の段落の最初の文章 – Minor DetailがMr. Proctorの初めてのTV出演ではない

So far, critics have been generous with praise for *Minor Details*. Critic Ken Brown of Vancouver Entertainment Daily writes; "Mr. Proctor uses all his skills from the stage to bring a realness to his character."

◀ 4番目の段落の最初の文章 – 批評家の現在の評価

Inside Canadian Entertainment page 13
Television Highlights: 5 September

◀ タイトル – Canadian Entertainment 13ページ

◀ 内容 – TVハイライト

◀ 表 – 時間/チャンネル/プログラム/要約項目

Time	Channel	Program	Episode Summary
6:00 P.M.	Director's Pick	The Road to Christmas	Debbie is lost on vacation in Romania. New series.
6:30 P.M.	TELMUN	Marital Bliss	John looks for a new job while Kimberly remodels the kitchen. New episode.
6:30 P.M.	Channel Crime	Minor Details	Benedict is inspired as he investigates the philanthropic activities of a celebrity. New series.
7:00 P.M.	TVG	10 Rounds	In her debut performance on Canadian television June Lord sings a selection of songs from her recent album.

082 What is the purpose of the article? 問題を読む 3秒 正解を選ぶ 15秒

(A) To criticize a poorly made television show
(B) To publicize a new stage production
(C) To give background information on a film director
(D) To describe the latest role of an actor

083. In the article, the word "covers" in paragraph 1, line 7, is closest in meaning to
問題を読む 5秒 正解を選ぶ 15秒

(A) reports on
(B) spreads over
(C) protects
(D) travels

084. What does the article mention about Mr. Proctor? 問題を読む 5秒 正解を選ぶ 10秒

(A) He is a famous movie producer. 選択肢を読む 5秒
(B) He has previously appeared on television. 選択肢を読む 5秒
(C) He has won many prizes for his acting. 選択肢を読む 5秒
(D) He only takes comedic roles. 選択肢を読む 5秒

085. On what television channel will Mr. Proctor's program be shown?
問題を読む 5秒 正解を選ぶ 10秒

(A) Director's Pick
(B) TELMUN
(C) Channel Crime
(D) TVG

086. What does the program listing indicate about the episodes?
問題を読む 5秒 正解を選ぶ 15秒

(A) Each program is one hour in duration. 選択肢を読む 5秒
(B) Each will be critiqued by Mr. Brown. 選択肢を読む 5秒
(C) Each will be appear on television for the first time. 選択肢を読む 5秒
(D) Each was filmed live in front of a studio audience. 選択肢を読む 5秒

キム・デギュンが実際に試験場で問題を解く順番と方法

(解答と解説▶p.390)

Step 1 問題と選択肢を読む 63秒

1. **082**の問題は文章の目的を問う問題である。
2. **083**の問題は同意語を問う問題である。
3. **084**の問題は文章の詳細情報を確認する問題である。質問の核心語は'Mr. Proctor'である。選択肢の核心語は (A)famous movie producer (B)previously appeared on television (C) won many prizes (D)only comedic rolesである。
4. **085**の問題は文章の詳細情報を確認する問題である。質問の核心語はwhat television channelである。
5. **086**の問題は推論問題である。質問の核心語はthe episodesである。選択肢の核心語は (A) one hour (B)critiqued by Mr. Brown. (C)television for the first time (D)filmed live in front of a studio audienceである。
6. 問題を解く順番を決める。
   083(同意語問題) ➡ **084**(詳細情報問題) ➡ **085**(詳細情報問題) ➡ **086**(推論問題) ➡ **082**(文章の目的問題)の順序でアプローチする。

Step 2 本文に目を通す 45秒

1. 文章の紹介を読む。記事とプログラムの目録(article and program list)である。
2. 記事(文1)のタイトルを読む。あるミュージカルスターの新しい挑戦に関する記事であることを把握する。
3. 最初の段落の最初の文章を読む。Jean Paul Proctorがそのスターで、有名ではなかったことを把握する。
4. 最初の段落の中にHowever以後の文章を読む。Minor Detailsプログラムによって以前の状況とは違う何かの反転があったことを把握する。
5. 2番目の段落の最初の文章を読む。Mr. Proctorのインタビューであることを把握する。
6. 3番目の段落の最初の文章を読む。Minor DetailがMr. Proctorの初めてのTV出演ではないことを把握する。この段階では、以前のTV出演に関する情報が出ることを類推する。
7. 4番目の段落の最初の文章を読む。現在までの批評家の評価は悪くないことを把握する。
8. プログラムの目録(文2)の最初の行を読む。Canadian Entertainment 13ページに収録されている何かのプログラムの目録であることを把握する。
9. 次の行を読む。内容がTVハイライトに関するものであることを確認する。
10. 表を読む。多重文で図表やスケジュール表が出ると連係文である可能性が高いので、図表の項目を先に読む。時間/チャンネル/プログラム/要約項目が提示されることを把握する。

Step 3 問題を解く 核心語を読む 50秒・正解を選ぶ 65秒

1. **083**を解く。
   <誰も欲しがらない記事を'扱う'変な記者>という要旨の文脈なので、提示された選択肢の中でこれを完成できる単語は(A)である。
2. **084**を解く。
   目を通した部分を通じて、記事(文1)の4番目の段階でテレビでの初めての挑戦ではないことを把握した。したがって、(B)が最も適切である。

3. **085**を解く。
目を通した内容を通じて、記事(文1)でMr. Proctorの新しいプログラムのタイトルがMinor Detailsということをすでに把握した。プログラムの目録(文2)の図表項目にプログラムの項目があったので、該当する項目を集中的に読む。正解は(C)である。

	Mr. Proctor's latest project, Minor Details (文1)
+	Channel Crime, Minor Details (文2)
=	正解: Channel Crime

4. **086**を解く。
核心語のepisodeをプログラムの目録(文2)で集中的に読む。項目の中で要約(summary)だけがその関連情報を扱うことができるのでその項目を見ると、それぞれNew series, New episode, New series, debut performanceという部分が目立つ。したがって、(C)が最も適切である。
5. **082**を解く。
目を通した内容を通じて、記事(文1)の全般的なテーマと流れを把握した。これにもとづいて、正解は(D)である。

● 読解同意語の練習問題

(解答と解説▶p.391)

文章の下線部の単語と最も近い意味を表す単語を選びなさい。

1. The shelves are easy to assemble if you <u>follow</u> the instructions carefully.

(A) happen (B) come after (C) obey (D) specify

2. The <u>confiscation</u> of the smuggled goods frustrated the smuggler greatly.

(A) ecology (B) gain (C) hazard (D) seizure

3. Take an umbrella with you — the forecast is <u>calling for</u> rain this afternoon.

(A) request (B) ask for (C) predicting (D) understand

実践シミュレーション

問題と選択肢を読む	85秒	
本文に目を通す	45秒	全103秒!
核心語を読む	50秒	(1分43秒)
正解を選ぶ	60秒	

Questions 042–046 refer to the following text message, schedule, and e-mail. 難易度：中

From: Tori Reville
To: Max Edwards
Sent: June 28, 9:33 A.M.

Tori:

Monolith has unexpectedly had to cancel their performance at Rockfest next week. The 5:00 P.M. slot on the Quartz stage is now available if your band still wants to play. Please let me know as soon as possible; programs are being printed tomorrow.

Green Bay Rockfest
Schedule of Performers: Saturday, July 6

	2:00 P.M.	3:30 P.M.	5:00 P.M.	7:00 P.M.
Diamond Stage	—	Dakota Crush	The Hackers	—
Topaz Arc Stage	Steve Hillage	Sweethearts	—	The Rock Brothers
Quartz Stage	Ikumi Harada	—	Bomb Threat	Fortune 77

The first 100 attendees people to arrive will receive a 25 percent discount on parking. Please note that outside food and beverages are not permitted but complimentary concessions will be provided by area vendors. Attendees are encouraged to bring chairs and blankets, as there is no seating. There is no rain date for the festival; check www.Greenbayrock.org on the day of the event for weather updates.

To:	max@greenbayrock.com
From:	bbourne@bournephotography.com
Date:	July 17
Subject:	Photographs
Attachment:	Topaz Arc Stage picture

Dear Max,

Thanks for the tickets to the festival. It was an amazing day of rock music! Although I haven't had a chance to look through all of the photos I took, I'm attaching one that I think really stands out. It shows The Rock Brothers as they are just starting their performance at the Topaz Arc stage. The lighting is gorgeous and you can see the Leo Frigo Memorial Bridge clearly right behind them. It would be a great candidate for posting on the festival Web site. I will keep looking through the shots and see what else I have that can be used in next year's advertising campaign.

All the best,

André Bourne
Bourne Photography

042. According to the text message, what will happen on June 29?
問題を読む 5秒 正解を選ぶ 10秒

(A) Mr. Edwards will perform at a festival. 選択肢を読む 5秒
(B) Belle Founders will begin a concert tour. 選択肢を読む 5秒
(C) A schedule will be printed. 選択肢を読む 5秒
(D) Stages will be constructed. 選択肢を読む 5秒

043. What is the name of Ms. Reville's band? 問題を読む 5秒 正解を選ぶ 10秒

(A) Dakota Crush
(B) The Hackers
(C) Sweethearts
(D) Bomb Threat

044. What is indicated on the schedule? 問題を読む 5秒 正解を選ぶ 15秒

(A) The festival will be rescheduled if it rains. 選択肢を読む 5秒
(B) Free food will be available for attendees. 選択肢を読む 5秒
(C) Preferred seating costs extra. 選択肢を読む 5秒
(D) Parking is free for early arrivals. 選択肢を読む 5秒

045. What is suggested about Mr. Bourne's photos? 問題を読む 5秒 正解を選ぶ 15秒

(A) They will be used in promotional materials. 選択肢を読む 5秒
(B) They will be displayed at a music festival. 選択肢を読む 5秒
(C) They were taken from the Leo Frigo Memorial Bridge. 選択肢を読む 5秒
(D) They will be sold on a Web site. 選択肢を読む 5秒

046. When did Mr. Bourne take the photo he attached to the e-mail?
問題を読む 5秒 正解を選ぶ 10秒

(A) At 2:00 P.M.
(B) At 3:30 P.M.
(C) At 5:00 P.M.
(D) At 7:00 P.M.

キム・デギュンが実際に試験場で問題を解く順番と方法

(解答と解説▶p.392)

Step 1 問題を読む 85秒

1. **042**は詳細情報の確認問題である。質問の核心語はJune 29である。選択肢の核心語は (A) Mr. Edwards 公演予定 (B)Belle Founders コンサートツアーの始まり (C)スケジュール表の印刷 (D)舞台工事である。
2. **043**は詳細情報の確認問題である。質問の核心語はname of Ms. Reveilles bandである。
3. **044**は推論問題である。質問の核心語はscheduleである。選択肢の核心語は (A) rescheduled if it rains (B)Free food (C)costs extra (D)parking is freeである。
4. **045**は推論問題である。質問の核心語はMr. Bourne's photoである。選択肢の核心語は (A)used in promotional materials (B)displayed at a music festival (C)the Leo Frigo Memorial Bridge (D)sold on a Web siteである。
5. **046**は詳細情報の確認問題である。質問の核心語はwhenとphoto he attached to the e-mailである。
6. 問題を解く順番を決める。
   042(詳細情報問題) ➡ **043**(詳細情報問題) ➡ **046**(詳細情報問題) ➡ **044**(推論問題) ➡ **045**(推論問題)の順序でアプローチする。

Step 2 本文に目を通す 45秒

1. 文章の紹介を読む。テキストメッセージ、スケジュール、電子メール(text message, schedule, and e-mail)である。
2. 最後の電子メール(文3)から読む！ 最初の4行を読む。メールがMr. BourneがMaxに、Topaz Arc Stageに関する写真を添付して送ったことを把握する。
3. 最初の文章を読む。MaxがBourneにロックミュージックフェスティバルのチケットをプレゼントしたことを把握する。

4. Althoughがあるので、次の文章を読む。写真を全部検討することはできなかったが、うまく撮られた写真を送ったことを把握する。
5. テキストメッセージ(文1)を読む！ 最初の3行で6月28日にTori RevilleがMax Edwardsに送ったものであることを把握する。
6. 最初の文章を読む。来週のRockfestでMonolithの公演がキャンセルされたことを把握する。
7. 同じ段落からPleaseで始まる文章を読む。プログラムが明日プリントされるので、意見を要請する内容である。
8. スケジュール表(文2)を読む！ 最初の文章を読む。Green Bay Rockfestの7月6日土曜日のスケジュールであることを把握する。
9. 図表の項目を読む。時間別の公演者とステージの種類が提示されている。
10. スケジュール表の下の最初の文章を読む。最初の100名に駐車25%の割引が適用されることを把握する。
11. 次の文章がPleaseで始まるので、その文章を読む。外部の食べ物は禁止で、一部無料の食べ物が提供されることを把握する。

Step 3 問題を解く 核心語を読む 50秒・正解を選ぶ 60秒

1. **042**を解く。
   問題の核心語はJune 29である。目を通した内容にもとづいて、文1が6月28日に作成されて、次の日にプリントされることを把握した。正解は(C)になる。
2. **043**を解く。
   核心語のMs. Reveillesに書いたメールは文1である。目を通した部分を通じて、他のバンドの公演がキャンセルされた部分を中心に読む。Quartz stageの5:00 P.M.が可能と言っているので、6月29日にプリントされたスケジュール表(文2)の該当する時間の公演者を確認すると、正解は(D)になる。このように図表が登場すると、いつも二つ以上の文の情報を繋げる連係問題が出題されるので、適切な情報を目を通しながら整理して、早く探さなければならない。
3. **046**を解く。
   目を通した部分にもとづいて、該当する情報があるメール(文3)の写真部分を探してみると、該当する写真はTopaz Arc Stageで撮られたRock Brotherの写真である。該当する情報をスケジュール表(文2)で探してみると、正解は(D)である。
4. **044**を解く。
   目を通した内容にもとづいて、Pleaseで始まる文章で無料の食べ物が提供されることを把握した。正解は(B)である。
5. **045**を解く。
   核心語のMr. Bourne's photoに関する情報はメール(文3)で提示された。該当する文の最後の部分(that can be used in next year's advertising campaign)に情報が出る。したがって、正解は(A)である。

DAY 17

テクニック 29 多重文での推論問題は連係問題になる可能性が高い。

- Double Passages, Triple Passagesで推論問題は連係問題である可能性が高い。特に、図表やグラフがない多重文で推論問題の正解が見えない場合、連係問題である可能性が高い。
- 今まで3つの文を同時に連係する問題は出題されていないので、該当する情報が得られる2つの文に集中すればいい！

1. 推論問題は連係問題である可能性が高いので、選択肢で核心語を整理する。
2. 目を通した内容で核心語が出る段落や文章には表示しておく。
3. 二つの文で並べられた情報の中で条件が一致しない内容を一つずつ対照して正解を探す。

問題と選択肢を読む	125秒	
本文に目を通す	40秒	全280秒！
核心語を読む	50秒	(4分40秒)
正解を選ぶ	65秒	

Questions 087-091 refer to the following policy and Web form.
難易度：中

◀文章の種類を把握 - 政策及びWebフォーム

Jarrod's Menswear Return Policy

◀テーマ- Jarrod'sの男性服の払い戻し政策

◀最初の段落の最初の文章 - 払い戻し政策

We offer 100% refunds on all products if returned within four weeks of the date of purchase. Clothing items must be unworn, unwashed and unaltered, fragrances must not have been used, and accessories must be in their original condition. Gift vouchers, customized garments and sale items are nonreturnable. Before returning a purchase, customers must apply for a return authorization code (RAC). This may be obtained by calling our customer service center at 555-2268, or by going to our Web site, www.jarrods.com, and clicking on the Refunds page. Once you have completed the online form correctly and clicked SUBMIT, your RAC will be sent to your specified email address. Customers may then quickly and easily return their purchase at any of our six stores in person or send an item by courier to Jarrods, Returned Items Division, Singer Industrial Complex, Calcutta 159-9734. If we have sold you a damaged or defective product, we will also compensate you for all shipping costs, otherwise customers are responsible for all courier fees. To ensure that the item you are returning does not go missing in transit, we recommend using packages which can be digitally tracked.

◀最初の段落の最後の文章 - 頼み事項

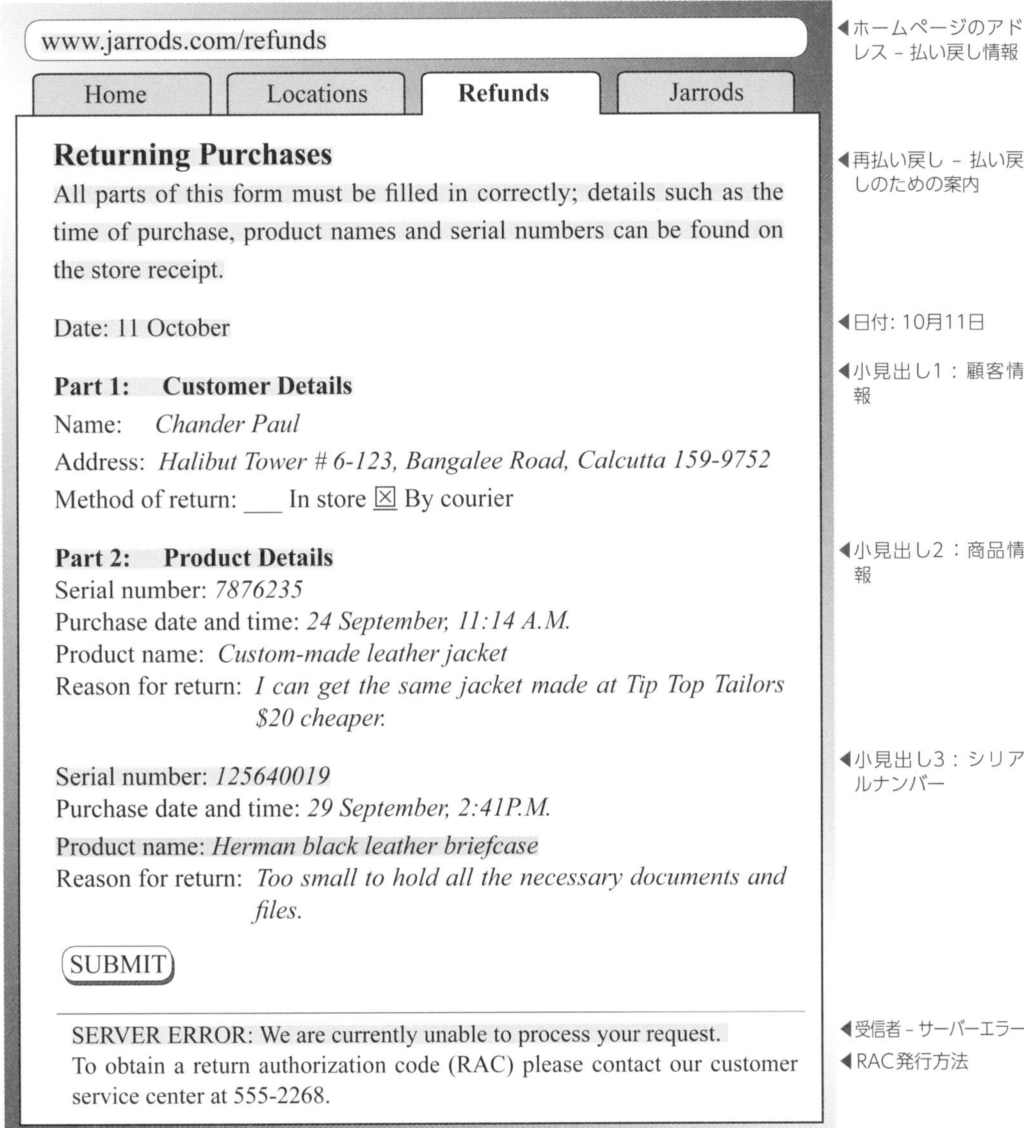
www.jarrods.com/refunds

Home | Locations | Refunds | Jarrods

Returning Purchases

All parts of this form must be filled in correctly; details such as the time of purchase, product names and serial numbers can be found on the store receipt.

Date: 11 October

Part 1: Customer Details

Name: *Chander Paul*

Address: *Halibut Tower # 6-123, Bangalee Road, Calcutta 159-9752*

Method of return: ___ In store ☒ By courier

Part 2: Product Details

Serial number: *7876235*

Purchase date and time: *24 September, 11:14 A.M.*

Product name: *Custom-made leather jacket*

Reason for return: *I can get the same jacket made at Tip Top Tailors $20 cheaper.*

Serial number: *125640019*

Purchase date and time: *29 September, 2:41P.M.*

Product name: *Herman black leather briefcase*

Reason for return: *Too small to hold all the necessary documents and files.*

SUBMIT

SERVER ERROR: We are currently unable to process your request.

To obtain a return authorization code (RAC) please contact our customer service center at 555-2268.

◀ホームページのアドレス - 払い戻し情報

◀再払い戻し - 払い戻しのための案内

◀日付: 10月11日

◀小見出し1：顧客情報

◀小見出し2：商品情報

◀小見出し3：シリアルナンバー

◀受信者 - サーバーエラー

◀RAC発行方法

087. What is indicated about Jarrod's? 問題を読む 3秒 正解を選ぶ 15秒

(A) It has several store locations. 選択肢を読む 5秒

(B) It only sells clothing items. 選択肢を読む 5秒

(C) It is currently having a sale on men's clothing. 選択肢を読む 5秒

(D) It only advertises on the internet. 選択肢を読む 5秒

088. What is NOT stated about the process for returns? 問題を読む 5秒 正解を選ぶ 10秒

(A) A unique number should be obtained. 選択肢を読む 5秒

(B) Proof of purchase must be presented to staff. 選択肢を読む 5秒

(C) Transport costs for some returns may be reimbursed. 選択肢を読む 5秒

(D) It is best to return items using trackable shipping. 選択肢を読む 5秒

089. What is indicated about Tip Top Tailors? 問題を読む 3秒 正解を選ぶ 15秒

(A) It has the best selection of accessories in India. 選択肢を読む 5秒
(B) It uses better-quality fabric than Jarrod's does. 選択肢を読む 5秒
(C) It is the only retailer in Calcutta that stocks the Herman brand. 選択肢を読む 5秒
(D) It provides a product at a lower price than Jarrod's does. 選択肢を読む 5秒

090. What is mentioned on the form about the two products that were purchased?
問題を読む 7秒 正解を選ぶ 10秒

(A) They were purchased on the same day. 選択肢を読む 5秒
(B) They were both damaged. 選択肢を読む 5秒
(C) They were purchased with a credit card. 選択肢を読む 5秒
(D) They were both made of leather. 選択肢を読む 5秒

091. What may be a reason that Mr. Paul is receiving an error message after submitting the form? 問題を読む 7秒 正解を選ぶ 15秒

(A) He bought the items more than a month ago. 選択肢を読む 5秒
(B) The products he purchased can only be returned in person. 選択肢を読む 5秒
(C) One of the items he listed cannot be returned. 選択肢を読む 5秒
(D) He did not complete all parts of the form. 選択肢を読む 5秒

キム・デギュンが実際に試験場で問題を解く順番と方法

(解答と解説▶p.394)

Step 1 問題と選択肢を読む 125秒

1. **087**は推論問題である。質問の核心語はJarrod'sである。選択肢の核心語は (A)several store locations (B)only sells clothing items (C)a sale on men's clothing (D)on the internetである。
2. **088**は否定語NOT問題である。質問の核心語はthe process for returnsである。選択肢の核心語は (A)unique number (B)Proof of purchase (C)Transport costs (D)trackable shippingである。
3. **089**の問題は推論問題である。質問の核心語はTip Top Tailorsである。選択肢の核心語は (A)best selection of accessories in India (B)better-quality fabric (C)only retailer in Calcutta (D)at a lower priceである。
4. **090**の問題は文章の詳細情報を確認する問題である。質問の核心語はthe two products that were purchasedである。選択肢の核心語は (A)on the same day (B)both damaged (C)with a credit card (D)made of leatherである。
5. **091**の問題は推論問題である。質問の核心語はa reasonとerror messageである。選択肢の核心語は (A)more than a month ago (B)only be returned in person (C)cannot be returned (D)not complete the formである。
6. 問題を解く順番を決める。
088(否定語NOT問題) ➡ **090**(詳細情報問題) ➡ **087**(推論問題) ➡ **089**(推論問題) ➡ **091**(推論問題)の順序でアプローチする。

Step 2 本文に目を通す 40秒

1. 文章の紹介を読む。政策とホームページフォーム(policy and Web form)である。
2. 政策(文1)のタイトルを読む。男性服の払い戻し政策に関する文であることを把握する。
3. 最初の段落の最初の行を読む。全ての商品に対して、購入後4週間以内に配送されない場合、100%払い戻し政策があることを確認する。
4. 最初の段落の最後の文章を読む。払い戻しの過程で服がなくならないように電子追跡が可能なパッケージを利用することをお勧めするという内容があることを把握する。
5. 最初の文が払い戻し政策に関する全般的な家庭と条件に関する説明であることを類推する。
6. ウェブフォーム(文2)の最初の行を読む。アドレスの最後のrefundsを通じて、払い戻し関連ページであることを把握する。
7. 最初の段落を読む。フォームを全て正確に入力しなければならないことを把握する。
8. 下の文書を読む。作成日は10月11日であることを把握する。
9. 小見出し1を読む。顧客の詳細情報に関する内容であることを把握する。
10. 小見出し2を読む。商品の詳細情報に関する内容であることを把握する。
11. 小見出し3を読む。シリアルナンバーに関する内容であることを把握する。
12. 最後の内容を読む。サーバーにエラーが発生して、RACの発行方法が下に提示されることを把握する。

Step 3 問題を解く 核心語を読む 50秒・正解を選ぶ 65秒

1. **088**を解く。
   目を通した内容に基づいて、核心語の情報がある文1を順番に沿って読む。文1で(A)はcustomers must apply for a return authorization code (RAC)で、(C)はIf we have sold you a damaged or defective product, we will also compensate you for all shipping costsで、(D)はwe recommend using packages which can be digitally trackedで根拠が確認できる。したがって、正解は(B)である。
2. **090**を解く。
   目を通した内容を通じて、核心語の商品の詳細情報は小見出し2にあることを把握した。該当する部分の商品名(Product name)でleatherが繰り返して出ることがわかる。したがって、(D)が正解になる。
3. **087**を解く。
   政策(文1)で、顧客は6つの店舗の中でどこでも直接返品できると言っているので、(A)が正解になる。**テクニック10**で学んだように、本文の数字の単位をparaphrasingした選択肢は正解である確率が高いので、注意して見る。
4. **089**を解く。
   核心語のTip Top Tailorが登場する段落はウェブフォーム(文2)の商品詳細情報の小見出し段落である。この部分で$20安く買えると言っているので、正解は(D)である。
5. **091**を解く。
   目を通した内容を通じて、最後の部分で返品申請ができなかったことに注目する。政策(文1)で返品ができない条件を探してみると、カスタマイズ衣類、割引商品は返品できないと出ている。Mr. Paulが作成したフォーム(文2)の商品がこれに当てはまるのか確認する。最初の商品にCustom-madeとなっているので、(C)が正解になる。このように、多重文での推論問題は文の中で条件のように並べられた内容を他の文の詳細情報で一つずつ対照して正解を探す。

	～ customized garments ～ are nonreturnable (文1)
+	Custom-made leather jacket (文2)
=	正解: One of the items he listed cannot be returned.

テクニック

30 連係問題は短文でも出題される。

連係問題の正解は必ず二つの文の情報を総合的に見ないと見つからないものではない。むしろ二つ～三つの多重文の中でも一つの文だけ読んで正解を見つける場合もある。迷わないでください。

問題と選択肢を読む	93秒	
本文に目を通す	45秒	全233秒！
核心語を読む	45秒	(3分53秒)
正解を選ぶ	50秒	

Questions 092–096 refer to the following brochure and sales report. ◀文章の種類を把握－パンフレットと報告書

難易度：中

The Vollrath Co., L.L.C.
1236 N. 18th Street
Sheboygan, WI 53081-3201
◀送信者－Vollrath社

The Vollrath Company is a family-owned business with over two decades of experience in metal production and fabrication, specializing in steel. ◀最初の段落－会社紹介

All our metal products are available in the following forms: bar, sheet, tube, plate and rod. ◀2番目の段落－製品紹介－鉄鋼製品

- Stainless Steel: Our stainless steel is highly resistant to rust and corrosion, which makes it easy to clean and ideal for food-preparation surfaces. ◀小段落1－ステンレス
- Cold Rolled Steel: The strength of cold rolled steel makes it suitable for more technically precise applications, such as industrial appliances. ◀小段落2－冷間成形鋼
- Low Alloy Steel: Our most popular product, its strength and flexibility make low alloy steel a favorite of the automobile manufacturers. ◀小段落3－低合金鋼
- Copper: Because copper tubing is easily bent and soldered, it is a good choice for use in water pipes. ◀小段落4－銅

The minimum order is 1,000 units. We offer discounted pricing on high-volume orders. ◀3番目の段落－最低注文量と割引情報

Call or e-mail us for a quote or for more information: Tel: 800-624-2051
customerserv@vollrathmanufacturing.com
◀4番目の段落－問い合わせ先

The Vollrath Company Sales Report: Units Sold in March and April

Monthly sales target: 520,000 units

METAL	MARCH	APRIL
Stainless Steel	133,565	132,726
Low Alloy Steel	154,100	153,378
Cold Rolled Steel	121,042	120,215
Copper	118,708	120,111
Total	527,415	526,430

◀タイトル – 3〜4月の売上報告書

◀最初の文章 – 月の目標

◀アイテム詳細 3〜4月の売上

◀全ての売上

DAY 17

092. According to the brochure, what metal is often used in kitchens?

問題を読む 5秒　正解を選ぶ 10秒

(A) Stainless steel
(B) Cold rolled steel
(C) Low alloy steel
(D) Copper

093. What is indicated about The Vollrath Company's best-selling product?

問題を読む 5秒　正解を選ぶ 10秒

(A) It is used for making cars. 選択肢を読む 5秒
(B) It is easy to keep clean. 選択肢を読む 5秒
(C) It is favored for its golden-red color. 選択肢を読む 5秒
(D) It is a good choice for water pipes. 選択肢を読む 5秒

094. What does the sales chart indicate about The Vollrath Company?

問題を読む 5秒　正解を選ぶ 10秒

(A) It sold more cold rolled steel in April than it did in March. 選択肢を読む 7秒
(B) It sold less copper in April that it did in March. 選択肢を読む 7秒
(C) It increased its sales goal in early April. 選択肢を読む 7秒
(D) It met its total sales target for both March and April. 選択肢を読む 7秒

095. How can a customer receive discounted pricing? 問題を読む 5秒 正解を選ぶ 10秒

(A) By placing a large order
(B) By creating an online account
(C) By becoming a repeat customer
(D) By opening a franchise

096. What is indicated about the company? 問題を読む 5秒 正解を選ぶ 10秒

(A) It sells its products to manufacturers. 選択肢を読む 5秒
(B) It offers customers the opportunity to view its products. 選択肢を読む 5秒
(C) It was founded by a former metal worker. 選択肢を読む 5秒
(D) It has operated for over 30 years. 選択肢を読む 5秒

キム・デギュンが実際に試験場で問題を解く順番と方法

(解答と解説▶p.396)

Step 1 問題と選択肢を読む 93秒

1. **092**は詳細情報の確認問題である。質問の核心語はwhat metalとkitchensである。
2. **093**は推論問題である。質問の核心語はbest-selling productである。選択肢の核心語は (A) making cars (B)easy to keep clean (C)golden-red color (D)water pipesである。
3. **094**は推論問題である。質問の核心語はThe Vollrath Companyである。選択肢の核心語は(A) more cold rolled steel in April (B)less copper in April (C)increased its sales goal (D) met total sales target for both March and Aprilである。
4. **095**の問題は詳細情報の確認問題で、何かの資格や利用方法を得る方法を問う問題である。質問の核心語はdiscounted pricingである。
5. **096**の問題は推論問題である。質問の核心語はthe companyである。選択肢の核心語は (A) to manufacturers (B)opportunity to view its products (C)by a former metal worker (D) operated for over 30 yearsである。
6. 問題を解く順番を決める。
   092(詳細問題) ➡ **095**(詳細問題) ➡ **093**(推論問題) ➡ **094**(推論問題) ➡ **096**(推論問題)の順序でアプローチする。

Step 2 本文に目を通す 45秒

1. 文章の紹介を読む。パンフレットと報告書(brochure and report)である。
2. 最初の段落の最初の文章を読む。Vollrath社を紹介する段落で、家族が所有した会社で、20年以上の業歴を持つ鉄鋼会社であることを把握する。
3. 2番目の段落の最初の文章を読む。製品紹介が下に続くことを把握する。
4. 小段落1を読む。ステンレスに関する段落であることを把握する。
5. 小段落2を読む。冷間成形鋼に関する段落であることを把握する。
6. 小段落3を読む。低合金鋼に関する段落であることを把握する。

7. 小段落4を読む。銅に関する段落であることを把握する。
8. 3番目の段落を読む。最低注文量と割引に関する情報が提示されていることを把握する。
9. 4番目の段階を読む。問い合わせ先の情報が提示されている段落であることを把握する。
10. 報告書(文2)のタイトルを読む。3〜4月の売上報告書であることを把握する。
11. 最初の文章を読む。月の目標が52万個であることを把握する。
12. 表の項目を読む。金属種類別に月の売上が提示されていることを把握する。

Step 3 問題を解く 核心語を読む 45秒・正解を選ぶ 50秒

1. **092**を解く。
目を通した内容にもとづいて、小段落を一つずつ読みながらキッチンに適切な金属を探す。小段落1で、錆と腐食に強いので、洗いやすくて、キッチンの調理準備台に理想的だと出ているので、正解は(A)である。
2. **095**を解く。
テクニック06で学んだように、何かの資格を利用したり、得る方法に関する正解の根拠は主に本文の後半に提示される。文1の最後の部分を読む。大量注文する時は割引を提供すると出ているので、正解は(A)である。
3. **093**を解く。
目を通した内容にもとづいて、小段落を一つずつ読みながら最も人気のある製品を探す。低合金鋼(Low Alloy Steel)に関する段落で低合金鋼が最も人気があって、自動車メーカーが好むと言っているので、正解は(A)である。
4. **094**を解く。
営業報告書によると、月の営業目標が52万個だが、3月と4月の全ての販売数が52万7415個と52万6430個で、それぞれの販売数が目標を超えているので、正解は(D)である。このように二つ以上の情報を連係して解く問題が必ず二つの文を統合して出るわけではない。
5. **096**を解く。
各種の鉄鋼が調理準備台、産業用機器、自動車メーカー、水道管などに使われるので、製造会社に製品を売ることがわかる。したがって、正解は(A)である。

● 読解同意語の練習問題

(解答と解説▶p.397)

文章の下線部の単語と最も近い意味を表す単語を選びなさい。

1. Iris <u>credit</u> the invention to Darren.

(A) believe (B) honor (C) contribute (D) attribute

2. We were not able to meet the <u>due date</u> because of manufacturing delays.

(A) deadline (B) needs (C) requirements (D) standards

3. Each person's genetic code is <u>unique</u> except in the case of identical twins.

(A) powerful (B) different (C) alone (D) sarcastic

実践シミュレーション

問題と選択肢を読む	39秒	
本文に目を通す	35秒	全174秒!
核心語を読む	45秒	(2分54秒)
正解を選ぶ	55秒	

Questions 047–051 refer to draft invitation and e-mail. 難易度：中

You are cordially invited to the Gala Dinner of The World Society for the Protection of Animals (WSPA)

Saturday, June 18
Wyatt Regency Hotel, New Orleans

Cocktails will be served in the lobby directly following the final keynote speech of the conference, scheduled to conclude at 6:00 PM. Dinner begins in the Colonial Bayou Ballroom at 7:00 PM.

Menu
Appetizer: Lamb and Brie Croquets
Soup: Lobster Bisque Soup
Main Course: Soy-Glazed Halibut
Dessert: Assortment of Fruit Gelatos

Closing Remarks
Dr. Anna Lansford, current WSAP president and Vice President of Medical Care, Tulane Medical Center

From:	Franklin Lee <flee@wyattregency.com>
To:	Neil Portnoy <nportnoy@wspa.org>
Cc:	Ruby Hothersahl <rhothersahl@wyattregency.com>
Date:	April 23
Re:	Gala Dinner

Dear Mr. Portnoy,

Thank you for your message regarding the menu. Despite your organization's reduced budget for the gala dinner, I can accommodate your budget and still offer an exceptional four-course meal. First, I suggest replacing the lobster bisque in your second course with cream of wild mushroom. Meanwhile, substituting chicken for the halibut as the main course would be wise. Finally, instead of serving the fruit gelato, I can offer a local favorite – bread pudding. I assume these changes will address your needs.

You mentioned that the menu must be finalized by the end of this month to meet your committee's printing deadline. I will be at an event-planning seminar between April 28 and May 2. My associate caterer, Ruby Hothersahl, will be in charge while I am away; she is copied on this e-mail. Please reach out to her to confirm the revisions.

Regards,

Franklin Lee
Catering Manager, Wyatt Regency Hotel

047. What will likely happen on June 18? 問題を読む 3秒 正解を選ぶ 10秒

(A) A researcher will be honored.

(B) A president will be nominated.

(C) A fund-raiser will be held.

(D) A conference will end.

048. Why must the menu be revised? 問題を読む 3秒 正解を選ぶ 10秒

(A) To accommodate additional guests

(B) To add options suitable for guests with special diets

(C) To correct an editorial error

(D) To reduce total expenses

049. What is indicated about Mr. Portnoy? 問題を読む 3秒 正解を選ぶ 15秒

(A) He will be attending a seminar. 選択肢を読む 5秒
(B) He will have the menus printed. 選択肢を読む 5秒
(C) He met Mr. Lee at the Wyatt Regency Hotel. 選択肢を読む 5秒
(D) He works for Tulane Medical Center. 選択肢を読む 5秒

050. In the e-mail, the word "assume" in paragraph 1, line 6, is closest in meaning to
問題を読む 5秒 正解を選ぶ 10秒

(A) go over
(B) suppose
(C) take on
(D) guess

051. What part of the menu will most likely NOT change? 問題を読む 5秒 正解を選ぶ 10秒

(A) The appetizer
(B) The soup
(C) The main course
(D) The dessert

キム・デギュンが実際に試験場で問題を解く順番と方法

(解答と解説▶p.398)

Step 1 問題を読む 39秒

1. **047**は文章の詳細情報を確認する問題である。質問の核心語はJune 18である。
2. **048**の問題は文章の詳細情報を確認する問題である。質問の核心語はbe revisedである。
3. **049**の問題は推論問題である。質問の核心語はMr. Portnoyである。選択肢の核心語は (A)a seminar (B)menus printed (C)met Mr. Lee at the Wyatt Regency Hotel (D)works for Tulane Medical Centerである。
4. **050**の問題は同意語問題である。
5. **051**の問題は否定語NOT問題である。質問の核心語はwhat partとNOT changeである。
6. 問題を解く順番を決める。
   050(同意語問題) ➡ **047**(詳細情報) ➡ **048**(詳細情報) ➡ **051**(否定語NOT問題) ➡ **049**(推論問題)の順序でアプローチする。

Step 2 本文に目を通す 35秒

1. 文章の紹介を読む。招待状の下書きと電子メール(draft invitation and email)である。
2. 電子メール(文2)を先に読む。最初の4行を読む。Franklin LeeがNeil PortnoyとRuby HothersahlにGala Dinnerに関して作成したメールであることを把握する。

3. 最初の文章を読む。以前Neil Portnoyがメニューに関するメッセージを送ったことを把握する。
4. Despiteで始まる次の文章を読む。Mr. Portnoyの会社でガラディナーに関する予算を減らしたが、Mr. Leeが4コースの食事を提供するという内容で答えたことを把握する。
5. 2番目の段階の最初の文章を読む。委員会の印刷締め切りに合わせて、今月末までメニューを完成しなければならないことを把握する。
6. 招待状の下書き(文1)を読む。最初の行を読む。招待状がWSPAのガラディナー招待状であることを把握する。
7. 次の文章を読む。6月18日土曜日にWyatt Regency Hotelでイベントがあることを把握する。
8. 次の段落の最初の文章を読む。イベント情報に基本的な案内情報があることを把握する。
9. Menu部分を読む。四つの種類の段階があることを把握する。
10. 閉会の辞(Closing Remarks)を読む。閉会の辞をする人がDr. Anna Lansfordであることを把握する。

Step 3 問題を解く 核心語を読む 45秒・正解を選ぶ 55秒

1. **050**を解く。
この問題でassumeは'考える、仮定する'という意味で使われているので、その意味と似ているものは(B)である。
2. **047**を解く。
目を通した内容にもとづいて、6月18日に動物保護のためのワールドソサイエティのガラディナーが開かれて、招待状に閉会に関する内容があるので、その日カンファレンスが終わることがわかる。正解は(D)である。このように連係問題は一つの文の情報だけを総合して解く場合もある
3. **048**を解く。
目を通した内容にもとづいて、電子メール(文2)でガラディナーの予算が減ったことを把握した。したがって、正解は(D)である。
4. **051**を解く。
電子メール(文2)の情報を見ると、スープのロブスタービスクを野生キノコクリームスープに、メイン料理のオヒョウ料理をチキンに、デザートの果物ジェラートをブレッドプリンに変えることを提案したので、変わらない部分はMenu Appetizer: Lamb and Brie Croquetsである。正解は(A)である。
5. **049**を解く。
目を通した内容に基づいて、Portnoyが彼の委員会の印刷締め切りに合わせるために、今月末までメニューを完成しなければならないと言っていたと出るので、彼がメニューを印刷するようにすることがわかる。正解は(B)である。

DAY 18

MINI TEST 03

問題と選択肢を読む	45秒	
本文に目を通す	25秒	全160秒!
核心語を読む	40秒	(2分40秒)
正解を選ぶ	50秒	

Questions 018-022 refer to the following e-mail and chart. 難易度：中

From:	Frank Tasman
To:	Harriet Cho: Todd Ford: Sharon Bhana: Steve Vengali
Subject:	Last year's expenses
Date:	Monday, January 21
Attachment:	Expenditures

Dear Everyone,

I have attached the expenditure report I referred to in last Friday's meeting. We will be going over it carefully at Wednesday's managers' meeting, but I wanted to make some things clear beforehand.

Although travel expenses are significantly higher than previous years, they are in line with expectations as we are aggressively trying to forge new business contacts. As you can see, the months where travel expenses were highest correspond to the periods when we signed the highest number of new clients.

Unfortunately, expenses for office stationary for the year ending December rose by over 250%. This is the single biggest annual increase for a budgetary item in the company's twenty five-year history! Something must be done to control these costs, which is why on Thursday, February 11, we will be introducing several new company-wide policies. Let me go over some of major changes below.

The default settings of all photocopiers will be changed to double-sided printing. In addition, some devices will be programmed to "low-grade printing" and only be available for copying material for distribution between employees. Color printing will only be available on special request from your immediate supervisors.

There have also been suggestions of buying a computerized stock management system that monitors our inventory of office supplies and automatically sends purchase requests when stocks are reduced to a certain number of units. We intend to ask our existing vendors to submit quotes for such a system in order to source the lowest priced software.

I would welcome any further insights on ways to reduce office expenses, and eagerly anticipate reviewing these and other financial matters on Wednesday.

Frank

Neptune Research
Annual Expenditures: January–December

	1st Quarter	2nd Quarter	3rd Quarter	4th Quarter
Marketing	$16,000	$14,500	$20,000	$16,000
Equipment servicing and repair	$ 1,000	$ 1,750	$ 2,000	$ 1,000
Office stationary	$ 1,500	$ 2,250	$ 3,250	$ 4,700
Travel	$ 7,000	$13,000	$10,000	$11,500
Staff education	$ 3,500	$ 2,500	$ 1,500	$ 1,000
Utilities	$ 1,200	$ 1,200	$ 1,200	$ 1,200

018. What is the purpose of the e-mail?

(A) To review specific parts of a financial document
(B) To disclose details about new business partners
(C) To review the quality of a vendor's raw materials
(D) To demand employees reduce travel expenses

019. In the e-mail, the word "forge" in paragraph 2, line 2, is closest in meaning to

(A) falsify
(B) protect
(C) imitate
(D) create

020. When did the company most likely sign the greatest number of new clients?

(A) In the first quarter
(B) In the second quarter
(C) In the third quarter
(D) In the fourth quarter

021. According to the e-mail, what will happen on February 11?

(A) Some workers will present proposals to reduce costs.
(B) An order of office stationary will arrive.
(C) New office regulations will come into effect.
(D) Several office copiers will be serviced.

022. What expense item increased every quarter?

(A) Utilities
(B) Equipment servicing and repair
(C) Office stationary
(D) Staff education

キム・デギュンが実際に試験場で問題を解く順番と方法

(解答と解説▶p.400)

問題を解く

1. **019**を解く。
   019は同意語問題である。該当する部分の意味〈新しい会社との関係を'構築'する〉という要旨の文章に適切な単語は(D)である。
2. **021**を解く。
   詳細情報の確認問題である。質問の核心語であるFebruary 11に気をつけて電子メール(文1)を読む。3番目の段落のFebruary 11, we will be introducing several new company-wide policiesを通じて、(C)が正解であることがわかる。
3. **022**を解く。
   詳細情報の確認問題である。質問の核心語はincreased every quarterである。四半期別図表(文2)で続けて伸びた項目は(C) Office stationaryである。
5. **020**を解く。
   推論問題である。質問の核心語はthe greatest number of new clientsである。電子メール(文1)の2番目の段落で、出張費用が最も多かった時は新規顧客との契約件数が最も多かった時と出ている。図表(文2)で、出張費用が最も多かった時を対照してみると、正解(B)を見つけられる。

   travel expenses were highest ➡ the highest number of new clients (文1)
   \+ 2nd Quarter: $13,000 (文2)

   = 正解: In the second quarter

5. **018**を解く。
   電子メール(文1)の最初の段落で支出報告書を添付した(I have attached the expenditure report)と、いくつかを明確にしたいと加えている。したがって、(A)が最も適切である。

問題と選択肢を読む	65秒	
本文に目を通す	40秒	全205秒!
核心語を読む	45秒	(3分25秒)
正解を選ぶ	55秒	

Questions 023-027 refer to the following presentation slide, e-mail, and report.
難易度：中

Centurion Customer Care Training—Service Call Guidelines

Scripts: The Current Approach
· Call center agents use set scripts to address customer calls.
· Call center agents escalate all off-script issues to supervisors.

Guidelines: The New Approach
· Call center agents follow guidelines to address customer needs.
· Call center agents provide customized solutions.

Benefits
→ Fewer escalated calls
→ Less overall time to resolution
→ Immediate customer satisfaction

To:	Centurion Customer-Care Team
From:	Sylvester Watts, Staff Trainer
Date:	August 23
Subject:	Pilot testing guidelines

Dear Call Center Directors and Supervisors,

Thanks for attending the training session on our new approach to addressing customer calls. We believe the virtual videoconference will allow us to communicate successfully in real time.

As I indicated this morning, we are asking all of our service centers to participate in a three-month pilot program using the new guidelines starting August 25. During this period, we will gather data on participant effectiveness in addressing issues formerly escalated to you, so that we can fine-tune the approach and roll it out to all staff.

For this pilot, we would like to have ten participants each from East St. Louis and Newark and at least five each from Fresno and Spokane. They will be required to log all calls and attend weekly feedback sessions for calibration purposes.

Sincerely,

Sylvester Watts
Director, Centurion Service Operations

Guidelines Pilot Preliminary Report, Week 4

Office	Participants
East St. Louis	10
Newark	8
Spokane	5
Fresno	8

Although talk time per call has increased, initial results indicate successful resolution of customer issues using guidelines. We expect talk time to decrease as participants become more familiar with the new approach.

023. According to the slide, why is Centurion changing its procedures?

(A) To follow new government regulations
(B) To serve customer needs better
(C) To allow agents to escalate more calls
(D) To reduce retraining frequency

024. What is true about the training discussed in the e-mail?

(A) It will be held on August 25.
(B) It will be offered again in three months.
(C) It was conducted via computer.
(D) It was attended by nonmanagerial staff.

025. According to the e-mail, what are pilot participants required to do?

(A) Work with a partner on service calls
(B) Travel to several different call centers
(C) Track every call they receive
(D) Train colleagues on the new procedure

026. Who, most likely, are pilot participants?

(A) Call center agents
(B) Centurion recruiters
(C) Company directors
(D) Customer care supervisors

027. What service center did not provide the required number of pilot participants?

(A) East St. Louis
(B) Newark
(C) Spokane
(D) Fresno

キム・デギュンが実際に試験場で問題を解く順番と方法

(解答と解説▶p.402)

問題を解く

1. **023**を解く。
   詳細情報の確認問題である。同時にparaphrasing問題である！ スライド(文1)のBenefitsを要約すると、一言でTo serve customer needs betterである。スライドに出る新しいアプローチ方法の利点は顧客の満足を早めるためであると理解できる。正解は(B)である。
2. **024**を解く。
   詳細情報の確認問題である。本文に出る仮想現実の画像会議はパソコンで行われる。電子メール(文2)の最初の段落の最初の文章と2番目の文章で、教育に参加してくれてありがとうと言っていて、これから画像会議を通じてリアルタイムでコミュニケーションできると言っているので、パソコンを通じて教育が実施されたことがわかる。正解は(C)である。
3. **025**を解く。
   詳細情報の確認問題である。電子メール(文2)の最後の段落で、このプログラムに参加する従業員は全ての電話を記録して、補正目的のフィードバック時間に参加しなければならないと言っている。正解は(C)である。
4. **027**を解く。
   詳細情報の確認問題である。電子メール(文2)の最後の段落で、East St. LouisとNewarkで10人ずつ、FresnoとSpokane支店で最低5人ずつ送ってほしいという情報がある。これとともに報告書(文3)を確認すると、Newarkで10人ではなく8人を送ったことがわかる。正解は(B)である。
5. **026**を解く。
   推論問題である。電子メール(文2)の最初の文章で、顧客の電話を受け取る問題がテーマであることを把握する。2番目の段落の最初の文章で、3カ月間のお試しプログラムに全てのサービスセンターの従業員の参加を要求する内容がある。したがって、正解は(A)である。

問題と選択肢を読む	85秒	
本文に目を通す	50秒	全260秒!
核心語を読む	65秒	(4分20秒)
正解を選ぶ	60秒	

Questions 028-032 refer to the following advertisement and e-mail. 難易度：中

The Wild Blue Yonder: The Magazine for Massey University Alumni p. 34
Paid Advertisement

Copy Editor Available–Tracy Flynn

I have worked as a freelance writer and editor for the last five years. While studying at Massey, I paid my tuition by working as a Teaching Assistant in the Creative Writing Department. After graduating with a degree in English Literature, I have mainly concentrated on writing business articles and proof-reading business plans, pamphlets, product catalogs, and newspaper advertisements. I have an eye for detail, and am yet to miss a deadline. My hourly rate is dependent on the type of work as well as the required time frame. Jobs that require multiple drafts, significant editing, or rapid completion incur higher charges. To provide customers with accurate quotes, I require a draft copy of the material in question with clear instructions of what needs to be done. You can reach me at traceyf@starmail.com for additional information.

From:	Shafraz Bejihmi <shafrazbejihmi@timordistributors.com>
To:	Tracy Flynn < traceyf@starmail.com >
Subject:	Editing
Date:	March 3

Dear Ms. Flynn,

My name is Shafraz Bejihmi and I am currently employed at Timor Distributors in Vauxhaul. I read your advertisement in the February edition of The Wild Blue Yonder and, given that we attended the same institution, was curious whether you would be interested in completing some work which needs to be done before the weekend.

My division is about to make a bid on a government tender, and we require the services of an editor to review it. The submission is only 30 pages long and should only require minor editing. However, we need the initial review done by Friday as the bid is due by March 14, and we require at least a week to go over the recommended changes and deal with any discrepancies. Can you finish your review by March 7?

If you are confident you can complete this assignment, please reply to this email with an approximate cost for your services.

Kind regards,
Shafraz Bejihmi

028. How does Ms. Flynn serve her customers?

(A) By developing advertisements for them
(B) By recommending new investments
(C) By identifying trends in consumer behavior
(D) By refining their written documents

029. In the advertisement, the word "type" in paragraph 1, line 6, is closest in meaning to

(A) symbol
(B) cost
(C) model
(D) sort

030. What is suggested about Mr. Bejihmi?

(A) He attended Massey University.
(B) He has previously hired Ms. Flynn.
(C) He has lived in Vauxhal for two years.
(D) He is the director of Timor Distributors.

031. When would Ms. Flynn need to complete the work for Mr. Bejihmi?

(A) On March 3
(B) On March 7
(C) On March 14
(D) On March 30

032. Why is Ms. Flynn likely to charge Mr. Bejihmi extra?

(A) Because the material is unusually technical
(B) Because the material is poorly formatted
(C) Because the material is required quickly
(D) Because the material is out of date.

キム・デギュンが実際に試験場で問題を解く順番と方法

(解答と解説▶p.404)

問題を解く

1. **029**を解く。
   同意語問題である。提示された選択肢の中で'タイプ、種類'を表すtypeの代わりに使える単語は(D)である。
2. **028**を解く。
   詳細情報の確認問題である。質問の核心語は'Ms. Flynnの職業'である。Ms. Flynnが作成した求職広告(文1)のタイトルから<校閲>の仕事をしていることが類推できる。正解は(D)である。
3. **031**を解く。
   詳細情報の確認問題である。質問の核心語はwhenとcomplete the work for Mr. Bejihmiである。Mr. Bejihmiが作成した電子メール(文2)で、'依頼作業の締め切り'に関する部分を読む。2番目の段落のCan you finish your review by March 7?にもとづいて、正解は(B)である。
4. **030**を解く。
   推論問題である。Mr. Bejihmiが作成した電子メール(文2)を集中的に読む。最初の段落のgiven that we attended the same institutionという内容は広告(文1)で言及された学校である。したがって、正解は(A)である。
5. **032**を解く。
   推論問題である。求職広告(文1)の後半に金額が高くなる三つのケースが提示される。三つのケースについて、電子メール(文2)で作業要求事項を見てみると、2番目の段落で分量が少なくて修正事項はわずかだが、入札が迫っているので急を要するという内容(← we need the initial review done by Friday as the bid is due by March 14)で、検討を要求している。したがって、正解は(C)である。

DAY 19

実践

01 キム・デギュンの実際の試験当日のシミュレーション

Part 7 では、本文で言及された単語が質問にparaphrasingされ、核心語を見つけ難くする場合が多い！ Paraphrasingに慣れると、Part 7の点数が上がる！

1. 質問の核心語を整理する。
2. 文章を読む時、核心語と同じじゃないけど、似ている単語が出る部分を注目して読む。

問題と選択肢を読む	34秒	
本文に目を通す	15秒	全89秒！
核心語を読む	20秒	(1分29秒)
正解を選ぶ	20秒	

Questions 001-002 refer to the following advertisement. 難易度：下 ◀文章の種類を把握 – 広告

EVERYBODY FITNESS CENTER ◀タイトル – フィットネスセンターの広告

Get ready for summer with a routine to keep you fit! ◀広告内容

From March through May, purchase a one-year Everybody Fitness membership at a 30 percent discount! ◀商品特典

Plus, refer a friend and you will each enjoy an additional 15 percent off. ◀追加特典

AMENITIES INCLUDE:

Strength Training Equipment ◀施設情報
Personal Training
24-Hour Access
Cardiovascular Machines
Free Weights
Childcare

001. According to the advertisement, why should someone join the fitness center?
問題を読む 5秒　正解を選ぶ 10秒

(A) To expand a network 選択肢を読む 3秒
(B) To obtain useful credentials 選択肢を読む 3秒
(C) To enjoy outdoor activities 選択肢を読む 3秒
(D) To establish healthy habits 選択肢を読む 3秒

002. What is one way that customers can obtain a discount? 問題を読む 5秒 正解を選ぶ 10秒

(A) By training with a private instructor 選択肢を読む 3秒
(B) By signing up for a family plan 選択肢を読む 3秒
(C) By joining the gym in March 選択肢を読む 3秒
(D) By buying a two-year membership 選択肢を読む 3秒

キム・デギュンが実際に試験場で問題を解く順番と方法

(解答と解説▶p.406)

Step 1 問題と選択肢を読む 34秒

1. **001**の問題は文章の詳細情報を確認する問題である。質問の核心語はwhyとjoinである。選択肢の核心語は (A)network (B)credentials (C)outdoor activities (D)healthy habitsである。
2. **002**の問題は文章の詳細情報を確認する問題である。質問の核心語はdiscountである。選択肢の核心語は (A)with a private instructor (B)a family plan (C)in March (D)two-year membershipである。
3. **001**(詳細問題) ➡ **002**(詳細問題)の順序でアプローチする。

Step 2 本文に目を通す 15秒

1. 文章の紹介を読む。広告(advertisement)である。
2. タイトルを読む。EVERYBODYフィットネスセンターに関する内容であることを把握する。
3. 最初の段落を読む。広告の目的を把握する。運動に関する内容である。
4. 2番目の段落の文章を読む。商品特典に関する内容であることを把握する。3~5月に登録すると、年間会員券が30%割引となる。
5. 3番目の段落の文章を読む。追加的に商品特典に関する内容であることを把握する。友達を推薦すると、追加15%の割引特典がある。
6. 最後の段落を読む。施設情報に関する内容が提示されることを把握する。

Step 3 問題を解く 核心語を読む 20秒・正解を選ぶ 20秒

1. **001**を解く。
   目を通した内容にもとづいて、最初の段落の最初の文章を根拠に正解は(D)である。
2. **002**を解く。
   目を通した内容にもとづいて、2番目の段落で該当する内容が提示されたことがわかる。正解は(C)である。

問題と選択肢を読む	63秒	
本文に目を通す	40秒	全193秒！
核心語を読む	60秒	(3分13秒)
正解を選ぶ	30秒	

Questions 003-005 refer to the following article. 難易度：中

◀文章の種類を把握 – 記事

Portland Gets Connected

By Deandra Coates

PORTLAND (May 30)—City officials unveiled a new three-way partnership to create a network of communication kiosks throughout the city, many by utilizing currently unused public telephone booths. Portland residents and visitors will access a variety of complimentary services such as Wi-Fi, mobile device charging, directions and maps. Users will also be able to make phone calls anywhere in the continental U.S. for free.

The partnership includes the Dutch technology company Tweller, national telecommunications provider RVO Cellular and McCain Marketing Group. Tweller and RVO Cellular will work together to create the services, while McCain Marketing will run digital advertisements on the kiosks. The entire project is funded by private investors who will be compensated by selling digital advertising.

The kiosks will be rolled out in stages, with the first 50 expected to be installed by the end of June to a total of 350 over the next eighteen months. Tweller has been involved in similar projects in the Netherlands over the past two years. Its kiosks in Amsterdam alone serve over half a million people and allow for thousands of free phone calls to be made every week.

◀タイトル – Portland繋がる

◀作成者 – Deandra Coates

◀最初の段落の最初の文章 – 記事の導入 – 使わない公衆電話ブースを利用して、コミュニケーションキオスクを作るための3方向のパートナーシップ発表

◀2番目の段落の最初の文章 – パートナー会社紹介 – Tweller, RVO, McCain Marketing Group

◀3番目の段落の最初の文章 – キオスク設置計画

003. What does the article NOT indicate will be available at the kiosks?

問題を読む 5秒　正解を選ぶ 10秒

(A) Directions 選択肢を読む 2秒

(B) Wireless Internet 選択肢を読む 2秒

(C) Device charging 選択肢を読む 2秒

(D) International phone calls 選択肢を読む 2秒

004. What is indicated about the project? 問題を読む 5秒 正解を選ぶ 10秒

(A) It will be privately funded. 選択肢を読む 5秒

(B) It will use outdated cellular towers. 選択肢を読む 5秒

(C) It will be completed in June. 選択肢を読む 5秒

(D) It has attracted many tourists to the city. 選択肢を読む 5秒

005. What is suggested about Tweller? 問題を読む 5秒 正解を選ぶ 10秒

(A) It has experience creating similar kiosks. 選択肢を読む 5秒

(B) It develops innovative advertisements. 選択肢を読む 5秒

(C) It is based in Portland. 選択肢を読む 5秒

(D) It will merge with RVO Cellular. 選択肢を読む 5秒

DAY 19

キム・デギュンが実際に試験場で問題を解く順番と方法

(解答と解説▶p.407)

Step 1 問題と選択肢を読む 63秒

1. **003**の問題は否定語NOTが含まれた詳細情報の確認問題である。質問の核心語はavailable at the kiosksである。選択肢の核心語は (A)directions (B)wireless internet (C)device charging (D)international phone callsである。
2. **004**の問題は推論問題である。質問の核心語はthe projectである。選択肢の核心語は (A) privately funded (B)outdated cellular towers (C)completed in June (D)attracted many touristsである。
3. **005**の問題は推論問題である。質問の核心語はTwellerである。選択肢の核心語は (A)has experience (B)advertisements (C)based in Portland (D)merge with RVO Cellularである。
4. 問題を解く順番を決める。
   003(否定語NOT詳細問題) ➡ **004**(推論問題) ➡ **005**(推論問題)の順序でアプローチする。

Step 2 本文に目を通す 40秒

1. 文章の紹介を読む。記事(article)である。
2. タイトルを読む。この文章がPortlandの何かの連結(connected)に関する内容であることを把握する。
3. 最初の段落の最初の文章を読む。使わない公衆電話ブースを利用して、Portland市がコミュニケーションキオスクを作るための3方向パートナーシップを発表した内容であることを把握する。
4. 2番目の段落の最初の文章を読む。パートナー会社(Tweller, RVO, McCain Marketing Group)が言及されて、会社に関する情報がこの段落に提示されることを把握する。
5. 3番目の段落の最初の文章を読む。キオスク設置計画に関する内容がこの段階に提示されることを把握する。

Step 3 問題を解く 核心語を読む 60秒・正解を選ぶ 30秒

1. **003**を解く。
問題を読むことを通じて、把握した選択肢の核心語が見える段落を先に把握する。最初の段落の2番目と3番目の文章に注目する。Wi-Fi、携帯の充電、道案内及びアメリカ内の電話サービスを無料で利用できる内容がある。したがって、(D)が正解になる。
2. **004**を解く。
核心語のプロジェクトに関する情報を2番目と3番目の段落で探す。2番目の段落の最後の文章で根拠(The entire project is~)が登場するので、これを詳しく読んでみると、全体のプロジェクトは個人投資家から資金の支援を受けることになると言っているので、正解は(A)である。
3. **005**番を解く。
核心語のTwellerが出る文章を先に読む。最後の段落の2番目の文章で、その会社がオランダで類似のプロジェクトに参加したことがあると言っているので、正解は(A)である。

問題と選択肢を読む	85秒	
本文に目を通す	40秒	全235秒!
核心語を読む	60秒	(3分55秒)
正解を選ぶ	50秒	

Questions 006-010 refer to the following e-mails. 難易度：下

◀文章の種類を把握 – 電子メール

To:	m.hatsumi@funkmail.com
From:	chrisworthington@hotelone.net
Date:	September 9
Subject:	Your booking

◀受信者 – hatsumi
◀作成者 – chrisworthington
◀日付 – 9月9日
◀ テーマ – 予約関連

Dear Mr. Hatsumi,

This email is to confirm your reservation at the award-winning Fairton Hotel, this year's primary sponsor and proud host of the fifth annual Penrith Photographers' Conference, September 15-18. Conference guests are eligible for a fifteen percent discount on their total bill. Please keep the copy of your registration how it when checking out to take advantage of this fantastic discount.

◀最初の段落の最初の文章 – 電子メールの目的 – 確認メール

◀Please文章 – 頼み事項

The details for your visit are as follows:

◀表　案内文 – 訪問の詳細日程

Arrival date	Wednesday, September 14
Departure date	Sunday, September 18
Number of nights	4
Number of guests	2
Price per night	$145
Room	Two-bedroom suite

Courtesy of the Fairton Hotel, guests can enjoy a complimentary breakfast buffet and make use of the underground car park.

◀2番目の段落の最初の文章 - ホテル側の好意

Any cancellations or modifications to your booking must be made at least 48 hours before you arrive or else you will be charged an additional fee.

◀3番目の段落の最初の文章 – 予約のキャンセル、または変更関連情報

Please refer to the FAQ page of our home page if you have any questions. Alternatively, you can respond to this e-mail address or contact us directly at 555-8812.

◀4番目の段落の最初の文章 – 問い合わせ事項及び問い合わせ方法

We hope you enjoy your stay with us.
Fairton Hotel Staff

◀最後の挨拶

To:	chrisworthington@hotelone.net
From:	m.hatsumi@funkmail.com
Date:	September 14
Subject:	Re: Your booking

◀受信者 – chrisworthington
◀送信者 – hatsumi
◀日付 – 9月14日
◀テーマ – 予約関連件

Dear Fairton Hotel Staff:

I booked a two-bedroom suite at your hotel but now only need a single room, as my co-worker has a family emergency and is unable to participate in the conference. I am aware that I will be arriving later today, but I hope that this change is still possible. Please respond via e-mail and let me know the new cost.

◀最初の段落の最初の文章 – 予約変更

◀Please文章 – 頼み事項

Thank you for your understanding.

◀最後の挨拶

Sincerely,

Magato Hatsumi

006. When does the Penrith Photographers' Conference begin?
問題を読む 5秒　正解を選ぶ 10秒

(A) On September 11
(B) On September 14
(C) On September 15
(D) On September 18

007. According to the first e-mail, how can a hotel guest receive a discount?
問題を読む 5秒　正解を選ぶ 10秒

(A) By completing a booking online
(B) By staying for more than three nights
(C) By presenting proof of registration
(D) By answering a customer service survey

008. What is stated about the Fairton Hotel? 問題を読む 5秒　正解を選ぶ 10秒

(A) It hosts the Penrith Photographers' Conference every year. 選択肢を読む 5秒
(B) It has recently upgraded all its rooms. 選択肢を読む 5秒
(C) It features views of a botanic garden. 選択肢を読む 5秒
(D) It provides a free meal to hotel guests. 選択肢を読む 5秒

009. What is suggested about Mr. Hatsumi? 問題を読む 5秒　正解を選ぶ 10秒

(A) He is a photographer. 選択肢を読む 5秒
(B) He has stayed at the Fairton Hotel before. 選択肢を読む 5秒
(C) He will be getting a prize. 選択肢を読む 5秒
(D) He is a guest speaker. 選択肢を読む 5秒

010. Why will Mr. Hatsumi probably be charged an extra fee?
問題を読む 5秒　正解を選ぶ 10秒

(A) For making a late change to his booking 選択肢を読む 5秒
(B) For upgrading his room to a double suite 選択肢を読む 5秒
(C) For using the underground parking area 選択肢を読む 5秒
(D) For canceling his reservation 選択肢を読む 5秒

キム・デギュンが実際に試験場で問題を解く順番と方法

(解答と解説▶p.408)

Step 1 問題を読む 85秒

1. **006**の問題は文章の詳細情報を確認する問題である。質問の核心語はPenrith Photographers' Conference開始日である。
2. **007**の問題は詳細情報の確認問題で、何かの資格の獲得/使用方法を問う問題である。質問の核心語はa discountである。
3. **008**の問題は文章の詳細情報を確認する問題である。質問の核心語はFairton Hotelである。選択肢の核心語は (A)hostsとevery year (B)recently upgraded (C)views of a botanic garden (D)a free meal to hotel guestsである。
4. **009**の問題は推論問題である。質問の核心語はMr. Hatsumiである。選択肢の核心語は(A) photographer (B)stayed at the Fairton Hotel before (C)getting a prize (D)guest speakerである。
5. **010**の問題は推論問題である。質問の核心語はwhyとan extra feeである。選択肢の核心語は (A)late change (B)upgrading (C)underground parking area (D)cancelingである。
6. 問題を解く順番を決める。
006(詳細問題) ➡ **007**(詳細問題) ➡ **008**(詳細情報問題) ➡ **009**(推論問題) ➡ **010**(推論問題)の順序でアプローチする。

Step 2 本文に目を通す 40秒

1. 文章の紹介を読む。電子メールと電子メール(e-mails)である。
2. 文1の最初の4行を読む。chrisworthingtonがhatsumiに作成した予約に関する電子メールであることを把握する。
3. 最初の段落の最初の文章を読む。9月15～18日の間Penrith Photographers' Conferenece が開かれるFairtonホテルに関する予約確認メールであることを把握する。
4. 最初の文章の最後にPleaseで始まる文章を読む。割引特典を受けるために予約情報がある紙(copy)が必要だと頼んでいることを把握する。
5. 次の表の案内文を読む。訪問の詳細日程に関する内容が表に提示されることを確認する。
6. 2番目の段落の最初の文章を読む。ホテル側の好意で無料の朝食バイキングと駐車が可能であることを把握する。
7. 3番目の段落最初の文章を読む。予約キャンセルまたは変更に関する情報とそれに関する追加料金情報がここに提示されることを把握する。
8. 4番目の段落の最初の文章を読む。問い合わせ方法がここに提示されることを把握する。
9. 文2の最初の4行を読む。hatsumiがchrisworthingtonに9月14日に予約の件の返信として作成した内容であることを把握する。
10. 最初の段落の最初の文章を読む。部屋を二つ予約したが、同僚の事情で一つだけ予約するように変更しようとしていることを把握する。
11. 最後のPlease文章を読む。電子メールを通じて、新しい費用を教えてもらえるように要請したことを把握する。

Step 3 問題を解く 核心語を読む 60秒・正解を選ぶ 50秒

1. **006**を解く。
目を通した部分にもとづいて、日程が出る最初の電子メール(文1)の最初の文章で正解が(C)であることを確認できる。
2. **007**を解く。
目を通した部分を通じて、割引に関する情報が最初の電子メール(文1)の最初の段落の最後に提示されたことがわかる。最後の文章の前の文章と最後の文章を通じて、正解は(C)になる。
3. **008**を解く。
核心語のFairton Hotel側が作成した最初の電子メール(文1)を中心に読む。目を通した部分にもとづいて、2番目の段落で、ホテル側の好意で無料の朝食バイキングが提供されることを把握した。したがって、(D)が最も適切である。
4. **009**を解く。
目を通した部分を通じて、最初の電子メール(文1)の最初の段落の最初の文章で、Hatsumiが参加する会議が写真作家カンファレンスであることを把握した。したがって、正解は(A)である。
5. **010**を解く。
目を通した部分を通じて、追加料金発生の部分が最初の電子メール(文1)の3番目の段落に登場することを把握した。変更する場合、48時間前まで変更しないと、追加料金が請求されると出ている。しかし、Hatsumiが予約変更の情報を2番目の電子メール(文2)で提供したので該当する部分を読む。2番目の文章で日程を当日変更したことがわかる。したがって、(A)が最も適切である。

modifications be made at least 48 hours before you arrive (文1)
\+ I will be arriving later today (文2)

= 正解: For making a late change to his booking

● 読解同意語の練習問題

(解答と解説▶p.409)

文章の下線部の単語と最も近い意味を表す単語を選びなさい。

1. Darren is an excellent speaker who always <u>draws</u> a crowd.

   (A) illustrate (B) sketch (C) attract (D) paint

2. John refused to <u>elaborate on</u> why he had resigned.

   (A) explain (B) criticize (C) adore (D) tailor

3. The questionnaire was intended to <u>elicit</u> information on eating habits.

   (A) explain (B) bring out (C) exaggerate (D) boost

DAY 20

実践 02 キム・デギュンの実際の試験当日のシミュレーション

問題と選択肢を読む	8秒	
本文に目を通す	20秒	全68秒！
核心語を読む	20秒	(1分8秒)
正解を選ぶ	20秒	

Questions 011-012 refer to the following notice. 難易度：下

◀文章の種類を把握 – 広告

> The Farley Library will host Damien Bradley on Wednesday, March 24, at 6:00 P.M. Bradley will talk about his newest work of non-fiction, The Shadow Dancers. Published by Romeo Press, the volume describes in detail the tribal customs of the Papua New Guinea tribesmen. The event is open to all. There is no admission fee. Those interested in Bradley's work should arrive early as seats are limited and cannot be reserved in advance. For further details, call 555-2234 or visit www.farleylibrary.org.
>
> Farley Library

◀最初の段落の最初の文章 – Farley図書館のイベント紹介
◀最初の段落の2番目の文章 – イベント内容

◀最初の段落の最後の文章 – 追加情報の問い合わせ

011. Who is Damien Bradley? 問題を読む 3秒 正解を選ぶ 10秒

(A) A writer
(B) A TV reporter
(C) A library employee
(D) A dancer

012. How must seats for the event be obtained? 問題を読む 5秒 正解を選ぶ 10秒

(A) Via the internet
(B) By telephone
(C) By personal recommendation
(D) In person

キム・デギュンが実際に試験場で問題を解く順番と方法

(解答と解説▶p.410)

Step 1 問題と選択肢を読む 8秒

1. **011**の問題は文章の詳細情報を確認する問題である。質問の核心語はDamien Bradleyである。
2. **012**の問題は詳細情報の確認問題で、同時に何かの資格の獲得/使用方法を問う問題である。質問の核心語はseatsとobtainedである。
3. 問題を解く順番を決める。
   011(詳細問題) ➡ **012**(詳細問題)の順序でアプローチする。

Step 2 本文に目を通す 20秒

1. 文章の紹介を読む。告知(notice)である。
2. 最初の段落の最初の文章を読む。Farley LibraryでDamien Bradleyに関するイベントを開催することを把握する。
4. 最初の段落の2番目の文章を読む。Bradelyが本人の新作The Shadow Dancersに関して話すこと把握する。
5. 最初の段落の最後の文章を読む。イベントに関する詳しい問い合わせに関する情報が提示されることを把握する。

Step 3 問題を解く 核心語を読む 20秒・正解を選ぶ 20秒

1. **011**の問題を解く。
   目を通した内容にもとづいて、前半でBradelyが本人の新しいノンフィクション作品に関して話すことを把握した。したがって、正解は(A)である。
2. **012**の問題を解く。
   テクニック06で学んだように、何かの資格の獲得/使用方法に関する情報は、主に文章の後半に提示される。段落の後半を見てみると、最後の2番目の文章で、席に限りがあり、事前予約ができないので早く来るようにと言っている。したがって、正解は(D)が最も適切である。

問題と選択肢を読む	35秒	
本文に目を通す	30秒	全140秒!
核心語を読む	45秒	(2分20秒)
正解を選ぶ	30秒	

Questions 013-015 refer to the following e-mail. 難易度：下

◀文章の種類を把握 - 電子メール

To:	Gareth Rogers, Lee Haslem, Amy Tam, Michael Greatbatch
From:	Natalia Harris
Subject:	Next week
Date:	May 24

◀受信者 - Gareth Rogers, Lee Haslem, Amy Tam, Michael Greatbatch
◀送信者 - Natalia Harris
◀テーマ - 来週

I would first like to thank everyone for completing their additional duties so promptly this week. As Diane Summers will not return to work until next month, here are the tasks which must also be done next week. I have tried to share them around the office as evenly as possible.

◀最初の段落の文章 - 今週の役割を完了したことに関する感謝

Gareth will order new mugs, tea bags, instant coffee and hot chocolate powder from Delightful Drinks on May 28 and will store everything neatly in the kitchen when it arrives.

◀2番目の段落の文章 - Garethの役割: 注文

Lee will arrange the third floor filing cabinets. Please make sure all the documents are filed numerically by the date of purchase. The accounting department has also made a request for assistance with updating its online database. I expect this will take about two hours every afternoon next week.

◀3番目の段落の最初の文章 - Leeの役割: 3階のキャビネット整理
◀Please文章 - 頼み事項 - 購買日順でファイル整理

Amy will be keeping a detailed record of all orders received and shipments dispatched each day. Make sure you note the date, the buyer's contact details, the recipient's name and address, and the contents of each package.

◀4番目の段落の最初の文章 - Amyの役割：詳細記録 - 全体の注文、配送など
◀Make sure文章 - 頼み事項 - 詳細情報記録

Michael will be responsible for cleaning the kitchen on May 26 and May 29. Cleaning products are stored in the second floor storage area.

◀5番目の段落の最初の文章 - Maichaelの役割: 5月26日と29日厨房掃除

I appreciate all your hard work.

◀最後の挨拶

Natalia Harris

013. Why did Ms. Harris send the e-mail? 問題を読む 5秒 正解を選ぶ 10秒

(A) To ask for assistance moving to a new building
(B) To confirm receipt of a late delivery
(C) To give workers feedback on their performance
(D) To inform employees of their designated duties

014. What is Mr. Rogers required to do on May 28? 問題を読む 5秒 正解を選ぶ 10秒

(A) Place an order
(B) Rearrange some file folders
(C) Mop the kitchen
(D) Record shipping information

015. What is indicated about the accounting department? 問題を読む 5秒 正解を選ぶ 10秒

(A) They are only working two hours each day. 選択肢を読む 5秒
(B) They want to bring their database up to date. 選択肢を読む 5秒
(C) It has a room filled with cleaning products. 選択肢を読む 5秒
(D) It has documents that need to be arranged. 選択肢を読む 5秒

DAY 20

キム・デギュンが実際に試験場で問題を解く順番と方法

(解答と解説▶p.410)

Step 1 問題と選択肢を読む 35秒

1. **013**の問題はテーマを問う問題である。
2. **014**の問題は文章の詳細情報を確認する問題である。質問の核心語はMr. RogersとMay 28である。
3. **015**の問題は推論問題である。質問の核心語はaccounting departmentである。
4. 問題を解く順番を決める。
   014(詳細問題) ➡ **015**(推論問題) ➡ **013**(テーマ、目的問題)の順序でアプローチする。

Step 2 本文に目を通す 30秒

1. 文章の紹介を読む。電子メール(e-mail)である。
2. 最初の4行を読む。Natalia HarrisがGareth Rogers, Lee Haslem, Amy Tam, Michael Greatbatchに送る来週の予定に関するメールであることを把握する。
3. 最初の段落の最初の文章を読む。今週追加された役割を無事に終えたことに感謝している。
4. 最初の段落の次の文章を読む。Diane Summersの未復帰で、来週にやることが提示されることを把握して、メールの目的が提示されることを把握する。
5. 2番目の段落の文章を読む。Garethの役割が出る段落であることを把握する。5月28日に新しいものを注文して、厨房に保管する役割である。

6. 3番目の段落の最初の文章を読む。Leeの役割が出る段落であることを把握する。3階のキャビネットを整理する役割である。次の文章がPleaseなので一緒に読む。購買順でファイルを整理するように頼んでいる。
7. 4番目の段落の最初の文章を読む。Amyの役割が出る段落であることを把握する。詳細情報を記録する役割である。次の文章がMake sureなので一緒に読む。日付、連絡先などを詳しく書くように頼んでいる。
8. 5番目の段落の最初の文章を読む。Michaelの役割が出る段落であることを把握する。5月26日と29日に厨房の掃除担当であることを把握する。

Step 3 問題を解く 核心語を読む 45秒・正解を選ぶ 30秒

1. **014**を解く。
   テクニック03で名前からちゃんと読むことを学んだ。核心語のMr. RogersはGareth Rogersであることを目を通した部分で把握した。したがって、Garethの役割が提示されている2番目の段落を集中して読んでみると、最初の文章を通じて正解が(A)であることがわかる。
2. **015**を解く。
   核心語のthe accounting departmentに関する部分を探す。3番目の段落でオンラインデータベースの更新を手伝ってほしいと頼まれた情報がある。したがって、正解は(B)であることがわかる。
3. **013**を解く。
   目を通しながら最初の段落でメールの目的が提示されていることを把握した。追加業務を迅速に処理してくれたことに感謝すると、来週も業務を処理してほしいと加えているので、(D)が最も適切である。**テクニック01**でテーマ、目的に関する問題の根拠はいつも前半に出ると学んだことを覚えよう。

問題と選択肢を読む	57秒	
本文に目を通す	45秒	全212秒!
核心語を読む	60秒	(3分32秒)
正解を選ぶ	50秒	

Questions 016–020 refer to the following announcement and notice. 難易度：中

◀文章の種類を把握 – 発表と告知

NEW RELEASES

◀タイトル – 新作の発表

CONTACT: Robert Houston at (06) 555-7748

◀連絡先 – Robert Houston

March 3

Puff Adder Books' New Titles for Teens

◀タイトル – Puff Adder Booksの10代のための新作

Above the Castle by Jed Clampet
With strange rumors from across the ocean and a stranger in town, this fast-paced thriller set in a small island community is full of surprises.

◀小見出し1 – Jed ClampetのAbove the Castle

My Hawaii by Benny Manu
In this collection of essays, professional traveler Benny Manu recalls his adventures in Hawaii in such a vivid way that it seems like fiction. Includes discussion questions for classroom use.

◀小見出し2 – Benny ManuのMy Hawaii

Leila's Treasure by Josie Robbins
Surprises abound for everyone when the queen vanishes and her daughter assumes the throne. This hilarious look at royalty is classic British comedy.

◀小見出し3 – Josie RobbinのLeila's Treasure

Jerra Lake by Aiko Miyamoto
A group of friends spend the summer in a small, lakeside village where everything is not as it seems. This novel is from last year's recipient of the Miskin Prize for Fiction and skillfully examines the true meaning of friendship.

◀小見出し4 – Aiko MiyamotoのJerra Lake

Arrowtown Events Calendar

◀タイトル – Arrowtownイベント日程

Saturday, June 19

Arrowtown Bookstore (145 Victoria Avenue) will be hosting a group discussion led by Geraldine Hunt, senior editor of Better Writing Magazine. Authors Jed Clampet, Benny Manu, and Josie Robbins, whose debut publications were released by Puff Adder Books several months ago, will give short presentations about how they became professional writers. They'll respond to questions and give recommendations to amateur writers hoping to follow their example. Book signings will occur at the end of proceedings. Please call (06) 555-7834 for more details.

◀最初の文章 – イベント案内: Geraldine Huntが進行するグループ討論開催

◀イベント案内 – Jed Clampet, Benny Manu, Josie Robbinsの短いプレゼンテーション

◀最後の文章 – サインイベント関連情報

016. What do all of the books in the announcement have in common?

問題を読む 5秒 正解を選ぶ 10秒

(A) They are all fictional works. 選択肢を読む 5秒

(B) They are all set in Hawaii. 選択肢を読む 5秒

(C) They are meant for adolescents. 選択肢を読む 5秒

(D) They are penned by first-time authors. 選択肢を読む 5秒

017. According to the announcement, who has won an award? 問題を読む 5秒 正解を選ぶ 10秒

(A) Mr. Clampet

(B) Mr. Manu

(C) Ms. Robbins

(D) Ms. Miyamoto

018. What is the subject of the June 19 event? 問題を読む 5秒 正解を選ぶ 10秒

(A) How book shops are becoming obsolete

(B) How to become a successful writer

(C) How to become a better editor

(D) How to design lesson plans for a class

019. According to the notice, what will Ms. Hunt do at the event?

問題を読む 5秒 正解を選ぶ 10秒

(A) Autograph books for admirers

(B) Offer journalistic advice

(C) Lead a panel discussion

(D) Serve beverages and finger food

020. Which book will NOT be signed by its author at the event?

問題を読む 5秒 正解を選ぶ 10秒

(A) Above the Castle 選択肢を読む 3秒

(B) My Hawaii 選択肢を読む 3秒

(C) Leila's Treasure 選択肢を読む 3秒

(D) Jerra Lake 選択肢を読む 3秒

キム・デギュンが実際に試験場で問題を解く順番と方法

(解答と解説▶p.412)

Step 1 問題と選択肢を読む 57秒

1. **016**の問題は文章の詳細情報を確認する問題である。質問の核心語はbooksとhave in commonである。選択肢の核心語は (A)fictional works (B)set in Hawaii (C)meant for adolescents (D)penned by first-time authorsである。
2. **017**の問題は文章の詳細情報を確認する問題である。質問の核心語はwon an awardである。
3. **018**番の問題は文章の詳細情報を確認する問題である。質問の核心語はthe subject of the June 19である。
4. **019**の問題は文章の詳細情報を確認する問題である。質問の核心語はMs. Huntとat the eventである。
5. **020**の問題は否定語NOT詳細情報の確認問題である。質問の核心語はbookとbe signed by its authorである。選択肢の核心語は (A)above the Castle (B)My Hawaii (C)Leila's Treasure (D)Jerra Lakeである。
6. 問題を解く順番を決める。
   016(詳細問題) ➡ **017**(詳細問題) ➡ **018**(詳細問題) ➡ **019**(詳細問題 ➡ **020**(否定語NOT問題)の順序でアプローチする。

Step 2 本文に目を通す 45秒

1. 文章の紹介を読む。発表(announcement)と告知(notice)である。
2. 発表(文1)のタイトルを読む。新作発表に関する告知であることを把握する。
3. 次の小見出しを読む。Puff Adder Booksで発売する10代のための新作に関する内容であることを把握する。
4. 小見出し1を読む。Jed ClampetのAbove the Castleに関する内容であることを把握する。
5. 小見出し2を読む。Benny ManuのMy Hawaiiに関する内容であることを把握する。
6. 小見出し3を読む。Josie RobbinのLeila's Treasureに関する内容であることを把握する。
7. 小見出し4を読む。Aiko MiyamotoのJerra Lakeに関する内容であることを把握する。
8. 告知(文2)のタイトルを読む。Arrowtownイベント日程に関する内容で、6月19日に作成された内容であることを把握する。
9. 最初の文章を読む。Geraldine Huntが進行する団体討論が開催されることを把握する。
10. 2番目の文章を読む。専門作家として成功する方法に関する短いプレゼンテーションが三人の作家(Jed Clampet, Benny Manu, Josie Robbines)により行われることを把握する。
11. 最後の文章を読む。本のサインイベントが最後にあることを把握する。

Step 3 問題を解く 核心語を読む 60秒・正解を選ぶ 50秒

1. **016**を解く。
   目を通した部分を通じて、文1の最初の小見出しで紹介された本が10代のための本であることを 把握した。(C)が正解になる。
2. **017**を解く。
   核心語のawardを中心に情報を探す。文1の小見出し4の中でawardという単語と同じ意味の賞(Prize)が登場する。したがって、正解は(D)Aiko Miyamotoである。**テクニック09**で学んだように、本文の単語が質問でparaphrasingされる場合が多い。したがって、核心語を探す時は、同じ単語以外にも同じ意味を一発で探す練習をしなければならない。

3. **018**を解く。
目を通した部分を通じて、核心語のJune 19は告知(文2)に関する内容であることを把握した。また、目を通した部分を通じて、当日プレゼンテーションがプロ作家として成功する方法に関する内容であることを把握した。正解は(B)が最も適切である。
4. **019**を解く。
目を通した部分を通じて、核心語のMs. Huntが団体討論を進行することを把握した。正解は(C)である。
5. **020**を解く。
目を通した部分を通じて、Arrowtownイベントでサインイベントがあると把握した。また、このイベントでプレゼンテーションする作家がJed Clampet, Benny Manu, and Josie Robbinsであることを把握した。したがって、四人の作家の中で参加しない作家はAiko Miyamotoなので、(D)が正解になる。

	Authors Jed Clampet, Benny Manu, and Josie Robbins (文2)
+	*Jerra Lake* by Aiko Miyamoto (文1)
=	正解: Jerra Lake

● **読解同意語の練習問題** (解答と解説▶p.413)

文章の下線部の単語と最も近い意味を表す単語を選びなさい。

1. The two countries had worked for peace during the long <u>era</u> of conflict.
(A) day (B) outline (C) period (D) eraser

2. Overall Christmas sales <u>figures</u> released earlier this week were disappointing.
(A) persons (B) shapes (C) symbols (D) numbers

3. Drug manufacturing is the most <u>profitable</u> business in America.
(A) lucrative (B) popular (C) attractive (D) supportive

DAY 21

実践 03 キム・デギュンの実際の試験当日のシミュレーション

問題と選択肢を読む	55秒	
本文に目を通す	20秒	全130秒！
核心語を読む	25秒	(2分10秒)
正解を選ぶ	30秒	

Questions 021–023 refer to the following refund receipt. 難易度：下 ◀文章の種類を把握 – 払い戻し領収証

Chur Sportswear Co.
290 Eden Avenue
Hamilton
336-8895

◀最初の文章 – Chur Sportswear社発行

Date: June 29　　Clerk: Edward Corkery

◀発行日 – 6月29日、発行者: Edward Corkery

RETURN

◀払い戻し

Men's red basketball sneakers,	Size 11	$90.00
	Subtotal	$90.00
	Sales tax	$ 9.00
Total refunded with Chur Gift Certificate		$99.00

◀項目及び金額

◀全ての払い戻し金額

◀ギフト商品券

Reason for return:

◀返品理由

Incorrect color ✓　　Incorrect size
Damaged　　Other

Details: My son wanted the blue colored sneakers.

◀詳細内容

Judith Everett　　Ken Brown
Customer signature　　Store Manager signature

◀署名 – 顧客及び店舗のマネージャー

Returns will only be accepted within 30 days of purchase. Proof of purchase and photographic identification must be shown for the return to be approved. Merchandise that has been clearly used cannot be returned.

◀条件

For complete policy details, visit www.chursportswear.com.

◀具体的な条件 問い合わせ先

021. How was the payment refunded? 問題を読む 5秒 正解を選ぶ 10秒

(A) As cash
(B) As a bank check
(C) As a store gift voucher
(D) As reimbursement to a credit card

022. Why did Ms. Everett return the shoes? 問題を読む 5秒 正解を選ぶ 10秒

(A) They were too small for her. 選択肢を読む 5秒
(B) The shoe laces were missing. 選択肢を読む 5秒
(C) Her son preferred a different color. 選択肢を読む 5秒
(D) Her husband bought the same shoes. 選択肢を読む 5秒

DAY 21

023. What is suggested about Ms. Everett's return? 問題を読む 5秒 正解を選ぶ 10秒

(A) It was authorized by Edward Corkery. 選択肢を読む 5秒
(B) It occurred more than a month after the date of sale. 選択肢を読む 5秒
(C) Ms. Everett had lost her original store receipt. 選択肢を読む 5秒
(D) Ms. Everett brought back the sneakers in perfect condition. 選択肢を読む 5秒

キム・デギュンが実際に試験場で問題を解く順番と方法

(解答と解説▶p.414)

Step 1 問題と選択肢を読む 55秒

1. **021**の問題は文章の詳細情報を確認する問題である。質問の核心語はHowとpayment refundedである。
2. **022**の問題は文章の詳細情報を確認する問題である。質問の核心語はwhyとreturn the shoesである。選択肢の核心語は (A)too small (B)laces were missing (C)preferred a different color (D)the same shoesである。
3. **023**の問題は推論問題である。質問の核心語はMs. Everett's returnである。選択肢の核心語は (A)by Edward Corkery (B)more than a month after the date of sale (C)lost her original store receipt (D)in perfect conditionである。
4. 問題を解く順番を決める。
021(詳細問題) ➡ **022**(詳細問題) ➡ **023**(推論問題)の順序でアプローチする。

Step 2 本文に目を通す 20秒

1. 文章の紹介を読む。払い戻し領収証(refund receipt)である。
2. 最初の文章を読む。Chur Sportswear社の払い戻し領収証であることを把握する。
3. 下の文章を読む。6月29日にEdward Corkeryが発行した領収証であることを把握する。
4. 項目を中心に読む。男性用の赤いバスケットボールシューズの払い戻しであることを確認する。

5. ギフト商品券で$99が払い戻されたことを確認する。
6. 返品理由を読む。他の色であることを把握する。
7. 詳細情報を読む。息子が青いバスケットボールシューズを欲しがるので返品するという情報を確認する。
8. 最後の段落を読む。払い戻しは30日以内に可能であることを確認する。該当する段落は払い戻しの条件に関する内容であることを把握する。

Step 3 **問題を解く** 核心語を読む 25秒・正解を選ぶ 30秒

1. **021**を解く。
   目を通した内容を通じて、ギフト商品券で払い戻しがあったことを確認した。正解は(C)である。
2. **022**の問題を解く。
   核心語は返品理由である。目を通した内容にもとづいて、返品理由が色であることを確信して、顧客の息子が青いシューズを欲しがることを把握した。正解は(C)になる。
3. **023**の問題を解く。
   核心語の返品に関する情報を確認する。特に、最後の段落の返品条件を確認すると、きれいじゃない商品は返品不可という情報が提示されるので、正解は(D)になる。

問題と選択肢を読む	35秒	
本文に目を通す	30秒	全145秒！
核心語を読む	45秒	(2分25秒)
正解を選ぶ	35秒	

Questions 024-026 refer to the following information. 難易度：中

◀文章の種類を把握 – 案内文

www.perryprint.com/faqs

Perry Print

◀タイトル – Perry Print関連

Frequently Asked Questions

◀テーマ – よく聞かれる質問

How can Perry Print benefit my business?

◀小見出し1 – 利用すると役に立つ点

The staff at Perry Print are experienced in assisting clients choose the right merchandise for the right occasion. We can print your business's logo or slogan on any material in order to create a lasting impression with your customers. If your business has yet to design a logo, or if you wish to modernize your business's outdated logo, our graphics team is happy to brainstorm several possible designs for you to choose from.

◀最初の段落の最初の文章 – 経験のある従業員が顧客に適切な商品を支援

What products do you provide?
Our best-selling promotional products include coffee mugs, pencils, caps, and stationery, but that is not all we do! Click here to view our full range of products. If you can't find what you need, we can place a special order with one of our many suppliers! We only buy from the highest quality manufacturers, ensuring that your customers will be overjoyed to receive your special gift.

◀小見出し2 – 提供する製品
◀2番目の段落の最初の文章 – コーヒーマグカップ、鉛筆、帽子、オフィス用品など

Can I order online?
We have recently upgraded our Web site so you can now hold an online video consultation with one of our staff members when deciding on your purchase. Additionally, you can scan your current logo and load it onto our web site to see how any of our products look with your unique logo printed on them.

◀小見出し3 – オンライン注文
◀3番目の段落の最初の文章 – オンライン支援

How long does shipping take?
After making your choice, place your order by telephone on 782-2428. We ship all purchases through Canuck Couriers. We guarantee delivery within 14 days to all Canadian addresses.(Click here for approximate delivery dates for orders to other countries).

◀小見出し4 – 配送期間
◀4番目の段落の最初の文章 – 注文方法 – 電話

024. What type of company is Perry Print? 問題を読む 5秒 正解を選ぶ10秒

(A) A clothing retailer
(B) A custom gift maker
(C) A stationery store
(D) A coffee shop

025. What is indicated about shipping? 問題を読む 5秒 正解を選ぶ15秒

(A) Customers can choose a delivery company. 選択肢を読む 5秒
(B) Express shipping is available for an additional fee. 選択肢を読む 5秒
(C) Orders can be dispatched to international addresses. 選択肢を読む 5秒
(D) The purchaser must sign for delivery. 選択肢を読む 5秒

026. According to the information, what can customers do on Perry Print's Web site? 問題を読む 5秒 正解を選ぶ10秒

(A) Browse the product catalog
(B) Pay for an order
(C) Read customer testimonials
(D) Learn about the manufacturing process

キム・デギュンが実際に試験場で問題を解く順番と方法

(解答と解説▶p.415)

Step 1 問題と選択肢を読む 35秒

1. **024**の問題はテーマを問う問題である。
2. **025**の問題は推論問題である。質問の核心語はshippingである。選択肢の核心語は (A)choose a delivery company (B)Express shippingとadditional feeである。(C)international addresses (D)must sign for deliveryである。
3. **026**の問題は詳細情報の確認問題である。質問の核心語はWeb siteである。選択肢の核心語は (A)the product catalog (B)Pay (C)customer testimonials (D)manufacturing processである。
4. 問題を解く順番を決める。
   026(詳細問題) ➡ **025**(推論問題) ➡ **024**(テーマ問題)の順序でアプローチする。

Step 2 本文に目を通す 30秒

1. 文章の紹介を読む。案内文(information)である。
2. タイトルを読む。Perry Print社のよく聞かれる質問に関するホームページの内容であることを把握する。
3. 最初の小見出しを読む。利用すると顧客に役に立つ点に関する情報が出る段落であることを把握する。
4. 2番目の小見出しを読む。提供する製品に関する情報が出る段落であることを把握する。
5. 3番目の小見出しを読む。オンライン注文に関する情報が出る段落であることを把握する。
6. 4番目の小見出しを読む。配送期間に関する情報が出る段落であることを把握する。

Step 3 問題を解く 核心語を読む 45秒・正解を選ぶ 35秒

1. **026**を解く。
   2番目の段落の根拠(Click here to view our full range of products)を通じて、最も適切な正解は(A)であることがわかる。
2. **025**を解く。
   目を通した部分を通じて、核心語のshippingに関する情報が4番目の小見出しの段落に出ることを把握した。4番目の段落の最後の文章に他の国に送る注文品に関する配送期間が出ている。したがって、(C)が正解になる。
3. **024**の問題を解く。
   テクニック01で学んだように、テーマを探す文章は主に最初の段落で正解の根拠が提示される。最初の段落で、製品に会社のロゴやスローガンを印刷してくれる会社であることがわかる。したがって、最も適切なのは(B)である。

問題と選択肢を読む	57秒	
本文に目を通す	45秒	全212秒！
核心語を読む	60秒	(3分32秒)
正解を選ぶ	50秒	

Questions 027-031 refer to the following article and Web site.

難易度：中

◀文章の種類を把握 – 記事とウェブサイト

New Addition to the Neighborhood

◀タイトル – 近所に追加される新しい何か

Milne University would like to extend a warm welcome to its new neighbor the Henry Dance Troupe who have just moved into their new home at the nearby Franklin Amphitheater, one and a half kilometers south of the university campus.

◀最初の段落の最初の文章 – Milne大学が近所に引っ越ししてきたHenry Dance Troupeを歓迎

Henry Dance, which came together fifteen years ago, has only ever rented temporary venues as they usually spend 6 months of the year touring the country. However, discovering the Franklin Amphitheater was for sale caused Artistic Director Nigel Higgins to reassess that long-standing policy. Mr. Higgins went on to say that "The Franklin Amphitheater is an expansive facility with wonderful character. It will allow us to house our performers, props and managerial staff under the same roof for the first time ever. It was much cheaper to move into these fully equipped facilities than to design and build a completely new space. And having Milne University as a neighbor is fantastic. We have found young people to be ardent supporters of the performing arts and look forward to hosting a large number of student patrons."

◀2番目の段落の最初の文章 – Henry Danceは今まで仮の場所をレンタル

◀However文章！ – Franklin Amphitheaterが売り物に出たので、長く維持していた方針を再検討

Upon hearing the news, Professor John Murdoch, who is currently lecturing in the engineering department here, immediately joined the Franklin Theater Association and expressed his pleasure by saying, "I'm a huge fan of stage shows, so I'm delighted to have such a well-respected company next door."

◀3番目の段落の最初の文章 – John Murdoch教授がこのお知らせを聞いて、すぐFranklin演劇協会に加入して嬉しさを表す

The debut production in their new premises will be Sailing to the Sun, a production of modern dance by choreographer Joy Bledisloe, which opens Friday, June 17.
For ticketing information, please visit the company's website at www.franklindance.org.

◀4番目の段落の最初の文章 – 最初のデビュー舞台はSailing to the Sunで、6月17日金曜日にオープンする

◀チケット情報

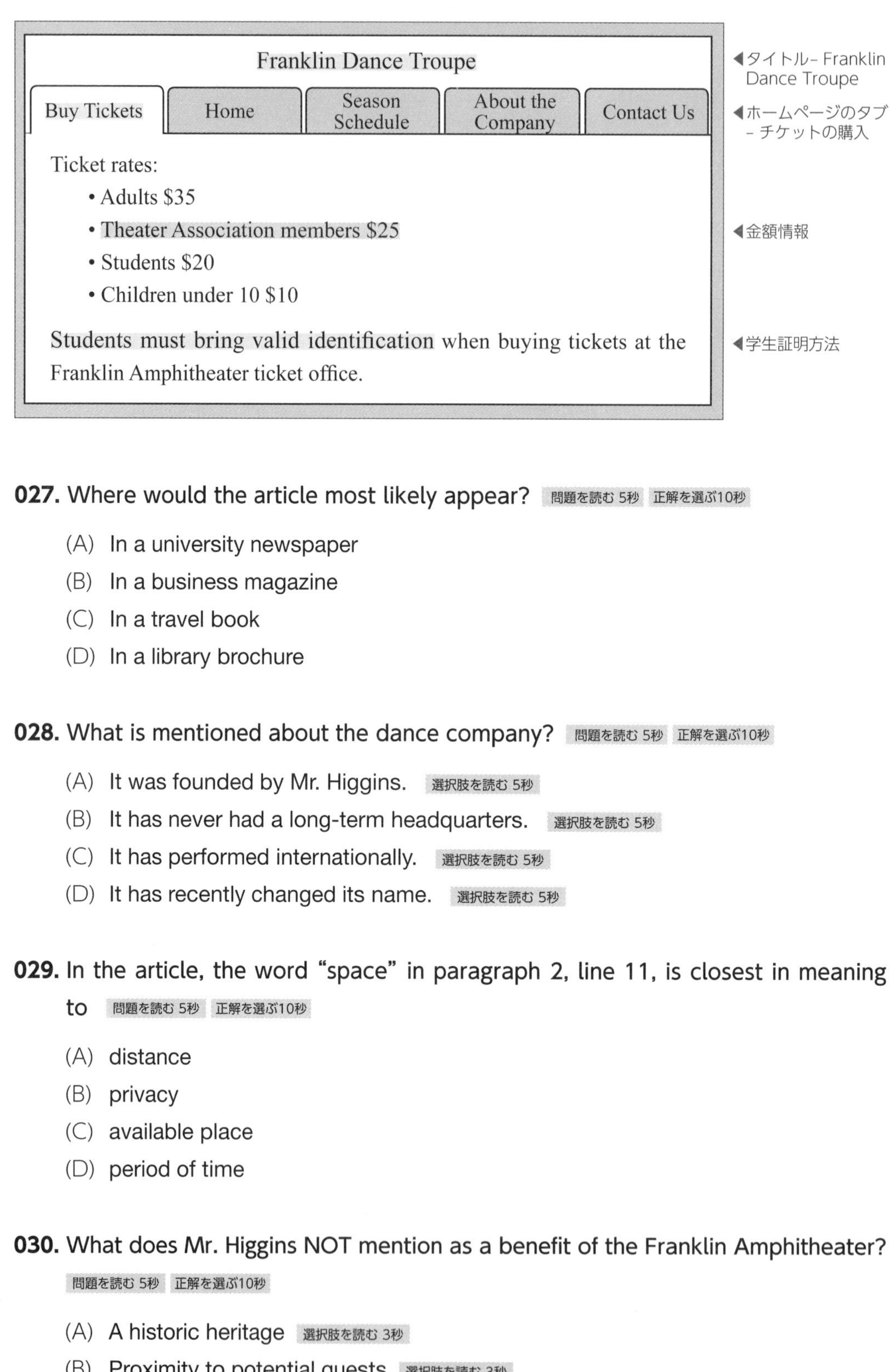

Franklin Dance Troupe

Buy Tickets	Home	Season Schedule	About the Company	Contact Us

Ticket rates:

- Adults $35
- Theater Association members $25
- Students $20
- Children under 10 $10

Students must bring valid identification when buying tickets at the Franklin Amphitheater ticket office.

◀タイトル– Franklin Dance Troupe

◀ホームページのタブ – チケットの購入

◀金額情報

◀学生証明方法

027. Where would the article most likely appear? 問題を読む 5秒 正解を選ぶ10秒

(A) In a university newspaper
(B) In a business magazine
(C) In a travel book
(D) In a library brochure

028. What is mentioned about the dance company? 問題を読む 5秒 正解を選ぶ10秒

(A) It was founded by Mr. Higgins. 選択肢を読む 5秒
(B) It has never had a long-term headquarters. 選択肢を読む 5秒
(C) It has performed internationally. 選択肢を読む 5秒
(D) It has recently changed its name. 選択肢を読む 5秒

029. In the article, the word “space” in paragraph 2, line 11, is closest in meaning to 問題を読む 5秒 正解を選ぶ10秒

(A) distance
(B) privacy
(C) available place
(D) period of time

030. What does Mr. Higgins NOT mention as a benefit of the Franklin Amphitheater? 問題を読む 5秒 正解を選ぶ10秒

(A) A historic heritage 選択肢を読む 3秒
(B) Proximity to potential guests 選択肢を読む 3秒
(C) An accommodating size 選択肢を読む 3秒
(D) Readiness for use 選択肢を読む 3秒

031. How much will Mr. Murdoch likely pay for a ticket to see the performance?

問題を読む 5秒　正解を選ぶ10秒

(A) $35.00
(B) $25.00
(C) $20.00
(D) $10.00

キム・デギュンが実際に試験場で問題を解く順番と方法

(解答と解説▶p.416)

Step 1　問題と選択肢を読む 57秒

1. **027**の問題は推論問題で、文章のテーマを問う問題である。
2. **028**の問題は文章の詳細情報を確認する問題である。質問の核心語はdance companyで、選択肢の核心語は (A)by Mr. Higgins (B)never had a long-term headquarters (C) internationally (D)changed its nameである。
3. **029**の問題は同意語問題である。
4. **030**の問題は否定語NOTの詳細情報の確認問題である。質問の核心語はa benefit of the Franklin Amphitheaterである。選択肢の核心語は (A)historic heritage (B)Proximity (C) accommodating size (D)Readiness for useである。
5. **031**の問題は推論問題である。質問の核心語はa ticket to see the performaceである。
6. 問題を解く順番を決める。
   029(同意語問題) ➡ **028**(詳細問題) ➡ **030**(否定語NOT詳細問題) ➡ **031**(詳細問題)➡ **027**(文章のテーマ及び推論問題)の順序でアプローチする。

Step 2　本文に目を通す 45秒

1. 文章の紹介を読む。記事(article)とウェブサイト(Web site)である。
2. 記事(文1)のタイトルを読む。何か近所に新しく追加されることに関する内容であることを把握する。
3. 最初の段落の最初の文章を読む。Milne大学の近くにHenry Dance Troupeが引っ越ししてくる情報を把握する。
4. 2番目の段落の最初の文章を読む。Henry Danceがツアースケジュールで15年間仮の場所をレンタルしてきたことを把握する。
5. 2番目の段落にHoweverが出るので、この文章を読む。最近Franklin Amphitheaterが売り物に出て、長く維持してきた方針を再検討するという内容が提示された。これを通じて、これから場所をレンタルすることを把握する。
6. 3番目の段落の最初の文章を読む。John Murdoch教授がそのお知らせを聞いて、すぐFranklin演劇協会に加入して、うれしい気持ちを表している情報を把握する。
7. 4番目の段落の最初の文章を読む。最初のデビュー舞台がSailing to the Sunという作品で、6月17日金曜日にオープンするという情報を把握する。
8. 最後の段落を読む。チケットの情報がここに提示されることを把握する。
9. ウェブサイト(文2)のタイトルを読む。Franklin Dance Troupeのホームページで、チケット購入(Buy Ticket)のタブであることを把握する。
10. チケットの価額情報が提示されることを確認する。
11. 最後の段落を読む。学生の場合、証明として学生証を持ってこなければならないことを把握する。

Step 3　問題を解く 核心語を読む 60秒・正解を選ぶ 50秒

1. **029**を解く。
〈完全に新しい'空間'を設計及び建設すること〉という文脈である。提示された選択肢の中で代わりに使える最も適切な表現は(C)である。
2. **028**を解く。
目を通した部分を通じて、2番目の段落で仮の場所だけ使っていたという情報を把握した。したがって、(B)が正解になる。
3. **030**を解く。
核心語のHigginsが登場した2番目の段落を中心に情報を確認する。The Franklin Amphitheater is an expansive facilityとIt will allow us to house our performers, props and managerial staff under the same roofで(C)を、fully equipped facilitiesで(D)を、We have found young people to be ardent supporters of the performing arts and look forward to hosting a large number of student patronsで(B)を確認できる。したがって、正解は(A)になる。
4. **031**を解く。
チケットの金額が提示されているウェブサイト(文2)を参考して、記事(文1)でMr. Murdochが出た部分を探して読む。目を通した部分を通じて、John Murdoch教授が協会に加入したことを把握したので、会員金額を文2で探す。正解は(B)である。

joined the Franklin Theater Association (文1)
\+ Theater Association members $25 (文2)

= 正解: $25.00

5. **027**を解く。
目を通した部分を通じて、Milne大学のキャンパス近くの劇場に新しく入ってくる劇団を歓迎するという情報を把握した。したがって、最も適切な媒体は(A)である。

● 読解同意語の練習問題

(解答と解説▶p.418)

文章の下線部の単語と最も近い意味を表す単語を選びなさい。

1. Amy recognized that she was not <u>qualified</u> for a teacher.

(A) extensive　(B) eligible　(C) famous　(D) personalized

2 It's the responsibility of a judge to treat both sides <u>fairly</u>.

(A) very　(B) quite　(C) impartially　(D) honestly

3. Role-playing games are just an organic <u>improvised</u> space for storytelling.

(A) important　(B) optional　(C) obligatory　(D) unplanned

DAY 22

キム・デギュンの実際の試験当日のシミュレーション

問題と選択肢を読む	50秒	
本文に目を通す	20秒	全110秒！
核心語を読む	20秒	(1分50秒)
正解を選ぶ	20秒	

Questions 032-033 refer to the following invitation. 難易度：下

◀文章の種類を把握 – 招待状

The Donald family
would welcome your presence
at a congratulatory dinner
in honor of

Jasmine Donald

who was recently promoted to
National Marketing Manager
for Boss Clothing.

The dinner will be held on
Friday, February 5
from 7:00 P.M. to 10:00 P.M.
in the Gemini Ballroom of the Zodiac Hotel
1053 Banner Street
Medford, WA 3148

A full five course meal will be served

◀タイトル – Donald Family のディナー招待

◀内容 – Jasmine DonaldがBoss Clothingの国内マーケティングマネージャーに昇進

◀日付 – 2月5日(金曜日) 夕方7時～10時

◀場所 – Zodiac Hotel., Gemini Ballroom

◀追加情報 – 5コースの食事提供

032. What is indicated about Jasmine Donald? 問題を読む 5秒 正解を選ぶ 10秒

(A) She is employed by the Zodiac Hotel. 選択肢を読む 5秒
(B) She lives in the city of Medford. 選択肢を読む 5秒
(C) She has changed positions at work. 選択肢を読む 5秒
(D) She is a successful fashion designer. 選択肢を読む 5秒

033. What is stated about the event? 問題を読む 5秒 正解を選ぶ10秒

(A) It will have live entertainment. 選択肢を読む 5秒

(B) It will include a meal. 選択肢を読む 5秒

(C) It will start before lunch. 選択肢を読む 5秒

(D) It will be held in a garden. 選択肢を読む 5秒

キム・デギュンが実際に試験場で問題を解く順番と方法

(解答と解説▶p.418)

Step 1 問題と選択肢を読む 50秒

1. **032**の問題は推論問題である。質問の核心語はJasmine Donaldである。選択肢の核心語は (A)employed by the Zodiac Hotel (B)lives in the city of Medford (C)changed positions at work (D)fashion designerである。
2. **033**の問題は文章の詳細情報を確認する問題である。質問の核心語はeventである。選択肢の核心語は (A)live entertainment (B)a meal (C)start before lunch (D)held in a gardenである。
3. 問題を解く順番を決める。
   033(詳細情報問題) ➡ **032**(推論問題)の順序でアプローチする。

Step 2 本文に目を通す 20秒

1. 文章の紹介を読む。招待状(invitation)である。
2. 最初の段落を読む。Donald Familyのディナー招待である。これはJasmine Donaldが国内マーケティングマネージャーに昇進したことに関する内容であることを把握する。
3. 2番目の段落を読む。ディナー時間が提示される段落である。夕方7:00〜10:00にZodiac Hotel, Gemini Ballroomで開かれることを把握する。
4. 最後の文章を読む。5コースの食事が提供されることを把握する。

Step 3 問題を解く 核心語を読む 20秒・正解を選ぶ 20秒

1. **033**を解く。
   目を通した内容を通じて、最後の文章でディナーが提供されることを把握した。正解は(B)である。
2. **032**を解く。
   目を通した内容を通じて、最初の段落でJasmine Donaldが昇進したことを把握した。正解は(C)である。

問題と選択肢を読む	33秒	
本文に目を通す	20秒	全113秒！
核心語を読む	30秒	（1分53秒）
正解を選ぶ	30秒	

Questions 034–036 refer to the following form. 難易度：中

◀文章の種類を把握 – フォーム

Customs Form 6-K

Sender's details must be clearly visible on the top of the package.
Package contents may be searched.

◀タイトル – 税関フォーム 6-K

Sender's Details:		**Addressee's Details:**	
Name:	David Woo	Name:	Melanie Briasco
Address:	142 Robinson Road	Address :	Rm 3160, Serra Tower
	M6 8 GA		1-3, Chiyoda-ku
	MANCHESTER		TOKYO
Country:	England	Country:	Japan

◀項目 – 送信者の情報/受信者の情報
◀名前
◀住所

___ Gift ____ Document X Commercial Sample ____ Other

Quantity	**Description of Package content**	**Weight (kg)**	**Estimated value**
5	Gold necklaces	0.16	£48.50
		Total weight	**Total value**
		0.16	£48.50

◀送った品物 – 商品のサンプル

Fill in for commercial item only:
Country of origin: Taiwan License number: WX087510000

◀数量、内容物、重さ、金額
◀商品の情報

Postage and Fees:

Postage	£38.00
Insurance? (X) yes ( ) no	£ 5.00
Total amount due:	£45.00

◀郵送料及び金額

I, the undersigned, confirm that the information in this declaration is true and correct and that this parcel does not include any items deemed illegal by international law.

◀確認内容

Signature: David Woo Date: 24 February

034. Why did Mr. Woo most likely fill out the form? 問題を読む 5秒 正解を選ぶ10秒

(A) He is signing for a delivery from an overseas vendor. 選択肢を読む 5秒
(B) He is in need of a visa to travel to Taiwan. 選択肢を読む 5秒
(C) He is posting a sample to a business partner. 選択肢を読む 5秒
(D) He is seeking permission to courier delicate items. 選択肢を読む 5秒

035. What is in the package? 問題を読む 3秒 正解を選ぶ10秒

(A) Vases
(B) Jewelry
(C) A storage device
(D) Perfume

036. How much does it cost to insure the package? 問題を読む 5秒 正解を選ぶ10秒

(A) £5.00
(B) £38.00
(C) £45.00
(D) £48.50

DAY
22

キム・デギュンが実際に試験場で問題を解く順番と方法

(解答と解説▶p.419)

Step 1 問題と選択肢を読む 33秒

1. **034**は推論問題である。質問の核心語はWhyとMr. Wooである。選択肢の核心語は (A) delivery from an overseas vendor (B)visaとTaiwan (C)a sample to a business partner (D)permission to courier delicate itemsである。
2. **035**の問題は文章の詳細情報を確認する問題である。質問の核心語はpackageである。
3. **036**の問題は文章の詳細情報を確認する問題である。質問の核心語はinsureである。
4. 問題を解く順番を決める。
   035(詳細問題) ➡ **036**(詳細問題) ➡ **034**(推論問題)の順序でアプローチする。

Step 2 本文に目を通す 20秒

1. 文章の紹介を読む。フォーム(form)である。
2. タイトルを読む。税関関連フォームであることを把握する。
3. フォームなので項目を中心に読む。送信者の詳細情報、受信者の詳細情報がそれぞれ提示されていることを把握する。
4. 詳細情報の下を読む。プレゼント、書類、商品のサンプル、その他の中で品物の種類が商品のサンプルであることを把握する。
5. 次の項目を読む。 数量、内容物、重さ、金額などの情報が提示されることを把握する。
6. 次の項目を読む。販売用の商品の場合に書く情報が提示されることを把握する。製造国が台湾であることを把握する。
7. 次の項目を読む。郵送料と金額が提示されることを把握する。保険(Insurance)項目にチェックされていて、5ポンドの金額がかかることを確認する。
8. 最後の部分を読む。David Wooが2月24日に作成したフォームであることを確認する。

Step 3　問題を解く 核心語を読む 30秒・正解を選ぶ 30秒

1. **035**を解く。
   目を通した内容にもとづいて、商品の説明が書かれた部分を読む。正解は(B)である。
2. **036**を解く。
   目を通した内容にもとづいて、保険料が提示されたことを把握した。正解は(A)である。
3. **034**を解く。
   目を通した内容にもとづいて、David Wooが内容物をチェックして、商品のサンプルに表示したことを確認した。正解は(C)である。

問題と選択肢を読む	85秒	
本文に目を通す	50秒	全240秒！
核心語を読む	45秒	(4分00秒)
正解を選ぶ	60秒	

Questions 037-041 refer to the following e-mails. 難易度：中下

◀文章の種類を把握 – 電子メールと電子メール

To:	wjericho@plusbank.com
From:	abelushi@netcast.com
Date:	July 7
Subject:	Customer service request

◀受信者 – wjericho
◀送信者 – abelushi
◀日付 – 7月7日
◀内容 – 顧客サービスの問い合わせ

Dear Mr. Jericho,

Just before departing for Barcelona on a ten month business project, I asked a Plus Bank representative to redirect my bank statements to my Spanish address. However, the actual project has been completed much faster than expected, so I'll be moving back to my home address sooner than anticipated. I would therefore like you to resume sending all bank correspondence to my original home address from July 31.

◀最初の段落の最初の文章 – 要請事項 – スペイン住所に銀行の請求書を送信するように要請
◀However文章！ – 状況の変化 – プロジェクトが早く終わる
◀Therefore文章！ – 結論 – 7月31日から元の住所に変更するように要請

Additionally, upon returning I plan to apply for a home loan. I was hoping you could give me some information about the most suitable mortgage for my situation. I've searched the bank's home page, but whenever I try to view the relevant link, a message appears saying that the page does not exist.

◀2番目の段落の最初の文章 – 追加要請事項 – 住宅ローン申請計画

Thanks for your help.

Sincerely,

Adrian Belushi

To:	abelushi@netcast.com
From:	wjericho@plusbank.com
Date:	July 7
Subject:	Regarding your request

◀送信者 – abelushi
◀受信者 – wjericho
◀日付 – 7月7日
◀内容 – 問い合わせに関する件

Dear Mr. Belushi,

I am writing to reply to your earlier e-mail. Firstly, with respect to the delivery address of your account statements, we have made arrangements to resume sending correspondence to your home address as requested. Secondly, the sort of financing that would be most suitable for your requirements depends on several factors, such as whether you are planning to buy an existing home or build a new one, what size loan you'd like, and specific details of your annual salary and monthly expenses. Therefore, once you have safely returned to Nottingham, please visit your nearest branch of Plus Bank and discuss this matter with a loan officer.

◀最初の段落の最初の文章 – 目的 – 前の電子メールへの返信
◀理由1 – 請求書発行住所の変更の件
◀理由2 – 金融関連件 – いくつかの要素によって変わる
◀Therefore文章！– Nottingham復帰時、近くの支店のローン担当者を訪問するように要請

I would also like to offer my sincerest apologies for the problems you experienced when navigating our home page. Our I.T. department has received a number of similar complaints in the past week and is currently working on the problem.

◀2番目の段落の最初の文章 – 誤り – ホームページ検索関連

Sincerely,

Walter Jericho
Customer Relations Manager

DAY 22

037. What is a purpose of the first e-mail? 問題を読む 5秒 正解を選ぶ 15秒

(A) To close an account that had been opened with a Spanish bank
(B) To dispute a charge for an international bank transfer
(C) To update the personal details of a bank's customer
(D) To ask about the location of other bank branches

038. What most likely is true of Mr. Belushi? 問題を読む 5秒 正解を選ぶ 15秒

(A) His permanent residence is in Nottingham. 選択肢を読む 5秒
(B) His cellular phone number has changed. 選択肢を読む 5秒
(C) He had intended to leave Barcelona in August. 選択肢を読む 5秒
(D) His previous application for a home loan was declined. 選択肢を読む 5秒

039. What does Mr. Jericho suggest that Mr. Belushi do? 問題を読む 5秒 正解を選ぶ 10秒

(A) Call him again after he returns from Barcelona 選択肢を読む 5秒
(B) Provide details on why he needs financing from the bank 選択肢を読む 5秒
(C) Email the bank's I.T. department directly 選択肢を読む 5秒
(D) Have a meeting with one of the bank's employees 選択肢を読む 5秒

040. What is NOT mentioned as a factor that Mr. Belushi should consider in deciding on a type of financing? 問題を読む 5秒 正解を選ぶ 10秒

(A) The type of house he wishes to purchase 選択肢を読む 5秒
(B) The amount of his monthly expenditures 選択肢を読む 5秒
(C) The period of time he requires to repay a loan 選択肢を読む 5秒
(D) The amount of income he earns each year 選択肢を読む 5秒

041. In the second e-mail, the word "matter" in paragraph 1, line 11, is closest in meaning to 問題を読む 5秒 正解を選ぶ 10秒

(A) substance
(B) concern
(C) result
(D) oversight

キム・デギュンが実際に試験場で問題を解く順番と方法

(解答と解説▶p.420)

Step 1 問題と選択肢を読む 85秒

1. **037**の問題は文章のテーマを問う問題である。
2. **038**の問題は推論問題である。質問の核心語はMr. Belushiである。選択肢の核心語は (A) permanent residence is in Nottingham (B)cellular phone numberとchanged (C) leave Barcelona in August (D)previous applicationとdeclinedである。
3. **039**の問題は詳細情報の確認問題である。質問の核心語はMr. Jericho→Mr. Belushiである。選択肢の核心語は (A)Call him (B)Provide details (C)E-mail (D)Have a meetingである。
4. **040**の問題は否定語NOTの詳細情報の確認問題である。質問の核心語はa factorとa type of financingである。選択肢の核心語は (A)The type (B)The amount of expenditures (C) The period of time (D)The amount of incomeである。
5. **041**の問題は同意語問題である。
6. 問題を解く順番を決める。
   041(同意語問題) ➡ **039**(詳細問題) ➡ **040**(否定語NOT詳細問題) ➡ **038**(推論問題) ➡ **037**(文章のテーマ)の順序でアプローチする。

Step 2 本文に目を通す 50秒

1. 文章の紹介を読む。電子メールと電子メール(e-mails)である。
2. 2番目の電子メールを先に読む。最初の4行を読む。wjerichoがabelushiの要請に関する返信として作成した電子メールであることを把握する。電子メールの上下を読んでそれぞれの名前を把握する。
3. 最初の段落の最初の文章を読む。Belushiの電子メールに関する返信であることを確認する。
4. 次の文章がFirstlyで始まるので、並べられている文章を読む。まず、請求書の発行住所に関する件が要請されたように変更されたという情報を把握する。次は金融に関する件で、問い合わせした内容はいくつかの要素によって結論が変わるという内容を把握する。
5. Therefore文章を読む。Nottinghamに復帰した後、近所の支店のローン担当者を訪問するようにと勧誘していることを把握する。
6. 2番目の段落の最初の文章を読む。ホームページを検索する時、Belushiに不便なことがあったことを把握する。
7. 最初の電子メール(文1)を読む。最初の4行を読む。BelushiがJerichoに顧客サービスに関する問い合わせをしたことを再確認する。
8. 最初の段落の最初の文章を読む。バルセロナ出張前に、スペインの住所に銀行の請求書を送ってほしいと要請したことを再確認する。
9. However文章を読む。プロジェクトが早く終わって、状況の変化があったことを把握する。
10. Therefore文章を読む。7月31日から元の住所に請求書を送って欲しいという内容であることを把握する。
11. 2番目の段落の最初の文章を読む。追加的に住宅ローンを申請しようとする内容であることを把握する。

Step 3 問題を解く 核心語を読む 45秒・正解を選ぶ 60秒

1. **041**を解く。
   提示された選択肢に変えた時、文脈上最も相応しい単語を正解として選ぶ。<ローン問題について担当者と話してください>という要旨の文章に適切な単語は(B)である。
2. **039**を解く。
   Mr. BelushiにJerichoが作成した電子メールは2番目の電子メールである。目を通した内容を通じて、一番近い銀行の支店を訪問してローン担当者と話してくださいと言っているので、(D)が正解になる。
3. **040**を解く。
   目を通した内容にもとづいて、金融関連要素に関する情報が2番目の電子メールの真ん中に提示されることを把握した。該当する文章を集中して読む。2番目の電子メール(文2)の最初の段落のwhether you are planning to buy an existing home or build a new oneで(A)を、specific details of your annual salary and monthly expensesで(D)と(B)を確認できる。正解は(C)である。
4. **038**を解く。
   目を通した内容を通じて、Mr. Belushiが元の住所に請求書を要請したことを確認した。また、同時にNottinghamに復帰した後、近くの支店のローン担当者を訪問することを要請したことを確認した。したがって、正解は(A)である。

DAY 22

my original home address (文1)
＋ you have safely returned to Nottingham (文2)

＝ 正解: His permanent residence is in Nottingham.

5. **037**を解く。
テクニック01で学んだように、目的問題は文章の前半に正解の根拠がある。目を通した内容を通じて、7月31日からは元の住所に送って欲しいという内容が電子メールの要旨であることを把握した。したがって、正解は(C)である。

● 読解同意語の練習問題

(解答と解説▶p.422)

文章の下線部の単語と最も近い意味を表す単語を選びなさい。

1. Irrigation measures will be necessary in areas of <u>erratic</u> rainfall.

(A) irregular (B) heavy (C) correct (D) posh

2. The local people were warned that the volcano might <u>erupt</u> at any time.

(A) continue (B) break (C) stimulate (D) explode

3. In view of the <u>feeble</u> health of the member, the delegation cut him out.

(A) brisk (B) strong (C) weak (D) mundane

DAY

23

実践 05 キム・デギュンの実際の試験当日のシミュレーション

問題と選択肢を読む	28秒	
本文に目を通す	30秒	全113秒！
核心語を読む	30秒	(1分53秒)
正解を選ぶ	25秒	

Questions 042–043 refer to the following letter. 難易度：下

◀文章の種類を把握 – 広告

Ryan School of Business
July 17

◀送信者 – Ryanビジネススクール(7月17日)

Felicity Snowden
52 Cambridge Street
Ronoco, CA 93623

Dear Ms. Snowden,

◀受信者 – Ms. Snowden

If you require a space to park your car in Ryan School of Business's parking building, you can buy a daily pass from the automatic vending machine which is situated on the first floor of the parking building. Alternatively, you can purchase a concession pass which is valid for an entire semester. To apply for a semester pass, please fill in and submit the enclosed document. If you complete your application before August 1, we will be able to post your parking pass to your current address before classes start on September 1.

◀最初の段落の最初の文章 – 駐車場利用に関する情報

The $150 fee for a semester parking permit must accompany the application form. It can be paid by check made out to the Ryan School of Business and posted to our campus. It can also be paid by credit card by filling in your credit card details in the space provided on the application. If you wish to pay with cash, please bring the completed application to the student services building at 487 Simons Street. Our business hours are from 9 A.M. to 5 P.M. Monday to Friday. Please be aware that we will be closed on Friday, July 31, as it is the university's 78th anniversary.

◀2番目の段落の最初の文章 – 一学期の駐車許可費用$150

◀please文章 – 現金決済方法

◀please文章 – 注意事項 – 7月31日金曜日は休日 – 78周年の開校記念日

Sincerely,
Jerry Sullivan
Jerry Sullivan
Student Services Manager

042. Why was the letter written? 問題を読む 3秒 正解を選ぶ 15秒

(A) To provide driving directions to a building

(B) To urge a student to pay an outstanding fee

(C) To describe how a permit can be acquired

(D) To announce that the construction of a new car park is finished

043. What is scheduled to happen on July 31? 問題を読む 5秒 正解を選ぶ 10秒

(A) All student information packs will be delivered. 選択肢を読む 5秒

(B) Ms. Snowden will receive a revised class timetable. 選択肢を読む 5秒

(C) The school will increase the cost of tuition. 選択肢を読む 5秒

(D) The founding of an institution will be commemorated. 選択肢を読む 5秒

キム・デギュンが実際に試験場で問題を解く順番と方法

(解答と解説▶p.423)

Step 1 問題と選択肢を読む 28秒

1. **042**の問題は文章のテーマを問う問題である。
2. **043**の問題は文章の詳細情報を確認する問題である。質問の核心語は'7月31日'である。選択肢の核心語は (A)information packs (B)revised class timetable (C)increase the cost of tuition (D) commemoratedである。
3. 問題を解く順番を決める。
   043(詳細情報問題) ➡ **042**(テーマ問題)の順序でアプローチする。

Step 2 本文に目を通す 30秒

1. 文章の紹介を読む。手紙(letter)である。
2. 最初の内容を読む。Ryanビジネススクールから7月17日にMs. Snowdenに送った手紙であることを把握する。
3. 最初の段落の最初の文章を読む。Ryanビジネススクールの駐車場に駐車したい場合、一日パスを自動販売機で購入すればいいという情報を把握する。
4. 2番目の段落の最初の文章を読む。一学期の駐車許可を要請するためには、志願書と共に$150を払うという情報を把握する。
5. please文章を読む。現金決済方法が提示される文章であることを把握する。
6. please文章を読む。7月31日が78周年の開校記念日で、休日であることを把握する。

Step 3 問題を解く 核心語を読む 30秒・正解を選ぶ 25秒

1. **043**を解く。
   目を通した内容を通じて、7月31日は開校記念日で休日であることを把握した。したがって、(D)が正解になる。

2. **042**を解く。

目を通した内容を通じて、最初の段落で駐車が必要な場合に関する解決策を提示している。したがって、(C)が最も適切である。**テクニック01**で学んだように、文章の目的に関する決定的な根拠は、主に前半で見つけられる。

問題と選択肢を読む	32秒	
本文に目を通す	25秒	全132秒!
核心語を読む	35秒	(2分12秒)
正解を選ぶ	40秒	

Questions 044-047 refer to the following advertisement. 難易度：中

◀文章の種類を把握 – 広告

Professional Development at Future Steps

◀タイトル – Future Stepsでの専門性開発

No free time, but want to advance professionally? From 8th of March, Future Steps will be offering training with the flexibility to meet your personal schedule.

◀最初の段落の最初の文章 – 広告の導入

WHAT'S NEW?

◀2番目の段落の最初の文章 – 新しい内容

Intensive Weekend Workshops: One or Two Days
On-line interactive seminars
Early morning or late evening courses. Monday to Friday

Future Steps provides competitively priced courses for professionals at all levels. Courses are developed by our seasoned business experts across the sectors of management, finance, sales and marketing.

◀3番目の段落の最初の文章 – レベルによる競争力のある価額のコース提供

Winner of the IHP "Business Trainers of Excellence Award" for the fourth year in a row, Future Steps is clearly the leader in our field.

◀4番目の段落の文章 – IHP受賞情報

For further information on prices, times and available courses, please visit our website; www.futuresteps.com or call customer services on 08400 268 177.

◀5番目の段落の文章 – 価額, 時間, コースに関する追加情報の問い合わせ先

044. What is a purpose of the advertisement? 問題を読む 3秒 正解を選ぶ 10秒

(A) To publicize new courses
(B) To advertise an increase in course fees
(C) To announce the first time winner of an award
(D) To promote a new website

045. How has Future Steps changed? 問題を読む 3秒 正解を選ぶ 10秒

(A) By designing all of its courses for morning classes
(B) By allowing students to take classes online
(C) By adding sales and marketing courses
(D) By arranging seminars and classes on client sites

046. What is NOT indicated about Future Steps? 問題を読む 3秒 正解を選ぶ 10秒

(A) It delivers business-orientated classes. 選択肢を読む 5秒
(B) It is a successful organization. 選択肢を読む 5秒
(C) It employs instructors with business experience. 選択肢を読む 5秒
(D) It provides a job search service. 選択肢を読む 5秒

DAY 23

047. What reason is given for visiting the website? 問題を読む 3秒 正解を選ぶ 10秒

(A) To sign up for morning classes
(B) To check the cost of classes
(C) To review the instructors' career history
(D) To apply for a Future Steps award

キム・デギュンが実際に試験場で問題を解く順番と方法

(解答と解説▶p.424)

Step 1 問題と選択肢を読む 32秒

1. **044**の問題は文章の目的を問う問題である。
2. **045**の問題は文章の詳細情報を確認する問題である。質問の核心語はFuture Stepsとchangedである。
3. **046**の問題は否定語NOT推論問題である。質問の核心語はFuture Stepsである。選択肢の核心語は (A)business-oriented classes (B)successful organization (C)instructors with business experience (D)a job search serviceである。
4. **047**の問題は文章の詳細情報を確認する問題である。質問の核心語はthe websiteである。
045(詳細情報問題) ➡ **047**(詳細情報問題) ➡ **046**(否定語NOT推論問題) ➡ **044**(目的問題)の順序でアプローチする。

Step 2 本文に目を通す 25秒

1. 文章の紹介を読む。広告(advertisement)である。
2. タイトルを読む。Future Stepsに関する内容で、専門性の開発に関する内容であることを把握する。
3. 最初の段落の最初の文章を読む。最初の疑問文では内容が明確に把握できないので、次の文章を読む。3月8日からFuture Stepsで個人スケジュールに合わせるトレーニングを提供するという情報を把握する。
4. 2番目の段落の最初の文章を読む。新しく変わった内容がこの段落に提示されることを把握する。
5. 3番目の段落の最初の文章を読む。レベル別に競争力のある価額でコースを提供していることを把握する。
6. 4番目の段落の最初の文章を読む。IHP賞を受賞していて、会社を自慢していることを把握する。
7. 5番目の段落の最初の文章を読む。価額，時間，コースに関する追加情報の問い合わせ方法が提示されることを把握する。

Step 3 問題を解く 核心語を読む 35秒・正解を選ぶ 40秒

1. **045**を解く。
   目を通した部分を通じて、新しくなった内容が2番目の段落に提示されることを把握した。2番目の段落の三つの情報を読んで正解を選ぶ。正解は(B)である。
2. **047**を解く。
   目を通した部分を通じて、ウェブサイトが登場する段落が最後の段落であることを把握した。また、このサイトが受講料，時間，講座に関する情報を確認できる所として提示されたので、(B)が最も適切である。
3. **046**を解く。
   3番目の段落のCourses are developed by our seasoned business experts across the sectors of management, finance, sales and marketingで(C)と(A)を、目を通した部分を通じて、4番目の段落のWinner of the IHP "Business Trainers of Excellence Award" for the fourth year in a row, Future Steps is clearly the leader in our fieldで(B)を確認した。正解は(D)になる。
4. **044**を解く。
   目を通した部分を通じて、最初の段落で柔軟に顧客のスケジュールに合わせてトレーニングを提供するという内容を把握した。したがって、(A)が正解になる。

問題と選択肢を読む	25秒	
本文に目を通す	50秒	全185秒！
核心語を読む	60秒	(3分05秒)
正解を選ぶ	50秒	

Questions 048–052 refer to the following e-mails. 難易度：中

◀文章の種類を把握 - 電子メールと電子メール

From:	gprentice@burgessandson.co.uk
To:	ndownes@xsmail.co.uk
Subject:	Job interview
Date:	3 February
Attachment:	New employee manual

◀送信者 - gprentice
◀受信者 - ndownes
◀内容 - 就職インタビュー
◀日付 - 2月3日
◀添付ファイル - 新人社員のマニュアル

Dear Mr. Downes,

It was a pleasure to meet you at our booth at the Brighton Job Fair last month. I was very interested to hear about your previous work experience at Ludgard International. I am delighted to see that you have submitted an application for the role we talked about.

◀最初の段落の最初の文章 - 挨拶 - 先月Brighton Job Fairブースで会う

The selection committee has already approved your application and has requested that you visit our head office in Lawson Street next week for a panel interview. Please choose the most suitable time below:

◀2番目の段落の最初の文章 - 来週のパネルインタビュー案内
◀Please文章 - 最も適切な時間を選択するように要請

Tuesday, 19 January, 11:00 A.M. or 3:00 P.M.
Wednesday, 20 January, 10:00 A.M. or 2:00 P.M.
Thursday, 21 January, 10:30 A.M. or 11:30 A.M.

Before the interview, I recommend that you read the attached booklet and become familiar with our company policies and regulations. The interviewers will be happy to answer any questions you may have. Once all potential candidates have been interviewed, the committee will inform you of their decision by Monday, 25 January. Good luck!

◀3番目の段落の最初の文章 - インタビュー前の勧告事項 - 会社政策及び規定を理解するように要請

Regards,

Gina Prentice

DAY 23

To:	gprentice@burgessandson.co.uk
From:	ndownes@xsmail.co.uk
Subject:	Job interview
Date:	3 February

◀受信者 - gprentice
◀送信者 - ndownes
◀内容 - 就職インタビュー件での返信
◀日付 - 2月4日

Dear Ms. Prentice,

Thank you for asking me to interview for the position at Burgess and Son. After several successful years of working on various construction projects, I am now eager to take on the challenge of running my own team. I would prefer to interview in the afternoon, so I would like to request the 3:00 P.M. slot.

◀最初の段落の最初の文章 - インタビュー要請に関する感謝
◀最初の段落の2番目の文章 - 自分のチームを運用したい気持ちになる

Finally, while we were talking at your booth, you said that if I were invited for an interview, I should bring the names and contact details of several referees who can vouch for my character and work ethic. This is not a problem, but I was hoping you could give me a specific number.

◀2番目の段落の2番目の文章 - 以前会った時の内容を振り返る - 推薦者の情報を要請

I really appreciate this opportunity and am excited to see you again.

Sincerely,
Nick Downes

048. How did Mr. Downes likely learn about the job opening at Burgess and Son?

問題を読む 5秒 正解を選ぶ 10秒

(A) From a colleague
(B) From the company's newsletter
(C) From a newspaper advertisement
(D) From a career expo

049. What is Mr. Downes instructed to do before his interview?

問題を読む 5秒 正解を選ぶ 10秒

(A) Attend a check-up
(B) Copy his resume
(C) Scrutinize a manual
(D) Email a recent photo

050. When will Mr. Downes' interview probably be? 問題を読む 5秒 正解を選ぶ 10秒

(A) On Tuesday
(B) On Wednesday
(C) On Thursday
(D) On Friday

051. Why is Mr. Downes seeking a new job? 問題を読む 5秒 正解を選ぶ 10秒

(A) Because he desires a position of leadership
(B) Because he was passed over for promotion again
(C) Because he wants to move to another city
(D) Because he wants to spend more time at home

052. What information does Mr. Downes request? 問題を読む 5秒 正解を選ぶ 10秒

(A) Who his interviewers will be
(B) How many references he must submit
(C) What the salary of the new job will be
(D) How to get to the company office

キム・デギュンが実際に試験場で問題を解く順番と方法

(解答と解説▶p.425)

Step 1 問題と選択肢を読む 25秒

1. **048**の問題は推論問題である。質問の核心語はHowとlearn about the job openingである。
2. **049**の問題は文章の詳細情報を確認する問題である。質問の核心語はMr. Downesとinstructedである。
3. **050**の問題は推論問題である。質問の核心語はWhenとinterviewである。
4. **051**の問題は文章の詳細情報を確認する問題である。質問の核心語はWhyとseeking a new jobである。
5. **052**の問題は文章の詳細情報を確認する問題である。質問の核心語はWhat informationである。
6. 問題を解く順番を決める。
   049(詳細問題) ➡ **051**(詳細問題) ➡ **052**(詳細問題) ➡ **048**(推論問題) ➡ **050**(推論問題)の順序でアプローチする。

Step 2 本文に目を通す 50秒

1. 文章の紹介を読む。電子メールと電子メール(e-mails)である。
2. 2番目の電子メールを先に読む。最初の4行を読む。ndownesがgprenticeに就職インタビューに関する返信として作成した電子メールであることを把握する。また、電子メールの上下を読んで、それぞれの名前を把握する。

3. 最初の段落の最初の文章を読む。Mr. DownesがMs. PrenticeからBurgess and Son就職に関するインタビューを要請されたことを把握する。
4. 2番目の文章を読む。Mr. Downesが建設経験にもとづいて、自分のチームを運用してみたいと思っている情報を把握する。
5. 2番目の段落の最初の文章を読む。以前Ms. Prenticeのブースで業務経歴をチェックするための推薦者情報を要請したことを把握する。
6. 最初の電子メール(文1)を読む。最初の4行を読む。Ms. PrenticeがMr. Downesに送った就職インタビュー関連問い合わせであることを再確認する。
7. 最初の段落の最初の文章を読む。先月Brighton Job Fairで会ったことを把握する。
8. 2番目の段落の最初の文章を読む。志願書が承認されて、Lawson Streetにある事務所で来週パネルインタビューがあることを再確認する。
9. Please文章を読む。下の三つの時間の中で、最もよい時間帯を選ぶように要請されていることを把握する。
10. 3番目の段落の最初の文章で、インタビュー前に添付ファイルを読んで、会社の政策と規定を知っておくことをお勧めされたことを把握する。

Step 3 問題を解く 核心語を読む 60秒・正解を選ぶ 50秒

1. **049**を解く。
目を通した内容にもとづいて、最初の電子メールの最後の段落で添付ファイルを読んで、会社の政策と規定を知っておくことをお勧めされたと把握した。正解は(C)である。
2. **051**を解く。
目を通した内容にもとづいて、2番目の電子メール(文2)の最初の段落で建設経験にもとづいて、これから自分のチームを運用してみたいと思っている情報を把握した。正解は(A)が最も適切である。
3. **052**を解く。
テクニック05で学んだように、要請及び提案は主に文章の後半に根拠が提示される。目を通した内容にもとづいて、2番目の電子メール(文2)で推薦者の連絡先及び名前を準備してほしいという内容を把握した。したがって、(B)が正解になる。
4. **048**を解く。
核心語のHowとlearn about the job openingに注目する。目を通した内容にもとづいて、Brighton Job Fairで電子メールを交わした二人が会ったという情報を把握した。したがって、(D)が正解になる。
5. **050**を解く。
核心語のwhenとinterviewを中心に情報を探す。Mr. Downesの返信が重要なので、2番目の電子メール(文2)を中心に読む。最初の段落で、I would prefer to interview in the afternoon, so I would like to request the 3:00 P.M. slotと答えた。これと連係して最初の電子メール(文1)の中で'インタビュー日程'の情報を確認する。正解は(A)である。

  I would like to request the 3:00 P.M. slot (文2)
＋ Tuesday, 19 January, 11:00 A.M. or 3:00 P.M. (文1)

＝ 正解: On Tuesday

● 読解同意語の練習問題

（解答と解説▶p.426）

文章の下線部の単語と最も近い意味を表す単語を選びなさい。

1. Clara offered some really interesting, insightful observations.

(A) funny　(B) provident　(C) strict　(D) extensive

2. The aircraft carries 300 people excluding the crew.

(A) with　(B) other than　(C) examining　(D) concerning

3. The salesman enticed the customers into buying things they didn't really want.

(A) allured　(B) encouraged　(C) enabled　(C) urged

DAY 24

実践

06 キム・デギュンの実際の試験当日のシミュレーション

問題と選択肢を読む	8秒	
本文に目を通す	20秒	全98秒！
核心語を読む	45秒	(1分38秒)
正解を選ぶ	25秒	

Questions 053-054 refer to the following letter. 難易度：中

◀文章の種類を把握 - 広告

Broadfoot's
786 Palm Grove · Repulse Bay, Hong Kong

◀送信者 - Broadfoot's

July 14

◀送信日 - 7月14日

Ms. Joy Nguen
Madeline Tower 679 Galway Road
Wan Chai, Hong Kong

◀受信者 - Ms. Joy Nguen
◀住所 - 香港

Dear Ms. Nguen

We would like to welcome you to Broadfoot's V.I.P. Club! Your new membership entitles you to a 15 percent discount on all online or in-store purchases. This includes all lines of clothing, home appliances, and furniture. Additionally, you will receive a quarterly newsletter with special deals only available to V.I.P. customers. These members-only sales are held every 3 months, and prices are slashed up to 40%.

◀最初の段落の最初の文章 - VIP Club加入歓迎

Further benefits of your new status include an automatic payment service, which simply withdraws your monthly expenditures directly from your nominated bank account. If you do not wish to make use this service, then you are welcome to continue paying by cheque or visiting any Broadfoot's department store. Visit www.broadfoots.com/activate or call 555-3366 to load a PIN number onto your card and start enjoying V.I.P. benefits today!

◀2番目の段落の最初の文章 - 新しいステータスとしての追加特典 - 自動決済サービス

Yours sincerely,
Stanley Chow
Customer Relations Manager

053. For whom is the letter intended? 問題を読む 3秒 正解を選ぶ 10秒

(A) A health club member
(B) A department store customer
(C) A customer service representative
(D) A bank manager

054. What is one of the benefits of being one of the V.I.P. Club members?
問題を読む 5秒 正解を選ぶ 15秒

(A) They have unlimited online access to the company newsletter.
(B) They are entitled to a 20 percent discount on all purchases.
(C) They receive free gift certificates with their new cards.
(D) They can have their monthly accounts paid automatically.

キム・デギュンが実際に試験場で問題を解く順番と方法

(解答と解説▶p.427)

Step 1 問題と選択肢を読む 8秒

1. **053**の問題は文章を読む対象を問う問題である。
2. **054**の問題は文章の詳細情報を確認する問題である。質問の核心語はbenefitsとV.I.P. Club membersである。
3. 問題を解く順番を決める。
054(詳細情報)➡ **053**(文章を読む対象問題)の順序でアプローチする。

DAY 24

Step 2 本文に目を通す 20秒

1. 文章の紹介を読む。手紙(letter)である。
2. 最初の6行を読む。送信者がBroadfoot'sで、受信者がMs. Joy Nguenであることを把握する。
3. 最初の段落の最初の文章を読む。Ms. NguenがBroadfoot'sのV.I.P.クラブに加入されたことを把握する。
4. 2番目の文章を読む。新しいメンバーシップで、オンラインまたは店舗で買い物する時15%の割引特典が提供されることを把握する。
5. 2番目の段落の最初の文章を読む。V.I.P.という新しいステータスの追加特典として月別に自動決済システムが含まれることを把握する。また、これで前の段落にV.I.P.ステータスの特典が提示されたことを把握する。
6. 最後の文章を読む。V.I.P.クラブの特典買い物と決済に関する情報が提示されることを把握する。

Step 3 問題を解く 核心語を読む 45秒・正解を選ぶ 25秒

1. **054**を解く。
問題の核心語であるbenefitsを中心に文章を読む。目を通した部分で把握した情報を通じて、正解が(D)であることを確認できる。
2. **053**を解く。
最初の段落のYour new membership entitles you to a 15 percent discount on all online or in-store purchasesを通じて、'買い物する人'を対象とする手紙であることがわかる。また、2番目の段落ではvisiting any Broadfoot's department storeと、より具体的に店舗の情報が出る。したがって、(B)が正解になる。

問題と選択肢を読む	53秒	
本文に目を通す	35秒	全163秒！
核心語を読む	40秒	(2分43秒)
正解を選ぶ	35秒	

Questions 055-057 refer to the following article. 難易度：上

◀文章の種類を把握 - 記事

July 16 – The Ministry of Transport released a statement yesterday informing drivers traveling south on Highway 1 between Raglan and Hamilton that they can expect significant delays from July 28, continuing until the end of August. Construction crews will be widening the highway to include a third lane in order to reduce the gridlock caused by holiday traffic leaving Raglan. Only a single lane of traffic will be useable by motorists while the additional lane is being built.

◀最初の段落の最初の文章 - 交通局の発表 - 7月27〜8月末までHighway1番高速道路区間の停滞

The section of highway that will be worked on includes the busy entrances to the Huntley Power Station and the Te Rapa dairy factory. Signs will be erected along the highway to inform employees to use secondary entrances to these premises.

◀2番目の段落の最初の文章 - 作業区間の情報 - 混雑する出口

Additionally, the Symonds Street exit will be closed at the same time as the highway expansion takes place. Commuters traveling to downtown Raglan on Highway 1 are recommended to take the Grafton exit, which is 1.2 kilometers further north. After leaving the highway at Grafton, motorists can follow the temporary signs leading them back over Harbor Bridge to the central city.

◀3番目の段落の最初の文章 - 追加的に閉鎖される出口 - Symonds Street

A third lane is planned to be added to the northbound strip of Highway 1 early next year.

◀3車線の追加計画

055. What is the article about? 問題を読む 3秒 正解を選ぶ 15秒

(A) Proposals to increase tourism in a city
(B) The development of a new shopping mall
(C) An impending engineering project
(D) A plan to ban vehicles from a city's business district

056. What is suggested about Highway 1? 問題を読む 5秒 正解を選ぶ 10秒

(A) It does not extend past Symonds Street. 選択肢を読む 5秒
(B) It used to have eight lanes of traffic. 選択肢を読む 5秒
(C) It was constructed over 50 years ago. 選択肢を読む 5秒
(D) It is heavily traveled during vacations. 選択肢を読む 5秒

057. What is mentioned about Raglan? 問題を読む 5秒 正解を選ぶ 10秒

(A) A new apartment building was recently built there. 選択肢を読む 5秒

(B) Its downtown area can be accessed by bridge. 選択肢を読む 5秒

(C) Te Rapa dairy factory has its head office there. 選択肢を読む 5秒

(D) Its transportation division will be expanded in July. 選択肢を読む 5秒

キム・デギュンが実際に試験場で問題を解く順番と方法

(解答と解説▶p.428)

Step 1 問題と選択肢を読む 53秒

1. **055**の問題はテーマを問う問題である。
2. **056**の問題は文章の詳細情報を確認する問題である。質問の核心語はHighway 1である。選択肢の核心語は (A)not extend past Symonds Street (B)used to have eight lanes (C) constructed over 50 years ago (D)heavily traveled during vacationsである。
3. **057**の問題は文章の詳細情報を確認する問題である。質問の核心語はRaglanである。選択肢の核心語は (A)new apartmentとrecently built (B)downtown areaとaccessed by bridge (C) Te Rapaとhead office (D)transportation divisionとexpanded in Julyである。
4. 問題を解く順番を決める。
   056(詳細情報) ➡ **057**(詳細情報) ➡ **055**(テーマ問題)の順序でアプローチする。

Step 2 本文に目を通す 35秒

1. 文章の紹介を読む。記事(article)である。
2. 最初の段落の最初の文章を読む。交通局が7月27日から8月末までRaglan-Hamilton区間のHighway 1番高速道路区間に停滞があると発表した内容を把握する。
3. 2番目の段落の最初の文章を読む。作業区間にはHuntley発電所とTe Rapa酪農工場に繋がる混雑する出口が含まれることを把握する。
4. 3番目の段落の最初の文章を読む。追加的にSymonds Street出口も同時に閉鎖される予定で、この道に関する情報が登場することを把握する。
5. 4番目の段落の最初の文章を読む。3車線の追加計画に関する内容が提示されることを把握する。

Step 3 問題を解く 核心語を読む 40秒・正解を選ぶ 35秒

1. **056**を解く。
   目を通した内容で把握した核心語のHighway 1が登場する最初の段落を中心に情報を把握する。in order to reduce the gridlock caused by holiday traffic leaving Raglanを通じて、休暇シーズンの停滞を解決するための対策であることがわかる。したがって、(D)が正解になる。
2. **057**を解く。
   核心語のRaglan区間が入る段落を把握する。最初の段落と3番目の段落を中心に情報を確認する。3番目の段落で市内に行く人々のための出口及びアクセス方法を提示している。最後の文章にもとづいて、正解は(B)が適切である。
3. **055**を解く。
   テーマを問う問題なので、文章の前半を中心に文章を読む。最初の段落で交通局の発表があったと、作業チームが道路拡張工事を行う予定だと加えているので、(C)が最も適切である。

問題と選択肢を読む	65秒	
本文に目を通す	50秒	全240秒！
核心語を読む	60秒	(4分00秒)
正解を選ぶ	65秒	

Questions 058-062 refer to the following e-mail and survey.

難易度：中

◀文章の種類を把握 - 電子メールと調査

To:	ktanaka@aceraccounting.com
From:	orders@gloverstationary.com
Date:	April 14, 11:51 A.M.
Subject:	Shipment number FRT 7723

◀受信者 - ktanaka

◀送信者 - gloverstationary

◀日付 - 4月14日

◀テーマ - 配送番号 FRT 7723

Dear Mr. Tanaka,

We appreciate your continued business. Our Morristown warehouse is preparing to dispatch your online order after 4:00 P.M. today.

◀最初の段落の - Morristown倉庫でオンライン注文の配送準備

Qty	Product	Cost
1	Recycled paper envelopes (2000 items per box)	$60
1	Glover G1 blank mailing stickers (5000 items per box) for F-series printers and copiers	$29.50
1	Glover G1 copy paper (10000 sheets) CLEARANCE SALE	$45
1	Glide 11X black ink printer cartridges (3-pack)	$149.95
	3-day shipping	$19.95
	Total paid by Glover gift certificate GGC 6783	$304.40
	Amount left on gift certificate GGC 6783	$45.60

◀表 - 数量/商品/費用

Please be aware that all products that have been heavily discounted during our clearance sale in addition to products that have been opened or used are nonreturnable. For more details regarding our return policy, please visit www.gloverstationary.com/returns.

◀2番目の段階 - 注意事 - 払い戻しできない製品: クリアランスセール商品、開封した商品、使用した商品

To ensure we continue to offer the best quality products and most fulfilling shopping experience, please be sure to fill out a customer satisfaction questionnaire at http://www.gloverstationary.com/questionnaire. If you submit your answers by June 1, we will send you a special thank you gift!

◀3番目の段階 - 調査参加を要請

Glover Stationary Customer Service

Telephone: 555-8834, 9:00 A.M. to 9:00 P.M. Monday to Saturday

◀4番目の段階 - 顧客サービスの情報

◀ホームページアドレス: 調査のアドレス

http:// www.gloverstationary.com/questionnaire

Customer Satisfaction Questionnaire

◀タイトル - 顧客満足度の調査

After completing this questionnaire, you will be eligible for a 20 percent discount off your next purchase. Please write down your e-mail address: ☐

◀最初の段落 - 調査に参加すると、次の買い物に20%の割引提供

Part 1: How did you find out about Glover Stationary?
☐ Newspaper/magazine ☐ Blog ☐ Friend/colleague
☐ Pamphlet ☐ Other

◀質問1 - ここを知ったきっかけ

Part 2: If you have recently visited one of our stores, which branch did you visit?
(If you purchased a product online, please skip this part.)
☐ Devon ☐ Avon ☐ Mt. Wellington
How would you rate the service you received?
☐ Excellent ☐ Satisfactory ☐ Poor

◀質問2 - 最近訪問した店舗

Part 3: If you purchased a product online, how would you rate our web site?
(If you purchased a product at a store, please skip this part.)
☐ Excellent ☐ Satisfactory ☐ Poor
If you required help navigating the web site, how would you rate the assistance you received?
☐ Excellent ☐ Satisfactory ☐ Poor

◀質問3 - オンラインサイトの評価

Part 4: How would you rate the quality of the product you bought from us?
☐ Excellent ☐ Satisfactory ☐ Poor

◀質問4 - 購入した商品の品質評価

058. What item has Mr. Tanaka purchased that cannot be returned?

問題を読む 5秒 正解を選ぶ 10秒

(A) Recycled envelopes
(B) Mailing labels
(C) An ink jet printer
(D) Copy paper

059. What is indicated about Mr. Tanaka's order? 問題を読む 5秒 正解を選ぶ 15秒

(A) He has requested a change in the number of some items. 選択肢を読む 5秒
(B) It will be dispatched to his company's Morristown branch. 選択肢を読む 5秒
(C) He settled the bill with a gift certificate. 選択肢を読む 5秒
(D) It will arrive on April 14. 選択肢を読む 5秒

060. What benefit is being given to customers who fill in the questionnaire?
問題を読む 5秒 正解を選ぶ 15秒

(A) Free shipping on their current purchase
(B) A price reduction on a future purchase
(C) A complimentary package of mailing stickers
(D) An invitation to a special event on June 1

061. Which part of the questionnaire should Mr. Tanaka NOT fill in?
問題を読む 5秒 正解を選ぶ 10秒

(A) Part 1
(B) Part 2
(C) Part 3
(D) Part 4

062. What is implied about Glover Stationary on the survey? 問題を読む 5秒 正解を選ぶ 15秒

(A) It has at least three physical stores. 選択肢を読む 5秒
(B) It recently launched a Web site. 選択肢を読む 5秒
(C) It promotes its products on radio. 選択肢を読む 5秒
(D) It operates a customer service hotline 24 hours a day. 選択肢を読む 5秒

キム・デギュンが実際に試験場で問題を解く順番と方法

(解答と解説▶p.429)

Step 1 問題と選択肢を読む 65秒

1. **058**の問題は文章の詳細情報を確認する問題である。質問の核心語はwhat itemとcannot be returnedである。
2. **059**の問題は推論問題である。質問の核心語はMr. Tanaka's orderである。選択肢の核心語は (A)requested a change (B)dispatched to Morristown branch (C)bill with a gift certificate (D)arrive on April 14である。
3. **060**の問題は文章の詳細情報を確認する問題である。質問の核心語はbenefitである。
4. **061**の問題は否定語NOT詳細情報の確認問題である。質問の核心語はnot fill inである。
5. **062**の問題は推論問題である。質問の核心語はGlover Stationaryである。選択肢の核心語は (A)at least three physical stores (B)recently launched a Web site (C)promotesとon radio (D)hotline 24 hours a dayである。
6. 問題を解く順番を決める。
   058(詳細問題) ➡ **060**(詳細問題) ➡ **061**(否定語NOT詳細問題) ➡ **059**(推論問題) ➡ **062**(推論問題)の順序でアプローチする。

Step 2 本文に目を通す 50秒

1. 文章の紹介を読む。電子メールと調査(e-mail and survey)である。
2. 電子メール(文1)を先に読む。最初の4行と最後を読む。Glover Stationary顧客センターでMr. Tanakaに配送番号FRT 7723に関して4月14日に作成した電子メールであることを把握する。
3. 最初の段落の最初の文章を読む。持続的に取引していて、今日(4月14日)午後4時にオンラインで注文した商品を送るためにMorrristown倉庫で準備していることを把握する。
4. 表の項目だけを把握する。数量、商品、費用が提示されることを把握する。
5. 2番目の段落の最初の文章を読む。払い戻しできない商品に関する情報が提示されることを把握する。クリアランスセール商品、開封した商品、使用した商品が該当する。
6. 3番目の段落の最初の文章を読む。顧客満足度のために調査参加を要請したことを把握する。
7. 4番目の段落を読む。顧客サービスセンターの連絡先が提示されることを把握する。
8. 調査の質問紙(文2)を読む。タイトルを読む。顧客満足度に関する調査であることを把握する。
9. 最初の段落の最初の文章を読む。調査に最後まで参加すると、次回買い物する時、20%の割引を提供すること、電子メールアドレスを要求していることを把握する。
10. 質問1を読む。ここを知ったきっかけに関する質問である。
11. 質問2を読む。最近訪問した店舗に関する質問である。
12. 質問3を読む。オンラインサイトの評価に関する質問である。
13. 質問4を読む。購入した商品の品質評価に関する質問である。

Step 3 問題を解く 核心語を読む 60秒・正解を選ぶ 65秒

1. **058**を解く。
   目を通した内容にもとづいて、返品できない商品の条件を把握した。買い物内訳表で詳細項目を確認する。Glover G1 copy paper (10000 sheets)がクリアランスセール(CLEARANCE SALE)に該当するので、正解は(D)である。
2. **060**を解く。
   目を通した部分を通じて、20%の割引が次の買い物の特典として提供されることを把握した。正解は(B)である。
3. **061**を解く。
   目を通した部分を通じて、Mr. Tanakaがオンラインで注文した商品を準備している情報を把握した。調査(文2)の質問の中で、Part. 2は最近訪問した店舗に関する質問である。したがって、正解は(B)である。
4. **059**を解く。
   核心語のMr. Tanaka's orderが提示された表中心に読む。注文内訳表の項目のTotal paid by Glover gift certificate GGC 6783を通じて、(C)を正解に選べる。
5. **062**を解く。
   調査(文2)の質問2で三つの店舗が提示された。したがって、正解は(A)である。

● 読解同意語の練習問題

(解答と解説▶p.431)

文章の下線部の単語と最も近い意味を表す単語を選びなさい。

1. The course will <u>encompass</u> physics, chemistry and biology.

   (A) encourage (B) include (C) teach (D) learn

2. They are still unaware of what will <u>ensue</u> from this hasty action.

   (A) cause (B) derive (C) follow (D) ensure

3. The journey will <u>entail</u> changing trains twice.

   (A) entice (B) argue (C) suspect (D) include

DAY 25

実践 07 キム・デギュンの実際の試験当日のシミュレーション

問題と選択肢を読む	6秒	
本文に目を通す	20秒	全71秒！
核心語を読む	25秒	(1分11秒)
正解を選ぶ	20秒	

Questions 063-064 refer to the following advertisement. 難易度：下　◀文章の種類を把握 – 広告

Heavenly Heights

◀タイトル – Heavenly Heights

Heavenly Heights currently has several one- and two-bedroom units available for lease. Situated in central Jacksonville, this modern 48-unit multi-story apartment complex is ideal for busy professionals.
Facilities include a conference room, a health spa and gym, and underground parking, which are available to all residents. The complex overlooks the harbor bridge and is within easy walking distance of countless restaurants and bars. For more information or to schedule a tour of one of the vacant premises, contact one of our friendly realtors. Interested tenants are welcome any time of day, any day of the week.

◀最初の段落の最初の文章 – Heavenly Heightsの賃貸可能な部屋
◀Heavenly Heightsの位置
◀Heavenly Heightsの施設
◀追加情報の確認方法

Heavenly Heights
17 Queen Street
Jacksonville
555-6189
www.heavenlyheights.com

◀住所及び連絡先

063. What does the advertisement describe? 問題を読む 3秒　正解を選ぶ 10秒

(A) Holiday homes for sale
(B) Accommodation for rent
(C) Corporate moving services
(D) Regional tourist attractions

064. What are readers invited to do? 問題を読む 3秒 正解を選ぶ 10秒

(A) Sign a waiver
(B) Make a deposit
(C) Take a tour
(D) Subscribe to a newsletter

キム・デギュンが実際に試験場で問題を解く順番と方法

(解答と解説▶p.431)

Step 1 問題と選択肢を読む 6秒

1. **063**の問題はテーマ問題である。
2. **064**の問題は詳細情報の確認問題で、要請/勧告/提案事項に関する情報である。
3. 問題を解く順番を決める。
   064(詳細問題)➡ **063**(テーマ問題)の順序でアプローチする。

Step 2 本文に目を通す 20秒

1. 文章の紹介を読む。広告(advertisement)である。
2. タイトルを読む。Heavenly Heightsに関する内容であることを把握する。
3. 最初の段落の最初の文章を読む。広告の目的を把握する。賃貸に関する内容である。
4. 一つの段落で構成されている文なので、次の文章の最初の1～2単語を早く読みながら、情報の位置を把握する。
5. 2番目の文章は紹介、3番目の文章は施設、4番目の文章は位置、最後の文章は追加情報の確認方法が提示される内容であることを把握する。

Step 3 問題を解く 核心語を読む 25秒・正解を選ぶ 20秒

1. **064**を解く。
   テクニック05で学んだように、要請/提案/勧告に関する問題は本文の後半に正解の根拠がある。目を通した内容にもとづいて、読者が追加情報を得るために何かをするように要請された内容は最後の文章に提示された。正解は(C)である。
2. **063**を解く。
   テクニック11で学んだように、広告のテーマや目的は本文の前半に提示される。目を通した内容にもとづいて、この文章の内容が賃貸に関する内容であることを把握した。正解は(B)である。

問題と選択肢を読む	29秒	
本文に目を通す	25秒	全119秒！
核心語を読む	25秒	(1分59秒)
正解を選ぶ	40秒	

Questions 065–067 refer to the following note. 難易度：中

◀文章の種類を把握 – ノート

Editor's Column

◀タイトル – 編集者のコラム

This November edition of Sugar and Spice commemorates the magazine's tenth anniversary. We launched this publication ten years ago, and are now one of the country's leading magazines on fine dining. We have over 25,000 subscribers and significantly more readers who browse our free web site. Restaurateurs have nothing but praise for our articles, and at this year's Everglades Food Festival, we received the top award for best culinary publication. As editor-in-charge, I would like to thank our dedicated staff, our guest writers, advertisers, and the growing number of loyal readers, without whom none of our success would have been possible.

◀最初の段落の最初の文章 – Sugar and Spice 11月エディションは創刊10年記念
◀雑誌紹介 – 創刊
◀雑誌紹介 – 読者数
◀雑誌紹介 – 各種の称賛
◀感謝の言葉

Rene Dawson

◀作成者 – Rene Dawson

065. What is a purpose of Ms. Dawson's note? 問題を読む 3秒 正解を選ぶ 10秒

(A) To express gratitude
(B) To prolong a special offer
(C) To introduce a new writer
(D) To request financial assistance

066. What is indicated about Sugar and Spice? 問題を読む 3秒 正解を選ぶ 15秒

(A) It is currently hiring new staff. 選択肢を読む 5秒
(B) It will soon be available online. 選択肢を読む 5秒
(C) It continues to grow in popularity. 選択肢を読む 5秒
(D) It has reduced the price of advertisements. 選択肢を読む 5秒

067. Why does Ms. Dawson mention the Everglades Food Festival?

問題を読む 3秒　正解を選ぶ 15秒

(A) Because she hosted a cooking class there
(B) Because she interviewed several job seekers there
(C) Because the publication was the primary sponsor of the event
(D) Because the publication received an accolade at the event

キム・デギュンが実際に試験場で問題を解く順番と方法

(解答と解説▶p.432)

Step 1 問題と選択肢を読む 29秒

1. **065**は文章の目的を問う問題である。
2. **066**の問題は推論問題である。質問の核心語はSugar and Spiceである。選択肢の核心語は (A) hiring new staff (B)soon be available online (C)grow in popularity (D)reduced the price of advertisementsである。
3. **067**の問題は詳細情報の確認問題である。質問の核心語はEverglades Food Festivalである。
4. 問題を解く順番を決める。
   067(詳細問題) ➡ **066**(推論問題) ➡ **065**(目的問題)の順序でアプローチする。

Step 2 本文に目を通す 25秒

1. 文章の紹介を読む。ノート(note)である。
2. タイトルを読む。編集者が作成したコラムである。
3. 最初の文章を読む。Sugar and Spiceという雑誌の11月エディションが創刊10周年記念で作られたことを把握する。
4. 一つの段落で作成された短い文なので、以後の文章の前の1~2単語を読みながら、各文章に提示される情報を把握する。2番目の文章は創刊に関する紹介、3番目の文章は読者数、4番目の文章は雑誌に送られてきた各種の称賛、最後の文章は編集長としての感謝の言葉が登場することを把握する。
5. 最後の文章を読む。Ms. Dawsonが編集長の名前であることを把握する。

Step 3 問題を解く 核心語を読む 25秒・正解を選ぶ 40秒

1. **067**を解く。
   核心語のEverglades Food Festivalが出る部分を正しく探す。最高の料理出版物賞を受賞したことがわかるので、(D)が正解であることがわかる。
2. **066**を解く。
   各選択肢の核心語を中心に情報を探す。中盤部でWe have over 25,000 subscribers and significantly more readers who browse our free web siteと、購読者数は25,000人だが、ウェブサイトを見る読者はもっと多いと言っていて、最後の部分でthe growing number of loyal readersと、読者がもっと増えていると出ているので、(C)が最も適切である。
3. **065**を解く。
   テクニック01で学んだように、文章の目的は主に前半にヒントが提示される。目を通した部分で把握したように、編集者としての感謝の言葉を伝えている。したがって、(A)が正解になる。

問題と選択肢を読む	59秒	
本文に目を通す	50秒	全224秒！
核心語を読む	50秒	(3分44秒)
正解を選ぶ	65秒	

Questions 068-072 refer to the following flyer and e-mail. 難易度：中

◀文章の種類を把握 – チラシと電子メール

The 6th Annual Ralston Music Festival
18-20 September

The Ralston Music Festival (RMF), supported by the Ralston Songwriters' Association, has prepared the biggest lineup ever for this year's event. Three days of world renowned performances supported by local musicians is sure to satisfy the most enthusiastic music fans. Organizers have also prepared food stalls, gift shops and even arranged activities for families with children.

◀タイトル – 第6回Ralstonミュージックフェスティバル
◀日付 – 9月18日～20日
◀最初の段落の最初の文章 – 今年のRalstonミュージックフェスティバル紹介

Some acts of potential interest are summarized below:

◀2番目の段落の最初の文章 – いくつかの公演紹介

- **Friday, 18 September, 3:00 P.M., Edmond Gallery**
  Opening of A History Of Music. The display will be available for viewing until 20 October. Open weekdays from 9:00 A.M. to 6:00 P.M. Weekends from 11A.M. to 4:00 P.M. Admission free.

◀小見出し1 – 9月18日3時公演

- **Saturday & Sunday, 19 and 20 September, 10:00 A.M.–8:00 P.M., Ralston Town Square**
  Fun for the whole family with arts and crafts, snack bars and food stands in addition to short performances by local musical clubs. Admission free.

◀小見出し2 – 9月19～20日(週末)10時～20時公演

- **Saturday, 19 September, 6:00 P.M., Ralston Outdoor Soundstage**
  (Indoor location in the event of rain: Mehrtens Auditorium) Concert by the Romanian Gypsy Choir (back by popular demand). Tickets necessary.

◀小見出し3 – 9月19日土曜日夕方6時公演

- **Saturday & Sunday, 19 and 20 September, 12:00 P.M.–5:00 P.M., Cooks Gardens**
  Free music lessons from local musicians and music teachers.

◀小見出し4 – 9月19～20日(週末)12時～17時公演

- **Sunday, 20 September, 6:00 P.M.–8:00 P.M., Leighton Theater**
  Internationally recognized opera singer Dame Yvonne Ward will sing The Flight of the Valkyries and other favorites. Tickets necessary.

◀小見出し5 – 9月20日日曜日18～20時公演

Tickets will be available for purchase from September 2. For further information about acts and their performance times, please visit the festival home page at www.rmf.org.uk.

◀3番目の段落の最初の文章 – チケット購入可能日(9月2日から)

To:	Garth Edger <gedger@rmf.org.uk>
From:	Andrei Dorin <adorin@starmail.org.ro>
Subject:	Performance
Date:	25 September

Dear Mr. Edger:

I would just like to thank you again for the chance to perform our traditional Romanian gypsy music at the Ralston Music Festival. Although the weather didn't allow us to perform outdoors as we would've preferred, we were more than happy with the indoor venue. In spite of the rain, several thousand people attended our show and a significant number of those bought copies of our albums. We have nothing but happy memories of Ralston and if you should ever wish to book us again, we would be delighted to return.

Kind regards,

Andrei Dorin

◀受信者 – Garth Edger
◀送信者 – Andrei Dorin
◀テーマ – 公演
◀日付 – 9月25日
◀最初の文章 – 伝統のRomanian gypsy音楽を公演できるようにしてくれたことに対する感謝
◀Although文章！– 天気により、野外公演ではなく室内公演で行われる – 推薦者の情報を要請

068. What is NOT an event that is scheduled to be take place at 6:00 P.M. on Sunday? 問題を読む 5秒 正解を選ぶ 15秒

(A) An operatic performance
(B) A craft-making activity
(C) A free music class
(D) A food market

069. When will a new exhibition start? 問題を読む 3秒 正解を選ぶ 10秒

(A) On September 2
(B) On September 18
(C) On September 19
(D) On September 20

070. What is indicated about the festival? 問題を読む 3秒 正解を選ぶ 15秒

(A) It continues for one week. 選択肢を読む 5秒
(B) It is held twice a year. 選択肢を読む 5秒
(C) It begins at 10:00 A.M. each day. 選択肢を読む 5秒
(D) It is being promoted online. 選択肢を読む 5秒

071. Why did Mr. Dorin send Mr. Edger an e-mail? 問題を読む 3秒 正解を選ぶ 15秒

(A) To ask for tickets to an act
(B) To cancel a performance
(C) To express his gratitude
(D) To decline an invitation

072. What is suggested about the Romanian Gypsy Choir? 問題を読む 5秒 正解を選ぶ 10秒

(A) It was the first time it had attended the festival. 選択肢を読む 5秒
(B) It performed in the Mehrtens Auditorium. 選択肢を読む 5秒
(C) It is presently on a world tour. 選択肢を読む 5秒
(D) It has a very popular guitarist. 選択肢を読む 5秒

キム・デギュンが実際に試験場で問題を解く順番と方法

(解答と解説▶p.433)

Step 1 問題と選択肢を読む 59秒

1. **068**の問題は否定語NOTが入っている詳細情報の確認問題である。質問の核心語はat 6:00 P.M. on Sundayである。
2. **069**の問題は詳細情報の確認問題である。質問の核心語はa new exhibitionである。
3. **070**の問題は推論問題である。質問の核心語はfestivalである。選択肢の核心語は (A)for one week (B)twice a year (C)10:00 AM each day (D)promoted onlineである。
4. **071**の問題は詳細情報の確認問題である。質問の核心語はMr. Dorin ➡ Mr. Edgerである。
5. **072**の問題は詳細情報の確認問題である。質問の核心語はRomanian Gypsy Choirである。選択肢の核心語は (A)the first time (B)in the Mehrtens Auditorium (C)on a world tour (D)has a very popular guitaristである。
6. 問題を解く順番を決める。
   069(詳細問題) ➡ **071**(詳細問題) ➡ **072**(詳細情報問題) ➡ **068**(否定語NOT詳細問題) ➡ **070**(推論問題)の順序でアプローチする。

Step 2 本文に目を通す 50秒

1. 文章の紹介を読む。チラシと電子メール(flyer and e-mails)である。
2. 電子メール(文2)を先に読む。最初の4行を読む。Andrei DorinがGarth Edgerに 9月25日の公演について送った電子メールであることを把握する。
3. 最初の文章を読む。伝統のRomanian Gypsy音楽をRalstonミュージックフェスティバルで公演できるようにしてくれたことに感謝の言葉を伝えていることを把握する。
4. Althoughが登場するので、この文章を読む。もともとやりたかった野外公演の代わりに、天気により室内公演となることを把握する。
5. チラシ(文1)を読む。最初のタイトルを読む。9月18〜20日に開かれる第6回Ralstonミュージックフェスティバルに関する内容であることを把握する。

6. 最初の段落の最初の文章を読む。今年のRalstonミュージックフェスティバルに関する紹介が出る段落であることを把握する。
7. 2番目の段落の最初の文章を読む。一部の公演の紹介が提示されることを把握する。
8. 下の小見出しを一つずつ読む。各小見出しに要約されている日付と時間くらいを確認して次に進む。
9. 3番目の段落の最初の文章を読む。チケット購入に関する情報が出る段落であることを把握する。

Step 3 問題を解く 核心語を読む 50秒・正解を選ぶ 65秒

1. **069**を解く。
核心語の'展示オープニングの日付'に気をつけて、目を通した内容にもとづいて、Friday, 18 September, 3:00 P.M., Edmond Gallery Opening of A History Of Musicで正解(B)を見つけられる。
2. **071**を解く。
目を通した内容にもとづいて、電子メール(文2)の最初の文章を見ると、チャンスをくれてもう一度感謝すると言っているので、(C)が最も適切である。
3. **072**を解く。
目を通した内容にもとづいて、Romanian Gypsy音楽が野外ではなく、室内で公演したことを把握した。チラシ(文1)でRomanian Gypsy Musicが公演された所を探してみると、場所がMehrtens Auditoriumであることを確認できる。したがって、正解は(B)である。

	Indoor location in the event of rain: Mehrtens Auditorium (文1)
+	we were more than happy with the indoor venue (文2)
=	正解: It performed in the Mehrtens Auditorium.

1. **068**を解く。
核心語の'日曜日6時'に関する部分を探して、各選択肢と対照しながら言及された行事を消去する。2番目の項目のFun for the whole family with arts and crafts, snack bars and food stands in addition to short performances by local musical clubsで(B)と(D)を、5番目の項目のInternationally recognized opera singer Dame Yvonne Ward will sing The Flight of the Valkyries and other favoritesで(A)を確認できる。したがって、正解は(C)である。
5. **070**を解く。
目を通した部分を通じて、(B)と(A)が誤答であることがわかる。**テクニック04**で学んだように、文章の前半に提示された日付/期間/時間は必ず○をつけて次に進む。(C)は詳細日程の小見出しに目を通しながら、すでに間違っていると把握した。したがって、正解は(D)である。

DAY 25

● 読解同意語の練習問題

(解答と解説▶p.435)

文章の下線部の単語と最も近い意味を表す単語を選びなさい。

1. My most <u>fervent</u> hope is that this work has been done with the accuracy and fairness.

   (A) ardent (B) positive (C) scenic (D) fundamental

2. The governor <u>honored</u> his pledge to cut taxes.

   (A) promised (B) fulfilled (C) evoke (D) exploit

3. Darren is an <u>integral</u> part of the team and we can't do without him.

   (A) dispensiable (B) obligatory (C) essential (D) incidental

DAY 26

実践

08 キム・デギュンの実際の試験当日のシミュレーション

問題と選択肢を読む	6秒	
本文に目を通す	25秒	全76秒！
核心語を読む	25秒	(1分16秒)
正解を選ぶ	20秒	

Questions 073-074 refer to the following e-mail. 難易度：下

◀文章の種類を把握 – 電子メール

To:	Staff of Devon Manufacturing
From:	Peter Coleman
Date:	11 January
Subject:	Sign and submit

◀受信者 – Devon製造会社の従業員
◀送信者 – Peter Coleman
◀日付 – 1月11日
◀テーマ – 署名及び提出

Dear Staff,

You have all just received a revised edition of our latest employee manual. The manual lists all the regulations and procedures of Devon Manufacturing and outlines the expectations and compensation of all factory positions. At the rear of each manual is an official form of acknowledgment. After reading the manual, please complete the form and submit it to Mark Taylor in Human Resources. Your signature will be taken as proof that you have read and understood all the contents of the manual and that you promise to abide by all company regulations.

◀最初の文章 – 改定された最新の従業員マニュアルを送ったことを知らせる

◀please文章 – フォームを作成して提出するように要請

Thank you for your time.

Peter Coleman
Director, Human Resources

◀送信者 – Peter Coleman、人事部の部長

073. What does Mr. Coleman discuss in the e-mail? 問題を読む 3秒 正解を選ぶ 10秒

(A) A company booklet
(B) A change in hiring procedure
(C) A job vacancy
(D) A training seminar

074. What does Mr. Coleman ask staff to do? 問題を読む 3秒 正解を選ぶ 10秒

(A) List their job duties

(B) Attend a meeting

(C) Return copies of a brochure

(D) Hand in a form

キム・デギュンが実際に試験場で問題を解く順番と方法

(解答と解説▶p.435)

Step 1 問題と選択肢を読む 6秒

1. **073**の問題は詳細情報の確認問題である。質問の核心語はe-mailである。
2. **074**の問題は詳細情報の確認問題で、要請/提案/勧告に関する事項を問う問題である。
4. 問題を解く順番を決める。
073(詳細問題) ➡ **074**(詳細問題)の順序でアプローチする。

Step 2 本文に目を通す 25秒

1. 文章の紹介を読む。電子メール(e-mail)である。
2. 最初の4行を読む。Peter ColemanがDevon製造会社の従業員に1月11日に送った'署名及び提出'に関する電子メールであることを把握する。
3. 最初の文章を読む。改定された最新の従業員マニュアルを従業員たちに送ったことを把握する。
4. 真ん中のplease文章を読む。フォームを作成して、人事部のMark Taylorに提出するように頼んでいることを把握する。
5. 最後を読む。電子メールを送ったMr. Colemanが人事部の部長であることを把握する。

Step 3 問題を解く 核心語を読む 25秒・正解を選ぶ 20秒

1. **073**の問題を解く。
目を通した内容を通じて、最初の文章でマニュアルが配布されたことを把握した。正解は(A)である。
2. **074**の問題を解く。
目を通した内容を通じて、please文章でフォームを作成して提出するように頼んでいることを把握した正解は(D)になる。

問題と選択肢を読む	58秒	
本文に目を通す	35秒	全193秒！
核心語を読む	45秒	(3分13秒)
正解を選ぶ	55秒	

Questions 075-078 refer to the following email. 難易度：中

◀文章の種類を把握 – 電子メール

To:	mohammed: shiggins: tlove: ledwards: mhutchins: treynolds
From:	kcho
Date:	October 12
Subject:	Investment club

◀受信者 – 6人
◀送信者 – kcho
◀日付 10月12日
◀タイトル – 投資クラブ

Dear Raj, Simon, Theresa, Linsey, Mark and Tara

I just wanted to thank everyone for replying to the notice I put in the company magazine. I'm really excited that many people are interested in forming an employee investment club. There have already been some suggestions made on where to start our investment.

◀最初の段落の最初の文章 – 社内報の告知にみんなが返事してくれたことに対する感謝
◀2番目の文章 – 従業員の投資クラブの構成に関心を示してくれたことで気分がいい

Theresa wondered if, in conjunction with our monthly meetings, we should attend some local seminars, such as the upcoming presentation by real estate developer Anne Bignel at Westwood Library. On Saturday, October 18, from 8:00 P.M., Ms. Bignel will review her strategies for making money from real estate as part of her national tour promoting her latest book "Renting for Retirement". I recommend we meet that day at 6:00 P.M. at Tatiana's Café on Bridge Street. We can discuss the selection of our first investment and choose a time and place to hold our meetings. Once we are done, we can head over to the library together for the presentation. What do you think?

◀2番目の段落の最初の文章 – Theresaの意見 – 月例ミーティングとともに、地域のセミナーに参加
◀提案 – ミーティング時間及び場所を提案

Regards,
Karen

075. What is the purpose of the e-mail? 問題を読む 3秒 正解を選ぶ15秒

(A) To attract additional members to a group
(B) To provide details on a possible meeting
(C) To arrange a venue for a guest speaker
(D) To solicit suggestions for future investments

076. What is implied about Ms. Bignel? 問題を読む 5秒 正解を選ぶ15秒

(A) She usually visits a café before her seminar. 選択肢を読む 5秒
(B) She owns several properties in Westwood. 選択肢を読む 5秒
(C) She works part-time at the city library. 選択肢を読む 5秒
(D) She writes about making money from housing. 選択肢を読む 5秒

077. The word "selection" in paragraph 2, line 6 is closest in meaning to:
問題を読む 5秒 正解を選ぶ10秒

(A) variety
(B) choice
(C) substance
(D) position

078. What is NOT indicated about the group's members? 問題を読む 5秒 正解を選ぶ15秒

(A) They have bought Ms. Bignel's book. 選択肢を読む 5秒
(B) They are employed by the same company. 選択肢を読む 5秒
(C) They are likely to meet on October 18. 選択肢を読む 5秒
(D) They want to learn more about investing. 選択肢を読む 5秒

キム・デギュンが実際に試験場で問題を解く順番と方法

(解答と解説▶p.436)

Step 1 問題と選択肢を読む 58秒

1. **075**の問題は文章の目的を問う問題である。
2. **076**の問題は推論問題である。質問の核心語はMs. Bignelである。選択肢の核心語は (A)usually visits a café (B)several properties in Westwood (C)part-time at the city library (D)making money from housingである。
3. **077**の問題は同意語問題である。
4. **078**の問題は否定語NOTが入っている推論問題である。質問の核心語はgroup's membersである。選択肢の核心語は (A)bought Ms. Bignel's book (B)employed by the same company (C)likely to meet on October 18 (D)learn more about investingである。
5. 問題を解く順番を決める。
077(同意語問題) ➡ **076**(推論問題) ➡ **078**(否定語NOT推論問題) ➡ **075**(文章の目的問題)の順序でアプローチする。

Step 2 本文に目を通す 35秒

1. 文章の紹介を読む。電子メール(e-mail)である。
2. 最初の4行を読む。kchoが6人を対象に10月12日に投資クラブに関する件で作成した電子メールであることを把握する。

3. 次の文章と文章の最後を通じて、文章の作成者はMs. Karenで、残りの名前を1回読む。
4. 最初の段落の最初の文章を読む。社内報に記載した告知に受信者6人みんなが返事してくれたことに感謝の気持ちを伝えていることを把握する。
5. 最初の文章では内容が把握できないので、次の文章を読む。従業員の投資クラブを構成することに関して興味を示してくれたことに気分がいいことを把握する。
6. 2番目の段落の最初の文章を読む。Theresaの意見で、月例ミーティングとともに、地域のセミナーに参加することに関する意見を要請していることを把握する。これにもとづいて、この段階がクラブが参加する行事や内容などに関する部分であることを把握する。
7. I recommendで始まる文章を読む。Tatiana's Caféで夕方会うことを提案していることを把握する。

Step 3 問題を解く 核心語を読む 45秒・正解を選ぶ 55秒

1. **077**を解く。
〈最初の投資対象に'選択したもの'を議論する〉が要旨である。提示された選択肢の中で、このような意味を完成するのに最も適切な単語は(B)である。
2. **076**を解く。
核心語のMs. Bignelが登場した部分を探して読む。2番目の段落のMs. Bignel will review her strategies for making money from real estate as part of her national tour promoting her latest book "Renting for Retirement" を通じて、正解(D)を見つけられる。
3. **078**を解く。
目を通した内容にもとづいて、(B)と(D)を全部把握できる。Ms. Karenが提示した日付を探すためにその直前の文章を読んでみると、10月18日土曜日であることを確認できるので(C)も除去できる。正解は(A)になる。
4. **075**の問題を解く。
目を通した部分で把握した文章の要旨にもとづいて、正解が(B)になることがわかる。

問題と選択肢を読む	85秒	
本文に目を通す	50秒	全245秒！
核心語を読む	50秒	(4分05秒)
正解を選ぶ	60秒	

Questions 079–083 refer to the following e-mails. 難易度：中

◀ 文章の種類を把握 - 電子メールと電子メール

To:	Anita Lower <alower@hansolpottery.com>
From:	Donald Fallon <df99@hansolpottery.com>
Date:	August 16
Cc:	Fred Mulraney <fredm@hansolpottery.com>, Jane Adams <ja7@hansolpotter.com>
Subject:	Conference calls

◀受信者 - Anita Lower
◀送信者 - Donald Fallon
◀ 日付 8月16日
◀ Cc(参照) - Fred Mulraney, Jane Adams
◀ テーマ - 電話会議

Dear Ms. Lower,

I have just started working at Hansol Pottery's southern office. I am supposed to participate in monthly conference calls to develop effective marketing strategies. Unfortunately, I couldn't hear a significant portion of this morning's call because of the poor connection. I cannot do my job properly if I cannot take part in these regular discussions. My supervisor said that Fred Mulraney and Jane Adams at our eastern office are experiencing similar technical problems. I think it is fair to assume that other branches will be having difficulties, too.

◀ 最初の段落の最初の文章 - Hansol Pottery南支店で仕事を始めたばかりである
◀2番目の文章 - 効果的なマーケティング戦略の開発のために月例電話会議に参加しなければならない
◀ Unfortunately文章 - 電話の接続が悪くて、多くの部分を聞き取れなかった

Can each branches' conference call facilities be upgraded so that headquarters can have clear lines of communication with its personnel?

◀2番目の段落の文章: 設備のアップグレードを要請 - 円滑なコミュニケーションのため

Thank you,

Donald Fallon
Southern Marketer, Hansol Pottery

To:	Donald Fallon, Fred Mulraney, Jane Adams
From:	Anita Lower
Date:	August 18
Subject:	Communication update

Dear Donald, Fred, and Jane,

Two new speaker phones have just been ordered and should arrive before August 25. We have only bought two as we wish to ensure they work as required before we purchase one for each branch. We plan on testing them between several of our conference rooms before sending them out to you. If deemed satisfactory, I will visit Donald's office on August 30 to set up the new equipment before the next marketing meeting. After Donald has given me feedback about the new system, I will then visit Fred and Jane on September 7. These new Trisonic phones have very sensitive microphones which often broadcast a lot of unwanted background noise so we may struggle to find the right setting. If so, we may have to investigate an alternative supplier.

See you shortly.

Best regards,
Anita Lower
Technical Department, Hansol Pottery

◀受信者 – Donald Fallon, Fred Mulraney, Jane Adams
◀送信者 – Anita Lower
◀日付 – 8月18日
◀テーマ – 通信施設の改善

◀最初の文章 – 新しいスピーカーフォンを注文して、8月25日前に到着予定
◀2番目の文章 – 正常に動作するか確認するために、二つだけ注文
◀4番目の文章 – 満足するなら、8月30日にDonaldオフィスを訪問して、次のマーケティングミーティングの前に新しい設備を設置する予定

079. What is the purpose of the first e-mail? 問題を読む 5秒 正解を選ぶ 10秒

(A) To disclose technical trouble
(B) To ask for a transfer
(C) To provide a solution to a problem
(D) To announce a resignation

080. What is indicated about Mr. Fallon? 問題を読む 5秒 正解を選ぶ 15秒

(A) He has an advanced degree in information technology. 選択肢を読む 5秒
(B) He has previously communicated with Ms. Lower's supervisor. 選択肢を読む 5秒
(C) He was unable to participate fully in his first marketing meeting on August 16. 選択肢を読む 5秒
(D) He has yet to receive the company cellphone he was promised. 選択肢を読む 5秒

081. What does Ms. Lower imply that she will do if the Trisonic phones are satisfactory? 問題を読む 5秒 正解を選ぶ 15秒

(A) Conduct the meetings via e-mail 選択肢を読む 5秒
(B) Demand a discount from the supplier 選択肢を読む 5秒
(C) Discuss changing vendors with her supervisor 選択肢を読む 5秒
(D) Purchase additional units for other branches 選択肢を読む 5秒

082. In the second e-mail, what is stated about the Trisonic phones?
問題を読む 5秒 正解を選ぶ 10秒

(A) They are sold in a wide range of styles and colors. 選択肢を読む 5秒
(B) They are the most innovative phones on the market. 選択肢を読む 5秒
(C) They can transmit undesired sound from the office environment. 選択肢を読む 5秒
(D) They require regular maintenance from qualified technicians. 選択肢を読む 5秒

083. Where will Ms. Lower most likely be on September 7? 問題を読む 5秒 正解を選ぶ 10秒

(A) At the southern branch
(B) At the eastern branch
(C) At the company's headquarters
(D) At a vendor's office

キム・デギュンが実際に試験場で問題を解く順番と方法

(解答と解説▶p.437)

Step 1 問題と選択肢を読む 85秒

1. **079**の問題は文章の目的を問う問題である。
2. **080**の問題は推論問題である。質問の核心語はMr. Fallonである。選択肢の核心語は (A) advanced degree in information technology (B)communicated with Ms. Lower's supervisor (C)unable to participate in his marketing meeting on August 16 (D)yet to receive the company cellphoneである。
3. **081**の問題は推論問題である。質問の核心語はsatisfactoryである。選択肢の核心語は (A) meetings via e-mail (B)a discount (C)changing vendors (D)additional units for other branchesである。
4. **082**の問題は詳細情報の確認問題である。質問の核心語はthe second e-mailとTrisonic phonesである。選択肢の核心語は (A)a wide range of styles and colors (B)the most innovative phones (C)undesired sound from the office environment (D)regular maintenanceである。
5. **083**の問題は推論問題である。質問の核心語はSeptember 7である。
6. 問題を解く順番を決める。
   082(詳細問題) ➡ **080**(推論問題) ➡ **081**(推論問題) ➡ **083**(推論問題) ➡ **079**(目的問題)の順序でアプローチする。

Step 2 本文に目を通す 50秒

1. 文章の紹介を読む。電子メールと電子メール(e-mails)である。
2. 2番目の電子メール(文2)を先に読む。最初の4行を読む。Anita LowerがDonald Fallon, Fred Mulraney, Jane Adamsに8月18日にコミュニケーションのアップデートに関して送った電子メールであることを把握する。
3. 最初の文章を読む。二つの新しいスピーカーフォンを注文して、8月25日に到着する予定であることを把握する。
4. 次の文章を読む。正常に動作するかを確認するために、まず二つだけ用意したという情報を把握する。
5. 早読みでIf deemed satisfactoryで始まる文章を読む。満足するなら、Donaldオフィスを8月30日に訪問して新しいマーケティングミーティングの前に新しい設備を設置する予定であることを把握する。
6. 最初の電子メール(文1)を読む。最初の4行を読む。Donald FallonがAnita Lowerに8月16日に電話会議に関して作成した電子メールであることを確認する。
7. 最初の段落の最初の文章を読む。Hansol Pottery南支店で仕事を始めたばかりであることを把握する。
8. 脈絡が把握できないので、次の文章を読む。効果的なマーケティング戦略開発のための月例電話会議に参加しなければならないことを把握する。
9. Unfortunatelyで始まる文章を読む。内容の反転がある。メールを作成した日の朝、接続が悪くて会議の多くの部分を聞き取れなかったことを把握する。
10. 2番目の段落を読む。円滑なコミュニケーションのために設備のアップグレードを要請したことを把握する。

Step 3 問題と選択肢を解く 核心語を読む 50秒・正解を選ぶ 60秒

1. **082**を解く。
   質問の核心語である2番目の電子メールで、他の核心語のTrisonic phonesが登場する部分を探して読む。後半でマイクが敏感で周りの騒音まで拾うので設定が大変かも知れないと言っている。したがって、(C)が正解になる。
2. **080**を解く。
   目を通した内容にもとづいて、核心語のMr. Fallonが8月16日に作成した電子メールで午前の電話会議で多くの部分を聞き取れなかったという内容を把握した。したがって、(C)が正解である。
3. **081**を解く。
   目を通した内容にもとづいて、2番目の電子メールで正常に動作すると、各支店のためにスピーカーフォンを購入することを類推できる。正解は(D)である。
4. **083**を解く。
   核心語のSeptember 7を中心に読む。2番目の電子メール(文2)の後半でFredとJaneを訪問するという情報がある。彼らがいる場所の情報を最初の電子メール(文1)で探してみると、最初の段落でFred Mulraney and Jane Adams at our eastern officeを見つけられる。正解は(B)である。

I will then visit Fred and Jane on September 7 (文2)
＋ Fred Mulraney and Jane Adams at our eastern office (文1)

＝ 正解: At the eastern branch.

5. **079**を解く。
目を通した部分を通じて、最初の電子メール(文1)の2番目の段落で正解が(A)であることがわかる。**テクニック02**で学んだように、文章の目的を問う問題で、前半に正解がないと、後半でより明確な正解の根拠が提示されたりする。

● 読解同意語の練習問題

(解答と解説▶p.439)

文章の下線部の単語と最も近い意味を表す単語を選びなさい。

1. Businesses are beginning to feel the full <u>impact</u> of the recession.

(A) ease (B) happiness (C) expertise (D) influence

2. The airline will <u>launch</u> its new transatlantic service next month.

(A) start (B) exceed (C) forsake (D) flourish

3. The present difficulties <u>stem</u> from the recession and the collapse of the housing market.

(A) overlook (B) result (C) embody (D) grasp

DAY

27

実践

キム・デギュンの実際の試験当日のシミュレーション

問題と選択肢を読む	8秒	
本文に目を通す	20秒	全68秒！
核心語を読む	20秒	(1分8秒)
正解を選ぶ	20秒	

Questions 084-085 refer to the following advertisement. 難易度：下 ◀文章の種類を把握 – 広告

New Sports Complex Accepting Vendors ◀タイトル – 新しいスポーツ複合施設 – 販売会社募集

The Bosca Stadium will have its grand opening on August 15 in Osaka, Japan. ◀最初の文章 – 開店のお知らせ – Bosca Stadiumが日本の大阪に8月15日にオープン This multipurpose complex which has a retractable roof and a maximum capacity of 80,000 spectators, has been built to host athletic events, sports games as well as musical performances. ◀スポーツ複合施設の紹介 Stadium management is now taking applications from experienced food and gift shop owners interested in conducting business in the new premises. ◀各種の販売会社を募集中 For more details, please visit www.bosca-stadium.co.jp. ◀詳細情報 All interested parties are asked to complete an application form providing details about their business background and current financial status. ◀申請方法

084. For whom is the advertisement intended? 問題を読む 3秒 正解を選ぶ 10秒

(A) Athletic trainers
(B) Sports fans
(C) Professional artists
(D) Business owners

085. What should those who are interested do? 問題を読む 5秒 正解を選ぶ 10秒

(A) Make a deposit
(B) Telephone a call center
(C) Fill in an application
(D) Attend a seminar

キム・デギュンが実際に試験場で問題を解く順番と方法

(解答と解説▶p.439)

Step 1 問題と選択肢を読む 8秒

1. **084**の問題は文章を読む対象を問う問題である。
2. **085**の問題は詳細情報の確認問題で、何かの資格の獲得/使用方法を問う問題である。
3. 問題を解く順番を決める。
   085(詳細情報問題) ➡ **084**(文章を読む対象問題)の順序でアプローチする。

Step 2 本文に目を通す 20秒

1. 文章の紹介を読む。広告(advertisement)である。
2. タイトルを読む。販売会社を募集する新しいスポーツ複合施設に関する内容であることを把握する。
3. 最初の文章を読む。8月15日に日本の大阪にオープンするBosca Stadiumに関する広告であることを把握する。
4. 次の文章を読む。スポーツ複合施設に関する紹介が出ることを確認する。
5. 次の文章を読む。食堂、ギフトショップなど各種の販売会社を募集中であることを把握する。
6. 次の文章を読む。詳細情報を確認できるホームページの情報を把握する。
7. 次の文章を読む。興味のある会社の応募方法が出ている文章であることを把握する。

Step 3 問題を解く 核心語を読む 20秒・正解を選ぶ 20秒

1. **085**を解く。
   テクニック06で学んだように、このパターンの問題は正解の根拠が主に後半に提示される。目を通した内容にもとづいて、最後の文章を読む。正解は(C)になる。
2. **084**を解く。
   目を通した内容にもとづいて、タイトルで正解を(D)に選べる。

問題と選択肢を読む	49秒	
本文に目を通す	25秒	全139秒！
核心語を読む	30秒	(2分19秒)
正解を選ぶ	35秒	

Questions 086-088 refer to the following a newsletter. 難易度：中

◀文章の種類を把握 – ニュースレター

KBA Academy To Open in March

◀タイトル – 3月に始まるKBAアカデミー

Starting Wednesday, March 5, the Knoxville Business Association will be offering a new educational program, the KBA Academy, for Association members. The classes are scheduled for the first Wednesday of each month from 6:00 to 9:00 P.M. and will be held at the KBA offices at 639 Plymouth Street. The goal of the program is to provide an opportunity for our senior members to share their knowledge and experiences developing small business in the Knoxville region. Experts from a variety of fields, including internet marketing, management consulting, and sales, will be giving presentations. Gary Goder, a senior partner at the accounting firm, Goldberg and Goder, will speak about "Tax and the Small Business Owner" for our debut session.

◀最初の段落の最初の文章 – Knoxville経営協会で新しい教育プログラムであるKBAアカデミーを提供

Admittance is $5 per session, and a light dinner will be on offer. To apply for the first class, please call Bridget Park in the administration office at 555-1996, Wednesday to Saturday between 1:00 P.M. and 4:00 P.M. A full listing of presentation topics will be printed in the February edition of the Association newsletter.

◀2番目の段落の最初の文章 – 入場料及び食事提供
◀2番目の段落の2番目の文章 – 申請方法

086. What is being advertised? 問題を読む 3秒 正解を選ぶ 10秒

(A) An organization to improve public speaking skills
(B) A new accounting firm
(C) A series of evening seminars
(D) An online shopping mall

087. What is mentioned about the business association? 問題を読む 3秒 正解を選ぶ10秒

(A) Its chairwoman is Bridget Park. 選択肢を読む 5秒
(B) Its annual subscription is $5. 選択肢を読む 5秒
(C) Its Web site is being updated. 選択肢を読む 5秒
(D) Its administration office is open on Saturday. 選択肢を読む 5秒

088. What is indicated about the February newsletter? 問題を読む 3秒 正解を選ぶ15秒

(A) It will be distributed on the first Wednesday of the month. 選択肢を読む 5秒

(B) It will contain further details about the KBA Academy. 選択肢を読む 5秒

(C) It will consist of articles about how business owners can increase profits. 選択肢を読む 5秒

(D) It will feature an interview with an internet marketing specialist. 選択肢を読む 5秒

キム・デギュンが実際に試験場で問題を解く順番と方法

(解答と解説▶p.440)

Step 1 問題と選択肢を読む 49秒

1. **086**は文章のテーマを問う問題である。
2. **087**の問題は詳細情報の確認問題である。質問の核心語はbusiness associationである。選択肢の核心語は (A)Bridget Park (B)subscription is $5 (C)Websiteとundated (D)open on Saturdayである。
3. **088**の問題は推論問題である。質問の核心語はFebruary newsletterである。選択肢の核心語は (A)on the first Wednesday of the month (B)details about the KBA Academy (C)articles about how business owners can increase profits (D)interview with an internet marketing specialistである。
4. 問題を解く順番を決める。
087(詳細情報問題) ➡ **088** (推論問題) ➡ **086**(文章のテーマ問題)の順序でアプローチする。

Step 2 本文に目を通す 25秒

1. 文章の紹介を読む。ニュースレター(newsletter)である。
2. タイトルを読む。3月に始まるKBAアカデミーに関する内容であることを把握する。
3. 最初の段落の最初の文章を読む。3月5日水曜日からKnoxville経営協会で新しい教育プログラムであるKBAアカデミーを提供する計画であることを把握する。
4. 2番目の段落の最初の文章を読む。入場料及び食事が提供される情報を把握する。
5. 次の文章を読む。最初の授業を申請する方法として、担当者、連絡先、時間が提示されることを把握する。

Step 3 問題を解く 核心語を読む 30秒・正解を選ぶ 35秒

1. **087**を解く。
選択肢の核心語がたくさん登場する2番目の段落を中心に読む。2番目の段落の2番目の文章に目を通した内容にもとづいて、正解は(D)であることがわかる。
2. **088**を解く。
核心語のthe February newsletterを中心に読む。最後の文章で2月号に全体の講演テーマの目録が掲載されるという情報が提示される。正解は(B)である。
3. **086**を解く。
タイトルと最初の段落の最初の文章に目を通した内容にもとづいて、正解は(C)であることがわかる。

DAY 27

問題と選択肢を読む	85秒	
本文に目を通す	50秒	全250秒！
核心語を読む	60秒	(4分10秒)
正解を選ぶ	55秒	

Questions 089-093 refer to the following job posting and e-mail. 難易度：中 ◀文章の種類を把握 - 求人告知と電子メール

Universal Composition Instruction has immediate vacancies to be filled in Taiwan.

◀最初の文章 - Universal Composition Instructionの台湾支部の求人告知

Harmony Instructor (Taipei)

◀小見出し1 - 和声法の講師(Taipei)

- ✓ Postgraduate degree in composition necessary
- ✓ At least 5 years previous teaching experience with students of all levels
- ✓ Must be able to work a minimum of 3 afternoons every week

Sound Engineer (Kaohsiung)

◀小見出し2 - サウンドエンジニア(Kaohsiung)

- Experience with a variety of analogue and digital recording systems
- Must have own transport in order to travel between several venues
- Must be available on weekends as shows are predominantly held on Saturday and Sunday evenings all year round

For additional information or to request an application pack, please email the Head of Administration Ben Wong at bwong@uci-tw.com.

◀追加情報及び志願関係情報

To:	Ben Wong <bwong@uci-tw.com>
From:	Gulilai Yukan <gyukan@bassbin.co.tw>
Date:	11 November
Subject:	Sound Engineer
Attachment:	GYukan Resume.doc

◀受信者 - Ben Wong
◀送信者 - Gulilai Yukan
◀日付 11月11日
◀テーマ - サウンドエンジニア
◀添付ファイル - 履歴書

Dear Mr. Wong,

I am writing this in response to the ad you posted on Taiwanmusicjobs.co.tw for a Sound Engineer. I would like to express my interest in the position, as I believe my experience and flexibility make me an ideal candidate for the job.

◀最初の段落の最初の文章 - メールの目的 - サウンドエンジニアの求人告知の件でメールを作成
◀最初の段落の2番目の文章 - サウンドエンジニア志願

I am used to working with all the major brands of recording equipment, both analogue and computer-based. For the last seven years, I have been working as the junior sound engineer at the Bass Bin Studio, where I have assisted many of Taiwan's up and coming rock bands record their first commercially successful albums as well as traveling with them on tour.

◀2番目の段落の最初の文章 - 本人の長所 - アナログとコンピュータベースの録音装備のメジャーブランドを扱って働いた経験

I have attached my résumé below. If you would like further information about my credentials, please feel free to visit my website, www.yukanmusic.co.tw. It includes footage of some of the projects I have worked on, and audio samples of concerts I have recorded.

Kind regards,

Gulilai Yukan

◀3番目の段落の最初の文章 – 履歴書の添付 – 履歴書を添付
◀3番目の段落の2番目の文章 – 追加情報の確認方法 – ホームページを訪問

089. What is implied about the harmony instructor position? 問題を読む 5秒 正解を選ぶ 15秒

(A) It is a full-time position. 選択肢を読む 5秒
(B) It begins on November 11. 選択肢を読む 5秒
(C) It may include working with beginners. 選択肢を読む 5秒
(D) It requires videotaping student recitals. 選択肢を読む 5秒

090. What is true about Universal Composition Instruction? 問題を読む 5秒 正解を選ぶ 10秒

(A) It has branches in more than one city. 選択肢を読む 5秒
(B) It offers discounted tuition to gifted learners. 選択肢を読む 5秒
(C) It rents out specialized sound equipment. 選択肢を読む 5秒
(D) It is a government funded institution. 選択肢を読む 5秒

091. When is Mr. Yukan available to work? 問題を読む 5秒 正解を選ぶ 10秒

(A) Weekday mornings
(B) Weekday afternoons
(C) Weekend mornings
(D) Weekend evenings

092. What is suggested about Mr. Yukan? 問題を読む 5秒 正解を選ぶ 10秒

(A) He designs audio equipment. 選択肢を読む 5秒
(B) He is an aspiring musician. 選択肢を読む 5秒
(C) He is employed at a well-known studio. 選択肢を読む 5秒
(D) He works in a music academy. 選択肢を読む 5秒

093. According to the e-mail, where can Mr. Wong listen to music recorded by Mr. Yukan? 問題を読む 5秒 問題を解く 10秒

(A) In the attached file
(B) On Mr. Yukan's homepage
(C) At the Bass Bin
(D) On Taiwanmusicjobs.co.tw

キム・デギュンが実際に試験場で問題を解く順番と方法

(解答と解説▶p.441)

Step 1 問題と選択肢を読む 85秒

1. **089**の問題は推論問題である。質問の核心語はharmony instructor positionである。選択肢の核心語は (A)full-time (B)begins on November 11 (C)working with beginners (D)videotaping student recitalsである。
2. **090**の問題は詳細情報の確認問題である。質問の核心語はUniversal Composition Instructionである。選択肢の核心語は (A)more than one city (B)discounted tuition to gifted learners (C)specialized sound equipment (D)government funded institutionである。
3. **091**の問題は詳細情報の確認問題である。質問の核心語はWhenとavailable to workである。
4. **092**の問題は詳細情報の確認問題である。質問の核心語はMr. Yukanである。選択肢の核心語は (A)designs audio equipment (B)aspiring musician (C)employed at a well-known studio (D)works in a music academyである。
5. **093**の問題は詳細情報の確認問題である。質問の核心語はmusic recorded by Mr. Yukanである。
6. 問題を解く順番を決める。
   090(詳細問題) ➡ **091**(詳細問題) ➡ **092**(詳細問題) ➡ **093**(詳細問題) ➡ **089**(推論問題)の順序でアプローチする。

Step 2 本文に目を通す 50秒

1. 文章の紹介を読む。求人告知と電子メール(job posting and e-mail)である。
2. 2番目の電子メール(文2)を先に読む。最初の4行を読む。Gulilai YukanがBen Wongに11月11日に作成したサウンドエンジニアに関する文章である。添付ファイルで履歴書を添付したことを把握する。
3. 最初の段落の最初の文章を読む。サウンドエンジニアに関する求人告知の件でメールを書いたことを把握する。
4. 最初の段落の2番目の文章を読む。サウンドエンジニアに志願しようとすることを把握する。
5. 2番目の段落の最初の文章を読む。アナログとコンピューターベースの録音装備のメジャーブランドを扱って働いた経験があることを把握する。該当する段落が本人の長所をアピールする段落であることを把握する。
6. 3番目の段落の最初の文章を読む。履歴書を添付したことを把握する。
7. 3番目の段落の2番目の文章を読む。より詳しい本人の情報を提供するホームページのアドレスを提示したことを把握する。
8. 求人告知(文1)を読む。最初の行を読む。Universal Composition Instruction台湾支部で出した求人告知であることを把握する。
9. 小見出し1を読む。和声法の講師をTaipeiで探していることを把握する。
10. 小見出し2を読む。サウンドエンジニアをKaohsiungで探していることを把握する。
11. 最後の段落を読む。詳細情報及び志願関連情報が提示されていることを把握する。

Step 3 **問題を解く** 核心語を読む 60秒・正解を選ぶ 55秒

1. **090**を解く。
   目を通した部分を通じて、求人地域がTaipeiとKaohsiungの2カ所(← Harmony Instructor (Taipei), Sound Engineer (Kaohsiung))であることを把握した。(A)が正解になる。
2. **091**を解く。
   核心語であるMr. Yukanの勤務可能な時間の情報を把握しなければならないので、Mr. Yukanが作成した電子メールを中心に情報を探す。目を通した内容にもとづいて、彼がサウンドエンジニアに志願することを把握した。したがって、サウンドエンジニアの告知に関する詳細情報を求人告知(文1)の小見出し2の情報で把握する。正解は(D)である。

	Subject: Sound Engineer (文2)
+	Must be available ~ Saturday and Sunday evenings (文1)
=	正解: Weekend evenings

3. **092**を解く。
   核心語のMr. Yukanが作成した電子メール(文2)を中心に情報を把握する。特に、本人の長所をアピールした2番目の文章を中心に情報を把握する。2番目の段落の最後の文章を根拠にして、正解は(C)になる。
4. **093**を解く。
   目を通した内容にもとづいて、該当する情報が電子メール(文2)の最後の段落に提示されることを把握した。該当する部分の情報を読んでみると、It includes footage of some of the projects I have worked on, and audio samples of concerts I have recordedと加えている。(B)が正解になる。
5. **089**を解く。
   目を通した部分を通じて、核心語のharmony instructorは求人告知(文1)の小見出し1に詳細情報が提示されていることを把握した。該当する部分を読む。At least 5 years previous teaching experience with students of all levelsを通じて、(C)が正解になる。

● 読解同意語の練習問題

(解答と解説▶p.443)

文章の下線部の単語と最も近い意味を表す単語を選びなさい。

1. Two children answered the teacher's question simultaneously.
   (A) finally　(B) on end　(C) at the same time　(D) securely

2. Treatment is tailored to the needs of each patient.
   (A) monitor　(B) reveal　(C) raise　(D) customized

3. As a token of our gratitude for all that you have done, we would like you to accept this gift.
   (A) appreciation　(B) quote　(C) respect　(D) success

DAY 28

実践 10 キム・デギュンの実際の試験当日のシミュレーション

問題と選択肢を読む	28秒	
本文に目を通す	25秒	全98秒！
核心語を読む	20秒	(1分38秒)
正解を選ぶ	25秒	

Questions 094-095 refer to the following notice. 難易度：下

◀文章の種類を把握 – 告知

Phoenix Music is delighted to announce a public performance by blues legend Franky Bones on Wednesday, 21 July, from 5 P.M. to 8 P.M. A three-time winner of the Zepplin Award for best live performance, Bones will play a selection of his favorite songs from his latest album "Outside Looking In". This album, the third and final chapter in his Farewell to Clubland series, has been one of this year's top sellers and has had rave reviews from critics. A chance to witness one of the greatest musicians of our time is not to be missed! Tickets cost €10 and can be purchased at Phoenix Music, 227 Ingester Street, Cambridge, or by contacting our call center at 555 1120.

◀最初の文章 – Phoenix Musicがブルースの伝説的な存在であるFranky Bonesの公演を発表

◀2番目の文章 – ライブ演奏曲の紹介

◀最後の文章 – チケットの値段及び購入先の情報

094. Who is Mr. Bones? 問題を読む 3秒 正解を選ぶ 10秒

(A) An official judge for the Zepplin Award
(B) The manager of Phoenix Music
(C) A music critic from Cambridge
(D) A talented blues musician

095. What is indicated about Outside Looking In? 問題を読む 5秒 正解を選ぶ15秒

(A) It was written during a ten-month tour. 選択肢を読む 5秒
(B) It received a nomination for best vocalist. 選択肢を読む 5秒
(C) It is the last part of an album series. 選択肢を読む 5秒
(D) It sold over a million copies worldwide. 選択肢を読む 5秒

キム・デギュンが実際に試験場で問題を解く順番と方法

(解答と解説▶p.443)

Step 1 問題と選択肢を読む 28秒

1. **094**の問題は詳細情報の確認問題である。質問の核心語はMr. Bonesである。
2. **095**の問題は推論問題である。質問の核心語はOutside Looking Inである。選択肢の核心語は (A)written during a ten-month tour (B)a nomination for best vocalist (C)the last part of an album series (D)over a million copies worldwideである。
3. 問題を解く順番を決める。
   094(詳細情報問題) ➡ **095**(推論問題)の順序でアプローチする。

Step 2 本文に目を通す 25秒

1. 文章の紹介を読む。告知(notice)である。
2. 最初の文章を読む。Phoenix Musicがブルースの伝説的な存在であるFranky Bonesの7月21日水曜日の午後5~8時の公演を発表していることを把握する。
3. 次の文章を読む。Bonesに関する情報とともに、ライブ演奏曲を"Outside Looking In"から選んだことを把握する。
4. 次の文章を読む。Outside Looking Inアルバムに関する情報が提示されることを把握する。
5. 最後の文章を読む。チケットの値段及び購入先の情報が提示されることを把握する。

Step 3 問題を解く 核心語を読む 20秒・正解を選ぶ 25秒

1. **094**を解く。
   目を通した内容を通じて、最初の文章で正解の根拠を見つけられる。正解は(D)である。
2. **095**を解く。
   目を通した部分で把握した核心語の'Outside Looking In'アルバムに関する情報が出る文章を中心に読む。This album, the third and final chapter in his Farewell to Clubland seriesを通じて、〈最新アルバム〉であり、〈シリーズの中の3番目で、最後のアルバム〉であることがわかる。正解は(C)である。

問題と選択肢を読む	51秒	
本文に目を通す	35秒	全161秒!
核心語を読む	35秒	(2分41秒)
正解を選ぶ	40秒	

Questions 096–098 refer to the following advertisement. 難易度：中 ◀文章の種類を把握 – 広告

The Foster Gallery

134 London Street, Dannevirke 5106

◀タイトル – Foster Gallery

On Saturday, July 26, we will be hosting our annual second-hand book sale. There will be an enormous selection of fiction and non-fiction work all kindly donated by local residents. All profits are being donated to the gallery workshop program and exhibits. There will be no door charge at the gallery entrance during the event.

◀最初の段落の最初の文章 – イベント紹介 – 毎年の古本販売イベントを7月26日土曜日に開催する予定

The Foster Gallery was founded seventy five years ago in the family home of nineteenth-century explorer Glenn Foster. Through his travels, he amassed a large collection of paintings, sculptures, masks and traditional tribal artwork which is still available for viewing today. Its well-maintained grounds include many native shrubs and flowers and several beautiful water features.

◀2番目の段落の最初の文章 – ギャラリー紹介 – Foster Galleryは75年前探検家のGlenn Fosterの家に設立される

The gallery gift shop will also be discounting all items by 15 percent during the book sale. The gallery's hours of operation are from 9:00 A.M. to 6:00 P.M. Monday to Friday, and 10:00 A.M. to 3:00 P.M. on weekends.

◀3番目の段落の最初の文章 – 割引情報 – ギャラリーのギフトショップも同期間中に15%の割引提供

The gallery will be showing its current exhibit "In Color We Trust" by the world renowned photographer Gretel Hindel until August 20. For more details, visit www.fostergallery.org.

◀4番目の段落の最初の文章 – 展示紹介 – 著名な写真家であるGretel Hindelの"In Color We Trust"展示会が8月20日まで行われる

096. What is being advertised? 問題を読む 3秒 正解を選ぶ 10秒

(A) A closing down sale
(B) A fund-raising event
(C) A seminar by Glenn Foster
(D) An antique auction

097. What is indicated about The Foster Gallery? 問題を読む 3秒 正解を選ぶ 15秒

(A) It is remodeling its main entrance. 選択肢を読む 5秒
(B) It puts on art appreciation classes. 選択肢を読む 5秒
(C) It regularly hosts local artists' work. 選択肢を読む 5秒
(D) It used to be a private residence. 選択肢を読む 5秒

098. What is NOT scheduled to happen at The Foster Gallery on July 26?
問題を読む 5秒　正解を選ぶ 15秒

(A) Gallery visitors will not have to pay an entrance fee. 選択肢を読む 5秒
(B) Prices at the gallery gift shop will be reduced. 選択肢を読む 5秒
(C) The gallery will be not close until 9:00 P.M. 選択肢を読む 5秒
(D) Photographs will be on display. 選択肢を読む 5秒

キム・デギュンが実際に試験場で問題を解く順番と方法

(解答と解説▶p.444)

Step 1 問題と選択肢を読む 51秒

1. **096**の問題は文章のテーマを問う問題である。
2. **097**の問題は推論問題である。質問の核心語はThe Foster Galleryである。選択肢の核心語は (A)remodeling its main entrance (B)art appreciation classes (C)regularly hosts local artist's work (D)used to be a private residenceである。
3. **098**の問題は否定語NOTが入っている詳細情報の確認問題である。質問の核心語はon July 26である。選択肢の核心語は (A)not have to pay (B)priceとbe reduced (C)not close until 9:00 P.M. (D)photographsとon displayである。
4. 問題を解く順番を決める。
   098(否定語NOT詳細情報問題) ➡ **097** (推論問題) ➡ **096**(文章のテーマ問題)の順序でアプローチする。

Step 2 目を通す 35秒

1. 文章の紹介を読む。広告(advertisement)である。
2. タイトルを読む。The Foster Galleryに関する内容であることを把握する。
3. 最初の段落の最初の文章を読む。毎年の古本販売イベントを7月26日土曜日に開催する予定であることを把握する。この段階はイベントに関する情報が提示されている。
4. 2番目の段落の最初の文章を読む。ギャラリーに関する紹介が出る段落であることを把握する。75年前探検家のGlenn Fosterの家に設立されたことを把握する。
5. 3番目の段落の最初の文章を読む。ギャラリーのギフトショップもイベント期間中に15%の割引を提供するという割引情報が提示されていることを把握する。
6. 4番目の段落の最初の文章を読む。著名な写真家であるGretel Hindelの"In Color We Trust"に関する展示紹介が出る段落であることを把握する。

Step 3 問題を解く 核心語を読む 35秒・正解を選ぶ 40秒

1. **098**を解く。
   目を通した部分を通じて、核心語のJuly 26がこの広告のイベント開催日であることを把握する。最初の段落で(A)を、3番目の段落で(B)を、4番目の段落で(D)を確認できる。選択肢(C)の時間情報が出る3番目の段落を読むと、(C)が間違った情報であることを確認できる。
2. **097**を解く。
   目を通した部分で、ギャラリーが探検家の家に設立されたことを把握した。正解は(D)である。

3. **096**を解く。
目を通した内容にもとづいて、最初の段落の最初の文章で古本販売イベントであることを把握できる。また、最初の段落の最後の文章で収益金の全てをギャラリーの運営費として使うと出ているので、(B)が最も適切である。

問題と選択肢を読む	41秒	
本文に目を通す	50秒	全201秒！
核心語を読む	60秒	(3分21秒)
正解を選ぶ	50秒	

Questions 099-103 refer to the following e-mails. 難易度：中

◀文章の種類を把握 – 電子メールと電子メール

To:	customerservice@supercheapcameras.com
From:	jbignel@consumernews.com
Date:	March 2
Subject:	Klare batteries

◀受信者 – customerservice
◀送信者 – jbignel
◀日付 – 3月2日
◀テーマ – Klareのバッテリー

To Whom It May Concern:

Last month, our purchasing manager visited Super Cheap Cameras to buy eight Pearson model JK 60 digital cameras and eight Klare digital camera battery packs for the magazine's photography department to use. Unfortunately, our photographers have had major issues with battery life – they ran out significantly faster than advertised. This advertising was the sole reason why we purchased the Klare batteries instead of those manufactured by Pearson, even though Pearson's are slightly cheaper. I'm very disappointed with these products and am hoping you can offer a solution to this problem.

◀最初の文章 – 先月Super Cheap Camerasに雑誌社の写真部で使うカメラとバッテリーを買うために購買マネージャーが訪問

◀Unfortunately文章 – 写真家がバッテリー寿命のイシューを提起 – 広告より減りが早い

Thank you,

Jerry Bignel
Office Manager

◀送信者 – Jerry Bignel

To:	jbignel@consumernews.com
From:	customerservice@supercheapcameras.com
Date:	March 4
Subject:	RE: Klare batteries

◀受信者 - jbignel
◀送信者 - customerservice
◀日付 - 3月4日
◀テーマ - Klareバッテリーの件

Dear Mr. Bignel,

I contacted a quality control expert at Klare yesterday afternoon, who recommended checking where the batteries are being kept when not in use and how they are being recharged. At the time of purchase, the clerk was supposed to give Julie Townsend a pamphlet explaining the correct storage method and recharging procedure. Could you ask Ms. Townsend if she received that pamphlet when she made her purchase last month? If not, we are happy to send you an electronic copy of the booklet via email.

◀最初の段落の最初の文章 - Klare社の品質管理専門家に連絡 - 使わない時のバッテリー保管方法と充電方法を確認するようにお勧め

If the batteries continue to perform below expectations, please bring them back to the store. We will gladly replace them free of charge. Ms. Townsend is a valued customer at Super Cheap Cameras and we wish to apologize for any inconvenience.

◀2番目の段落の最初の文章 - 問題が続くと、店舗にバッテリーを持って訪問することを要請

Sincerely,
Stanley Ng
Manager, Super Cheap Cameras

◀送信者: Stanley Ng

099. What is the purpose of the first e-mail? 問題を読む 3秒 正解を選ぶ 10秒

(A) To ask for a refund on a product
(B) To dispute an incorrect invoice
(C) To explain a problem with a purchase
(D) To change a previous order

100. For what type of company does Jerry Bignel work? 問題を読む 5秒 正解を選ぶ 10秒

(A) A regular publication
(B) An electronics retailer
(C) A real estate agency
(D) A photography studio

101. What is Julie Townsend's job? 問題を読む 3秒 正解を選ぶ 10秒

(A) Office Manager
(B) Quality control expert
(C) Sales representative
(D) Purchasing Manager

102. What is Jerry Bignel asked to do first? 問題を読む 5秒 正解を選ぶ 10秒

(A) Call Klare's quality control division
(B) Discover if an instruction booklet was received
(C) Provide an address for a delivery
(D) Confirm the date that an item was bought

103. What is stated about the Klare batteries? 問題を読む 5秒 正解を選ぶ 10秒

(A) They were endorsed by Stanley Ng. 選択肢を読む 5秒
(B) They cost more than Pearson batteries. 選択肢を読む 5秒
(C) They are advertised to last for twelve hours. 選択肢を読む 5秒
(D) They are designed to only be used with the JK 60 camera. 選択肢を読む 5秒

キム・デギュンが実際に試験場で問題を解く順番と方法

(解答と解説▶p.445)

Step 1 問題と選択肢を読む 41秒

1. **099**の問題は文章の目的を問う問題である。
2. **100**の問題は詳細情報の確認問題である。質問の核心語はwhat type of companyである。
3. **101**の問題は詳細情報の確認問題である。質問の核心語はJulie Townsend's jobである。
4. **102**の問題は詳細情報の確認問題で、要請/勧告/提案事項に関する情報を問う問題である。問題の核心語はJerry Bignelとdo firstである。
5. **103**の問題は詳細情報の確認問題である。質問の核心語はKlare batteriesである。選択肢の核心語は (A)endorsed by Stanley Ng (B)cost more than Pearson batteries (C) advertised to last for twelve hours (D)only be used with the JK 60 cameraである。
6. 問題を解く順番を決める。
100(詳細問題) ➡ **101**(詳細問題) ➡ **102**(詳細問題) ➡ **103**(詳細問題) ➡ **099**(目的問題)の順序でアプローチする。

Step 2 本文に目を通す 50秒

1. 文章の紹介を読む。電子メールと電子メール(emails)である。
2. 2番目の電子メール(文2)を先に読む。最初の4行を読む。Jbignelに customerservice(顧客サービスセンター)が3月4日にKlare batteriesの件に関する返信として送った電子メールであることを把握する。次の文章を通じて、受信者の名前がBignelであることを確認する。また、文章の最後の部分を通じて、顧客サービスセンターの従業員の名前がStanley Ngであることを確認する。

3. 最初の段落の最初の文章を読む。Klare社の品質管理専門家に連絡した結果、使わない時のバッテリー保管方法と充電方法を確認するようにと勧められたという情報を把握する。この文章を通じて、前の電子メールでKlareのバッテリーにある問題があったことを把握する。
4. 2番目の段落の最初の文章を読む。問題が続くと、店舗にバッテリーを持って訪問するように要請していることを把握する。これをもって前の段落でバッテリー問題を解決する方法を提示したことを把握する。
5. 最初の電子メール(文1)を読む。最初の4行を読む。Bignelが顧客サービスセンターに3月2日にKlareのバッテリーに関する件で問い合わせした電子メールであることを把握する。
6. 最初の段落の最初の文章を読む。先月、会社の購買マネージャーがSuper Cheap Camerasに雑誌社の写真部で使うカメラとバッテリーを買いに訪問したことを把握する。
7. Unfortunately文章を読む。会社の写真家がバッテリーが広告より減りが早いというイシューを提起したことを把握する。

Step 3 問題を解く 核心語を読む 60秒・正解を選ぶ 50秒

1. **100**を解く。
   目を通した部分を通じて、最初の電子メール(文1)で雑誌社の写真部で使うカメラとバッテリーだったことを把握した。正解は(A)である。
2. **101**を解く。
   核心人物の名前であるJulie Townsendが登場する部分を探して読む。2番目の電子メール(文2)の最初の段落のCould you ask Ms. Townsend if she received that pamphlet when she made her purchase last month?という情報を通じて、最初の電子メール(文1)で関連情報を探す。目を通した部分を通じて、購買マネージャーが店舗を訪問したことを把握したので、正解は(D)である。

	Ms. Townsend ~ she made her purchase last month (文2)
+	Last month, our purchasing manager visited (文1)
=	正解: Purchasing Manager

3. **102**を解く。
   核心語を読む。Bignelに要請するメールは2番目の電子メール(文2)である。2番目の文章でバッテリー保管方法及び充電方法に関するパンフレットをもらったはずで、それを確認してほしいという情報が出る。正解は(B)である。
4. **103**を解く。
   核心語のKlare batteriesを中心に正解を探す。最初の電子メールの後半にPearsonの製品が少し安いのにバッテリーに関する広告情報によってKlareを購入したという情報が提示される。したがって、(B)が正解になる。
5. **099**を解く。
   目を通した部分を根拠にして、内容を総合してみると製品の問題を説明していることがわかる。正解は(C)である。

● 読解同意語の練習問題

(解答と解説▶p.446)

文章の下線部の単語と最も近い意味を表す単語を選びなさい。

1. Given his standing within the organization, many people believe Mr. White will take over the company when the current CEO retires.

   (A) reputation (B) position (C) permanence (D) duration

2. Unfortunately, the intern mixed up the addresses on the packages he was asked to send yesterday.

   (A) combined (B) confused (C) scattered (D) associated

3. As a result of their special advertising campaign, the charity raised a significant amount of money to help under-privileged children.

   (A) awakened (B) collected (C) mentioned (D) lifted

DAY 29

実践

キム・デギュンの実際の試験当日のシミュレーション

問題と選択肢を読む	26秒	
本文に目を通す	25秒	全101秒！
核心語を読む	25秒	（1分41秒）
正解を選ぶ	25秒	

Questions 104–105 refer to the following notice. 難易度：下

◀文章の種類を把握 – 告知

Hemel Public Libraries
Main Street, Hemel, Herts HP1 1TA
(01442) 255-112

◀タイトル – Hemel公共図書館

Library member: Anna James **Membership ID number: TR567809**

◀会員情報 – Anna James及びID番号

December 18th

◀作成日 12月18日

Dear Mrs. James,

Our system is showing the following item is overdue:

Learning Spanish by Juan Garcia Checked out: September 21st
Due: December 1st

◀最初の段落の最初の文章 – 延滞項目 - Learning Spanish by Juan Garcia - 貸出日 9月21日、返却日 -12月1日

This is your second reminder for ***Learning Spanish***. This item can be returned to the library at any time by dropping it into one of our collection boxes. You will be charged a fee of $0.30 per day, until the item has been returned. As of December 17th, your total overdue fee is $5.10. You must pay the overdue fee prior to checking out any further library items. Thank you for your attention.

◀2番目の段落の最初の文章 – 2回目の催促情報

104. What is the main purpose of the notice? 問題を読む 3秒 正解を選ぶ 10秒

(A) To announce a new linguistic text book
(B) To welcome new library members
(C) To advertise the opening of a new library
(D) To tell a member about an issue

105. What is indicated about the library? 問題を読む 3秒 正解を選ぶ 15秒

(A) It declined a donation from Mrs. James. 選択肢を読む 5秒

(B) It has contacted Mrs. James before. 選択肢を読む 5秒

(C) It will invite Mrs. James to a dinner. 選択肢を読む 5秒

(D) It rejected a refund to Mrs. James. 選択肢を読む 5秒

キム・デギュンが実際に試験場で問題を解く順番と方法

(解答と解説▶p.447)

Step 1 問題と選択肢を読む 26秒

1. **104**の問題は文章の目的を問う問題である。
2. **105**の問題は推論問題である。質問の核心語はlibraryである。選択肢の核心語は (A) declined a donation (B)contacted Mrs. James before (C)invite Mrs. James to a dinner (D)rejected a refundである。
3. 問題を解く順番を決める。
   105(推論問題) ➡ **104**(目的問題)の順序でアプローチする。

Step 2 本文に目を通す 25秒

1. 文章の紹介を読む。告知(notice)である。
2. タイトルを読む。Hemel公共図書館で発行した告知であることを確認する。
3. 会員情報を読む。Anna Jamesの情報であることを把握する。
4. 作成日を読む。12月18日であることを把握する。
5. 最初の段落の最初の文章を読む。延滞項目があることを把握する。該当する項目はLearning Spanishという本であることを把握する。
6. 2番目の段落の最初の文章を読む。該当する延滞項目で、2回目の催促状であることを把握する。

Step 3 問題を解く 核心語を読む 25秒・正解を選ぶ 25秒

1. **105**を解く。
   目を通した部分を通じて、該当する告知が2回目の催促状であることを把握した。したがって、正解は(B)である。
2. **104**を解く。
   目を通した内容を通じて、図書館の会員に延滞イシューを催促するために作成されたことを把握した。したがって、正解は(D)である。

問題と選択肢を読む	9秒	
本文に目を通す	35秒	全109秒!
核心語を読む	35秒	(1分49秒)
正解を選ぶ	30秒	

Questions 106-108 refer to the following advertisement. 難易度：中

◀文章の種類を把握 - 広告

Lucy's Food Market

214 Gonville Avenue, Orange County, California
555–2437
www.lucysfoodmarket.com

◀タイトル - Lucy's Food Market

Do you need a caterer for a celebration? Let Lucy's Food Market take care of it. We have an incredible range of party favorites. Whether you're putting on a work event, a social occasion, a graduation, or an anniversary, we have the expertise you require.

◀最初の段落の最初の文章 - お店の紹介 - ケータリングサービスを提供

Take a look at several of our most popular dishes:

◀2番目の段落 - 最も人気のあるメニューを紹介

Vegetarian Platter (serves 12) A mixture of freshly harvested vegetables that are steamed and garnished with butter. $15.00

◀小見出し1 - ベジタリアン盛り合わせ

Biscuit Platter (serves 15) A mixture of scrumptious biscuits from our bakery. Choose your favorites, and we will take care of the arrangement. $12.00

◀小見出し2 - ビスケット盛り合わせ

Luncheon Platter (serves 15) Includes a selection of top-quality meat, cheese, and homemade bread. Includes half a dozen complimentary bags of chips, dip and bottled water. $40.00

◀小見出し3 - ランチ盛り合わせ

Appetizer Platter (serves 8) Comprises of a variety of beef, pork, chicken, fish, and vegetarian finger foods. $30.00

◀小見出し4 - 前菜盛り合わせ

We are also able to accommodate other specialty dishes provided we are given at least 7 days notice. Price per platter will range between $40-$80 depending on ingredients.

◀ 3番目の段落の最初の文章 - その他のメニューの注文 - 7日前に事前予約すると可能

For additional information and pricing, please visit our website.
We also offer an online reservation service.
Orders of 10 or more platters are eligible for a 20% discount.

◀4番目の段落の最初の文章 - 追加情報及び値段 - ウェブサイト訪問
◀4番目の段落の最後の文章 - 割引情報

106. What is the purpose of the advertisement? 問題を読む 3秒 正解を選ぶ 10秒

(A) To announce the opening of a new restaurant
(B) To explain available catering options
(C) To describe menu changes at a cafeteria
(D) To publicize a range of individually wrapped meals

107. Which platter includes a beverage? 問題を読む 3秒 正解を選ぶ 10秒

(A) Vegetarian Platter
(B) Biscuit Platter
(C) Luncheon Platter
(D) Appetizer Platter

108. How can customers receive a discount at Lucy's Food Market?
問題を読む 3秒 正解を選ぶ 10秒

(A) By ordering from the company's website
(B) By ordering at least a week in advance
(C) By ordering a minimum of ten platters
(D) By ordering at least one main course

キム・デギュンが実際に試験場で問題を解く順番と方法

(解答と解説▶p.448)

Step 1 問題と選択肢を読む 9秒

1. **106**の問題は文章の目的を問う問題である。
2. **107**の問題は詳細情報の確認問題である。質問の核心語はbeverageである。
3. **108**の問題は詳細情報の確認問題である。また、何かの資格の獲得/利用方法に関する問題である。質問の核心語はa discountである。
4. 問題を解く順番を決める。
   107(詳細情報問題) ➡ **108** (詳細情報問題) ➡ **106** (目的問題)の順序でアプローチする。

Step 2 本文に目を通す 35秒

1. 文章の紹介を読む。広告(advertisement)である。
2. タイトルを読む。Lucy's Food Marketに関する内容であることを把握する。
3. 最初の段落の最初の文章を読む。お店に関する紹介文であることを把握する。ケータリングサービスを提供するお店であることを把握する。
4. 2番目の段落を読む。最も人気のあるメニューが提示されていることを把握する。
5. 小見出し1を読む。ベジタリアン盛り合わせに関する内容である。
6. 小見出し2を読む。ビスケット盛り合わせに関する内容である。

7. 小見出し3を読む。ランチ盛り合わせに関する内容である。
8. 小見出し4を読む。前菜盛り合わせに関する内容である。
9. 3番目の段落の最初の文章を読む。その他のメニューの注文も7日前に事前連絡すると可能であることを把握する。
10. 最後の段落を読む。追加情報及び値段はウェブサイトで確認できることを確認する。

Step 3 問題を解く 核心語を読む 50秒・正解を選ぶ 30秒

1. **107**を解く。
   核心語のbeverageが含まれた盛り合わせメニューを探す。正解は(C)である。
2. **108**を解く。
   核心語のdiscount情報が出る段落が最後の段落であることを目を通した部分で確認した。10個以上注文すると20%の割引をもらえると出ているので、(C)が正解である。**テクニック06**で学んだように、何かの資格や特典などを得る方法に関する問題は、主に後半に正解の根拠が出る。
3. **106**を解く。
   目を通した内容にもとづいて、最初から食べ物を提供しているお店の広告であることを類推できる。また、続く段落でいろいろなメニューを紹介している。(B)が正解である。

問題と選択肢を読む 65秒
本文に目を通す 50秒 全235秒！
核心語を読む 60秒 (3分55秒)
正解を選ぶ 60秒

Questions 109-113 refer to the following Web page and e-mail. ◀文章の種類を把握 - ウェブページと電子メール

難易度：中

WWW.Brennerinn.co.uk

About us	Bookings	Facilities	Special Events

◀ホームページのメニュー - About us (会社紹介)

• Brenner Inn •

63 Featherston Street, Bristol BS2 England

555-9226

◀ページのタイトル - Brenner Inn

The Brenner Inn is located in the center of Bristol. Originally a foundry, the historic structure has been lovingly renovated and enlarged to now hold 65 suites, dining facilities, and conference center. Several galleries, museums and a supermarket are nearby, and the business district is a five-minute bus ride away.

◀最初の段落の最初の文章 - 宿泊地紹介 - 位置: Bristol

◀最初の段落の2番目の文章 - 紹介 - 施設紹介

Our conference center comprises of several rooms of various sizes and is completely catered for. All rooms are outfitted with computers, internet access, whiteboards and projectors. Free valet parking is on offer to all conference guests whether they are staying at the hotel or not.

◀2番目の段落の最初の文章 - カンファレンスセンターの施設紹介

Please ask about our new Hotel Plus program. Members get complimentary cooked breakfasts, unlimited internet access, and upgrades from a regular deluxe room to a superior suite, which has its own separate dining room and spacious balcony. For more information about our Hotel Plus program, check out our Special Events page.

◀3番目の段落の最初の文章 - Hotel Plus program紹介

Book online before June 1 to be eligible for our special room rates. Click on Bookings for additional information.

◀4番目の段落の最初の文章 - 割引特典

To:	Robert Lakeland <rlakeland@fastmail.net>
From:	Derek Pickering <dpickering@brennerinn.com>
Date:	21 May
Subject:	Brenner Inn

◀受信者 - Robert Lakeland
◀送信者 - Derek Pickering
◀日付 - 5月21日
◀テーマ - Brenner Inn

Dear Mr. Lakeland,

In response to your request, here is a rundown of the bill for your recent stay at the Brenner Inn. We hope you enjoyed your visit and look forward to seeing you again.

◀最初の段落の最初の文章 - 要請事項 - 最近の宿泊に関する請求書の概要

- Check in: 15 May
- Check out: 18 May
- Room 302 £60 per night
  (Complimentary upgrade to superior suite)
- Cooked Breakfast No Charge
- Total £180

◀チェックイン情報
◀チェックアウト情報
◀利用金額
◀食事情報
◀合計額

Sincerely,
Derek Pickering

◀送信者 - Derek Pickering

109. What is stated about the Brenner Inn? 問題を読む 5秒 正解を選ぶ 10秒

(A) It is next to a theater. 選択肢を読む 5秒
(B) It will soon be remodeled. 選択肢を読む 5秒
(C) It is in the middle of town. 選択肢を読む 5秒
(D) It has a souvenir store. 選択肢を読む 5秒

110. What is NOT mentioned as being available at the Brenner Inn?
問題を読む 5秒 正解を選ぶ 15秒

(A) A fitness center
(B) Dining facilities
(C) Free parking
(D) Business equipment

111. What is being offered for a limited time? 問題を読む 5秒 正解を選ぶ 10秒

(A) Free internet connections
(B) Transportation to nearby attractions
(C) Cooked breakfast
(D) A discount on room prices

112. Why did Mr. Pickering send the e-mail? 問題を読む 5秒 正解を選ぶ 10秒

(A) To confirm a booking
(B) To ask for a deposit
(C) To supply a list of charges
(D) To announce a set of services

113. What is indicated about Mr. Lakeland? 問題を読む 5秒 正解を選ぶ 15秒

(A) He has booked a superior suite. 選択肢を読む 5秒
(B) He requested the use of a conference room. 選択肢を読む 5秒
(C) He was traveling with his family. 選択肢を読む 5秒
(D) He is a member of the Hotel Plus program. 選択肢を読む 5秒

キム・デギュンが実際に試験場で問題を解く順番と方法

(解答と解説▶p.449)

Step 1 問題と選択肢を読む 65秒

1. **109**の問題は詳細情報の確認問題である。質問の核心語はBrenner Innである。選択肢の核心語は (A)next to a theater (B)soon be remodeled (C)in the middle of town (D)has a souvenir store.である。
2. **110**の問題は否定語NOT詳細情報の確認問題である。質問の核心語はnot availableである。
3. **111**の問題は詳細情報の確認問題である。質問の核心語はfor a limited timeである。
4. **112**の問題は詳細情報の確認問題である。質問の核心語はWhyとMr. Pickeringである。
5. **113**の問題は推論問題である。質問の核心語はMr. Lakelandである。選択肢の核心語は(A) a superior suite (B)a conference room (C)traveling with his family (D)a member of the Hotel Plus programである。

   109(詳細問題) ➡ **111**(詳細問題) ➡ **112**(詳細問題) ➡ **110**(否定語NOT詳細問題) ➡ **113**(推論問題)の順序でアプローチする。

Step 2 本文に目を通す 50秒

1. 文章の紹介を読む。ウェブページと電子メール(Web page and e-mail)である。
2. 電子メール(文2)を先に読む。最初の4行を読む。Derek PickeringがRobert Lakelandに5月21日に送ったBrenner Innに関する電子メールである。
3. 最初の段落の最初の文章を読む。Lakelandの要請で、最近の宿泊に関する請求書の概要を送付していることを把握する。

4. ウェブページ(文1)を読む。最初のホームページのメニューがAbout usで、会社紹介であることを把握する。
5. ページのタイトルを読む。Brenner Innに関する内容であることを把握する。
6. 最初の段落の最初の文章を読む。Bristolに位置していて、この段落が宿泊地に関する紹介であることを把握する。
7. 2番目の段落の最初の文章を読む。カンファレンスセンターの施設に関する内容がこの段落に提示されることを把握する。
8. 3番目の段落の最初の文章を読む。Hotel Plus programに関する内容がこの段落に提示されることを把握する。
9. 4番目の段落の最初の文章を読む。6月1日まで予約すると、割引が提供されることを把握する。

Step 3 問題を解く 核心語を読む 60秒・正解を選ぶ 60秒

1. **109**を解く。
目を通した部分で、最初の段落の最初の文章でBristolの中心街に位置しているという情報を確認した。正解は(C)である。
2. **111**を解く。
目を通した部分で、特典に関する情報はウェブページ(文1)の最後の段落に提示されることを把握した。6月1日前までオンライン予約限定で特別価格で利用できると出ているので、(D)が最も適切である。
3. **112**を解く。
電子メール(文2)の目的に関する問題である。目を通した部分を通じて、最近の宿泊に関する請求書の概要を知らせるためであることがわかる。したがって、(C)が正解になる。
4. **113**を解く。
ウェブページ(文1)の4番目の段落に出るHotel Plus programの会員特典の中で、電子メール(文2)に提示されたComplimentary upgrade to superior suiteから見ると、(D)が正解であることがわかる。

Members get upgrades to a superior suite (文1)
\+ Complimentary upgrade to superior suite (文2)

= 正解: He is a member of the Hotel Plus program.

5. **110**を解く。
ウェブページ(文1)で'利用施設'に関する部分を探して、各選択肢と対照しながら言及されている内容を消去する方法で問題を解決する。最初の段落のhold 65 suites, dining facilities, and conference centerで(B)を、2番目の段落のAll rooms are outfitted with computers, internet access, whiteboards and projectorsで(D)を、Free valet parking is on offer to all conference guests whether they are staying at the hotel or notで(C)を確認できる。したがって、この問題の正解は(A)である。

● 読解同意語の練習問題

(解答と解説▶p.450)

文章の下線部の単語と最も近い意味を表す単語を選びなさい。

1. For an additional fee, customers can choose to <u>extend</u> the standard 1 year warranty to 3 years.

   (A) collect　(B) offer　(C) define　(D) lengthen

2. A ceremony will take place this Friday to congratulate Carl Urban on his <u>appointment</u> as the new Chief of Design at Emerald Manufacturing.

   (A) Arrangement to meet　(B) Membership in a group
   (C) Assignment to a position　(D) Selection of a committee

3. A recent clinical <u>trial</u> has shown that Haneda Tooth Paste brightens teeth 70 percent more effectively than any other brand of toothpaste in Japan.

   (A) experiment　(B) display　(C) error　(D) expression

DAY 30

FINAL TEST

(解答と解説▶p.451～)

Questions. 114–116 refer to the following article.

Little Rock (May 7)— In this morning's press conference, Razorback Newscorp announced details of its purchase of Walton Miles Media. Walton Miles owns three radio news stations in Arkansas, including one in Little Rock. — [1] —. Last summer, the company was the recipient of the prestigious Goldwater Award for coverage of political events. — [2] —. They have the highest number of listeners in their respective markets.

"We are excited to take over Walton Miles Media and continue its legacy of high-caliber journalism," says Danielle Silverman, CEO of Razorback Newscorp. Helen Walton originally founded Walton Miles with Sanford J. Miles, Jr., who retired five years ago. — [3] —. "Our exceptional journalists will be able to continue doing great work with the new resources that this opportunity brings," Ms. Walton said. — [4] —.

114. What is the purpose of the article?

(A) To publicize the purchase of a media company
(B) To report on the end of a popular program
(C) To explain the history of a radio station
(D) To announce the recipient of an award

115. In which of the positions marked [1], [2], [3] and [4] does the following sentence best belong?
"Looking to retire herself, Ms. Walton saw this as a golden opportunity for the firm."

(A) [1]
(B) [2]
(C) [3]
(D) [4]

116. What is indicated about Walton Media?

(A) It recently faced financial difficulties.
(B) It was launched by two business partners.
(C) It was founded five years ago.
(D) It formerly operated music stations.

Questions 117-120 refer to the following online chat discussion.

Khalid Muhammad (Thursday, 10:12 AM):
Hey guys and girls. I'm about to e-mail the finalized agenda for the meeting with Cubicon Technologies. What's the status on your individual tasks?

Ricardo Ortiz (Thursday, 10:12 AM):
I made copies of the presentation packets on Tuesday. The client had requested that we make enough copies for their entire board. I hope nothing has changed.

Iris Zhao (Thursday, 10:13 AM):
I completed the slides for the sales presentation and everything is as we discussed.

Khalid Muhammad (Thursday, 10:14 AM):
Iris, did you order food? Cubicon confirmed on Friday that ten representatives will be attending the meeting.

Iris Zhao (Thursday, 10:15 AM):
Yes, I ordered a breakfast tray from Carlotti's Bakery. It comes with croissants, some cold cuts and cheeses and a fruit salad.

Ricardo Ortiz (Thursday, 10:15 AM):
I am going to schedule a room for 9 AM tomorrow so we can run through the presentation one more time before we head over to the conference room for the 10 AM meeting.

Khalid Muhammad (Thursday, 10:16 AM):
Do you think that's enough? There will be seventeen people, counting us.

Iris Zhao (Thursday, 10:17 AM):
The trays are usually pretty big, but I'll order another one just in case.

Khalid Muhammad (Thursday, 10:18 AM):
Great. And thanks Ricardo for reserving the room. It's a good idea to walk through everything one last time.

Iris Zhao (Thursday, 10:18 AM):
And I scheduled an hour on Friday afternoon for us to debrief and plan our next steps.

117. What is the purpose of the chat?

(A) To update the content of a Web site
(B) To complete preparations for a meeting
(C) To plan a business trip
(D) To discuss a client's request

118. At 10:16 AM, what does Mr. Muhammad suggest when he writes, "Do you think that's enough?"

(A) The team needs more time to prepare.
(B) Mr. Ortiz made too few copies.
(C) A meeting room is too small.
(D) Ms. Zhao should order more food.

119. What will Mr. Ortiz probably do next?

(A) Practice a presentation
(B) Deliver presentation packets
(C) Reserve a room
(D) Call Carlotti's Bakery

120. When will the meeting with Cubicon Technologies take place?

(A) On Thursday afternoon
(B) On Friday morning
(C) On Monday morning
(D) On Wednesday afternoon

Questions 121-123 refer to the following guidelines.

Guidelines for advertising and showing units in Broadmoor Condominiums:

- Responsibility: Unit owners are responsible for ensuring honesty and transparency in advertising, both with respect to the unit and the depiction of the Broadmoor complex. The Broadmoor Condominium Association and its board of directors will bear no responsibility for problems that arise from irresponsible or dishonest advertising.
- Hours for Open Houses: The owner of the unit may schedule open houses only between the hours of 8:30 AM and 5:30 PM Monday through Thursday and 10:00 AM and 8:30 PM on Friday, Saturday and Sunday. Owners who schedule periods for public viewing outside these hours may be subject to fines from the board, particularly in the case of noise complaints from neighbors.
- Advertising Signs and Displays: Signs indicating "for sale" or "for rent" may be posted on the bulletin board by the security desks in the entrance hall. Displaying such signs in windows or in other common areas is strictly prohibited.

We thank you for your cooperation in these matters.

Sal Delmonica, Chairperson
Broadmoor Condominium Association Board of Directors

121. For whom were the guidelines written?

(A) Owners of Broadmoor Condominiums
(B) Visitors to the Broadmoor Condominiums
(C) Potential buyers of condominiums
(D) Former Broadmoor Condominium Association members

122. Where can signs advertising a unit be placed?

(A) On a designated bulletin board
(B) On a desk in a common area
(C) In the window of a condominium
(D) In a window of the entrance hall

123. According to the guidelines, when is an acceptable time to hold an open house?

(A) On a Monday at 6:00 PM
(B) On a Thursday at 8:00 AM
(C) On a Saturday at 9:00 AM
(D) On a Sunday at 7:00 PM

Questions 124–127 refer to the following memo.

MEMO

To: Grint Architectural Group Employees
From: Amelia Grint
Re: Delaney Toole
Date: June 2

I am pleased to announce that Delaney Toole will be joining us at our meeting in Conference Room C on Friday, June 15. Ms. Toole' architectural firm, Toole Architecture and Designs, specializes in environmentally friendly design. — [1] —. Her firm has created several award-winning projects, including the Meadow-Hart House, which was recently named Design of the Year by the Rothlis Institute for Sustainable Architecture. — [2] —.

Ms. Toole is in town for a client meeting and has agreed to give a presentation about the design of the Meadow-Hart House. — [3] —. This building, which incorporates several large interior open spaces, is incredibly energy efficient. Knowing more about the Meadow-Hart House will help us as we work on our design for the Shirley Building.

Because Ms. Toole cannot join us until 4:00 P.M. on Friday (the originally scheduled time for our meeting) we will start at 3:30 P.M. instead. — [4] —. Ms. Toole will then speak for about 45 minutes.

124. What is the topic of the memo?

(A) A new employee
(B) A groundbreaking ceremony
(C) A company merger
(D) An upcoming visit

125. What is NOT indicated about the Meadow-Hart House?

(A) It has large open areas.
(B) It is environmentally friendly.
(C) It was completed ahead of schedule.
(D) It won an award for its design.

126. What does Ms. Grint mention about Friday's meeting?

(A) It will begin earlier than originally planned.
(B) It will take place in a different room.
(C) It will be canceled because of a scheduling conflict.
(D) It will be led by a Rothlis Institute employee.

127. In which of the positions marked [1], [2], [3] and [4] does the following sentence best belong?

"This will give us time to cover our original agenda."

(A) [1]
(B) [2]
(C) [3]
(D) [4]

Questions 128–132 refer to the following web page and e-mail.

http://www.blueleopard.ie/mentorships

Home | FAQ | Contact Us

Center 615

Have you ever thought about working in a coworking space? It's perfect for freelancers, artists, start-ups, small businesses and travelers. And now it's here in downtown Nashville.

Our huge, open concept with fresh air and natural light has tables and desks where you can pull up a chair, fire up your laptop and start working. Need to meet with a group? We also offer private offices, as well as conference rooms that you can reserve by the hour. At Center 615, you can expect fast Wi-Fi and access to low-cost printers and copiers, as well as a calendar full of networking events. We're open every day of the week around the clock.

We offer several membership plans to meet your needs. Our Community Plan allows you to use the open space fifteen days per month. Choose our Community Plus Plan if you want to use the open space every day. Private office space (which includes a desk and chair, a small table and armchairs for clients) is available with our Dedicated Plan. For nights and weekends only, choose our Night Owl Plan.

Want to visit us for the day to get a feel for the space? Purchase a Daily Drop-In pass for $24.00. To learn more or to schedule a tour, e-mail Allison at AllisonkKosh@center615.com or call 615-343-3434.

Find the perfect home for your growing business, no matter the size – with free on-site parking, unlimited conference room use, special access to event space and so much more!

Take a closer look at Center 615 – Nashville's centrally-located campus of private office suites, coworking and meeting rooms. Schedule a tour and find your new workspace today!

To:	Allison Kosh <allison.kosh@center615.com>
From:	Benson Staples <bstaples@pinpoint.com>
Subject:	Membership inquiry
Date:	January 15

Hi Allison,

I visited Center 615 last week on a Daily Drop-In pass and I'm interested in becoming a member. I'm looking for a private office space to house a small start-up called Pinpoint Solutions. Before I sign up, though, I should note that I meet with a lot of clients, so I need to be sure that transportation will not be a problem. Could you let me know if there are any affordable parking lots nearby?

Thank you,

Benson Staples, CEO
Pinpoint Solutions

128. What does the Web page indicate about Center 615?

(A) It has laptops available to rent.
(B) It provides discounts through travel agencies.
(C) It offers free printers.
(D) It is open 24 hours a day.

129. On the Web page, the word "reserve" in paragraph 2, line 4, is closest in meaning to

(A) take back
(B) focus on
(C) arrange to use
(D) keep hidden

130. Why did Mr. Staples send the e-mail?

(A) To resolve a potential problem
(B) To cancel an appointment
(C) To request a guest pass
(D) To schedule a tour

131. What type of membership is most appropriate for Mr. Staples?

(A) Community Plan
(B) Community Plus Plan
(C) Dedicated Plan
(D) Night Owl Plan

132. Who, most likely, is Ms. Kosh?

(A) A client of Pinpoint Solutions
(B) A parking lot owner
(C) An employee of Center 615
(D) A freelancer who enjoys coworking

Questions 133-137 refer to the following e-mails.

To:	Kim Colby<scolby@ColbyCelebritytours.com>
From:	Jeff Bertis <j.Bertis@ChateauMarchmont.es>
Date:	23 January
Subject:	Proposal

Dear Ms. Colby,

It was a pleasure meeting you during your recent visit to the Chateau Marchmont to discuss using our hotel as a home base for the Colby Celebrity Tours conducted in the Hollywood region. As you know, our hotel is located close to the Hollywood Walk of Fame and offers many amenities, including a pool, a restaurant, complimentary breakfasts and ample parking.

To summarize our proposal, we will guarantee you twelve rooms on the first and last nights of all your tours at the rates we discussed. Single rooms are $350 and double rooms are $495 per night. You have until fifteen days before each tour to confirm the number of rooms and to cancel any unused rooms. We will charge an additional $250 to use our meeting room from 3:00 P.M. to 5:00 P.M. on the first day of each tour. A deposit of 50 percent of your total bill will be due fifteen days before the start of each tour. The balance is due on the last day of the tour and can be made by your tour guides upon checkout. Let me know if you wish to proceed and I will prepare a contract.

Sincerely,

Jeff Bertis
Chateau Marchmont Sales Manager

To:	Jeff Bertis <j.bertis@chateaumarchmont.com>
From:	Kim Colby <kcolby@colbycelebritytours.com>
Date:	February 24
Subject:	Follow-up
Attachment:	Contract

Dear Mr. Bertis,

Colby Celebrity Tours has a well-established reputation for excellence and I believe your hotel will help us continue that reputation. The signed contract is attached. One of two tour guides, Jazz Stuart or Amir Noval, will lead each tour. They are aware of their responsibilities with the Chateau Marchmont. I will be in touch as the season draws closer.

Here are this season's tour dates for the Hollywood area:

Start (check-in)	July 6	July 20	August 3	August 17	September 2
End (checkout)	July 12	July 26	August 9	August 23	September 8

Sincerely,

Kim Colby
Colby Celebrity Tours

133. What is NOT offered to guests at Chateau Marchmont Hollywood?

(A) Parking
(B) Breakfast
(C) Pool access
(D) Airport transportation

134. In the first e-mail, the word "rates" in paragraph 2, line 2, is closest in meaning to

(A) intervals
(B) prices
(C) evaluations
(D) speeds

135. What does the second e-mail suggest about Ms. Colby?

(A) She will seek accommodation elsewhere.
(B) She recently started her company.
(C) She has accepted the terms of a proposal.
(D) She will lead the celebrity tours.

136. On what date does Colby Celebrity Tours require a meeting room?

(A) July 26
(B) August 3
(C) August 23
(D) September 8

137. What are Mr. Stuart and Mr. Noval expected to do?

(A) Pay outstanding balances
(B) Negotiate room prices
(C) Send a deposit of 50 percent
(D) Confirm arrival and departure times

Questions 138-142 refer to following Web page, order form and e-mail.

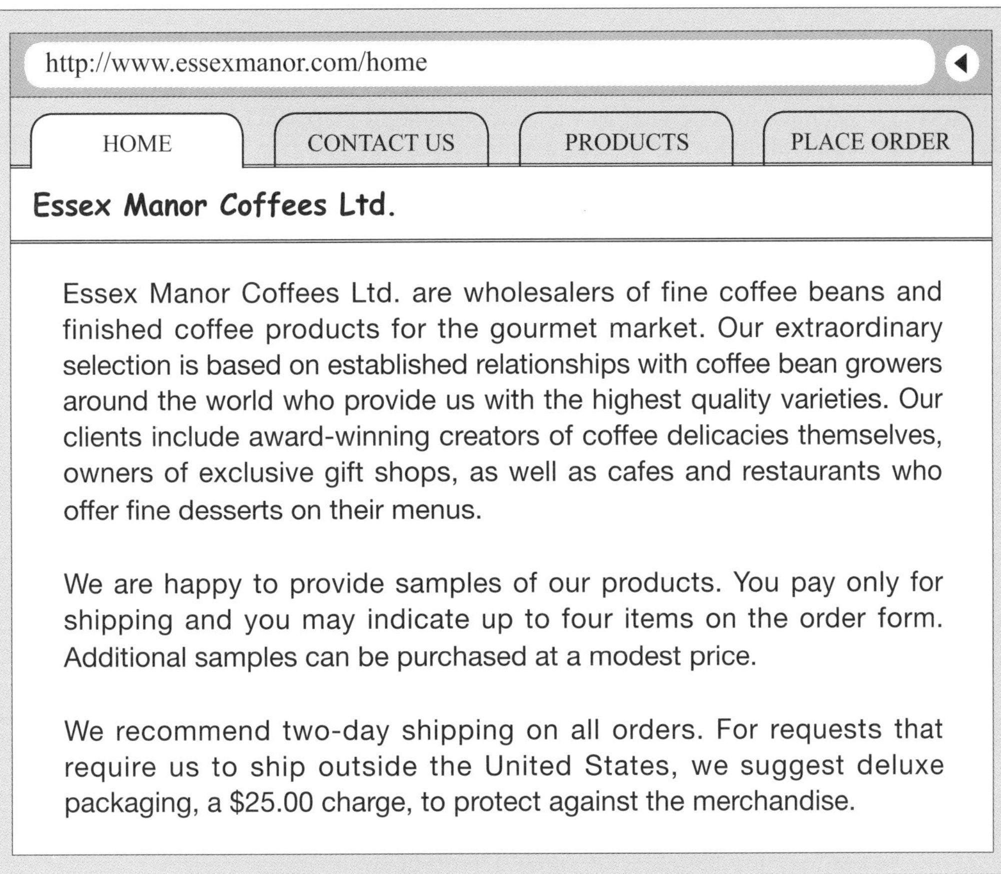

http://www.essexmanor.com/home

HOME | CONTACT US | PRODUCTS | PLACE ORDER

Essex Manor Coffees Ltd.

Essex Manor Coffees Ltd. are wholesalers of fine coffee beans and finished coffee products for the gourmet market. Our extraordinary selection is based on established relationships with coffee bean growers around the world who provide us with the highest quality varieties. Our clients include award-winning creators of coffee delicacies themselves, owners of exclusive gift shops, as well as cafes and restaurants who offer fine desserts on their menus.

We are happy to provide samples of our products. You pay only for shipping and you may indicate up to four items on the order form. Additional samples can be purchased at a modest price.

We recommend two-day shipping on all orders. For requests that require us to ship outside the United States, we suggest deluxe packaging, a $25.00 charge, to protect against the merchandise.

Customer: House of Beans Canada

Sampler order form Order number 8876-HOBC

Item ID	Description	Quantity	Price
BMCB903	Blue Mountain Coffee Beans	1	
KCB462	Kona Coffee Beans	1	
TMC308	Torres Mexican Coffee	1	
BSC48	Bermudi Salted Coffee	1	
Essex Manor Coffees Ltd.		Deluxe Packaging	$25.00
		TOTAL	$25.00

To:	customerservice@essexmanor.com
From:	lkimmel@houseofbeanscanada.com
Date:	November 21
Subject:	Order 8867-HOB

We received our order yesterday. I'm sure it was a simple oversight but item BSC48 was not included. We would appreciate it if you could forward a couple samples of this item, as we believe it might be perfect for gift baskets we are assembling for the upcoming holiday season.

In addition, my staff members and I sampled item KCB462. It has a rich, smooth flavor, distinct from most of the beans that we carry at House of Beans. Can you recommend any other coffees that have the same characteristics?

Lee Kimmel, Owner
House of Blues Canada

138. What is mentioned about Essex Manor Coffees Ltd.?

(A) It operates several coffee bean plantations.

(B) It trains people who want to work in restaurants.

(C) It sells products to retail outlets and restaurants.

(D) It operates a chain of gift shops.

139. What does the Web page indicate about the samples?

(A) Fewer than five samples are offered at no cost.

(B) Ordering them in large quantities will save money.

(C) They are on display at the company headquarters.

(D) They cannot be shipped to places with warm climates.

140. What, most likely, is true about the order?

(A) It arrived spoiled because of poor packaging.
(B) It was sent by overnight delivery.
(C) It was sent to another country.
(D) It arrived later than expected.

141. Which item was missing from the order?

(A) Blue Mountain Coffee Beans
(B) Kona Coffee Beans
(C) Torres Mexican Coffee
(D) Bermudi Salted Coffee

142. What does Mr. Kimmel suggest in the e-mail?

(A) He is grateful to have received a gift basket.
(B) He has hired a new staff assistant.
(C) He is very interested in a particular coffee product.
(D) He is a regular customer of Essex Manor Coffees Ltd.

Questions 143-147 refer to following schedule, review, and e-mail.

Upcoming Shows at the Alabama Theater

Thursday, May 17

The Han Dynasty Trio—Jazz sounds from China (Tide Stage)
- With Marcus Wang - piano, Carolina Wang - bass, Jason Zhang - drums
- Doors open at 7:30 P.M./Show begins at 8:30 P.M.

The Sophie Vincent Band—West Coast rock-music legends (Crimson Stage)
- With Sonia Buck - keyboard, Leon Johnette - bass, Violet Burroughs - drums, Tobias Lin - trumpet
- Doors open at 8:00 P.M./Show begins at 9:00 P.M.

Friday, May 18

Unicorn Fight—Rock supergroup from Japan (Tide Stage)
- With Takeshi Unicorn - guitar and vocals, Hiro Unicorn - bass, Akiko Unicorn - drums, Yoshi Unicorn - violin
- Doors open at 8:30 P.M./Show begins at 9:30 P.M.

Saturday, May 19

Jazz Disaster—Renowned jazz trio from Florida (Stage A)
- Doors open at 9:00 P.M./Show begins at 10:00 P.M.

Sophie Vincent - Latest Crush
Review by Pete Commer

The new album from Sophie Vincent, Latest Crush is a real winner. Ms. Vincent's vocal capabilities have steadily improved over time and her range on this album is truly outstanding. The songs were all written by Ms. Vincent and performed by her touring band. Notably, the phenomenal electric bass lines create a driving rhythm throughout the recording. If you are a fan of Ms. Vincent's earlier albums, you may be surprised by her latest effort but you won't be disappointed.

To:	crayburn@mailme.com
From:	rperry@alabamatheater.com
Date:	May 16
Re:	Your ticket order

Dear Ms. Rayburn,

You are receiving this e-mail because you purchased a ticket for the Unicorn Fight concert this weekend at the Alabama. Please be advised that the concert will be relocated to the Crimson Stage due to unexpected work on the soundboard and P.A. system. Note that Saturday's performance by Jazz Disaster will take place as planned.

Sincerely,

Richard Perry
Assistant Manager, Alabama Theater

143. According to the schedule, what group has the latest start time?

(A) Unicorn Fight

(B) Jazz Disaster

(C) The Han Dynasty Trio

(D) The Sophie Vincent Band

144. What does the reviewer admire about Sophie Vincent?

(A) Her vocal range

(B) Her soothing tone

(C) Her passion

(D) Her sensitivity

145. What instrumentalist does the reviewer praise?

(A) Ms. Burroughs
(B) Mr. Chesnay
(C) Ms. Wang
(D) Mr. Johnette

146. On what date will Ms. Rayburn attend a concert?

(A) May 16
(B) May 17
(C) May 18
(D) May 19

147. According to the e-mail, what caused a programming change?

(A) A performer's cancellation
(B) Equipment repairs
(C) Poor ticket sales
(D) A shipping delay

解答と解説

Day 01 (p.8)

テクニック01

問題001-002は次のお知らせに関するものです。

正解 **001** (A)　**002** (D)

お客様により楽しくお買い物を楽しんでいただくために
Everett Menswear
が変わります！

お客様のご要望にお応えして、営業時間の延長を決定いたしました。2月1日より、Everett Menswearの4店舗全店の営業時間は月曜日から金曜日までは午前9時から午後11時、土曜日と日曜日は午前11時から午後6時までとなります。

さらに、会計のため、レジに並んでお待ちいただく時間を短縮するために、セルフレジを導入し、当店従業員の支援がなくとも、お客様ご自身で購入品をスキャンしてお支払いいただけるようにします。

お客様のご来店をお待ちしております。
- Everett Menswear

improve ～を改善する　experience 経験　in response to ～ ～に応えて　request 要望　decide ～を決定する　extend ～を延長する　effective 効力を発する　branch 店舗　additionally さらに　reduce ～を短縮する　checkout レジ　offer ～を提供する　several 数個（2よりは大きいがmanyよりは少ない）　automated 自動化された　pay for ～ ～に対して支払う　purchase 購入品　assistance 支援

001. これは誰に向けて書かれたお知らせですか。
(A) 消費者　(B) 店の従業員　(C) 会社の経営陣　(D) 新しいデザイナー

語彙 consumer　消費者

解説 テクニック01 上段のyour shopping experience even furtherを通じて、「ショッピングする人たち」、つまり、(A)消費者を対象にするお知らせであることがわかる。

002. Everett Menswearについて何と言っていますか。
(A) 日曜日は定休日である。 (B) 学校の制服を販売している。 (C) 以前はセルフレジを運用していた。
(D) 営業時間を延長する。

語彙 operate ～を運用する　lengthen ～を延長する

解説 テクニック21 問題の核心語句であるEverett Menswearが、このお知らせを作った主体(→1人称)であることを把握して、各選択肢を本文と対照してみよう。最初の段落でwe have decided to extend our opening hoursと言っているので、最も適切なのは(D)である。 Paraphrasing extend→lengthen

テクニック02

問題003-004は次のメモに関するものです。

正解 **003** (D)　**004** (A)

Remington Interiors
差出人：Terry Balmer、CEO
宛先：全従業員
日付：10月12日
件名：マレーシア・インテリア・デザイン博覧会

年に一度開催されるマレーシア・インテリア・デザイン博覧会 (MIDE) の第3回大会につき、ぜひ参加するようにとRemington Interiorsが招待されたことを、喜びをもって発表いたします。MIDEは11月16日から22日まで、クアラルンプールのフォーサイズカンファレンスセンターで開催されます。このイベントは、わが社にとって、オーストラリアの国内市場を超えて、国際的な存在感を高めるすばらしい機会です。

今年のMIDEへの参加を促進するため、当社経営陣は基本プランを策定しました。しかし、このプランを先に進める前に、私たちはスタッフの皆さんのご意見、ご提案をお聞きしたいと思います。そのために、10月18日金曜日に午前11時から205会議室でプレゼンテーションを行います。全従業員の皆さんの参加をお願いいたします。

cordially 心をこめて　attend ～に参加する　participation 参加　presentation プレゼンテーション

003. このメモの目的は何ですか。
(A) 製品の発売日を延期すること　(B) チャリティディナーに従業員を招待すること。
(C) 全社調査の結果を発表すること　(D) 特別な会議へ参加するように従業員に呼びかけること。

語彙 launch 発売　charity チャリティ

解説 テクニック02 後半のHowever以降に従業員にフィードバックと提案を求めるためにプレゼンテーションに参加してほしいという要請があるので、正解は(D)である。

004. Remington Interiorsについて、本文から何がわかりますか。
(A) オーストラリアの企業である。　(B) 創業から4年経過している。
(C) MIDEに毎年参加している。　(D) 毎週金曜日にスタッフミーティングを行っている。

解説 テクニック21 問題の核心語句であるRemington Interiorsが会社であることを確認して、選択肢と対照してみよう。最初の段落で、This event is a wonderful opportunity for us to develop an international presence beyond our home market of Australiaと言っているので、最も適切なのは(A)である。

● 読解同意語の練習問題

正解 **1** (B)　**2** (C)　**3** (A)

1. 多くの息子や娘が、母親は不死身であると当然のように考えている。
(A) ～と想定する　(B) ～と考える　(C) ～を保証する　(D) ～にアクセスする

解説 assumeは「仕事を任じる」という意味も重要だが、上記の問題のように「想定する」、「推定する」という意味も重要である！ 動詞の後ろにthat節を使い、意味が合っている正解はsupposeである。

2. 私たちには、競合相手に後れをとっている余裕はない。
(A) ～の後方に　(B) ～より遅く　(C) 下位になる　(D) 後ろに

解説 behindは「時間上…の後ろに」という意味もあるが、「順序上…の後ろに」という意味もある。

3. 数分間、時間を割いていただけますか。
(A) ～を与える　(B) 余分な　(C) 使用されていない　(D) ～を費やす

解説 「時間を割いてもらう」という意味で、第４文型としてよく使われる。第４文型に当てはまって、意味もあっているのはgiveだけである！ spendの後ろには使う物や対象が出て、人は出ない！

● 実践シミュレーション

問題001-003は次のEメールに関するものです。

正解 **001** (C) **002** (B) **003** (A)

宛先：セールスチーム
差出人：Henry Yammer
件名：素晴らしいニュース
日付：9月16日

セールスチームの皆さんへ

Manupの最新車両ラインアップに対する国内販売促進活動の結果、興味を持ったお客様が信じられないほど多数、私たちの販売特約店を訪問し、セールスの大幅な増大を経験しました。それだけではなく、国際運送協会の先日の市場調査は、Manupが現在国内でもっとも独創的なブランドの1つとみなされていることを示しています。

本年度最終四半期に備え、この成功を積み重ね続ける必要があります。新型電気自動車を購入してくださったお礼に、お客様の家庭の電気使用料を1年間お支払いするという販売促進活動は大ヒットとなりましたが、別の独自キャンペーンでこれに続く必要があります。そのために、9月22日午前10時から午後3時まで、McCormick会議室でブレインストーミングセッションを開催します。お客様の心をつかむような取引を考え出せるよう、Dave Rennieが練習課題を通じて私たちを支援します。昼食は、The Journeyman Caféで提供いたします。すでに何らかのアイデアをお持ちの方は、内線896で私宛てにご連絡ください。

Henry Yammer
販売部長

domestic 国内の **witness** ～を経験する **dealership** (特に車の)販売特約店 **boost** 増加 **consider** ～とみなす **quarter** 四半期 **reward** お返し **bill** 請求額 **think up** ～ ～を考え出す **attention-grabbing** 心をつかむ **deal** 取引 **extension** 内線

001. このEメールの目的は何ですか。
(A) 会社の最新の販売戦略を説明すること
(B) 新しい販売特約店の建築を宣伝すること
(C) 特別な会議へ参加するように従業員に呼びかけること
(D) 自動車の性能に対するフィードバックを要求すること

語彙 **strategy** 戦略 **performance** 性能

解説 テクニック01 最初の段落で最近の成功的な成果について話した後、2番目の段落で四半期を準備しながらその成功を続けていかなければならないと、そのためにブレインストーミングをする予定だと言っている。したがって、正解は(C)である。 Paraphrasing brainstorming session → special meeting

002. このEメールによると、Manupの広告が成功とみなされた理由は何ですか。
(A) この広告により、外国の消費者が、このブランドを認識するようになった。
(B) この広告により、自動車の売り上げ台数が大幅に増えた。
(C) この広告が、国際的な広告組織から賞を獲得した。
(D) この広告は、ソーシャルメディアを使って、著しく低い予算で実現された。

語彙 **consumer** 消費者 **significantly** 著しく **lift** ～を引き上げる **win an award** 賞を獲得する

解説 テクニック21 成功したという判断「基準」に関する問題であることを把握し、選択肢を見てみると、最初の段落を通じて正解(B)を見つけられる。 Paraphrasing a huge boost → significantly lifted the number

003. 販売部門は何をするよう求められていますか。
(A) さらに革新的なアイデアを出す (B) 次回のワークショップを延期する
(C) 最近の消費者動向を分析する (D) 四半期の予算を見積もる

語彙 **innovative** 革新的な **analyze** ～を分析する **estimate** ～を見積もる **quarterly** 四半期の

解説 テクニック05 要請及び提案に関する内容は、大抵後半で見つけられる。最後の段落で、既存の広告に次ぐ独創的なアイデアを出さなければならない(→ we need to follow it up with another original campaign)と言っているので、(A)が正解になる。Paraphrasing original → innovative

Day 02 (p.18)

テクニック03

問題005-006は次の領収書に関するものです。

正解 **005** (C) **006** (A)

アパート賃貸料領収書
日付：10月29日
支払者：Kimberly Wade
合計金額：600ドル

以下の賃貸料として：
番地 551 Jupiter Way スイート／アパート12D
市 Freemantle
郵便番号 WA 6258

支払期間：11 / 1 ～11 / 30
次月分は 12月6日 より前にお支払いください

支払方法：
現金 ✓
小切手 ______ 小切手番号 ______________
郵便為替 ______
クレジット／デビットカード ______

賃貸料受領者 Nathaniel Johnson
受領者サイン Nathaniel Johnson

receipt 領収書 rent 賃貸料 sum 合計 period 期間 payment 支払い money order 郵便為替 signature サイン recipient 受領者

005. Johnsonさんとは誰だと考えられますか。
(A) ツアーガイド (B) 店主 (C) 不動産の管理人 (D) 銀行員

語彙 property 不動産

解説 テクニック03 核心人物「Mr. Johnson」に関する部分を探してみると、下の段落にレンタル料金を受け取る人(→ Rent money received by)と明示されている。したがって、(C)が最も適切である。

006. 料金の領収日はいつでしたか。
(A) 10月29日 (B) 11月1日 (C) 11月30日 (D) 12月6日

解説 テクニック21 領収書の上段 Date: 29 Octoberで正解(A)を確認できる。ちなみに、(D)は次に受け取る日付である。

テクニック04

問題007-009は次の用紙に関するものです。

正解 **007** (B) **008** (A) **009** (D)

Wells & Rover Business Supplies
四半期従業員評価

従業員名：Marcus Stevens　監督者名：Jim Barnes
役職：販売員（ジュニア）　役職：上級販売マネージャー
部門：販売　従業員の監督
期間：年数：1　月数：2

	非常に優れている	とてもよい	ふつう	努力が必要
製品知識	×			
コミュニケーションスキル		×		
ノルマ達成能力			×	

監督者コメント：Stevensさんは非常に短い期間で、当社の新しい製品ラインを深く理解しました。彼は時間を効率的に管理し、チームミーティングにも積極的でした。彼のすばらしいコミュニケーションスキルにもかかわらず、Stevensさんは先月、1カ月の販売ノルマを達成することができませんでした。私は、当社が年1回開催している販売ワークショップにStevensさんを参加させることを上級経営幹部に提案します。これにより、彼は顧客との関係維持に役立つヒントを得られるでしょう。Stevensさんは私たちのチームの貴重なメンバーで、当社での将来を約束されています。

従業員サイン：Marcus Stevens
監督者：Jim Barnes　サイン：Jim Barnes
確認担当者：Cora Sanders　サイン：Cora Sanders

supervise ～を監督する　obtain ～を得る　efficiently 効率的に　enthusiastic 積極的な　quota ノルマ
enroll ～を参加させる

007. この用紙の目的は何ですか。
(A) 企業内コースのリストを提案すること　(B) 従業員の職務実績を評価すること
(C) 従業員の昇給を提言すること　(D) 財政支援の申請を却下すること

語彙 performance 実績　reject ～を却下する

解説 テクニック02 前半のタイトルで、四半期の従業員評価という情報が提示されている。正解は(B)である。

008. Stevensさんについて何が示されていますか。
(A) 彼はこの会社で1年以上働いていた。　(B) 彼は卓越した組織的能力を示している。
(C) 彼は販売技術に関するコースを受講した。　(D) 彼は会社のミーティングで積極性を欠いていた。

解説 テクニック04 問題の核心語であるStevensの情報と選択肢の核心語が登場した内容を対照する。前半に監督官がStevensを監督してきた期間が出る。正解は(A)である。

009. Stevensさんが最も向上させる必要のあるスキルは何ですか。
(A) 商品知識　(B) 時間管理　(C) 人前でのスピーチ　(D) 顧客満足

解説 テクニック21 問題の核心語であるskillに関する情報を探す。監督官のコメントを見ると、顧客との関係を維持する方法を学ぶためにワークショップに登録すると出ている。正解は(D)である。

● 読解同意語の練習問題

正解 **1** (D) **2** (C) **3** (B)

1. ホテルと街の中心街の間を無料バスが走っています。

(A) ふるまい (B) 行為 (C) 礼儀正しい (D) 無料の

解説 courtesyは名詞で、礼儀という意味があるが、「無料の」、「ただの」という意味としても使われる。読解の同意語問題は、それに代入してみて文法も意味も合ったら正解である！

2. 人生は当然の循環、季節の移り変わりと同じです。

(A) 野生生物 (B) 植物 (C) 必然の (D) 動物

解説 naturalはnormal(普通の)、expected(期待・予想される)という意味で、logical(論理的に自然な)という意味がある。

3. 7時に3人分のテーブルを予約したいのですが。

(A) 静かな (B) ～の使用を手配する (C) ～を阻止する (D) 人々に～を許可しない

解説 reserveは予約するという意味で使うために、準備するという意味の(B)が正解である。

● 実践シミュレーション

問題004-005は次のテキストメッセージに関するものです。

正解 **004** (B) **005** (A)

宛先：Julia Park
差出人：Gina Thomas

今朝、予想外のミーティングに捕まってしまいました。あなたのオフィスまで迎えに行く代わりに、タクシーを差し向けます。午後3時にハンフィールド・カンファレンスセンターで会いましょう。スライドは私が持っています。また、スピーチに使用するAV機器の準備は私が確認します。コーヒーも途中で入手します。

unexpectedly 予想外の stuck 動けなくて instead of ～ ～の代わりに make sure ～ ～を確認する
equipment 機器 ready 準備ができて

004. このメッセージは何のために送信されましたか。

(A) カンファレンスセンターまでの道順を指示するため
(B) 計画の変更を知らせるため
(C) 車のサービスを要求するため
(D) プレゼンテーションをキャンセルするため

語彙 provide ～を指示する directions 道順 inform ～を知らせる change 変更 request ～を要求する cancel ～をキャンセルする

解説 テクニック01 文書の目的に関する根拠は主に前半で見つけられる。予想外の予定が入って、迎えに行く代わりにタクシーを送る(→ Instead of picking you up at your office, I'll send a taxi for you)と言っている。正解は(B)である。

005. このテキストメッセージによると、Thomasさんは、これからハンフィールド・カンファレンスセンターで何をしますか。

(A) 機器を準備する (B) ミーティングに加わる
(C) トレーニングセミナーに参加する (D) 飲み物を作る

語彙 prepare ～を準備する participate in ～ ～に参加する training トレーニング beverage 飲み物

解説 テクニック21 'Ms. Thomas'がメッセージの作成者(→ I)であることを把握して、'Hanfield Conference Center'を注意して見ると、午後の約束場所を言った後、I have your slides and I'll make sure the audio video equipment is ready for your speechと、自分がスライドを持っているので、再生機器を確実に準備できるようにすると言っている。(A)が正解である。

Day 03 (p.26)

テクニック05

問題010-012は次の手紙に関するものです。

正解 **010** (C) **011** (B) **012** (A)

Auckland大学病院
22 Princess通り
Auckland 1010

5月3日

Kathy Thessen
134 Northcote Road
North Shore, Auckland

Thessen様

Auckland大学病院の小児科若手医師の職に興味をお持ちいただきありがとうございます。あなたのパネル面接は5月17日木曜日、午前9時に始まります。面接は病院の隣にあるHolden Buildingの107号室で行われますので、ご注意ください。到着されましたらすぐに、秘書へお名前をお伝えください。ご参考までに、面接のパネリストは、小児科長のGareth Rogers、担当医のStanley Strauss、チーフレジデントのJoy Connorで構成されます。

お電話でお伝えしましたとおり、病院の駐車場をご利用いただけますが、とても混雑することがかなり多く見られます。車でお越しの予定でしたら、遅れるのを避けるために路上駐車場を確保することをお勧めします。ただし、個人的にはHolden Buildingの真向かいにAlfred通りのバス停がありますので、バスのご利用をお勧めしています。面接会場への行き方について詳しい情報がお入り用であれば、遠慮なく私にお電話ください。

よろしくお願いいたします。
Daniel Fromont
医長

appreciate ～をありがたく思う　interest 興味　pediatric 小児科の　position 職　note ～に注意する　arrive 到着する　secretary 秘書　comprise ～を構成する　head (集団の) 長　department 部門　attending 主治医　physician 医師　mention ～に言及する　congested 混雑させる　intend ～するつもりである　avoid ～を避ける　recommend ～を勧める　secure ～を確保する　advocate ～を支持する　opposite 反対側の　hesitate 遠慮する

010. Thessenさんについて何が示されていますか。
(A) 彼女は以前、Auckland大学で勉強していた。
(B) 彼女はHolden BuildingでFromontさんと会う予定である。
(C) 彼女はFromontさんと電話で話をした。
(D) 彼女は病院で秘書の職を探している。

語彙 previously 以前　encounter 出会う　seek ～を探し求める　secretarial 秘書の

解説 テクニック21 核心語である'Ms. Thessen'と'Mr. Fromont'がこの手紙の受信者及び送信者であることを把握して、内容を見る。2番目の段落のAs I mentioned over the phoneを通じて、正解(C)を見つけることができる。

011. Straussさんについて何と言っていますか。
(A) 彼は、Auckland大学病院の理事会の一員である。
(B) 彼は、Thessenさんの面接に参加する。
(C) 彼は、最近、医学部を卒業した。
(D) 彼は、Thessenさんの面接場所を手配した。

語彙 board of directors 理事会　take part in ～ ～に参加する　graduate 卒業する　arrange ～を手配する　venue 開催地

解説 テクニック21 核心語である'Mr. Strauss'が出る部分を探す。最初の段落でインタビューのパネルの一人として提示されている。したがって、(B)が正解になる。

012. FromontさんはThessenさんに何を勧めましたか。

(A) 公共交通機関を使うこと
(B) 彼女の車を病院の地下駐車場に止めること
(C) 身元保証人の詳しい連絡先を持参すること
(D) Eメールで参加を確認すること

語彙 utilize 利用する　contact details 詳細な連絡先　confirm 確認する　attendance 出席

解説 テクニック05 提案及び要請に関する決定的な根拠は、主に後半に出る。最後の段落で、駐車場の利用及び実態に関して話した後、個人的にバスを利用することをお勧めすると加えている。正解は(A)である。
Paraphrasing bus → public transportation

テクニック06

問題013-015は次の指針に関するものです。

正解 **013** (C)　**014** (B)　**015** (B)

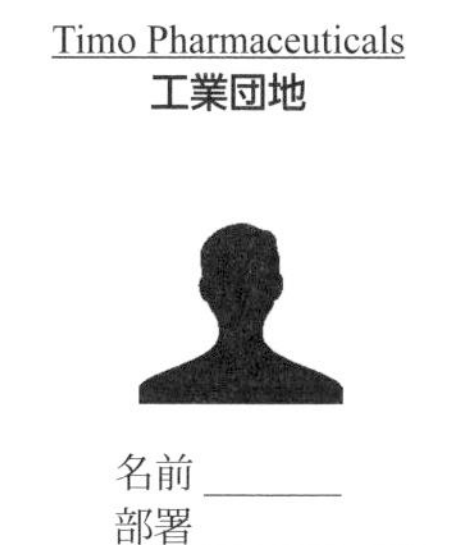

新入社員は全員、1週間にわたるオリエンテーションを完了する前に、セキュリティクリアランスカードを取得する必要があります。このカードはTimo Pharmaceuticals工業団地にあるすべての施設やオフィスへの入場を許可するものであり、常に、警備担当者が目視で確認できるようにする必要があります。カードを注文するには人事部長のJames Schmidliさん（内線1981）に連絡してください。カードを発行してもらうには、Schmidliさんに現在の写真入り身分証明書を提示する必要があります。

pharmaceuticals 医薬品　obtain ～を手に入れる　security セキュリティ　clearance クリアランス　complete ～を完了させる　week-long 1週間にわたる　allow ～を許可する　entry 入場　visible 目に見える　personnel 職員　at all times 常に　order ～を注文する　contact ～に連絡する　extension 内線　form 形式　identification 身分証明　issue ～を発行する

013. この指針の対象は誰ですか。

(A) 工業団地のセキュリティ担当者
(B) 宅配会社の従業員
(C) Timo Pharmaceuticalsに最近雇用されたスタッフ
(D) Timo Pharmaceuticals構内への訪問者

語彙 courier 宅配業者　premises 構内

解説 テクニック01 左側の上段のTimo Pharmaceuticalsと、右側の最初の文章All new employees must obtain a security clearance card before completing their week-long orientationを通じて(C)が正解であることがわかる。Paraphrasing new employees → recently hired staff

014. この指針によると、なぜカードが必要ですか。

(A) 従業員便覧を入手するため
(B) 会社の建物を自由に移動するため
(C) 会社のコンピューターネットワークにログオンするため
(D) 出社時刻や退社時刻を記録するため

語彙 handbook 便覧　freely 自由に　arrival 到着　departure 出発

解説 テクニック21「カードの利用目的」がポイントであることを把握して、文章を見る。すべての施設とオフィスに出入りできるという情報があるので、(B)が正解である。

015. どのようにすればカードを入手できますか。

(A) セキュリティ部門を訪ねる
(B) 人事部長に連絡する
(C) 最新の写真をEメールで送る
(D) オンラインで申込書に記入する

語彙 fill in ～に記入する　application 申込書

解説 テクニック06 カードを入手できる「方法」を探す。後半のTo order a card, contact James Schmidli, Human Resources Manager, on extension 1981を見ると、正解は(B)になる。Paraphrasing Human Resources → personnel

● **読解同意語の練習問題**

正解 **1** (B)　**2** (A)　**3** (A)

1. Claraは、音楽界最高の賞であるグラミー賞を受賞しました。
(A) 最高の　(B) 名誉　(C) 重大な　(D) 地位

解説 awardは賞、栄誉、爵位の授与などの意味で、accoladeが同意語になる。

2. 当社工場の最大能力は、現在、1時間あたりおよそ1,000ユニットです。
(A) 約　(B) 個別に　(C) 経済的に　(D) ざらざらした

解説 roughlyは「大体、おおよそ」という意味で、「ほぼ、おおよそ、～くらい」という意味のapproximatelyと同じ意味である。

3. 私たちの研究は、最近になってやっと、重要な成果をもたらし始めました。
(A) ～を生み出す　(B) ～を断念する　(C) ～を愛する　(D) ～を憎む

解説 yieldは「～に屈する」という意味としても使われるが、ここでは「生産する・産出する」という意味で使われている。「～に屈する」の意味で使われる場合は、yield to～の形で使われる。(ex) Love will not yield to all the might of wealth. (愛はあらゆる富の力に屈しないだろう)

● **実践シミュレーション**

問題006-008は次の手紙に関するものです。

正解 **006** (D)　**007** (B)　**008** (C)

Association of Hospitality Workers
41 Avondale通り
Shepard's Bush, London
555-4425
12月5日

Claire Briasco
12 Jupiter Cresent
Whitebridge, London

Briasco様
これはあなたにお送りする『Hospitality Hub』の最終号となります。引き続き購読をご希望の場合は、1月4日までにAssociation of Hospitality Workers (AOHW) の来年度年会費をお支払いください。これによって中断することなくHospitality Hub誌のお届けを続けることができます。

本誌は、AOHWメンバーシップに付随するさまざまな特典の1つにすぎないことにご注意ください。もちろん、毎号、旅行に関するすばらしいアドバイスや、接客業界の第一人者へのインタビューなどを掲載した本誌そのものが、会員資格を維持するためのさらなる誘因を提供します。来月号の特集は、限られた予算でのバルセロナの旅、ベルリンの伝説的クラブであるFootlooseに常駐するDJ、Sasha Reynoldsへの言いたい放題インタビュー、ポーランドとロシアの宿泊施設レビューとなります。このような情報が他のどこにあるでしょうか。

会費は、当会ホームページ (http://www.aohw.com) から、オンラインでお支払いいただけます。AOHWメンバーだけが受けられるヨーロッパ旅行パッケージの割引の詳細についてもこちらに記載しています。

よろしくお願いいたします。
Austin Aimer
メンバーシップ担当

association 協会　hospitality 接客　issue（雑誌・新聞などの）号　subscription 購読　pay ～を支払う　fees 料金　edition（本・雑誌・新聞などの）版　disruption 中断　benefit 特典　associated with ～ ～に関連する　publication（書籍・雑誌などの）刊行物　incentive 動機　retain ～を維持する　figure 人物　field 業界　feature 特集　budget 予算　no-holds-barred 制限のない　resident 常駐者　legendary 伝説の　accommodation 宿泊施設　similar 類似した　post 記事

006. この手紙の目的は何ですか。

(A) 空きの出る可能性についてたずねる　(B) 旅行記事に対する支払いを要求する
(C) 国際セミナーへの参加を申し込む　(D) 会費の支払いを勧める

語彙 potential 可能性　vacancy 空き　payment 支払い　article 記事　apply for ～ ～に申し込む　recommend 推薦する、進める

解説 テクニック01 最初の段落で、If you wish to continue your subscription then please pay next year's membership feesと言っているので、最も適切なのは(D)である。

007. Hospitality Hubについて、本文から何がわかりますか。

(A) 3カ月に一度、雑誌を発行している。　(B) 業界の専門家へのインタビューを掲載している。
(C) 経験豊富な旅行記者を探している。　(D) 最近、新しい本社に移転した。

語彙 publish ～を発行する　expert 専門家　seek ～を探す　relocate ～へ移転する　headquarters 本社

解説 テクニック21 雑誌に関する情報が具体的に明示されている2番目の段落で、旅行する上での助言と業界の人物のインタビューを提供すると言っている。したがって、(B)が正解になる。Paraphrasing 1) field → industry　2) leading figure → expert

008. AOHWメンバーが、特別な旅行割引についての情報を得るにはどうすればいいですか。

(A) Aimerさんに問い合わせる　(B) Hospitality Hubを購入する
(C) AOHWホームページを訪れる　(D) 専用電話番号に電話する

解説 テクニック06「追加情報」や資格の獲得・使用に関する方法の根拠は、主に後半で見つけられる。3番目の段落のAdditional information about the AOHW members-only discounts on European travel packages are also posted thereを通じて、「そこ」に告知されることがわかる。前の文章にホームページのアドレスが明示されている。(C)が正解である。

Day 04 (p.36)

テクニック07

正解 **016** (B)　**017** (C)

問題016-017は次のお知らせに関するものです。

International Parcel Delivery
小包到着のお知らせ

受取人：Jan Simpson、Simpson Design
送り主：Tammy Zing、Z&B Textiles

11月4日 月曜日 午前9:55 に、International Parcel Deliveryの配達員が下記の場所にあなた宛の小包を配送に伺いました。

☐ ご自宅
☑ 勤務先

以下の理由により配達を完了できませんでした。

☐ ご不在でした
☐ 配送料が不足しています
☑ サインが必要です

補注：小包にサインできる受取人がいませんでした

お客様の小包は11月6日水曜日に再配達の予定です。または、本日午後5時以降Main通りのInternational Parcel Deliveryオフィスで受け取ることができます。ご不明な点がありましたら、Jennifer Prince (987-778-4564) にお問い合わせください。

Tom Wells
International Parcel Delivery

parcel 小包　**delivery** 配送　**notice** お知らせ　**arrival** 到着　**recipient** 受取人　**attempt** ～しようと試みる　**deliver** ～を配達する　**residence** 住居　**complete** ～を完了させる　**due to** ～ ～のため　**insufficient** ～が不足して　**payment** 支払い　**signature** サイン　**require** ～が必要である

016. この小包は誰から来ましたか。
(A) Jan Simpson　(B) Tammy Zing
(C) Jennifer Prince　(D) Tom Wells

解説 テクニック03「送信者」を問う問題である。上段のSender: Tammy Zing, Z&B Textilesで、正解(B)を確認できる。

017. このお知らせによると、11月6日には何が起こりますか。
(A) この小包が差出人に戻される。　(B) この小包が配達局で引き取られる。
(C) この小包の2回目の配達が試みられる。　(D) 配達に追加の税金がかけられる。

語彙 **attempt** ～しようと試みる　**tax** 税金

解説 テクニック07 これから起こることのヒントは主に後半に提示される。核心語の'November 6'に気をつけて、文章を見てみると、後半にYour package is scheduled for redelivery on Wednesday, November 6と出て、品物が再配達される予定だと言っているので、(C)が正解である。Paraphrasing redelivery → a second attempt to deliver

DAY 04

テクニック08

問題018-019は次の広告に関するものです。

正解 **018** (A) **019** (D)

Solomon Sporting Goods
1187 Victoria通り
Atlantic City

月曜～金曜：午前9時～午後6時
週末：午前10時～午後3時
555-9933

私たちはこの地域で最も広範囲にわたって以下の商品を在庫していることに誇りを持っています。
・アウトドアキャンプ用品
・釣りざおとリール
・ハイキングブーツと雨具

シーズン終了の特売！ アウトドア用シューズ類をすべて40パーセント値下げします。
この割引は2月28日に終了します。

goods 商品 stock 在庫 region 地域 outdoor アウトドア equipment 用品 rod さお gear 装具
footwear 履き物 offer 割引 expire 有効期限が切れる

018. Solomon Sporting Goodsについて、何と言っていますか。
(A) 毎日営業している。
(B) リバーカヤックとシーカヤックを販売している。
(C) 電話による注文を歓迎する。
(D) 返金保証を提示している。

語彙 order 注文 offer ～を提示する money back 返金 guarantee 保証

解説 テクニック01 2番目の段落にある、Monday-FridayとWeekendから、店が毎日営業していることがわかる。したがって(A)が正解である。

019. この広告によると、何がセールになっていますか。
(A) キャンプ用具 (B) ボート用アクセサリー (C) 冬用ジャケット (D) ハイキングシューズ

解説 テクニック08 広告文の割引/特典に関する質問のヒントは、主に後半に提示される。最後の段落でSave 40 percent on all outdoor footwearと、靴類を40%割引すると言っているので、(D)が正解になる。
Paraphrasing footwear → shoes

● 読解同意語の練習問題

正解 **1** (B) **2** (C) **3** (D)

1. 生きることに対する子どもたちの熱意を見るのはすばらしいことです。
(A) ゼロ (B) 熱意 (C) 知識 (D) 再編成

解説 zestは「熱情(enthusiasm)」や「エナジー(energy)」という意味を持つ。Succeedingは「続く、続いて、次の」という意味で、「(位置や順序が)次の」を表すsubsequentが、最も近い意味の単語である。ちなみに、「次の」という意味の followingも覚えておこう。

2. Darrenは自分の周りを、魅力的な人や知性のある人、有名な人で固めています。
(A) 居心地のよい (B) 並々ならぬ (C) 心を引きつける (D) 身体的な

解説 attractiveは「魅力的な」という意味である。invitingにはそのような意味がある！ 同意語の問題の中では難しい問題の種類である。

3. 政府は、ホームレスのためのシェルター建設を私の会社と契約しました。
(A) ～に問い合わせた　(B) ～を文書に記録した　(C) ～と同時期に発生した　(D) ～を雇った

解説 contractedは「人や会社などを契約して雇用する」という意味がある。その同意語がretainedで、TOEIC満点の人もよく間違える問題である。retainの一次的な意味は、「維持する」である！　この意味だけしか知らないと、必ず間違える問題である！ 多重に意味を持っている単語に注意しよう！

● 実践シミュレーション

問題009-011は次のお知らせに関するものです。

正解 **009** (C)　**010** (A)　**011** (B)

新しいコピー機Acorn K-2を快適にご利用いただいていることと思います。このコピー機には、特別なお試し用カラーカートリッジがすでに取り付けられています。これは約3カ月間、継続利用できるように作られています。それ以降はフルサイズのカートリッジを購入することを強くお勧めします。交換用トナーは、当社Webサイト(www.acorncopying.com)でご注文いただけます。5営業日以内のお届けを保証いたします。それができない場合は返金いたします。さらにあなたはVIPカスタマーとして、今後ご購入の商品1点につき25パーセントの割引を受ける資格があります。この割引をご利用いただくには、オンライン注文の際にコード5589を入力してください。カートリッジを直接購入するつもりであれば、当社の製品はすべての大手家電小売店で販売されていることを覚えておいてください。ただし、大半の小売店では当社の優待価格やプロモーションが受けられませんのでご注意ください。

新しいコピー機でお困りですか？　技術的なサポートが必要な場合は、昼夜問わずいつでも555-2234にお問い合わせください。販売や支払いにつきましては、月曜から金曜の午前9時から午後6時の間に555-2235へご連絡ください。

install ～を取り付ける　intend ～を意図する　approximately 約～　replacement 交換の品　delivery 配達　take advantage of ～(機会などを)利用する　in person (代理人でなく)自分で　leading 主要な　electronic エレクトロニクスの　retailer 小売店　the majority of ～の大部分　honor ～(約束・条約・契約などを)履行する

009. このお知らせは誰に向けて書かれていますか。
(A) コールセンターの従業員　(B) 電気店の店主
(C) 新しいコピー機の購入者　(D) 販売代理人

語彙 purchaser 購入者　representative 代理人

解説 テクニック01 最初の文章を通じて、Acorn K-2コピー機を使う人に送る文章であることを推測できる。したがって、対象に最も適切な人は(C)である。

010. インクの注文に対してどのような約束をしていますか。
(A) 発送が遅れた場合には、購入者は何も支払わない。
(B) 販売代理人には24時間いつでも連絡を取れる。
(C) スターターインクカートリッジは、最低でも1年間持つ。
(D) 週末は技術者に連絡できない。

語彙 shipment 発送　delay ～を遅らせる　around the clock 24時間休制で

解説 テクニック21 核心語である'promise'に気をつけて文章を読む。最初の段落の中盤部に、We guarantee delivery within five business days or your money backと、5日以内に配達されない場合、払い戻すと言っている。(A)が正解である。Paraphrasing 1) delivery → shipment　2) money back → pays nothing

011. 買い物客が割引を受けるにはどうすればいいですか。
(A) カスタマーサービスに連絡をする　(B) Webサイトに番号を入力する
(C) 大手電機店を訪れる　(D) 特別割引券を提示する

語彙 voucher 割引券

解説 テクニック08 広告文の割引/特典に関する情報は、主に文章の中・後半に提示される。最初の段落の中盤部に25%の割引特典を利用するためにはオンラインでの購入の際、コードを入力するようにと言っている。(B)が正解である。Paraphrasing 1) enter → type　2) code → number

Day 05 (p.44)

テクニック09

問題020-022は次の予定表に関するものです。

正解 **020** (B)　**021** (C)　**022** (C)

第15回　国際自転車ツーリズム年次大会
San Diego　コロラドホテルおよびカンファレンスセンター——4月21日～23日
イベント登録には、本予定表に記載されているすべてのアクティビティが含まれます。

土曜日の予定

午前8時00分	登録、参加パック受け取り
午前9時00分	基調講演：自転車ツーリズムの将来(Scott Garner)
午前10時15分	自転車テクノロジー：自転車ツーリズムの基本に関する対話型討論(Nikki Pierce)
午前11時30分	環境に優しい走り：持続可能な自転車ツーリズム(Andy Hanshaw)
午後12時30分	昼食(ホテル中2階のMission Cafeteria)
午後1時00分	コンピューターを利用してリーチする：自転車ツーリズムやイベントにコンバージョンされるデジタル広告キャンペーンの構築(Brooke Reynolds)
午後2時30分	レーンの外で：自転車ツーリズムでの多様性の啓発(Roger Lorde)

annual 1年に一度の　**bicycle tourism** 自転車ツーリズム　**registration** 登録　**include** ～を含む　**activities** 活動
packet 小袋　**keynote** 基調　**interactive** 対話型の　**basic** 基本　**sustainable** 持続可能な　**mezzanine** 中2階
convert ～を転換する　**lane** 車線　**cultivate** ～を啓発する　**diversity** 多様性

020. このイベントは主に誰を対象にしていますか。
(A) ジャーナリスト　(B) 旅行代理店　(C) ホテル経営者　(D) グラフィックデザイナー

語彙 **journalist** ジャーナリスト　**manager** 経営者

解説 テクニック01 会社の名前が15th Annual International Bicycle Tourism Conferenceで、自転車観光業界のカンファレンスなので、観光業界の人のためのイベントであることがわかる。正解は(B)である。

021. イベントの登録には何が含まれていますか。
(A) 航空券　(B) 交流会　(C) 無料の食事　(D) 宿泊料

語彙 **meal** 食事　**stay** 宿泊

解説 テクニック21 イベント登録にリストに出ている行事が全て含まれていると言っている。また、Lunch in the hotel's Mission Cafeteria, Mezzanine Levelでホテルでの食事が明示されているので、無料の食事が含まれていることがわかる。正解は(C)である。 Paraphrasing 1) Lunch→ A free meal　2) a free meal and lunch → a complimentary food and luncheon

022. 環境問題と最も関連があるのは、誰のプレゼンテーションだと思われますか。
(A) Garnerさん　(B) Reynoldsさん　(C) Hanshawさん　(D) Pierceさん

語彙 **related** ～に関連する　**environmental issue** 環境問題

解説 テクニック09 本文の言葉が質問にparaphrasingされていることに気をつける。プレゼンテーション・リストとの中で11:30 A.M. Roll Green: Sustainable Bicycle Tourism by Andy Hanshawで、Andy Hanshawの発表テーマが(環境破壊なく)持続可能な自転車観光業であり、roll greenは環境にやさしい自転車に乗ることだとわかるので、正解は(C)である。 Paraphrasing Sustainable → environmental issues

テクニック10

問題023-026は次の求人広告に関するものです。

正解 **023** (C)　**024** (D)　**025** (C)　**026** (A)

求人 ....

Eagleson BV
求人　航空電子工学シニアエンジニア

航空機の修理と保守で世界をリードするEagleson BVは、世界45カ国を超えた個人用、企業用航空機オーナーに高品質のサービスを提供することで有名です。ドイツにある本社は、フランス、スペイン、スイス、イタリア、英国などヨーロッパ全土にわたる支店網に対する責任を負っています。

当社の本社では現在、航空電子工学シニアエンジニアを探しています。必要不可欠な職務は次のとおりです。
- 既存の電気回路にある故障の原因を特定して修理する
- 更新済みのソフトウェアを顧客の航空機の回路にインストールする
- 最新の業界安全基準に合わせて古い電気回路を最新化する
- 与えられた業務について正確な報告を行う
- 安全な作業環境を維持する

さらに、採用される応募者は少なくとも2カ月に一度外国出張し、教育セミナーや会議に参加できる状態が必要とされます。

応募者は、大学で工学の学位を取得しており、航空電子工学の環境で最低3年間の勤務経験を有する必要があります。さらに、極めて系統立てて物事を進めることができ、卓越した問題解決能力および平均以上のレポート作成能力と、人前で話すスキルを持っていなければなりません。

当社は、他社に負けない報酬パッケージを提供します。また、転居費用も支援が可能です。

応募書類はwww.eaglesonbv.co.deからダウンロードできます。興味のある応募者はすべての書類に記入し、9月30日より前に提出する必要があります。書類審査に合格した応募者には、10月20日までに面接の連絡が届きます。

seek ～を探し求める　avionics 航空電子工学　aircraft 航空機　repair ～を修理する　maintenance ～を保守する　identify ～を特定する　malfunction 故障　circuitry 電子回路　install ～をインストールする　circuit 回路　modernize ～を最新化する　out-of-date 時代遅れの　safety 安全性　accurate 正確な　assigned 割り当てられた　task 作業　maintain ～を維持する　applicant 応募者　candidate 志願者　complete ～を完了させる　degree 学位　organized 系統的な　exceptionally 抜群に　average 平均的な　compensation 報酬　assist ～を支援する　application 応募　fill out ～にすべて記入する　submit ～を提出する

023. Eagleson BVについて何が示されていますか。
(A) 同社の顧客はすべてヨーロッパを本拠にしている。
(B) 同社は11月に本社を移転する予定である。
(C) 同社は、航空機の電気回路をアップグレードしている。
(D) 同社は最近、新しい航空機を購入した。

語彙 location 所在地

解説 テクニック21 2番目の段落に言及されている主な業務の中で、Modernizing out-of-date circuitry to meet current industry safety standardsを通じて、正解(C)を見つけられる。Paraphrasing modernize → upgrade

024. 新しく採用された従業員はどこの国で働くと考えられますか。
(A) フランス　(B) スペイン　(C) スイス　(D) ドイツ

解説 テクニック21 2番目の段落でOur head office is currently looking for a senior avionics engineerと、本社で勤務する人を探していると言っている。最初の段落のOur head office in Germanyで(D)が正解であることがわかる。

025. 航空電子工学シニアエンジニアの職務としてあげられているものはどれですか。
(A) 欠員を補充するために、適格なスタッフを採用する
(B) ジュニアエンジニアのためのオリエンテーションプログラムを運営する
(C) 何回も出張する
(D) 同社の管理ソフトウェアをアップデートする

語彙 recruit ～を採用する　qualified 適格な　administrative 管理用の

解説 テクニック10 選択肢に出る期間、数字情報のparaphrasingに気をつける。2番目の段落に並べられているEssential responsibilitiesの内容と、3番目の段落のthe successful applicant must be available to travel abroad at least once every two months to attend educational seminars and conferencesが職務に該当する。例の中でこれと関係あるものは(C)である。 Paraphrasing at least once every two months → a number of

026. この広告は、応募者に何をするように指示していますか。
(A) 9月末までに応募を完了すること　(B) 現在の仕事の職種と給与を提示すること
(C) 少なくとも2通の推薦状を提出すること　(D) この職種に関する詳細を人事部門に問い合わせること

語彙 instruct ～を指示する　supply ～を提出する　position 職種

解説 テクニック05 要請及び提案に関する内容は、主に後半で見つけられることを思い出しながら文章を読む。最後の段落のInterested applicants must fill out and submit all documentation before September 30を通じて、正解(A)を見つけられる。 Paraphrasing 1) fill out → complete　2) documentation → application

● 読解同意語の練習問題

正解 **1** (A)　**2** (B)　**3** (C)

1. 試験だけが学生の能力を<u>評価する</u>手段ではありません。
(A) ～を判定する　(B) ～を割り当てる　(C) ～の評価を落とす　(D) ～にアクセスする

解説 assessは「評価する」という意味で、judgeが同意語である！

2. その椅子の高さを<u>調節することが</u>できます。
(A) 半開きで　(B) ～を変更する　(C) ～を近代化する　(D) ～を正当化する

解説 adjustは「調整する(modify)、修正する」という意味で使われる。

3. 私たちは、この統計を年齢別に<u>分類</u>する必要があります。
(A) 失敗　(B) 効果　(C) 分析　(D) 事業縮小

解説 breakdownは故障という意味もあるが、数値や統計の「分析」や「解剖」という意味も重要である！

● 実践シミュレーション

問題012-015は次のウェブページに関するものです。

正解 **012** (B)　**013** (C)　**014** (C)　**015** (A)

S&S Schmidli and Sonsへようこそ
20年間にわたりトロントに奉仕

ホーム	プロジェクトポートフォリオ	お客様の声	アクセス

Schmidli and Sonsは、自動車やオートバイのレストアを専門にした、家族所有・経営企業です。あなたの乗り物を新品同様の状態にしてお返しします。それが骨董的価値のあるものでも、最新型でも、タイヤの数が、2個、3個、4個、それ以上でも問題ありません！　レプリカ部品、オリジナル部品を豊富に取り揃えております。在庫がなければ、当社が無料で調達いたします。

なぜ、古い乗り物をレストアするのでしょう？　時間の経過につれて、内装はすり切れ、快適ではなくなります。塗装は色あせたり、傷が付いたりします。エンジン部品は自然に摩耗します。Schmidli and Sonsでは、乗り物を元の状態に戻すことにより、車両の寿命とそこから得られる喜びを引き延ばします。当社の熟練した従業員が、色や材質、保守につき親身になって専門的なガイダンスを提供いたします。当社は長年にわたり、この地域で誇りを持ってサービスを提供し、卓越した結果をもたらすことでよく知られています。専門的なコレクターや投資家独自のニーズだけでなく、一般的な自動車愛好家のニーズにもお応えします。

発注義務のない見積もりについては、info@schmidliandsons.comまでメールでご連絡いただくか、555-2150へお電話ください。または、直接、当社のトロント工場にお越しください。Phillip通りとQueens Roadの角、Marylane Shopping Mallのそばにございます。このオンライン広告のコピーをご提示いただくと、次回に当社のお買い物で15パーセントの割引を受けられます。

decade 10年　testimonial（人物・資格などの）推薦のことば　directions 道順　specialize in ～ ～を専門にする　restore ～をレストアする　pristine 新品同様の　condition 状態　antique 古くて値打ちのある　stock ～を在庫する　enormous 膨大な　replica レプリカ　part 部品　source ～を調達する　free of charge 無料で　worn すり切れた　uncomfortable 不快な　paintwork 塗装　faded（色が）あせる　wear out ～を摩耗させる　prolong ～を長引かせる　experienced 熟練した　provide ～を提供する　expert 専門家　guidance 助言　material 材料　maintenance 保守　proudly 誇りを持って　region 地域　superior 卓越した　meet ～を満たす　enthusiast（熱心な）愛好家　specialized 専門的な　obligation 義務　free 無料　quote 見積もり　drop by ～ ～に立ち寄る　earn ～ ～を得る　purchase ～を購入する　decide ～を決定する

012. Schmidli and Sonsは、顧客にどのようなサービスを提供していますか。

(A) 特別な機会に料理を提供する　(B) 乗り物をレストアする
(C) 自動車をレンタルする　(D) 不動産物件を改修する

語彙 cater（業者などが出向いて）料理を提供する　occasion 特別な機会　rent out ～ ～賃貸しする　renovate ～を回収する　property 不動産物件

解説 テクニック01 最初の文章Schmidli and Sons is family-owned and operated business, specializing in restoring automobiles and motorcyclesを通じて、正解(B)を見つけられる。
Paraphrasing automobiles and motorcycles → vehicles

013. Schmidli and Sonsの事業について、何と言っていますか。

(A) Marylane Shopping Mallにある。
(B) トロントに拠点を置くお客様への無料配送を提供する。
(C) ここ20年間にわたり、営業を続けている。
(D) 大規模な修理工場の開設を計画している。

語彙 delivery 配送　garage 修理工場

解説 テクニック10 選択肢で本文の数字、期間などがparaphrasingされた場合、正解になる場合が多い。核心語のSchmidli and Sonsを中心に情報を確認する。上段のServing Toronto for two decadesで、20年間トロントでサービスを提供してきたと言っているので、(C)が正解になる。 Paraphrasing two decades → 20 years

014. このウェブページによると、この会社は特に何で知られていますか。

(A) 迅速なサービス　(B) 手ごろな料金　(C) 卓越した技量　(D) 地域への貢献

語彙 speedy 迅速な　reasonable 手頃な　rate 料金　workmanship 技量

解説 テクニック21 2番目の段落で、We have proudly served the region over the years and are well-known for providing superior resultsと、地域で長い間サービスを提供しながら、優れた結果を出すことで有名だと言っている。したがって、(C)が最も適切である。 Paraphrasing superior → excellent

015. このウェブサイトによると、同社はどのような場合に割引を提供しますか。

(A) 顧客が、広告のコピーを提示したとき
(B) 同社が、必要なエンジン部品を見つけられなかったとき
(C) 顧客が、作業品質に満足しなかったとき
(D) 既存の顧客が、友達に同社を紹介したとき

語彙 fail to ～ ～しそこなう　necessary 必要な　be satisfied with ～ ～に満足する　quality 品質　refer ～を紹介する

解説 テクニック08 割引/特典に関する内容は、主に中・後半に提示される。最後の段落のPresenting a copy of this online advertisement will earn you a 15 percent discountと通じて、(A)が正解であることがわかる。 Paraphrasing present → display

MINI TEST 01

問題001-003は次の記事に関するものです。

正解 **001** (A) **002** (C) **003** (D)

今月のダルトン

Jackson Film Schoolでは、スイスのAndreas Schumacherが監督した8本の短編映画シリーズを上映しています。同イベントのオープニングを飾る映画、『The Color White』は、今週金曜日、4月6日午後8時より、同校の Menhir Hall内にあるGuardian Auditoriumで上映されます。上映の前、『Films of the Ages』の著者、John Stevenson教授が一言ご挨拶いたします。この映画はAngelo Studiosのプロデュースにより1972年に制作されたものであり、いつまでも忘れられない俳優であるTerry Brooksが主役を演じています。

今月上映される全映画の一覧につきましては、同校のWebサイト、www.jacksonarts.org/shortfilmsをご覧ください。チケットはMenhir Hallのチケット売り場において、午後2時から6時の間にお求めいただけます。チケットの料金は、有効な映画学校の学生証をお持ちの学生は5ドル、それ以外の方は10ドルです。シリーズ8作をすべて見られる割引パスは、学生30ドル、地元住民55ドルです。

a series of 〜のシリーズ　institute 大学　auditorium 講堂　author 著者　unforgettable 忘れられない
valid 有効な　identification 身分証明書　concession 割引　pass パス　entire 全体　resident 住民

001. これは主に何に関する記事ですか。
(A) 映画の上映　(B) 新しいシネマコンプレックス
(C) ある教授の新発見　(D) メソッド演技法のコース

語彙 discovery 発見

解説 テクニック01 文章の目的に関する決定的な根拠は、主に前半に出る。最初の文章を通じて、正解(A)を見つけられる。

002. Terry Brooksについて何が示されていますか。
(A) Jackson Film Schoolを卒業した。
(B) ダルトンで生まれ育った。
(C) 古い映画の主役である。
(D) Stevenson教授の同僚である。

語彙 raise(子ども)を育てる　lead character 主役　coworker 同僚

解説 テクニック21 核心人物'Terry Brooks'が言及された部分を探してみると、最初の段落で1972年の作品の主演であることがわかるので、(C)が正解になる。Paraphrasing star → be the lead character

003. 映画学校の学生について、何と言っていますか。
(A) 劇場のチケット売り場でアルバイトできる。
(B) 4月6日より前に、授業登録をする必要がある。
(C) 脚本執筆に関する授業を取ることを期待されている。
(D) 割引チケットを購入するときに、さらに割引を受ける資格がある。

語彙 enroll 登録する　expect 〜を(当然のこととして)期待する　take a class 授業を取る
screenwriting 脚本執筆

解説 テクニック21 核心語である'the student at the film school'を中心に読む。チケットの値段が言及された2番目の段落のConcession passes for the entire eight-film series cost $30 for students and $55 for local residentsを通じて、正解(D)を見つけられる。

問題004-005は次の貼り紙に関するものです。

正解 **004** (A)　**005** (A)

R L Fender Home, Inc.

当社はあらゆる種類のサービスを提供いたします。

- プロジェクトの計画、価格設定、見積もり
- 競争入札
- 建設管理
- 解体および修復サービス
- 現場の保全と修理

当社は労働保険、賠償責任保険に加入していますし、OSHAの規制をすべて遵守しています。
当社のサービスは競合企業の価格と匹敵します！
当社の業務についてのお客様の声や写真については、Webサイト(http://www.rlfenderhome.com)をご覧ください。

今すぐお電話でサービスをご予約ください！　(937) 258-9047

provide ～を提供する　range(商品などの)種類　plan 計画　estimate ～を見積もる　competitive bidding 競争入札　construction 建設　demolition 解体　renovation 修復　maintenance 保守　repair 修理　insured 保険のかかっている　bonded (従業員が) 弁償用の保険をかけられた　comply (規則などに) 従う　OSHA (Occupational Safety and Health Administration) (米国労働省の) 労働安全衛生局　regulation 規則　testimonial 証言

004. この会社はどのようなサービスを提供していますか。

(A) 家屋の建設　(B) 写真　(C) 会計　(D) 庭の手入れ

語彙 photography 写真　yard 庭

解説 テクニック21 会社が提供しているサービスの種類が言及された前半の内容を見てみると、建設、工事、管理などが出るので、最も関連のある(A)が正解である。

005. 同社のWebサイトで、顧客は何ができますか。

(A) 業務例を見る
(B) 代金を送金する
(C) 約束の予定を決める
(D) 見積もりを依頼する

語彙 submit ～を送信する　appointment(会合・面会などの)約束

解説 テクニック06 何かの資格の獲得/使用方法に関する情報は、文章の後半に正解の根拠が出る。本文でVisit our Web site for testimonials and pictures of our work.と、ホームページで作業写真と顧客のお勧め事例を見られると言っているので、正解は(A)である。 Paraphrasing pictures of our work → View samples of work

問題006-008は次の手紙に関するものです。

正解 **006** (B)　**007** (C)　**008** (D)

Eye on Fashion Monthly
765 Glasson通り　Melbourne, VIC 3006

3月21日

Justin Gotti
126 Abbey Road
South Bank

Gotti様

『Eye on Fashion Monthly』をお楽しみいただいていることと思います。お客様の購読期間が4月30日で満了することをお知らせいたしたく、ご連絡を差し上げております。会員資格をさらに12カ月以上更新いただくと、ファッションデザイナーAndre Billingsの最新の自伝『Fashion Is Forever』を受け取る資格が得られます。お客様の時間を節約するため、失礼とは思いますがこの手紙に更新申込書を同封いたしました。請求は後日となります。

お客様もよくご存じのとおり、『Eye on Fashion Monthly』は、ファッション業界における最新の動きを詳細に盛り込んで読者の皆様に提供しております。Bernard Kissengerの風刺にあふれたコラムや、あらゆる場面で使える着こなし方のLucy Bulgerからのヒントに加えて、詳細なインタビュー記事や知識満載の論評をお届けします。

どうぞよろしくお願いいたします。
Sheila Milne
Sheila Milne
販売部部長

同封物

remind（人に…であること）を注意する　**subscription** 定期購読　**expire** 期限切れとなる　**renew**（契約）を更新する　**eligible** 〜 〜する資格がある　**autobiography** 自叙伝　**take the liberty of** 〜 失礼を省みず〜する　**renewal** 更新　**charge** 〜に請求する　**offer** 〜を提供する　**detailed** 詳細な　**coverage** 報道　**knowledgeable** 知識の豊富な　**commentary** 論評　**in addition to** 〜 〜に加えて　**satirical** 風刺にあふれる　**occasion** 行事　**circulation**（書物・新聞・雑誌などの）普及　**enclosure** 手紙の同封物

006. この手紙の主たる目的は何ですか。
(A) 衣類に関する意見を述べる　(B) 注意喚起の通知を届ける
(C) 新しい読者を歓迎する　(D) 新刊の発表をする

語彙 **opinion**（個人の）意見　**deliver** 〜を配達する　**reminder** 注意を喚起するための通知

解説 テクニック01 文章の目的に関する決定的な根拠は主に前半で見つけられる。最初の段落で、4月30日が購読期間満期であることがわかるので、(B)が正解になる。Paraphrasing remind → deliver a reminder

007. Gottiさんは何をするよう求められていますか。
(A) 本を購入する　(B) 記事をレビューする
(C) 申込書を提出する　(D) 面接のために会う

語彙 **article** 記事　**submit** 提出する

解説 テクニック05 要請/提案/勧告に関する内容の正解の根拠は、主に中・後半に出る。最初の段落で満期が迫っていることを知らせた後、購読期間を延長する時の特典を言及して、フォームを同封した(→To save you time, we have taken the liberty of including a renewal form with this letter)と言っている。したがって、(C)が最も適切である。

008. Kissengerさんについて何が示されていますか。
(A) 彼はインテリアデザイナーを雇った。　(B) 彼は販売部門を指揮している。
(C) ファッション関係の出版物をレビューしている。　(D) 彼はある雑誌に記事を寄稿している。

語彙 **hire** 〜を雇用する　**lead** 〜を指揮する　**publication** 出版物　**contribute**（新聞・雑誌などに）〜を寄稿する

解説 テクニック21 核心語である'Mr. Kissenger'に気をつけて文章を読む。2番目の段落のsatirical columns by Bernard Kissengerを通じて、コラムニストであることがわかるので、(D)が正解になる。Paraphrasing columns → articles

■ Day 07 (p.64)

テクニック11

問題027-028は次の広告に関するものです。

正解 **027** (A) **028** (D)

Portfolio Paintingでお住まいの外観を一新しましょう！

あなたのニーズの対象が個人宅でも、賃貸物件でも、店舗であっても、細部まで行き届いた仕事と専門家の技術をもって、Portfolio Paintingが満足をお届けするとお約束します。

私たちは予定表どおりに作業し、細部まで細心の注意を払います。また、お客様と連携しながら、仕上がりのニーズにうまく対応できる適切で手ごろな解決策を提供いたします。

グリーンビル地域に住宅をお持ちの方に対し、Portfolio Paintingが期間を限定して特別価格でペンキの塗り直しをいたします。7月1日よりも前に相談のご予約をくださった方には、室内塗装サービスを通常価格より150ドル値引きいたします。

熟練の専門家をお客様のお宅へ派遣して、24時間以内に、公正かつ迅速なお見積もりをすることができます。予約枠はすぐに埋まってしまいます。今すぐお電話ください！

Portfolio Painting
(707) 520-9888

property 不動産物件　look 見た目　private 個人に属する　rental 賃貸しの　committed (…することを) 約束している　deliver ～を届ける　satisfaction 満足感　meticulous 几帳面な　professionalism 専門家の技術　attention 配慮　detail 細部　relevant 適切な　affordable 手ごろな　homeowner 住宅の所有者　deal 取引　consultation 相談　regular 通常の

027. この広告の対象は誰ですか。
(A) 不動産物件を所有している人
(B) グリーンビル地域の賃借人
(C) 不動産業者
(D) 塗装コンサルタント

語彙 audience (広告を) 見る人　renter 賃借人　real estate 不動産

解説 テクニック01 ポートフォリオ・ペインティングでは、制限された時間の間Greenville地域の住宅所有者に割引を提供するというニュースを知らせているので、正解は(A)である。Paraphrasing homeowners → People who own property

028. 特典を利用するためには、顧客はどうすればいいですか。
(A) Portfolio Paintingの事務所を訪ねる
(B) 熟練した専門家として登録する
(C) 一度限りの料金150ドルを支払う
(D) 6月30日までに予約を取る

語彙 take advantage of ～ ～を利用する　register 登録する　trained 熟練した

解説 テクニック11 広告を見ると、Schedule a consultation before July 1 and take $150 off the regular cost of our interior painting service! 7月1日前まで相談を予約すると定価から150ドルを割引すると言っているので、正解は(D)である。Paraphrasing Schedule a consultation → By making an appointment

テクニック12

問題029-031は次のお知らせに関するものです。

正解 **029** (C)　**030** (A)　**031** (D)

Ronoco テクノロジー競技会

社会に役立つ可能性のある新しい概念や発明に気づいていますか？　それなら、Ronocoテクノロジー競技会に参加しましょう！

Ronocoテクノロジー競技会とは何ですか？
この競技会は、世界に名だたるRome Center for Research and Development (RCRD) を率いるイタリアの発明家Ollie Ronocoが始めたもので、実社会に関連する問題の解決策を発見することを目的にしています。大賞受賞者には、そのアイデアを商品化するための資金として10万ユーロが贈呈されます。最新の競技会での優勝者は、被災地で発電する軽量ソーラーパネルで特許を取得し、製造に至りました。

受賞者は10月10日、Alberto大学構内にあるミケランジェロ市民センターで行われる特別式典で表彰されます。

参加資格があるのは誰ですか？
ヨーロッパのパスポートを持っていれば、年齢、経歴、専門分野を問わず、誰でもこの競技会に参加できます。学生、愛好家、プロ発明家であるみなさんの参加を歓迎いたします。ただし、すでに特許を取得しているもの、これまでに商品化されたことがあるものを、本競技会にエントリーしてはなりません。

申し込み方法は？
オンラインで提出できますが、9月15日必着です。競技会の全規則および関連した申込書は、当協会のWebサイト (www.rcrd.org.it/rtc/entryform) からダウンロードできます。出場者がそのほかの情報を必要とする場合には、555 0782でEdwardo Mioceneと連絡が取れます。当イベントへの審査員としての参加に興味があれば、イベントコーディネーターのBella Thompson (555 5543) にご連絡ください。

competition 競技会　aware ～に気がついて　invention 発明　benefit ～に役立つ　inventor 発明家　head ～を率いる　renowned 有名な　research 研究　intend ～を目的にする　discover ～を発見する　solution 解決策　commercialize ～を商品化する　patent ～の特許を取る　manufacture ～を製造する　lightweight 軽量　produce ～を生産する　electricity 電気　disaster 大災害　ceremony 式典　eligible ～ ～する資格がある　passport パスポート　holder 保持者　background 経歴　expertise 専門知識　hobbyist (趣味の)愛好家　professional 専門家　entry (コンテストへの)参加登録　existing 既存の　previously これまでに　apply ～に申し込む　submission 提出　receive ～を受け取る　relevant (当面の問題に)関連した　application form 申込書　contact ～に連絡する　contestant 出場者　require ～を必要とする　interested in ～ing ～に興味がある　take part in ～ ～に参加する　event イベント　judge 審査員　coordinator コーディネーター

029. このお知らせの目的は何ですか。
(A) 大学のコースを再検討すること　(B) あるイベントへスポンサーを勧誘すること
(C) 競技会を宣伝すること　(D) ビジネスセミナーの宣伝をすること

語彙 solicit ～を勧誘する　publicize ～を宣伝する

解説 テクニック12 告知文は基本的に何かを知らせるために作成される。最初の段落で大会への参加を進めているので、(C)が最も適切である。文章の目的に関する決定的な根拠は、主に前半に出ることを覚えておこう。

030. RCRDについて、何と言っていますか。
(A) Ollie Ronocoの管理下にある。　(B) Alberto大学のキャンパスに位置する。
(C) 携帯型ソーラーパネルを製造している。　(D) ミケランジェロ市民センターを所有している。

語彙 management 管理　be situated on ～ ～に位置する　portable 持ち運べる　own ～を所有する

解説 テクニック21 核心語の'RCRD'に注意して文章を見てみると、2番目の段落のOllie Ronoco, who heads the world renowned Rome Center for Research and Development (RCRD)を通じて、正解(A)を見つけられる。Paraphrasing head → management

031. このお知らせによると、Thompsonさんに個別に電話するのはなぜですか。
(A) 日取りを確認するため　(B) 研究資金を要求するため
(C) 宿泊施設の手配をするため　(D) ボランティアを申し出るため

語彙 individual 個人　confirm ～を確認する　fund 資金　arrange ～を手配する
accommodation 宿泊施設　volunteer ～を自発的に申し出る

解説 テクニック21 核心語の'Ms. Thompson'が言及された部分を読む。最後の段落で審査委員として参加したい人が連絡する担当者であることがわかるので、(D)が最も適切である。

● **読解同意語の練習問題**

正解 **1** (D)　**2** (C)　**3** (A)

1. トレーニングは7月5日に開始し、火曜日から土曜日まで続きます。
(A) 褒める　(B) 命令する　(C) 終わる　(D) 始める

解説 commenceは、始める(begin, start)という意味で使われる。

2. 彼の息子は、注文家具の店を経営しています。
(A) 伝統的な　(B) 若い　(C) オーダーメイドの　(D) 文化

解説 customは慣習という意味もあるが、個人化された(personalized)、合わせたという意味としてもよく使われる。

3. 大統領は、軍は停戦に応じるだろうと言いました。
(A) (忠告、命令など)に従う　(B) ～の結果になる　(C) ～を頼りにする　(D) ～を拒絶する

解説 comply withは法に従う、遵守する(follow, observe)という意味で使われる。

● **実践シミュレーション**

問題016-017は次のお知らせに関するものです。

正解 **016** (B)　**017** (D)

Ferguson Drycleaners

大切なお客様へ

BunnythorpeのFerguson Drycleanersからうれしいお知らせです。10月10日から新しい無料配送サービスを開始いたします。特殊クリーニングが必要な衣類を当店にお持ち込みの際、お客様が直接引き取りに来られるか、ご指定の時間にご指定の住所への配達を希望されるか、どちらかをお知らせください。このサービスは完全に無料ですが、現時点ではBunnythorpe市内でのみご利用いただけます。お客様のご来店をお待ちしております。

valued 大切な　complimentary 無料の　delivery 配送　in need of ～ ～を必要として　specialized 専門的な　inform ～を知らせる　in person (代理人でなく)自分で　prefer (他のものより)むしろ～のほうを好む　deliver ～を配送する　choosing 選択　completely 完全に　free 無料　currently 今のところ　available ～を利用できる　premises 敷地内　boundary (厳密な)境界線　look forward to ～ing ～するのを楽しみにしている

016. 10月10日に何が起こりますか。
(A) 新しい支店が正式にオープンする。　(B) 新しいサービスが提供される。
(C) 改装のため、店舗が休みになる。　(D) 現在の従業員が退職する。

語彙 branch 支店　officially 正式に　provide ～を提供する　retire 退職する

解釈 テクニック11 核心語の'October 10'に注意して文章を読む。最初の文章で新しい無料配達サービスが始まる日付であることがわかる。したがって、(B)が正解である。

017. お客様に何をして欲しいとお願いしていますか。
(A) 電話で予約する　(B) 未払い金を支払う
(C) 祝賀セレモニーに参加する　(D) 自分の希望をスタッフに伝える

語彙 make an appointment 約束をする　pay ～を支払う　outstanding 未払いの　attend ～に参加する　celebratory お祝いの　ceremony 式典　preference (好みによる) 選択

解釈 テクニック05 要請/勧告/提案に関する問題は、文章の中・後半にヒントが出る。中盤部で直接受け取るのか、配達を頼むか教えてほしいと言っているので、最も適切なのは(D)である。Paraphrasing whether you will A or B → preference

Day 08 (p.74)

テクニック13

問題032-034は次の手紙に関するものです。

正解 **032** (C)　**033** (A)　**034** (B)

Koala Pointホテル
1148 Newlands Drive
Maroochydore
Queensland Australia 4558

11月21日

関係者各位

Koala Pointホテルでのインターンシッププログラムへの参加に関心を寄せていただきまして、ありがとうございます。残念ながら、サマーインターンの採用人数には限りがございます。当プログラムでは、オーストラリアの旅行・接客業についてかけがえのない直接の体験を提供するため、現在、関連分野の学科を学習されている応募者のみが私たちの関心の対象となります。私たちと夏を過ごすことで、リゾート環境で円滑に働くために必要なスキルを得られるでしょう。

応募可能な職種とその職務内容の詳細を含む応募書類一式をこの手紙に同封いたします。これらの書類をよく読み、もっとも関心を持った部門に対して直接応募書類を提出してください。応募締め切りは12月7日です。12月12日より、当ホテルの人事チームが1次面接を行います。インターンシップは1月5日に始まり、2月20日まで続きます。

皆様からのご連絡をお待ちしております。

よろしくお願いいたします。
Timothy Bell
Timothy Bell
プログラムコーディネーター

interested 興味を持って　party (何人かの人の) 一団　appreciate ～に感謝する　interested 興味を持った　accept ～を受け入れる　limited 限られた　offer ～を提供する　invaluable かけがえのない　first-hand 直接の　hospitality 接客　applicant 応募者　currently 現在　related 関連する　field 分野　spend (時間を) 過ごす　gain (有益なものを) 得る　skill スキル　necessary to ～ ～に必要な　function 機能する　environment 環境　application 申込書　packet (封筒状の) 小袋　detailed 詳細な　breakdown 内訳　position 勤め口　responsibility 責任　review ～を再検討する　carefully 入念に　submit ～を送信する　division 部門　deadline 締め切り　Human Resources 人事部　conduct ～を実施する　look forward to ～ing ～を楽しみにしている　coordinator コーディネーター

032. この手紙の受取人について、本文から何がわかりますか。

(A) このホテルの部屋を予約した。　(B) 旅行代理店に雇われている。
(C) 以前、このホテルに連絡をした。　(D) Timothy Bellに面接される。

語彙 recipient 受取人　book (部屋) を予約する　employ (人) を雇用する　travel agency 旅行代理店　previously 以前に

解説 テクニック21 最初の文章で、インターンシップ・プログラムの参加に興味を示してくれてありがとうと言っているので、以前受信者が参加意思を表明したと類推できる。したがって、最も適切なのは(C)である。

033. この手紙の受取人は、何を読むように求められていますか。
(A) さまざまな職種に関する文書　(B) 最新のプログラム調整内容一覧
(C) リゾート施設の詳細を説明したチラシ　(D) 会社の年間財政目標

語彙 request ～を求める　documentation 文書　various いろいろな　employment 仕事
adjustment 調整　flier チラシ　facility 施設　annual 1年間の　financial 財政上の　target 目標

解説 テクニック05 要請/勧告/提案に関する質問で正解の根拠は中・後半に登場する。2番目の段落で、役職及び職務に関する説明書を志願書パッケージと一緒に同封したので、慎重に検討してほしいと加えているので、(A)が正解になる。Paraphrasing breakdown → documentation

034. 申し込みの期限はいつですか。
(A) 11月21日　(B) 12月7日　(C) 1月5日　(D) 2月20日

語彙 due 期限が来て

解説 テクニック21 '志願締め切り'が核心語である。2番目の段落のThe deadline for applications is December 7で正解(B)を確認できる。Paraphrasing deadline → due

テクニック14

問題035-038は次の記事に関するものです。

正解 **035** (C)　**036** (A)　**037** (D)　**038** (B)

Naughty Nails開店

ヨハネスバーグ、4月15日――月曜日、Naughty Nailsは華々しく開店を祝いました。オーナーでネイルアーティストのMargaret O'Nealは、この記念すべき日に大勢の人が集まり、彼女の予定表が今後数週間、予約でいっぱいになっているのを見て喜びました。昨日初めて同店を訪れ、ネイルペイントをしてもらったというKatherine Smallは、Naughty Nailsの人気に驚かなかったと言いました。「仕事の品質が卓越しています」と彼女は言いました。「また、私が働いている大きなオフィス街の真ん中にあってとても便利です」

Naughty Nailsは賑やかなQueens通りに面した、数千人が働く金融機関が集まっている当市最大の超高層ビル群のすぐそばに位置しています。「Queens通りを選んだのは、ヨハネスバーグのダウンタウンの中心だからです。私の目標は、昼休みのビジネスウーマンたちを引き付けることです」。正式オープンの際、O'Nealはこのように語りました。

別の顧客は、同サロンのサービスとネイルケア製品が驚くほど安価だったとコメントしました。「とても競争力のある価格のすばらしい美容師が見つかって喜んでいます」と、Sarah Staineは述べました。「ここの常連になろうと思っています」

詳細のお問い合わせまたは予約については、633-3344に電話するか、www.naughtynails.co.zaにアクセスしてください。

naughty わんぱくな　occasion よい機会　well attended 参加者の多い　be booked solid 予約でいっぱいだ
popularity 人気　outstanding 卓越した　convenient 便利な　district(特色を持った)地域　skyscraper 超高層ビル
institution 組織　attract ～を魅惑する　surprisingly 驚くほど　cheap(品物などが)安い　beautician 美容師
competitively 競争力のある　make a reservation 予約する

035. この記事は何のために書かれましたか。
(A) ある企業が移転することを読者に知らせるため
(B) ネイルアーティストの国際コンテストを告知するため
(C) 創業したばかりのビジネスを宣伝するため
(D) 特別サービスについて、地元のビジネスウーマンに知らせるため

語彙 competition コンテスト

解説 テクニック01 文章の目的に関する決定的な根拠は、主に前半で確認できる。最初の文章で、Naughty Nailsの開業式が月曜日にあったと出るので、(C)が最も適切である。

036. Smallさんについて何と言っていますか。

(A) Queens通りの近くで働いている。　(B) Naughty Nailsの経営者である。
(C) 店の開店セレモニーに参加した。　(D) インターネットで予約をした。

解説 テクニック21 核心人物の'Ms. Small'に注意して文章を読む。最初の段落で、昨日訪問したお客さん(→Katherine Small, who went to the store for the first time yesterday to have her nails painted)が、お店が自分が働いている商業地区の真ん中にあってとても便利だ(→And it's such a convenient location right in the middle of the main business district where I work)と言っていて、すぐ次の段落で、Naughty Nails is situated in busy Queens Avenueと言うので、これらの情報を繋げると、(A)が正解になる。

037. O'Nealさんによると、Queens通りにサロンを開店した理由は何ですか。

(A) その近所には他にサロンがないから　(B) 通りの向こう側に無料駐車場があるから
(C) 他の地域よりも家賃が安いから　(D) 賑やかなビジネス地区の中心だから

解説 テクニック21 'Ms. O'Neal'のインタビュー及び引用に集中しながら「立地の考慮事項」について探してみよう。2番目の段落のI chose Queens Avenue because it is in the middle of downtown Johannesburgを通じて、(D)が最も適切であることがわかる。 Paraphrasing middle → central

038. Naughty Nailsについて何が示されていますか。

(A) 新しい従業員を探している。　(B) 競争力のある価格でネイル製品を販売している。
(C) 新規の顧客全員に値引き料金を提供する。　(D) ネイルケアに関する無料相談を実施している。

語彙 consultation 相談

解説 テクニック21 選択肢の核心語を中心に、文章の中で該当する部分を探して読む。3番目の段落でthe prices of the salon's services and nail care products were surprisingly cheapと言っているので、正解(B)を見つけられる。 Paraphrasing cheap → at competitive prices

● **読解同意語の練習問題**

正解 **1** (A)　**2** (B)　**3** (A)

1. 議会がそのビルの建築計画を承認するまで、私たちは3カ月待たなければなりませんでした。

(A) ～を認める　(B) ～を撤回する　(C) ～を生産する　(D) ～を取得する

解説 approveはこの文章では、計画を「承認する」、「受け入れる」の意味が同意語になる。approveには「～をよいと認める/～の意見に賛同する(to have a good opinion of someone or something)」という意味もある。

2. 兵士たちは飛行機の操縦を引き継いで、砂漠に強制着陸させました。

(A) ～を想定して　(B) ～を奪取して　(C) ～を提供して　(D) ～を強化して

解説 assumedは、以前見たようにsupposedの意味もあるが、took over, took on「引き継ぐ、引き取る」の意味もある。ここではその意味で使われた。

3. 社長は、全員に机を1つずつ割り当てました。

(A) 割り振りました　(B) 結び付けました　(C) 釈明しました　(D) そそのかしました

解説 allottedは「割り当てる」という意味で、allocatedが同意語になる。

● 実践シミュレーション
問題018-021は次の記事に関するものです。
正解 **018** (D)　**019** (B)　**020** (C)　**021** (A)

ペダルをこぐ力
Sam Young

SPRINGVALE (3月22日) —Super Cyclesは月曜日、Main通りにある旗艦店からわずか15㎞のところに初めてのフランチャイズ店をオープンしました。中心部にあるSuper Cyclesは、これまで15年にわたって、Springvaleの住人すべての自転車に関するニーズに応えてきました。地球温暖化や環境への配慮に対する最近の社会的関心もあって、短期レンタサイクルが著しい増加を見せています。これが、Featherston通りにある新しい店舗が狙っている隙間市場です。

Super Cyclesの創業者であるMatthew Reidは、2店目のオープンについて、国外からの旅行者の増加と、学期中は授業に自転車で行きたいけれども、新しい自転車を休み期間中に保管したり、実家へ持って帰ったりする手間を嫌がる大学生数が増えた結果だと言っています。彼は、「学生たちは皆、卒業したら自動車を買う計画を立てているので、自転車の購入には特に気乗りしないのです。また、実家のある街まで自転車を安全に輸送するために必要な機材も持ち合わせていません」と述べています。

1日ライダーに対してははるかに多くの選択の自由を与えるために、当市の新しいサイクリングトレイルのどちらから出発するかを決める際、ある店舗で自転車を借りたSuper Cyclesの顧客は、どちらの店舗で返却することもできます。Reidは、保有しているレンタル自転車を定期的に保守してもらうために、熟練したマウンテンバイクライダーのSteve Walshを雇いました。

flagship (会社の) 看板店　centrally-located 中心部に位置する　concern 関心　global warming 地球温暖化
environmental friendliness 環境への配慮　growth 増加　temporary 一時的な　rental レンタル　niche 隙間
market 市場　founder 創立者　increase 増加　semester 学期　hassle 煩わしさ　reluctant to ～ ～に消極的な
lack (必要なものが) 不足する　safely 安全に　transport ～を輸送する　hometown 生まれ故郷の町
clientele 顧客 (全体)　hire ～を雇用する　cycle trail サイクリングトレイル　fleet (一企業の) 保有車両

018. この記事の目的は何ですか。
(A) 地元店舗の従業員の欠員を知らせること
(B) 2つの企業の提携を発表すること
(C) 自転車と自動車のコストを比較すること
(D) 地元企業の成長について詳しく報じること

語彙 vacancy (職・地位などの) 欠員　publicize ～を発表する　partnership (事業などの) 提携
compare ～を比較する　automobile 自動車

解説 テクニック01 文章の目的に関する問題なので、特に前半を注意して読む。最初の文章で、注力の店舗の他に、初めてのフランチャイズ店をオープンした (→ 事業拡張) というお知らせを扱っているので、(D)が最も適切である。

019. Reidさんによると、なぜ一部の人は自転車を買わないという選択をするのですか。
(A) 自転車はとても高価だと考えているから。
(B) それほど長期間、所有しようと考えていないから。
(C) 自転車の保守に関する知識がないから。
(D) 市のサイクリングルートを知らないから。

語彙 expensive 高価な　maintenance 保守　route ルート

解説 テクニック23 '自転車を買わない理由' が問題の要旨である。選択肢の核心語を本文で一つひとつ対照して、消去する方法で解く。'Mr. Reid' のインタビューが引用された2番目の段落で、卒業すると車を買うつもりなので、自転車を買うことをためらっていると出ている。したがって、(B)が最も適切である。
Paraphrasing be reluctant to → choose not to

020. Main通りのSuper Cycles店について示されていないことはどれですか。
(A) Featherston通り店で借りた自転車を引き受ける。
(B) 市の中心にある。
(C) 再販売のために、住民の古い自転車を買っている。
(D) 15年間、営業している。

語彙 resale 再販売

解説 テクニック24 選択肢の核心語と本文を全般的に対照しながら、言及された事項を消去していく方法で問題を解決する。(A)は最後の段落のSuper Cycles clientele who hire bicycles at one store location are able to return them to either storeを、(B)と(D)は最初の段落のCentrally-located Super Cycles has been serve all Springvale residents' cycling needs for the last fifteen yearsを通じて確認できるので、この問題の正解は(C)になる。

021. Walshさんが雇われたのはなぜですか。
(A) Featherston通り店の全商品を修理するため
(B) Springvaleで自転車クラブを始めるため
(C) 市議会と協議するため
(D) 観光旅行者のための市内観光を実施するため

語彙 repair ～を修理する　inventory(店内の)全商品　consult 協議する

解説 テクニック21 核心語である'Mr. Walsh'に注意して文章を読む。3番目の段落の最後の文章で、レンタル自転車を定期的に点検するために雇用されたことがわかる。したがって、(A)が最も適切である。
Paraphrasing 1) service → repair　2) fleet → inventory

DAY 08

■ Day 09 (p.86)

テクニック15

問題039-040は次の求人広告に関するものです。

正解 **039** (C)　**040** (A)

化学メーカーの調達責任者

国際的農薬メーカーが、調達の責任者を必要としています。最高財務責任者の監督下にあるこの職の主な責務は、同社のThames製造工場で使用されるすべての原材料および機器を購入することです。二次的職務には、博覧会や見本市に展示されている商品の定期視察、四半期に1、2回の納入業者訪問があります。在庫管理の経験があれば好ましいと見られます。この職種について、検討に値する志願者に必要な条件は以下のとおりです。

- ◆ 学士号かそれ以上(ビジネス専攻が望ましい)
- ◆ 3年以上の購買経験
- ◆ 実績ある交渉能力
- ◆ 契約書作成経験
- ◆ オンライン購買システムに関する実用的知識
- ◆ すべての納入が期日どおりに行われることを保証するための物流経験

興味のある方は、履歴書に、希望給与を明記したカバーレターを添えて、5月1日までにPatrick Wiley (pwiley@starrecruiters.com)へメールで送ってください。面接は5月18日に行われる予定です。

procurement 調達　manufacturer メーカー　agricultural 農業の　role 任務　oversee (仕事・労働者など) を監督する　financial 財務の　primary 主要な　responsibility 責務　raw material 原材料　equipment 機器　manufacturing 製造の　facility 施設　secondary (primaryに対して)二次的な　include ～を含む　inspection 視察　product 製品　trade fair 見本市　vendor 納入業者　quarter 四半期　previous (時間や順序が)前の　inventory 在庫　management 管理　favorably 好意的に　consider ～と考える　position 職種　candidate 志願者　bachelor's degree 学士号　prefer (ほかのものよりも)～の方を好む　proven 証明された　ability 能力　negotiate 交渉する　draw up (文書、案など)を作成する　contract 契約書　logistical 物流の　ensure 確実に～になるようにする　delivery 納品　accompanying ～に伴う　including ～を含む　expectation 期待　no later than ～ ～より遅くならずに　be held 行われる

039. 調達責任者の業務について、本文から何がわかりますか。

(A) 新入社員の教育が含まれる。　(B) 大幅に変わる可能性がある。
(C) かなり出張が多い。　(D) 機械を販売する必要がある。

語彙 involve ～を含む　significantly 相当に　considerable (量、程度、重要性などが) かなりの　machinery 機械

解説 テクニック15 広告文でよく出る問題である業務に関する問題だ。業務に関する説明は前半に出る。最初の段落で業務を説明しているが、その中でSecondary duties include the regular inspection of products on display at expos and trade fairs as well as visiting vendors once or twice a quarterで、エキスポと貿易博覧会及び供給会社を訪問しなければならないことがわかるので、(C)を類推できる。
Paraphrasing visiting → traveling

040. 求人広告に含まれていないものはどれですか。

(A) 雇用の開始日　(B) 応募の締切日　(C) 連絡先情報　(D) 直属の上司

語彙 employment 雇用　deadline 締切　immediate (血統や間柄が) いちばん近い　supervisor 上司

解説 テクニック23 告知と各選択肢を対照しながら、言及されている内容を消去していく方法で解決する。最初の段落のThe role will be overseen by the chief financial officerで(D)を、最後の段落のInterested candidates are asked to e-mail their resume with an accompanying cover letter including their salary expectations to Patrick Wiley, pwiley@starrecruiters.com no later than May 1で(C)と(B)を確認できる。したがって、この問題の正解は(A)になる。

テクニック16

問題041-043は次の情報に関するものです。

正解 **041** (A) **042** (D) **043** (D)

Madeon SX 90コーヒーメーカーをご利用いただくうえで役立つヒント

SX 90は単独で、アース付きコンセントに差し込みましょう。
複数の電化製品で電気回路に過剰の負荷がかかった場合、コーヒーメーカーが適切に動作しなくなる恐れがあります。SX 90は、他の電化製品とは分けてこれだけの回路の上で動作させる必要があります。

SX 90は常に「ON」にしておきましょう。
飲みたい時にいつでも、いれたてのコーヒーや紅茶、ココアを楽しむには、コーヒーメーカーを常に「ON」にしておきましょう。もちろん、SX 90は完全にプログラムでコントロールすることができますから、必要であれば、あなたのライフスタイルに合わせて自動的に電源が入ったり切れたりするように設定できます。また、一定の時間が経過したら、自動的に電源がオフになるように設定することも可能です。ユーザーマニュアルの7～9ページにある簡単な指示に従って、あなたに最適な設定を探してください。

最高に美味しい飲み物を味わうために、Madeonはボトル入り飲料水の使用をお勧めします。
水質は、場所によって異なります。コーヒーが望ましくない味であることに気づいたら、ボトル入り飲料水、または浄水システムの水の使用を検討することをお勧めします。最良の結果を得るには、ユーザーマニュアルの指示に注意深く従ってください。

hint ヒント outlet コンセント circuit 回路 overload (ヒューズ、発電器など) に負荷をかけすぎる appliance 電化製品 function (機械などが) 働く properly 適切に operate 動かす separate from ～ ～から分離する brew (お茶など) を入れる programmable プログラムできる require ～を必要とする automatically 自動的に match ～に見合う fixed 一定の period 期間 instruction 指示 appropriate 適切な beverage 飲み物 recommend ～を (よいものとして) 勧める vary (それぞれに) 異なる depending on ～ ～に応じて location 場所 undesirable 好ましくない consider ～を検討する filtration ろ過

041. これはどこに書かれている情報と考えられますか。
(A) オーナーズマニュアル (B) 新聞広告 (C) オフィスの掲示板 (D) メールマガジン

語彙 bulletin board 掲示板

解説 テクニック01 タイトルのHelpful Hints for Using Madeon's SX 90 Coffee Makerから見ると、SX 90コーヒーメーカーを購入した人のための説明だと理解するのが適切である。2番目の段落と、3番目の段落でより直接的な表現が出ている(→user manual)。したがって、(A)が正解になる。

042. このお知らせによると、SX 90は何ができますか。
(A) バッテリーの電力で、屋外で動作する
(B) あらゆる水源を浄化する
(C) 飲み物の最終的な温度を変化させる
(D) それ自体のスイッチをオン、オフするようにプログラムする

語彙 purify ～を浄化する available 利用できる water source 水源 temperature 温度

解説 テクニック16 核心語の'SX 90'に注意して、記事の小見出しを中心に内容の脈絡を把握する。電源に関する2番目の段落でthe SX 90 is fully programmable so, if required, you may set it to turn on and off automatically to match your lifestyleを通じて、正解(D)を見つけられる。 Paraphrasing turn on and off → switch on or off

043. Madeonが推奨していないのはどれですか。
(A) 使用方法をよく読んで、機器の使い方を学習する。
(B) 他の電化製品と同じプラグに接続しない。
(C) 最高の経験のためには、ボトル入り飲料水を使用する。
(D) 使用していない時には、製品の電源を必ずオフにする。

語彙 peruse ～を精読する direction (薬、道具などの) 使用法 product 製品 not in use 使用していない

解説 テクニック23 各選択肢と本文を全般的に対照しながら、文章に出た事項を消去する方法で問題を解決する。(A)は2番目の段落と、特に3番目の段落のFor best results, carefully follow the instructions in the user manualで、(B)は最初の段落のThe SX 90 should be operated on its own circuit, separate from other appliancesで、(C)は3番目の段落のwe recommend you consider using bottled waterで確認できる。したがって、この問題の正解は(D)になり、これに関する内容は2番目の段落で確認できる。

● **読解同意語の練習問題**

正解 **1** (C) **2** (D) **3** (B)

1. 習慣的に早足で歩くと、筋肉の緊張度が高まります。
(A) 使用可能な (B) カスタマイズされた (C) 力強く (D) ゆっくりと

解説 briskは活発で(active)強い(strong)という意味で使われる。

2. 暴動を報道するため、記者がパリに派遣されました。
(A) ～を含める (B) ～を支払う (C) ～を議論する (D) ～を報告する

解説 coverは上記の選択肢に出る単語の意味を全て持っているが、この文章ではreportの意味が合っている。Coverは重要な特定の事件に関するニュースを報道する(to report the news about a particular important event)という意味がある。

3. そのお金は、新しい樹木の植え付け、管理、保護の費用をまかないます。
(A) ～を報告します (B) ～を支払います (C) ～に適用します (D) ～を覆い隠します

解説 coverは上記の選択肢に出る単語の意味を全て持っているが、この文章では値段を払う(pay)、または、払うのに十分な金額である(be enough to pay)という意味がある。

● **実践シミュレーション**

問題022-023は次の広告に関するものです

正解 **022** (C) **023** (A)

Four Flowers
音楽のメッセージ

歌うメッセンジャーであるFour Flowersは、長年にわたってお祝いの歌を歌うサービスを提供してきました。誕生日から結婚記念日、卒業式や定年退職まで、私たちは、常に、ほかにはない経験をお届けしています。その機会が何であるか、どこで行われるかに関係なく、私たちはそれぞれのお客様に合わせてアレンジした音楽のメッセージを作ります。私たちのエンターテイナーは、笑顔をもたらすことを保証します。

私たちが探しているのは ……

高度な技能を持ったシンガー、ダンサー、ミュージシャン―――ピエロも。アコーディオンやトランペットなどの楽器を演奏する才能があれば尚可。

常勤、非常勤の両方に、トレーニングを提供します。

必要な資質をお持ちですか？ あなたのスキルを引き立たせる短いビデオを送ってください。
このビデオと履歴書は、Matthew Stanford、88 Clover通り, New Market, Bristol, B19 2RTに提出してください。

celebratory お祝いの anniversaries (毎年の) 記念日 retirement 定年退職 personalized (個人に合わせて) アレンジした guarantee ～を保証する highlight ～を強調する submit ～を提出する

022. この広告の目的は何ですか。
(A) 特別な行事をとりまとめる (B) 新しいテレビ番組を紹介する
(C) 才能を持った人を募集する (D) 新しい事業を売り込む

語彙 organize(会など)をとりまとめる talent 才能 recruit(新社員、新兵など)を募集する

解説 テクニック02 文章の目的に関する問題だが、前半には文章の目的が現れない。中盤部のWe are seeking...を通じて、文章の目的が現れる。正解は(C)が最も適切である。

023. Four Flowersで働くエンターテイナーについて、本文から何がわかりますか。

(A) 頻繁に旅をする。　(B) 楽器を所有していなければならない。
(C) 20代である。　(D) 出席したイベントを記録している。

語彙 frequently 頻繁に　attend 出席する

解説 テクニック21 核心語であるentertainersを中心に内容を読む。最初の段落でWhatever and wherever the occasionという表現を通じて、彼らがある場所によく出張することが表れている。正解は(A)である。

■ Day 10 (p.96)

テクニック17

問題044-045は次のメモに関するものです。

正解 **044** (B)　**045** (D)

宛先：全人事部員
差出人：Kent Alsworth、ITマネージャー
日付：7月1日
件名：次回の変更

7月7日、人事部門のコンピューターのオペレーティングシステムがアップデートされます。アップデートに加えて、従業員情報の管理を支援する新しいソフトウェアも部門内の全コンピューターにロードされます。アップデートされたバージョンのオペレーティングシステムと新しいプログラムの理解の一助とするため、次の要領で指導を提供します。

✓ トレーニングマニュアルは印刷してあり、依頼に応じてIT部門から入手できます。
✓ 7月11日午後1時から3時まで、第2会議室にて全従業員対象のプレゼンテーションを行います。
✓ プレゼンテーションに参加できない従業員はTodd Rutene (内線510) に連絡し、都合のよい日を選んでマンツーマンの指導を依頼することができます。

次回のアップデート、ソフトウェア、またはトレーニングについて、質問のある方は遠慮なく、内線687の私宛てにご連絡ください。

Human Resources 人事部　**personnel** 社員　**upcoming** 近いうちに行われる　**operating** 機能している (operating systemで「オペレーティングシステム」)　**department** 部門　**in addition to ～** ～に加えて　**load** (プログラムなど) をロードする　**in order to ～** ～のために　**assist** 支援する　**familiar** ～になじみがある　**instruction** 指導　**offer** ～を提供する　**following** 以下に続く　**available** 利用できる　**request** (人に…してほしいという) 依頼、要求　**attend** ～に出席する　**choosing** choose「選ぶ」の動名詞形　**extension** 内線番号　**hesitate** 遠慮する　**contact** 連絡する

044. このメモは何のために書かれましたか。

(A) ソフトウェアのアップグレードを従業員に知らせるため
(B) 教育的資源についての詳細を知らせるため
(C) 先日のプロジェクトが成功したことを発表するため
(D) 企業を改善する方法についての提案を募るため

語彙 **inform** (人に情報を) 知らせる　**to do something ～** ～な何かをする　**educational** 教育的な　**resource** 資源　**suggestion** 提案

解説 テクニック17 回覧の主な目的は、情報を共有して伝えるためである。文章の目的に関する決定的な根拠は前半に提示されるが、全体的な内容を総合しないと見つからない場合もある。パソコンのOS更新及びプログラムの設置に関して言及した後、これに関する教育があることを知らせているので、(B)が正解である。

Paraphrasing instruction, training, presentation → educational resources

045. このメモによると、アップデートに関する質問は誰に聞いたほうがよいのですか。

(A) 人事部のマネージャー　(B) Todd Rutene
(C) セミナーのプレゼンテーション担当者　(D) Kent Alsworth

解説 テクニック06 何か資格の獲得や使用方法に関する問題も根拠は、文章の後半にある。最後の段落でお問い合わせの担当者は本メモを書いた人であることがわかるので、送信者の情報From: Kent Alsworth, Information Technology Managerで、正解(D)が確認できる。

テクニック18

問題046-048は次のオンラインチャットディスカッションに関するものです。

正解 **046** (D)　**047** (C)　**048** (B)

Eric Ferulli［午前9時25分］
みなさん、こんにちは！　みなさんも知っているとおり、編集長への私の昇進は突然やってきました。事態があまりにも急に進んだので、業務の十分な知識を得るため、みなさんの助けが必要です。ですから、Webサイトへのトラフィックを向上させるためにどのような試みをしてきたかを教えてもらえるとありがたいです。

Lena Bolton［午前9時26分］
そうですね、私たちは、デイリー版の読者向けインターフェイスの改善を進めています。改良したオンライン版を、6月12日月曜日に初公開します。

Aruna Okoyne［午前9時27分］
これはほんとうに特別なものになります。拡張機能やフルアーカイブがあるので、読者は過去に公開された記事を簡単に見つけることができます。使い勝手はさらに向上しており、複数のデバイスで動作します。

Eric Ferulli［午前9時28分］
これらは必要不可欠な改善のようですが、私は、読者が私たちのところに必ず戻ってくるような何かが必要だと考えています。

Chantal Kovitz［午前9時29分］
そうですね。私は、読者がフロントページに何を載せたいかを選択できる新しいモバイルアプリに取り組んでいます。このアプリは、それぞれの版をパーソナライズしたバージョンになるでしょう。

Lena Bolton［午前9時30分］
そのとおりです。Chantalは私に対し、スポーツや政治などのカテゴリーや、故郷や勤務先などの場所ごとに、購読者がストーリーを選択できると言いました。

Eric Ferulli［午前10時21分］
それはすばらしい。詳細が練りあがったら教えてください。

Chantal Kovitz［午前10時22分］
アプリとモデルのレイアウトは、今週末には準備できます。

Eric Ferulli［午前10時23分］
OK。私は自分でテストしてみたいと思います。月曜日の朝、私のオフィスに全員で集まりましょう。

promotion 昇進　editor in chief 編集長　suddenly 突然　process 事態　operation 業務　appreciate ～をありがたく思う　attempt ～を試みる　boost ～を引き上げる　interface インターフェイス　debut ～を初公開する　enhanced 強化された　feature 機能　archive アーカイブ　previously 過去に　published 公開された　user friendly 使い勝手のよい　essential 必要不可欠な　improvement 改善　correct 正しい　subscriber 購読者　location 場所　employment 仕事　layout レイアウト　test run 試験実行

046. これらのライターはどこで働いていると考えられますか。
(A) ソフトウェア設計開発会社　(B) 旅行代理店　(C) 図書館　(D) 新聞社

語彙 developer　開発会社

解説 テクニック01 最初の部分にもmy promotion to editor in chiefが登場する。また、会話の中で、以前発刊された記事を読者が簡単に探せるように機能を向上させたと言っている部分で、この人たちが記事と関係のある仕事をしていると予想できるので、正解は(D)である。

047. 何が改善されますか。

(A) オフィスのレイアウト　(B) 教育プログラム　(C) オンライン経験　(D) 人材採用プロセス

語彙 improve ～を改善する　experience 経験　hiring 雇用

解説 テクニック21 核心語である being improvedに注目する。会話の中で、日刊紙のためのリーダーインターフェイスを改善する作業をしてきて、アップグレードされたインターネットエディションがもうすぐリリースされると言っているので、正解は(C)である。Paraphrasing upgraded → improved

048. 午前10時23分に"I'd like to give it a test run for myself."と書くことで、Ferulliさんは何を意図していると考えられますか。

(A) Kovitzさんが開発しているプログラムを操作してみたい。

(B) このプログラムがどのように動作するかを見てみたい。

(C) Boltonさんが選んだ休暇旅行先を承認する。

(D) コンサルタントが雇用されたことを喜んでいる。

解説 テクニック18 文章の意味を問う問題は、主にその文章の前の文章に根拠がある！　Chantalがアプリとモデルレイアウトが週末まで終わると言ったことに対して、Ferulliは直接テストをしてみたいと言っているので、このプログラムがうまく動くかを直接見たがっていることがわかるので、正解は(B)である。

Paraphrasing 1) I'd like to give it a test run → He wants to see how a program works

2) give something a test run and see how a program works → try a trial run on something to check how a program functions

● **読解同意語の練習問題**

正解 **1** (A)　**2** (D)　**3** (A)

1. また、重要なイベントやトピックスを扱った特別な警告メールが定期的に届きます。

(A) (テーマなど) を取り上げる　(B) 旅行する　(C) ～を変装させる　(D) ～を保護する

解説 coverは上記の選択肢に出る単語の意味を全て持っているが、この文章では「扱う(deal with, handle)」という意味で使われた。

2. どのように人種差別の問題に対応し始めればいいでしょうか。

(A) ～に話す　(B) 住所と名前を書く　(C) 誰かが住んでいる場所　(D) ～に取り組む

解説 addressは上記の選択肢に出る単語の意味を全て持っているが、この文章では「扱う(deal with)」という意味で使われた。

3. これから必要な金額がわかってから、残りを使いましょう。

(A) 残り　(B) 位置　(C) 配置　(D) 平等

解説 balance 均衡という意味もあるが、残り(remainder, the amount left)の意味で試験に出題された。

DAY 10

● 実践シミュレーション

正解 **024** (A)　**025** (D)

問題024-025は次のテキストメッセージのやりとりに関するものです。

Trina Giovanni (午後2時20分)
こんにちは、William。旅行日程の作成に取り組んでいて、少し情報が必要です。手伝っていただけますか。

William Schuster (午後2時20分)
どうしたの。

Trina Giovanni (午後2時21分)
シアトルからシカゴまでの8月の往復航空券と、できればMcCormick Place Convention Center付近にある中価格帯のホテル2泊分の費用を知りたいの。

William Schuster (午後2時22分)
朝いちばんに連絡するよ。

Trina Giovanni (午後2時22分)
数分しかかからないはずですが。

William Schuster (午後2時22分)
それはわかっているけど、非常に厳しい締め切りに追われているんだ。今晩のIrving Capital Partnersとのミーティングのためにポートフォリオをまとめてから、そのミーティングで記録をとるんだ。

Trina Giovanni (午後2時24分)
わかりました。明日の朝で結構です。

itinerary 旅程　**cost** 費用　**round-trip** 往復旅行　**airfare** 航空運賃　**mid-range** 並の　**preferably** もしできれば
realize ～がわかる　**tight** (時間、予算、状況などが)余裕のない　**deadline** 最終期限　**take notes** ノートを取る

024. 午後2時24分に"Tomorrow morning is fine"と書くことで、Giovanniさんは何を意図していると考えられますか。

(A) 彼女は必要な情報を待っていられる。　(B) 航空運賃の価格が上がることが予想される。
(C) 旅行には明日の方が適している。　(D) 彼女は朝のミーティングに出席できる。

語彙 **increase** (数・量が)増える　**attend** ～に出席する

解説 テクニック18 文章の意味を問う問題は、その文章の前に手がかりがある！ 引用文の前の文章で、Giovanniは飛行機及びホテルの情報が必要だと言ったが、Schusterが明日の朝調べると言ったことに対して、それも大丈夫だと言ったので、待つことができるという意味で理解できる。したがって、正解は(A)である。

025. Schusterさんの仕事は何であると考えられますか。

(A) 旅行案内業者　(B) 投資アナリスト　(C) 顧客サービス担当者　(D) 経営アシスタント

語彙 **investment** 投資　**analyst** アナリスト　**representative** 代理人　**assistant** アシスタント

解説 テクニック21 Giovanniが頼んだことをすぐできない理由を全部読んでみる。会議のためのポートフォリオを作り、会議で記録もしなければならないと言っていることから、選択肢の中で、彼が事務アシスタントであることを予想できる。したがって、正解(D)である。

Day 11 (p.106)

テクニック19

問題049-051は次の手紙に関するものです。

正解 **049** (C) **050** (B) **051** (D)

Mr. Milton Chapps
2333 W. Mondale Road
Charleston, WV 25301

12月12日

Chapps様

Charleston City Libraryへようこそ。— [1] —。当組織は、全国236の図書館で構成された資料や情報の共有に特化したシンジケート、Polaris Resource Network (PRN) の会員です。— [2] —。あなたの図書館アカウントにオンラインでアクセスし、電子書籍、オーディオブック、雑誌をダウンロードして、どのような個人用電子機器上でも読むことができます。

当図書館は、あらゆる年代の人のために、多数のすばらしいプログラムやサービス、展示会を主催します。— [3] —。Charleston City LibraryのWebサイト、www.charlestonlibrary.org.gov にアクセスして、週に一度、プログラムについてのEメール通知が送信されるように選択してください。

おそらく、あなたは図書館をより効率よく使う方法を知りたいと思っていらっしゃるでしょう。当館の職員が喜んで、個別ツアーで、当図書館が何を提供するかをご紹介します。彼らは、あなたの具体的な関心に合わせて、情報を調整することができます。— [4] —。予約を取るには、貸出・返却カウンターにお立ち寄りいただくか、info@charlestonlibrary.org.govへEメールを送ってください。

よろしくお願いいたします。

Anna Rivers
Charleston City Library副館長

library 図書館 **institution** 施設 **syndicate** シンジケート **nationwide** 全国的な **dedicated** 専用の～ **resource** 資料 **personal** 個人用 **electronic** 電子 **device** 機器 **exhibit** 展示会 **alert** アラート **efficiently** 効率的に **guide** ～を案内する **individualized** 個別の **tailor** ～を(要求・必要などに)合わせて調整する **specific** 細かく具体的な **interest** 関心 **circulation desk** (図書館などの)貸出・返却カウンター **request** ～を依頼する

049. この手紙の目的は何ですか。
(A) 入会申し込みについて説明すること (B) 次回のプログラムを宣伝すること
(C) サービスの概要を提供すること (D) 提携を発表すること

語彙 **explain** ～を説明する **promote** ～を宣伝する **overview** 概要 **announce** ～を発表する **collaboration** 提携

解説 テクニック01 電子メールはCharleston City図書館にアクセスして利用する方法の概要を説明しているので、正解は(C)である。

050. [1]、[2]、[3]、[4] と記載された箇所のうち、次の文が入るのに最もふさわしいのはどれですか。
「あなたの新しい図書館カードで、PRN会員図書館にある数百万点の収蔵のどれでも借りられます」
(A) [1] (B) [2] (C) [3] (D) [4]

語彙 **allow** ～を許可する **borrow** ～を借りる **collection** 収蔵物

解説 テクニック19 空欄を埋める問題は代名詞、略語、指示語に注意して読む。本文の中でPRNが出る部分がある文章が2回、前の文章に登場する。図書館カードでPRN会員図書館を利用する方法についての文章は、PRN会員図書館であるCharleston City図書館の紹介の後で出るのが適切なので、正解は(B)である。

051. 図書館の利用者は、どのようにして図書館からの最新ニュースを入手できますか。
(A) 貸出・返却カウンターに電話する　(B) 図書館報を手に入れる
(C) RiversさんにEメールを送る　(D) Webサイトで申し込む

語彙 patron (図書館などの)利用者　newsletter (団体などの)会報　sign up 申し込む

解説 テクニック06 追加資格や情報/利用方法の獲得に関する問題のヒントは、本文の後半に出る。Charleston City図書館のホームページにアクセスして、週間プログラムを電子メールで受け取るように選択すればいいと言っているので、正解は(D)である。Paraphrasing signing up on a Web site and opt to have weekly alerts sent to you → apply on a Web Site and choose to receive an email alerts on a weekly basis.

テクニック20

問題052-055は次のEメールに関するものです。

正解 **052** (A)　**053** (D)　**054** (B)　**055** (C)

宛先：Vita Yelnick <yelnick.vita@baylor.edu.gov>
差出人：Ryan Laughlan <rlaughlan@dfwba.org>
件名：資金調達
日付：4月22日

Yelnick教授

私と数人の同僚は、昨晩、Baylor大学で行われたあなたの資金調達セミナーに参加しました。Dallas-Fort Worth Business Association (DFWBA) 理事会のメンバーとして、私たちはあなたの洞察力と資料に実に感銘を受けました。あなたが、私たちの協会で同様の講演をすることに同意することを望んでいます。

DFWBAは、ダラス-フォートワース大都市圏にある地域社会組織の集まりです。現在、当協会には、75の提携組織と1,400人の個人会員がいて、会員数は増加を続けています。私たちは、オンライン求人掲示板や就職相談、交流会などいくつかのサービスを地域社会に提供します。さらに、1カ月に一度、当会の会員が関心を持つテーマに関する研修会を主催しています。3月20日に資金調達に関する講演をしていただけますでしょうか。研修会は午後1時から3時までです。次の理事会が開催される3月9日までにお返事をいただければ幸いです。

よろしくお願いいたします。

Ryan Laughlan

fund-raising 資金調達　colleague 同僚　attend ～に参加する　impressed ～に感動して　insight 洞察力　handout (会議・講習会などで配布する)資料　association 協会　community 地域社会　organization 組織　metropolitan 大都市の　affiliated 提携した　host ～を主催する　presentation 講演　appreciate ～をありがたいと思う　response 返答　board meeting 理事会

052. LaughlanさんがYelnick教授にEメールを送信したのはなぜですか。
(A) 彼女に講演を依頼するため　(B) 彼女の資料を要求するため
(C) 彼女との面接の日時を設定するため　(D) 彼女の講義の変更を提案するため

語彙 lecture 講義

解説 テクニック02 テーマを問う問題で、前半にテーマが明確に表れないと、早めに中・後半に進まなければならない。最初の段落の最後の文章で、LaughlanはYelnick教授に協会のための講演をしてほしいと言っているので、正解は(A)である。Paraphrasing We hope that you will agree to give a similar talk to our association → To ask her to give a presentation

053. DFWBAについて、何が示されていますか。
(A) 週1回、授業を提供している。　(B) 1年に一度、会合を行っている。
(C) 始まったばかりである。　(D) 会員のために講演を主催する。

語彙 weekly 週に1回　launch (仕事などを)始める　talk (非公式の)講演
解説 テクニック21 2番目の段落で、DFWBAは会員に関心分野のワークショップを月1回ずつ開催すると言っているので、正解は(D)である。 Paraphrasing we host a workshop on an area of interest to our members → It organizes talks for its members

054. 第2段落・7行目にある"area"に最も意味が近いのは
(A) 部分　(B) 主題　(C) 空間　(D) レベル
語彙 part 部分　level レベル
解説 テクニック20 2番目の段落に出るAdditionally, once a month we host a workshop on an area of interest to our members.で、"area"の意味は'分野'という意味で使われた。選択肢の中で最も意味が似ている単語は(B)である。

055. DFWBAが会員に提供しているサービスとして述べられていないことは何ですか。
(A) 交流会　(B) 専門的な研修会　(C) 安全な投資情報　(D) 就職相談
語彙 professional 専門的な　safe 安全な
解説 テクニック23 2番目の段落で、会員にインターネット求人、職業相談、ネットワーキング・イベントとワークショップなどを提供していると言っているが、投資情報は言及されてないので、正解は(C)である。

● **読解同意語の練習問題**
正解 **1** (D)　**2** (C)　**3** (B)
1. ジョンの性格には、いくつかの特徴があります。
(A) 高さ　(B) 長さ　(C) 幅　(D) 特徴
解説 dimensionは寸法を表す単語としてよく使われるが、ここでは特徴(feature, characteristic)の意味で使われた。

2. そこは世界で最も非衛生的な地域の1つであるといえるでしょう。
(A) 公表する　(B) 居心地のよくない　(C) 不潔な　(D) 健康に良い
解説 unsanitaryは非衛生的な(unclean)という意味で使われる。

3. そのプロセスの進行を早めるために、何かをする必要があります。
(A) ～を輸出する　(B) ～を加速する　(C) ～を説明する　(D) ～を決定する
解説 expediteは早める・促進する(speed up)、急ぐ(hasten)という意味で使われる。

DAY 11

● **実践シミュレーション**
正解 **027** (C)　**028** (D)　**029** (B)　**030** (B)
問題027-030は次の広告に関するものです。

会社概要：
Stackhouse Executive

御社には新入社員の発掘を担当する部門があるのに、なぜ、外部の会社を使って、役員を探すのですか。フィラデルフィアに拠点を置くStackhouse ExecutiveのCEO、Clint Stackhouseは、正当な理由がいくつかあるといいます。 ── [1] ──。「企業が私たちに委託する第1の理由は、いまだに現場にいる幹部の後任をさがすためです」。

企業が紹介に使える自前の人脈やコネを使い果たすことは頻繁にあります。── [2] ──。動機は何であれ、Stackhouse氏は、最高の才能をひきつけたいと願う企業にとっての情報源です。Stackhouse氏の専門は製造と運輸ですが、そのほかの産業でも経験があります。

「小規模な仲介業者と異なり、当社は27カ国に事業所があるため、広い範囲にわたる、有能な人材のネットワークを利用できます」と、Stackhouseさんは説明します。「当社では、お客様の目標にもとづいて、最高の候補者を見つけます」。── [3] ──。管理職スカウト企業に委託すると、高くつく場合があります(料金は最低25,000ドルです)。たとえそうであっても、Stackhouse氏はその支出に価値があると断言します。「私たちの成功率は非常に高いものです」。

同社は、新たな職を探している個人の代理人を務めることはありませんが、転職する意思のある管理職のことを聞くことには常に興味を持っています。── [4] ──。「理想の管理職は別の大陸にいるかもしれませんが、私は当社が適任者を見つけることを保証します」。

executive 管理職　responsible (仕事、事故などに対して) 責任がある　employee 従業員　several いくつかの (2よりは大きいがmanyよりは少ない)　replacement 後任　frequently 頻繁に　deplete (資金・資源など) を使い果たす　referral (人を別の場所や人に) 紹介すること　motivation 動機　talent 才能　specialize ～を専門に扱う　manufacturing 製造　transportation 運輸　identify ～を特定する　goal 目標　pricey 値段が高い　assert ～と断言する　worth (…だけ払う) 値打ちのある　expense 費用　success 成功　represent ～の代理となる　relocate 転職する　guarantee ～を保証する

027. この記事の目的は何ですか。

(A) 欠員のある、企業の役職を宣伝すること　(B) 最近の管理職の採用について説明すること
(C) 管理職スカウト企業を紹介すること　(D) ソーシャルネットワーキングの傾向を議論すること

語彙 describe ～を説明する　profile (人物、事物) を紹介する　social networking ソーシャルネットワーキング

解説 テクニック01 最初の文章で、記事に出る会社を利用して役員を探す理由を説明しているので、正解は(C)である。

028. Stackhouse Executiveについて何が示されていますか。

(A) 管理職のために契約書の草案を書く。　(B) 面接テクニックのトレーニングを提供する。
(C) 最近、設立された。　(D) 国際的に営業している。

語彙 draft ～の草案を書く　contract 契約書　technique テクニック　establish (組織) を設立する　operate 営業する

解説 テクニック21 3番目の段落で、Stackhouseは27カ国にオフィスがあると言っているので、正解は(D)である。
Paraphrasing we have offices in 27 countries → It operates internationally.

029. Stackhouse Executiveのような企業の欠点について、何と言っていますか。

(A) データベースに制約があることが多い。　(B) サービスが高くつく場合がある。
(C) 単一の分野に特化する傾向にある。　(D) 成功率が高くない。

語彙 limited 有限の　disadvantage 欠点

解説 テクニック21 役員の求人会社を使うとお金がたくさんかかると言っているので、正解は(B)である。
Paraphrasing 1) pricey → costly　2) their services can be costly and pricey → their services can be expensive and high priced

030. [1]、[2]、[3]、[4] と記載された箇所のうち、次の文が入るのに最もふさわしいのはどれですか。
「また、企業が競合企業から採用したいと臨んでいることもあるでしょう」

(A) [1]　(B) [2]　(C) [3]　(D) [4]

語彙 recruit ～を採用する　competitor 競合企業

解説 テクニック19 会社が他の競争会社から従業員を採用したがる理由として、会社が人材を推薦してもらえるネット･ワ　クが涸れるためだという文章の次に出るのが適切なので、正解は(B)である。

Day 12 (p.116)

MINI TEST 02

問題009-011は次のEメールに関するものです。

正解 **009** (A) **010** (B) **011** (D)

宛先：全従業員 <ALL@pureengineering.com>
差出人：Gordon Wilson <gwilson@pureengineering.com>
日付：7月27日
件名：夏をお祝いしましょう！

Pure Engineeringは、8月9日土曜日の午後4時から午後9時にKowhai Parkで夏の特別なバーベキューを実施するにあたり、全従業員とその家族をご招待したいと思います。

無料の軽食と飲み物があります。メインの食事は一家族わずか15ドルで、これにはソーセージ、ステーキ、チキンドラムスティック、ひき肉のパテ、ハンバーガーバンズ、サラダ、コールスローと、デザートのアイスクリームとフルーツが含まれます。Dale Easternと彼のバンドが、ショーの提供を気前よく申し出てくれました。

このイベントへの参加希望者は、8月5日までに名前と参加予定の家族の人数を登録し、Peter SinghまたはGeoff Gouldieに料金の15ドルを支払う必要があります。

今後のイベントについてのアイデアのある方、本イベントの詳細を知りたい方は、人事部の私の所へお越しいただくか、gwilson@pureengineering.comにEメールを送ってください。

バーベキューで会いましょう！
Gordon Wilson
現場管理者

invite ～を招待する　complimentary 無料の　refreshment 清涼飲料　meal 食事　include 含む　drumstick ドラムスティック　mince ひき肉　generously 気前よく　offer ～を提供する　interested in ～ing ～に興味のある　attend ～に参加する　event イベント　register 登録する　fee 料金　Human Resources 人事部

009. このEメールの理由は何ですか。
(A) 集会への参加を従業員に呼びかけること
(B) 地元の慈善事業への寄付をお願いすること
(C) 新しい規則について従業員に知らせること
(D) もうすぐやってくる祝日のことを従業員に思い出させること

語彙 gathering 集会　donation 寄付　charity 慈善事業　regulation 規則　remind ～に思い出させる　upcoming もうすぐやってくる

解説 テクニック01 タイトルのLet's celebrate summer!から、主に「記念イベント」に関する内容が出ると類推できる。(A)が正解になる。Paraphrasing special summer barbeque → gathering

010. このイベントについて、示されていないことは何ですか。
(A) 会社が手配をしていること。　(B) 毎年催されること。
(C) 生バンドが出演すること。　(D) 地元の公園で行われること。

語彙 arrange ～を手配する　put on ～を催す　be held 行われる

解説 テクニック23 本文と選択肢を対照しながら出ている内容を消去する。最初の段落のPure Engineering would like to invite all employees and their families to a special summer barbeque on Saturday, August 9 from 4:00 to 9:00 PM at Kowhai Parkで(A)と(D)を、2番目の段落のDale Eastern and his band have generously offered to provide the entertainmentで(C)を確認できる。したがって、正解は(B)である。

011. 詳しい情報については、従業員は誰に問い合わせるべきですか。
(A) Peter Singh　(B) Geoff Gouldie　(C) Dale Eastern　(D) Gordon Wilson

語彙 contact に問い合わせる

解説 テクニック06 資格の獲得/使用方法に関する問題の根拠は文章の後半に出る。最後の段落を通じて、電子メールを書いた人が担当者でることがわかる。したがって、(D) Gordon Wilsonが正解になる。

問題012-014は次の記事に関するものです。

正解 **012** (C)　**013** (C)　**014** (B)

Andrew Hillary、変化への対応準備完了

ウェリントン、11月12日—Andrew Hillary High Speed Railwayの修正計画が10月28日に、同プロジェクトの主任エンジニアEric RushによってWellington Transportation Boardに提出されました。

ウェリントンとイーストランドという2つの大都市を結んで建設される新しい鉄道の概略は、最初は4年前に承認されました。しかし、委員会が昨年行った追加調査により、当初の予想よりも著しく速い勢いで乗客数の増大が見込まれることがわかりました。この主な理由は、高騰する燃料費を支払うため、航空各社が航空券の価格を値上げする計画を発表したことです。これにより、人々は鉄道を使ったより安価な交通手段を選ぶようになると予測されます。

必要な修正としては、定員がより多い客車を建造する、発券エリアを拡大する、あらゆる旅客ターミナルで飲食施設の数を増やすなどがあります。

同委員会の委員長、Allan Andersonは、今月末までに委員会が修正案を承認すると見込んでいます。これにより、当初の予定通り1月に鉄道の最初の施工段階を開始できるようになるでしょう。

amended 修正された　high speed railway 高速鉄道　submit ～を提出する　transportation 運輸　board 委員会　schematic 概要　connect ～をつなぐ　initially 当初　approve ～を承認する　additional 追加の　research 調査　conduct ～を実施する　discover ～を発見する　passenger 乗客　anticipate ～を見込む　airline 航空会社　fuel cost 燃料費　cause ～を引き起こす　favor ～を(より)好む　modification 修正　construct ～を建設する　capacity 定員　carriage 客車　expand 拡張する　establishment 施設　chairman 委員長　altered 修正された　enable ～ ～を可能にする

012. Eric Rushは、なぜ10月に委員会のメンバーと会いましたか。
(A) 追加調査を引き受けるよう依頼するため
(B) 精錬所を建設するという彼の会社の意図を報告するため
(C) 設計計画の修正を提示するため
(D) 建設作業が遅れる理由を簡単に説明するため

語彙 undertake 着手する　intention 意図・目的　refinery 製油所　delay 遅延させる・遅らせる

解説 テクニック21 核心語の'Eric Rush'と'October'に気をつけて読む。最初の文章を通じて、改定案を提出した日付であることがわかるので、(C)が正解になる。 Paraphrasing 1)amended plans → modifications 2) submit → present

013. この鉄道について、何が示されていますか。
(A) 数カ所の国際都市を結ぶ。　(B) 国内2つ目の高速鉄道である。
(C) 平均よりも大きな客車を使用する。　(D) 1月中は、半額切符を提供する。

語彙 make use of ～ ～を使用する　average 平均の

解説 テクニック21 改定内容を扱っている3番目の段落で、より広い乗り物を作る(→ constructing larger capacity carriages)ことが含まれると言っている。したがって、(C)が最も適切である。

014. Allan Andersonとは誰ですか。
(A) 航空会社の管理職　(B) Wellington Transportation Boardの委員長
(C) 鉄道プロジェクトのシニアエンジニア　(D) 機関車の主任設計者

語彙 executive 管理職　senior シニア

解説 テクニック21 核心語の'Allan Anderson'が言及された部分を探してみると、最後の段落のBoard chairman Allan Andersonで(B)が正解であることがわかる。Paraphrasing chairman → leader

015-017は告知に関する問題です。

正解 **015** (C) **016** (C) **017** (A)

Brisbane Metropolitan Transportation Board
週末の運行についてのアナウンス(Blue Line)

今週末に予定されているメンテナンスのため、Eagle JunctionとNudgee間の運行が6月18日(土)午前6時より中断されます。この期間、Blue Lineは2つの部分に分割されます。最初の部分はSouth BankからEagle Junctionまで、第2の部分はNudgeeからShorncliffeまでです。NorthgateとBanyo Stationsの間にあるBindha Stationは、線路の修理中閉鎖となるため、これら3つの停車場間を運行する電車はありません。影響を受ける到着地間の通勤者を輸送する特別シャトルバスの形で、代替輸送が提供されます。本サービスは完全無料です。通常のBlue Lineの運行は6月20日(月)午前6時に再開します。本期間中、影響を受ける他の路線はありません。

Brisbane Metropolitan Transportation Board は、通勤客のご辛抱とご理解に感謝の意を表明するとともに、同市の公共交通網の開発を続けていきます。

transportation 交通、輸送 board 委員会 announcement 発表 operation 運営 suspend 中断する as a result of ~の結果として maintenance 維持補修、管理 period 期間 divide 分ける repair 修理、修繕 alternative 代替となる transport 輸送する commuter 通勤者 affect 影響を与える destination 目的地 absolutely 完全に free 無料の recommence 改めて始まる gratitude 感謝、謝意 patience 忍耐 develop 開発する

015. メンテナンス作業はどの駅で予定されていますか。

(A) Eagle Junction駅 (B) Nudgee駅 (C) Bindha駅 (D) Shorncliffe駅

解説 テクニック21 駅の名前が選択肢に提示されていることに注目して、核心語の'maintenance work'に関する部分を文章から探す。最初の段落の中盤部で正解(C)を確認できる。

016. 運行の変更について、何が示されていますか。

(A) 全ての形の公共交通に影響を与える。 (B) 運賃が高くなる結果となる。
(C) 一時的なものに過ぎないと予想されている。 (D) 完全な不意打ちだった。

語彙 result in (結果的に)~になる、を引き起こす cost 値段、費用 expect 予想[期待]する complete 完璧な surprise 予想外のこと

解説 テクニック22 詳細情報/推論/否定語NOT問題では、選択肢に期間/金額/時点が出ると注目する。最初の段落で、6月20日、月曜日午前6時にサービスが「再開」すると言っているので(C)が最も適切である。

017. 通知によると、シャトルバスの理由は何ですか。

(A) 数個の列車の駅をつなぐため (B) プラットフォーム上の混雑を減らすため
(C) 郊外地域の通勤者を支援するため (D) 低コストの交通手段を提供するため

語彙 link 繋げる crowding 過密 assist 手伝う、支援する suburban 郊外の low 低い、(値段が)安い

解説 テクニック21 核心語の'shuttle buses'に関する部分を探す。最初の段落の後半で、影響範囲にある目的地を利用する通勤者のための特別なシャトルバスを運行し、代替の交通手段を提供すると言っている。したがって、(A)が正解になる。

■ Day 13 (p.122)

テクニック21

問題056-057は次の広告に関するものです。

正解 **056** (D)　**057** (C)

メルボルンの新しい科学博物館

世界一有名な科学者たちや
彼らの実験、発見について、実践的かつ対話型のアクティビティを通じて学びましょう！

グランドオープンは4月17日。今すぐ年間パスをお求めください。
家族パス75ドル、大人パス40ドル、学生パス20ドル(学生証が必要)
年間パスの特典には、以下が含まれます。
有料会員とゲスト1人の入場料が無期限で無料
展示初日に特別非公開招待
月に一度のEニュースレターで最新情報を提供
さらに、Melbourne Zooの入場料20%オフ

詳しくは、www.sciencemuseum.co.au/annualpassをご覧ください。

experiment 実験　discovery 発見　hands-on 実践的な　interactive 対話型の　annual 年間　pass 通行証
benefit 特典　include ～を含む　unlimited 制限のない　free 無料　entry 入場　invitation 招待　exhibition 展覧会
admission入場料

056. この博物館について、何が示されていますか。
(A) 高齢者の入場料は無料である。
(B) 改築後、再開したばかりである。
(C) 遠足については、割引パッケージを提供する。
(D) 世界中の研究者による業績を展示する。

語彙 senior citizen 高齢者　discounted 割引された　researcher 研究者

解説 テクニック21 最初の文章のLearn about the world's most famous scientistsを通じて、正解(D)を見つけられる。Paraphrasing scientist → researcher

057. 年間パスのメリットの1つは何ですか。
(A) 科学出版物の定期購読
(B) 博物館のカフェテリアで無料の食事
(C) 新しい展示会をいち早く見学
(D) 著名な科学者と会う機会

語彙 subscription 定期購読　scientific 科学の　publication 出版物　access 利用　opportunity 機会

解説 テクニック21 問題の核心語である'benefits'に注意して文章を読む。Benefits of the annual pass include以下の内容と選択肢を対照すると、2番目の項目のSpecial private invitations to exhibition openingsと出るので、(C)が最も適切である。

テクニック22

問題058-060は次の記事に関するものです。

正解 **058** (C)　**059** (D)　**060** (C)

Trevorの旅:
ギズボーンを1日で
Trevor Andrews、スタッフライター

9月16日――今週、私は何か違うことをします。いつものように、どこか人里離れた、異国情緒ある旅先の報告の代わりに、私の生まれ故郷であるギズボーンで一見の価値のある名所をいくつか見直してみます。

午前9時――私は帰省時に必ず、少なくとも1回はKelvin's Eateryで朝食をとるのが好きです。Kelvin's Eateryはギズボーンのダイニングシーンでは新顔ですが、地元住民のあいだには忠実な支持者がすでに生まれています。個人的には、Elizabethオムレツをお勧めします。

午前11時——朝食後にリラックスするなら、川沿いの遊歩道がいいでしょう。特に活動的な気分ならば、マウンテンバイクを借りて、Durie Hillのサイクリングトレイルのいくつかに挑戦してみましょう。丘の上にある展望台からの眺めはすばらしく、頂上まで苦労してペダルをこいでいく価値は十分にあります。

午後1時——昼食をとる準備ができたら、Gaslight Bakeryが、あなたの向かいたくなる場所でしょう。この家族経営のレストランは、ミンスパイとクリーム入りドーナッツで有名です。メニューは、同店のウェブサイト(www.gaslightbakery.com)で見られます。ただし、週末に訪れるなら予約をするだけのことはあります。空席を待つお客様の長い列ができることがよくありますから。テイクアウトを気にしないなら、フードを買うだけでぶらぶら歩き、Durie Hill Parkへ。Gaslight Bakeryから歩いてわずか10分です。

午後2時30分——最後に、Sergeant Gallery (SG)のMaori Culture exhibitionを訪れずに終わるギズボーンツアーなどありません。地元部族のご厚意で寄付された伝統的な衣装や道具、カヌーや装飾品が呼び物です。9月26日に終わる展示を見られなくても、SGは8週間ごとに新しい展示を始めますから、慌てないでください。

ギズボーンでお勧めのアクティビティが他にもありましたら、trevor@fever.comにEメールしてください。件名には、「ギズボーンを1日で」と入力してください。

in place of ～ ～の代わりに　account 報告　remote 人里離れた　exotic 異国情緒のある　eatery 飲食店　relax リラックスする　energetic 活動的な　tackle ～に挑む　hilltop 丘の頂上　lookout 展望台　summit 頂上　own 独自の　operate 営業する　mind ～を気にする　wander ぶらぶら歩く　canoe カヌー　tribe 部族　recommendation 推薦

058. Andrewsさんのコラムについて何がわかりますか。

(A) いつもギズボーンに焦点を当てている。　(B) 通常はユーモアたっぷりである。

(C) 週に一度のペースで発表されている。　(D) この刊行物で最も読まれているコラムである。

語彙 focus on ～ ～に焦点を当てる　typically 通常は　involve ～を含む　basis 頻度で

解説 テクニック21 最初の段落をI'll be doing something different this weekと、〈今週は何か違うものをやる〉と始まる。したがって、最も適切なのは(C)である。

059. この記事によると、Gaslight Bakeryについて正しいことは何ですか。

(A) 地元の住民には割引を提供する。　(B) 昼食後まで開店しない。

(C) 全国的なフランチャイズに加盟している。　(D) 土曜日と日曜日にはとても人気がある。

語彙 nationwide 全国的な

解説 テクニック22 核心語の'Gaslight Bakery'に注意して文章を読む。4番目の段落でランチできる場所で言及(→ (B)が正解ではない根拠)して、家族が運営(The family owned and operated business → (C)が正解ではない根拠)していて、週末には並んでいる人が多いので予約する必要がある(→ If you are visiting on a weekend, however, it pays to make a reservation, as there is often a long line of customers waiting for a table)と加えている。したがって、(D)が正解になる。Paraphrasing weekend → Saturdays and Sundays

060. Andrewsさんの提案ではないものは何ですか。

(A) 朝食に特定の食べ物を購入すること

(B) Durie Hill Parkで昼食をとること

(C) SGのウェブサイトでチケットの情報を確認すること

(D) ギズボーンでできるその他の活動をEメールで送信すること

解説 テクニック21 (A)は2番目の段落のI can personally recommend the Elizabeth omeletで、(B)は4番目の段落のIf you don't mind take-out, you can simply pay for your meal and then wander down to Durie Hill Park, which is only a 10 minute walk from the Gaslight Bakeryで、(D)は最後の段落のIf you have any recommendations for other activities in Gisborne, please e-mail me at trevor@fever.comで確認できる。したがって、正解は(C)になる。

● **読解同意語の練習問題**

正解　**1** (B)　**2** (A)　**3** (D)

1. 私たちは、サンプル注文と大量注文を受け付けます。

(A) 少量の　(B) 多量の　(C) 適度な　(D) 美しい

解説　bulkは大量(large)を意味する。'in bulk'は'大量で'という意味だと覚えよう！　この表現も試験に出題されたことがある。

2. プロジェクトを小さな部分に分けて、これらに1つずつ取り組みましょう。

(A) 分ける　(B) 崩壊する　(C) 死ぬ　(D) 諦める

解説　break downは基本的に'壊れる'という意味があるが、'壊して(break)置いておく(down)'という意味で、分析する(analyze)、分ける(divied, classify)などの意味でよく使われる。ここではdivideが正解である。divide A into Bの形態で使われるのも同様である。以前出たことのある名詞breakdown = analysis(分析)も必ず覚えよう！

3. その事故は、100年以上前に起こりました。

(A) ～に加えて　(B) ～を超えて　(C) 十分に　(D) 以上

解説　overは数字を飾る単語として知られている。同意語はmore thanである。他に数字を飾る副詞を整理してみよう！　less than(～より少ない・未満の)、at least(少なくとも)、approximately(おおよそ)、slightly(わずかに)、nearly(ほぼ)、almost(ほぼ)、roughly(だいたい)、significantly(かなり)、considerably(かなり)

● **実践シミュレーション**

問題031-033は次の情報に関するものです。

正解　**031** (C)　**032** (D)　**033** (C)

ANDERSON CUSTOM ROLLER SHADES
よくたずねられる質問

当社では、さまざまなサイズの特注ローラーシェードを製作しております。当社は、どのようなデジタル形式、フィルム、古い写真のパターンであってもシェードにプリントできます。お客様は主として、自宅やオフィスの窓や壁を独自のイメージで装飾することに興味をお示しになります。

サイズに制限はありますか。私たちが製作できる最大プリントは3×3メートルです。ただし、このようなプリントには、最高品質の写真が必要です。元となる写真が必要な基準に達していなければ、プロジェクトを進める前に、別の写真の提出をお願いせざるを得ないでしょう。

注文品にはどのくらいの時間がかかりますか。通常、プリントには最大2営業日、発送には最大3営業日かかります。購入後、5日以内に完成した注文品がお客様のお手元に届くとお考えください。

Andersonシェードは洗えますか。ファイバーグラスとポリエステルグラスで織った生地は洗濯機で洗えます。

割引はありますか。シェードを10本以上お買い上げのお客様は、電話またはEメールでご連絡いただくようお願いいたします。注文によっては割引が可能な場合もあります。非常に大量の注文の場合、製作は通常の2営業日よりも長くかかる場合がありますので、ご注意ください。

roller shade ローラーシェード　produce ～を製作する　custom-made 特注の　primarily 主として　decorate ～を装飾する　limit 制限　require ～を必要とする　up to ～ (上方・地点・上限・水準)～のところまで　standard 標準　force ～に強いる　alternative 代替の　order 注文　expect ～を期待する　make a purchase 購入する　washable 選択できる　weave (布などを)織る　fiberglass ファイバーグラス　fabric 繊維　machine washable 洗濯機で洗える　depending on ～ ～によっては

031. シェードは何に使用できる可能性があると言っていますか。

(A) 常連のお客様に差し上げる　(B) 紫外線から商品を保護する
(C) オフィスの壁を飾る　(D) 新しい商品を売り込む

語彙 protect ～を保護する　merchandise 商品　UV ray 紫外線　adorn ～を装飾する　promote (宣伝・値引きで)～を売り込む

解説 テクニック21 '日よけの活用事例' が問題の要旨であることを把握して文章を読む。最初の段落のCustomers are primarily interested in decorating their homes or offices with the unique images on their windows or wallsを通じて、正解(C)を見つけられる。Paraphrasing decorating → adorning

032. シェードの注文について正しいことは何ですか。

(A) 最小サイズがある。　(B) ウェブサイトから作ることができる。

(C) オリジナルの写真を含める必要がある。　(D) 通常、1週間以内に届く。

語彙 minimum 最小の　arrive 届く

解説 テクニック22 注文の処理期間に関する3番目の段落で、Customers can expect to receive a completed order within 5 days of making a purchaseと、お客さんが注文した日から5日以内に品物を受け取ることができると言っているので、(D)が最も適切である。

033. 多数のシェードが必要な場合には、お客様は何をするよう求められていますか。

(A) 10%の手付金を支払う　(B) 現地で相談する

(C) 購入について、事前に話し合う　(D) 同じサイズのシェードだけを注文する

語彙 deposit 手付金　on-site 現地で　consultation 相談　discuss 話し合う　in advance 事前に

解説 テクニック09 '大量注文'(a large number of → ten or more)が選択肢でParaphrasingされた。最後の段落でClients purchasing ten or more shades are asked to contact us by phone or e-mailと、10個以上購入するお客さんは電話や電子メールで連絡するようにと提示した後、注文によって割引できると加えている。したがって、(C)が正解になる。

テクニック23

問題061-062は次の広告に関するものです。

正解 **061** (A) **062** (D)

Hillman Technical College
もう一度、学校へ戻ることに興味がありますか？

教育は、就職だけではなく、キャリアアップにも不可欠な部分です。Hillman Technicalは、オークビルでもっとも広範囲にわたる社会人向けコースを提供していることに誇りを持っています。通常の昼のクラスに加え、現在は、自宅で気楽に修了できるオンライン課程もあります。

当校には、コンピューターセキュリティ、レストラン経営、起業家精神を含め、さまざまな専門分野のコースがあります。受講可能なコースについて、詳しくは当校のウェブサイト(www.hillmantech.edu)をご覧ください。

認定プログラムについての質問がある場合は、入学審査部(555-1982)にお電話いただくか、info@hillmantech.eduまでEメールをお送りください。

interested in ～ing ～に興味がある education 教育 vital 不可欠な develop (生物や能力など)を成長させる offer ～を提供する range 範囲 complete ～を終了する comfort 気楽さ a variety of 種類豊富な subject テーマ area 分野 including ～ ～を含む security セキュリティ management 経営 entrepreneurship 起業家精神 available 利用可能な certification 認定 admission 入学許可 department 部門

061. この広告によると、Hillman Technicalでは何が新しく設けられましたか。
(A) インターネットコース
(B) 職業相談
(C) 管理事務所
(D) 新しい図書館

語彙 advice 相談 administration 管理

解説 テクニック21 核心語の'new'に気をつけて文章を読んでみると、最初の段落で、これからオンラインプログラムを利用して家で簡単に受講できる(→ we now have online programs)と言っているので、(A)が正解になる。Paraphrasing 1) online → internet 2) programs → courses

062. Hillman Technicalの詳細を調べる方法として示されていないことは何ですか。
(A) 電話をかける
(B) Eメールを書く
(C) ウェブサイトを閲覧する
(D) 構内を歩く

語彙 make a phone call 電話をかける browse ～を閲覧する

解説 テクニック23 '追加情報を得る方法'に関する部分を探して、各選択肢と対照しながら消去する方法で問題を解決する。2番目の段落のPlease visit our Web site, www.hillmantech.edu, for more information about the available coursesで(C)を、3番目の段落のIf you have any questions about our certification programs, please call our admissions department on 555-1982 or write to info@hillmantech.eduで(A)と(B)を確認できる。したがって、問題の正解は(D)である。Paraphrasing call → make a phone call

テクニック24

問題063-066は次の記事に関するものです。

正解 **063** (D)　**064** (B)　**065** (B)　**066** (D)

シドニー 4月24日 ── ビジネス研究機関Godwin Resourcesは、医療機器メーカーWilson Instrumentationをシドニーで最高の雇用主と決定しました。Wilson Instrumentationの代表取締役社長、James Drewは感激したと述べ、「当社は医療産業に携わっており、健康と幸福の促進は全体的な目標の中核をなします。私たちは、従業員の福祉を最も尊重しています」と述べました。Drew氏は、従業員の満足感の一部は、今年始まった在宅勤務という選択肢にあると考えています。「私たちは、従業員に定期的に在宅勤務を許可すると、彼らの生産性が大幅に上がることを発見しました」と同氏は述べました。
第2位であるRodney's Gourmet Marketの従業員は、従業員を育成し、また勤続年数の長い従業員を昇進させる店長であるGraham Morganの手腕に称賛を示しました。また、第3位に入ったMighty Financial Servicesのスタッフは、非常にたくさんの社交の場が設けられていることを評価しています。Mightyの人事部長、Sian Gomezは、「私たちは、先月の釣り旅行のように、多数のグループイベントを主催しています。これらは、当社従業員とその家族には、完全に無料なのです」。
これら3社はすべて、昨年最も成功した地元企業20社というCareerpath.orgのリストにも入っています。Godwinの広報担当であるCamille Airlieは、驚いていないと言いました。「満足感の高い従業員と企業の収益性とは、明らかに関係しています」と彼女は言いました。シドニーにあるさまざまな企業の1,200人を超える労働者が、今年のGodwinアンケートに回答しました。

instrumentation (機械の制御のためなどの) 器具類　medical 医療の　manufacturer メーカー　vote ～を投票して決定する　employer 雇用主　research 研究　institution 機関　central to ～ ～の中心となる　overall 全体的な　hold ～と考える　welfare 福祉　regard 尊重　satisfaction 満足感　due to ～ ～に起因して　telecommuting 在宅勤務　option 選択肢　discover ～を発見する　productive 生産的な　regularly 定期的に　allow ～を許可する　state ～と述べる　gourmet 美食家　admiration 称賛　value ～を評価する　function 機能　organize (会などを) 主催する　spokeswoman 広報担当　connection 関係　satisfied 満足した　workforce 従業員　profitability 収益性　a wide range of 幅広い

063. この記事の理由は何ですか。
(A) 医療分野での最新テクノロジーを評価するため
(B) 自宅で新しい事業を開始する方法を説明するため
(C) ある地域の失業率にコメントするため
(D) 調査の結果を公表するため

語彙 evaluate ～を評価する　field 分野　unemployment rate 失業率　finding (研究や調査の) 結果　survey 調査

解説 テクニック01 最初の文章を通じて、〈主にリサーチ会社の調査内容〉に関する情報が出ることを類推できるので、(D)が最も適切である。

064. この記事によると、Wilson Instrumentationの従業員について正しいことは何ですか。
(A) 社交の機会が豊富にある。　(B) 自宅で働くことを許されている。
(C) 忠誠心により昇進する。　(D) 年末にボーナスを受け取る。

語彙 chance 機会　socialize 社交活動をする　loyalty 忠誠心

解説 テクニック21 核心語の'Wilson Instrumentation workers'に気をつけて文章を読む。〈Wilson機器〉について説明している最初の段落で、従業員の満足度の理由が部分的には在宅勤務にあったことが表れている。したがって、(B)が正解になる。Paraphrasing telecommuting → work from home

065. 誰が店舗を経営していますか。
(A) James Drew　(B) Graham Morgan　(C) Sian Gomez　(D) Camille Airlie

解説 テクニック21 '店舗の管理者'を探す問題であることを把握する。2番目の段落のstore manager Graham Morganを通じて、正解(B)を見つけられる。

066. Mighty Financial Servicesについて述べられていないことは何ですか。

(A) 昨年、最も大きな成功を収めた会社の1つである。
(B) コミュニティの一員が所有している。
(C) 従業員のために、社交活動を企画する。
(D) 1,200人以上の人を雇用している。

語彙 activity 活動　employ ～を雇用する

解説 テクニック23 24 核心語の'Mighty Financial Services'に関する部分を集中的に読みながら、各選択肢と対照して消去する方法で問題を解決する。(A)と(B)は最後の段落のAll three businesses were also found on Careerpath.org's list of the 20 most successful local businesses last yearで、(C)は3番目の段落のMighty Financial Services, the business which came third, valued having so many social functionsで確認できる。したがって、この問題の正解は(D)である。

● **読解同意語の練習問題**

正解 **1** (C)　**2** (A)　**3** (B)

1. 糸は、動かせるように、少したるませておきます。
(A) 許可を与える　(B) 緩和する　(C) 可能にする　(D) 伸びる

解説 allowは「許す・許可する」という一次的な意味だけでなく、「鑑みる、可能にする」という意味もある。ここでは、可能にする(make possible)という意味で使われた。

2. これは、初めて市販された人工知能を用いた機械でした。
(A) ～を使用する　(B) ～を雇用する　(C) 熟練した　(D) ～を発明する

解説 employは人を雇用する(hire)という意味もあるが、あらゆる道具や手段を利用する(use)、採択する(adopt)という意味としてもよく使われる。ここでは、利用する(use)という意味で使われた。

3. 公害を出さずに電気を生産することは、完全に実現可能です。
(A) 目に見える　(B) 可能である　(C) 理解できる　(D) 完全である

解説 feasibleは実行可能な(possible)という意味でよく使われる。追加的にこの単語の名詞形を使って、実行可能性の研究をfeasibility studyというのも覚えておこう！

● **実践シミュレーション**

問題034-036は次の広告に関するものです

正解 **034** (B)　**035** (D)　**036** (C)

EDMOND EVENT CENTER

Bethlehem International Airportから車で1時間のところにあるEdmond Event Centerは、このところ急速に、地域でもっとも人気のある場所の一つになりつつあります。新たに改造された複数の施設が、12エーカーの美しい森林や、曲がりくねった川のほとりにあります。次の会社行事や家族の集まりに最適な背景をなしています。当センターには、さまざまなサイズの豪華な会議室が10室あり、そのすべてが可動式の座席を備えていて、これらを小さな演壇の方に向けることもできますし、あるいは、より従来型のビジネスシーンでは、長方形のテーブルの周りに配置することもできます。会議室はそれぞれ、大手5つ星ホテルに期待される最新のテクノロジーのすべてを完全に装備しています。また、当センターの宴会場は、400人までの大規模パーティーの開催に理想的です。

ミーティングの席では、ボリュームのあるごちそうを並べようとしているのか、軽食を提供するだけなのかにかかわらず、当センター内にあるケータリングサービスが、お客様独自のご希望にあった特製メニューをデザインいたします。さらに当センターでは、最も才能のある意欲にあふれたスタッフしか採用していません。このため、お客様が計画しているイベントがどのようなものであっても、当センターのサービスにご満足いただけない場合はご購入代金をすべて返金すると保証できます。当センター駐在のイベントプランナー、Joy Briascoによる無料の構内ツアー、または当施設の詳細につきましては、555-4491にご連絡いただくか、またはevents@edmondevents.comにEメールをお寄せください。

venue (仕事などの) 場所　**be located on ～** ～に位置する　**acre** エーカー (約1,224坪)　**forest** 森林　**winding** 曲がりくねった　**backdrop** 背景　**luxurious** 豪華な　**moveable** 可動式の　**conventional** 従来の　**position** ～に配置する　**rectangular** 長方形の　**equipped with ～** ～を備える　**expect** ～を期待する　**banquet** 宴会　**bountiful** ボリュームのある　**feast** ごちそう　**on-site** 施設内の　**caterer** ケータリングサービス　**requirement** 要求すること　**enthusiastic** 積極的な　**entire** 全体の　**resident** 常駐の

034. Edmond Event Centerについて何と言っていますか。
(A) 定員500人の部屋がある。
(B) 最近、改装された。
(C) 訪問者のために、無料のエアポートシャトルで輸送を提供している。
(D) 地域最大のイベントセンターである。

語彙 **capacity** 定員　**renovate** ～を改装する　**offer** ～を提供する　**transfer** 移動

解説 テクニック21 前半のThe newly remodeled facilitiesを通じて、正解(B)を見つけられる。Paraphrasing 1) newly → recently　2)remodeled → renovated

035. この広告で提供されていないサービスは何ですか。
(A) 最先端をいくプレゼンテーション機器の使用　(B) 宴会のために独自メニューを開発
(C) 施設を直接視察する機会　(D) 音楽の余興を選択する際の支援

語彙 **cutting-edge** 最先端の　**inspect** ～を視察する　**in person** 直接　**assistance** 支援

解説 テクニック23 (A)は最初の段落のEach meeting room is fully equipped with all the modern technology you would expect to find at a leading five star hotelで、(B)と(C)は2番目の段落のour on-site caterers can design a personalized menu to your specific requirementsとFor a free tour of the premises with our resident event planner, Joy Briascoで確認できる。したがって、この問題の正解は(D)である。Paraphrasing 1) modern technology → cutting-edge equipment　2) design → develop　3) tour → inspect

036. 会議室について、何が示されていますか。
(A) すべてまったく同じ寸法である。　(B) 4週間前までに予約する必要がある。
(C) 2通りのレイアウトができる。　(D) 美しい海の景色が自慢である。

語彙 **exactly** 正確に　**dimension** 寸法　**book** 予約する　**in advance** 前もって　**arrange** 配置する　**boast** 自慢する

解説 テクニック21 最初の段落の中盤部のWe have ten luxurious meeting rooms in a range of sizes, all of which have moveable seating which can be turned to face a small stage, or, for a more conventional business setting, positioned around a rectangular tableを通じて、(C)が正解であることがわかる。また、この文章は(A)が誤答である根拠でもある。Paraphrasing turned, positioned → arranged

■ Day 15 (p.146)

テクニック25

問題067-071は次の手紙と納品請求書に関するものです。

正解 **067** (B)　**068** (A)　**069** (D)　**070** (A)　**071** (C)

文1

10月12日

Maxi Products, Inc.
カスタマーサービス部
507 Main Street
Dresden, Kentucky 40504

関係者各位

私の注文品は予想よりも1日早く、今日オフィスに配達されました。出荷の早さは満足のいくものでしたが、1つ小さな問題がありました。私の記録によると、1個あたり推奨小売価格15.00ドルの品番910を40個注文しました。しかし、私が受け取ったものはそのとおりではなく、送り状にも示されていません。過去数年間、Maxi Productsの部品を数回注文していますが、たいていは御社の製品、特にレース用タイヤとホイールキャップカバーの品質には満足しています。この間違いを調査して、できるだけ早く追加の部品と最新の納品請求書をご送付ください。

よろしくお願いいたします。
Johnny Leguna
Durham Road Garage、支配人
同封物

concern ～に関係する　according to ～ ～によると　item 品目　retail 小売　part 部品　generally たいてい
satisfied with ～ ～に満足する　hubcap ホイールキャップ　look into ～ ～を調査する

文2

MaxiProducts, Inc.
507 Main Street
Dresden, Kentucky 40504

納品請求書番号	5811	請求日	10月9日	
未払い残高	954.30ドル	支払期日	10月26日	
請求先	Durham Road Garage 117 Durham Road Suwanee, Georgia 30024			
カタログ番号	製品名	個数	単価	合計
910	エンジンオイルフィルター	30	15.00	450.00
5477	レース用タイヤ	4	140.00	560.00
225	ビニール製ホイールキャップカバー	8	9.95	79.60
3055	セラミック製ブレーキパッド(2個セット)	10	21.45	214.50
			小計	1304.10ドル
			送料	50.00ドル
			お買い上げ金額合計	1354.10ドル
			VIPカスタマーボーナス割引	-50.00ドル

balance due 未払い残高　bill 請求書を送る　subtotal 小計

067. Legunaさんは、なぜこの手紙を書きましたか。

(A) ある会社のすばらしいカスタマーサービスを称賛するため

(B) 荷物の不足を指摘するため

(C) カタログの品がまだ生産されているかどうかをたずねるため

(D) 製造プロセスの改善を勧めるため

語彙 compliment (人を)ほめる　shortage 不足

解説 テクニック01 手紙(文1)の目的に関する問題であることを把握して、特に前半を中心に読む。注文したものが早く届いて満足したが、小さな問題があると言った後で、追加部品を送ってほしいと言っているので、(B)が最も適切である。

068. Legunaさんについて何が示されていますか。

(A) 過去にMaxi Products, Inc.と取引したことがある。

(B) 最近、多数の新しい機械工を採用した。

(C) インターネットを通じて、装備品を注文するだけである。

(D) 以前はMaxi Products, Inc.の競合会社から購入していた。

語彙 mechanic 機械工

解説 テクニック10 22 核心語の'Mr. Leguna'が書いた手紙(文1)の後半のI have ordered parts from Maxi Products several times over the last couple of yearsを通じて、正解(A)を見つけられる。Paraphrasing over the last couple of years → in the past

069. Maxi Products, Incは、Legunaさんにいつまでの支払いを求めていますか。

(A) 9月9日　(B) 10月11日　(C) 10月12日　(D) 10月26日

解説 テクニック21 28 核心語の'支払期限'を中心に読む。インボイス(文2)のPayment Due, October 26で、正解は(D)になる。

070. Maxi Products, Inc.が至急、Durham Road Garageへ配送するように頼まれた品物は何ですか。

(A) オイルフィルター　(B) レース用タイヤ　(C) ホイールキャップカバー　(D) ブレーキパッド

解説 テクニック28 二つの文を連係して把握しないと解決できない問題である。手紙(文1)で、Maxi Productsに配送を頼んだ製品に関する内容から探してみよう。中盤部で、受領したものとインボイスの内容が違うと言っているが、前に910番の製品が言及された。この製品番号をインボイス(文2)と対照してみると、Engine oil filtersなので(A)が正解になる。

071. 納品請求書から何がわかりますか。

(A) Legunaさんは、以前の注文で料金を払いすぎた

(B) ブレーキパッドは非常に人気のある品物である

(C) 常連客は割引を受けられる

(D) 品物が間違った住所に送られた

語彙 overpay (代金を)払いすぎる　incorrect 間違った

解説 テクニック21 インボイス(文2)と各選択肢を対照してみると、最後の項目のVIP customer Bonus Discountを通じて、(C)が正解であることがわかる。Paraphrasing VIP customer → loyal customer

テクニック26

問題072-076は次のスケジュールとEメールに関するものです。

正解 **072** (B)　**073** (B)　**074** (C)　**075** (B)　**076** (C)

文1

コース	日付	時刻	講師
エンジンメンテナンス―基本原理	3月25日	午後4時	Matt Davis
タイヤのすべて	3月29日	午後6時	Diane Rasmas
タイヤのすべて	4月3日	午後7時	Diane Rasmas
エンジンメンテナンス―応用原理	4月29日	午後2時	Oliver Frost
チューニング原理	4月30日	午前10時	Brendon Wendell
チューニング原理	5月2日	午後4時	Brendon Wendell
作業場の安全	5月5日	午後2時	Guy Hubble
危険な液体の廃棄	5月7日	午後6時	Matt Davis
機械に関するトラブルシューティング―自動車	5月9日	午前10時	Tyler Sharot
機械に関するトラブルシューティング―トラック	5月16日	午後6時	Tyler Sharot

特に明記されていない限り、午前と午後のセッションはすべて3時間続き、夜のセッションはすべて2時間続きます。
申し込む場合は、2月16日午後6時までに、オンライン登録用紙のすべての項目に記入してください。

maintenance メンテナンス　principle 原理　tuning チューニング　disposal 廃棄　liquid 液体　mechanical 機械の　troubleshooting トラブルシューティング　state (正式に)言葉にする　last 続く　enrollment 登録

文2

宛先：Tom Bennet <tbennet@zoommail.ca>
差出人：Nina Withers <nwithers@dpb.ca>
日付：2月18日金曜日
件名：DPBセミナー

Bennet様

今春開催されるコースのうち2つのコースに興味を示していただきありがとうございます。3月29日の「タイヤのすべて」クラスについては受講していただけます。残念ながら、登録をご希望されていた4月30日のプログラムは生徒数が少なかったため、開講を中止せざるを得ませんでした。財政的制約により、申込締め切り日までに登録者数が定員の35パーセントに満たないコースは開講できません。しかし、Wendell先生は同じプログラムで後日教える予定となっており、こちらはまだすべての席が埋まったわけではありません。こちらの代替クラスの受講に興味がおありでしたら、できるだけ早く私までご連絡ください。

Nina Withers
コースコーディネーター

force 無理に～する　drop ～を取りやめる　register for 登録する　due to ～ ～が原因で　constraint 制約　deadline 締め切り　spot 場所

072. この講習会は主に誰を対象にしていますか。

(A) 工業塗装工　(B) 自動車整備士　(C) レストラン経営者　(D) セキュリティスペシャリスト

語彙 industrial 工業の　mechanic 整備士　owner 経営者

解説 テクニック21 教育スケジュール(文1)のセッション名に注意して読みながら共通点を選んでみよう。Engine Maintenance、Tires、Tuning、Mechanical Troubleshooting-Cars、Trucksで、対象者に最も似合うのは(B)である。

073. 夜間のみの開講となるのは誰のクラスですか。

(A) Davis先生　(B) Rasmas先生　(C) Hubble先生　(D) Sharot先生

解説 テクニック21 30 核心語の'evening'に気をつけてスケジュール(文1)を見ると、Matt Davis、Diane Rasmas、Tyler Sharotの講座が夕方の時間帯に提供される。Matt DavisとTyler Sharotは午前も講座があるので、夕方6時と7時に授業があるDiane Rasmasが正解になる。

074. Frost先生のセッションは何時間続きますか。

(A) 1時間　(B) 2時間　(C) 3時間　(D) 4時間

解説 テクニック21 30 スケジュール(文1)の一番下のUnless otherwise stated, all morning and afternoon sessions last three hours, and all evening sessions last two hoursで、(C) 3時間 (B) 2時間であることがわかる。'Mr. Frost'の講座がいつなのか表をさかのぼってみると、2 P.M. Oliver Frostと書いてあるので、(C)が正解である。

075. セッションの一つがキャンセルされたのはなぜですか。

(A) 講師が別の市に転勤になったから。
(B) 興味を示した人の数が十分ではなかったから。
(C) 割り当てられたエリアが別のイベントで必要になったから。
(D) クラスに必要な器具が現在は手に入らないから。

語彙 relocate 転勤する　assign 割り当てる　unavailable 手に入らない

解説 テクニック21 核心語の'講座キャンセル'に気をつけて文を読む。電子メール(文2)の前半のUnfortunately, as a result of low student numbers, we have been forced to drop the April 30 program that you also wanted to register forを通じて、正解(B)を見つけられる。Paraphrasing low student numbers → not enough people

076. キャンセルになったクラスの代わりに、Bennetさんが受講できるクラスはいつ行われますか。

(A) 4月29日　(B) 4月30日　(C) 5月2日　(D) 5月7日

解説 テクニック28 電子メール(文2)で核心語である'キャンセルされた授業'に関する情報を探す。前半で4月30日のプログラムをキャンセルするしかなかったと言って、Mr. Wendellが'後で'同じプログラムを教えるので、代わりにその講座を受けるかと聞いている。これに気をつけて講座のスケジュール(文1)で探すと(C)が正解であることがわかる。

● **読解同意語の練習問題**

正解 **1** (A)　**2** (B)　**3** (C)

1. 個々の物品に、値札がつけられていました。

(A) 品物　(B) 構成　(C) 報告書　(D) 芸術品

解説 articleは、品物、記事、目録、冠詞など多様な意味がある。ここでは、品物の意味で使われた。

2. その国の商業電気使用量の5%をコンピューターが占めています。

(A) ～を説明する　(B) ～を構成する　(C) ～を物語る　(D) ～を取る

解説 account forは説明する(explain)という意味で知られているが数値を占める、構成する(take up, constitute)という意味としても使われる。

3. 聴衆の年齢に言葉づかいを合わせましょう。

(A) ～を驚かせる　(B) ～に属する　(C) ～を適応させる　(D) 同意する

解説 Adjustは'適応させる'、'合わせる'という意味で、adjust A to Bの形態で使われる。adapt A to Bも意味と形態が似ている。

● 実践シミュレーション

問題037-041は次のウェブサイトとEメールに関するものです。

正解 **037** (B)　**038** (C)　**039** (A)　**040** (B)　**041** (C)

文1

当社について	スケジュール	場所	プレスリリース	FAQ	連絡先

FRASER DOLPHIN TOURS
Bay of Plenty, New Zealand

1月〜2月のスケジュール
ツアーは2時間30分かかり、土曜日にのみ実施されます。気象状況に応じてツアーは予告なしにキャンセルされることもありますが、キャンセルされたツアーの前売りチケットはすべて全額返金の対象となります。個人的な理由でスケジュールの変更も可能ですが、その場合にはおひとり様あたり15ドルの管理手数料をお支払いいただきます。Bay of Plentyでは、イルカたちは一年中よく見かけられ、ほぼ必ず船についてきます。残念ながら、イルカを1頭も見つけられなかった場合には、下船時乗客の皆様全員にチケットの購入価格全額が返金されます。

イルカツアーのチケットを予約するには、下から、ご希望の日付と時刻をクリックしてください。

9月16日	午前10時 ツアーなし	午後2時 売り切れ
9月23日	午前10時	午後2時 売り切れ
9月30日	午前10時	午後2時 売り切れ
10月 7日	午前10時	午後2時
10月14日	午前10時 売り切れ	午後2時 売り切れ
10月21日	午前10時	午後2時
10月28日	午前10時 ツアーなし	午後2時

in response to ～ ～に応じて　weather conditions 気象状況　administration 管理　accompany ～について行く
spot ～を見つける　entire 全体の　disembark 下船する　vessel 船　relevant 適切な

文2

差出人：Jonathan Rankin <jrankin@rankinimports.co.au>
To: customerservice@fraserdolphintours.co.nz
件名：ツアー
日付：9月14日

カスタマーサービス御中

先日、私は御社のウェブサイトで9月23日午後のイルカツアーのチケットを購入しました。不測の事態により、私のニュージーランドへの到着が9月30日に延期となりました。そこで、ツアーを10月7日または14日の午後に変更したいと思います。これは可能でしょうか。

あらかじめお礼申し上げます。
Jonathan Rankin

unforeseen 不測の　circumstance 事態　arrival 到着

037. ウェブサイトの第1段落2行目にある"notice"に最も意味が近いのは

(A) 注意　(B) 通知　(C) 結果　(D) 見解

語彙 announcement 通知　observation 見解

解説 テクニック20 該当する部分を探してみると、〈事前'通知'なしでキャンセル可能〉という要旨の文脈である。提示されている選択肢の中で、このような意味で使われる単語は(B)である。

038. このWebサイトによると、なぜ顧客が追加料金を請求されることがあるのですか。

(A) 生命保険を購入するため　(B) クレジットカードでチケット代を支払うため

(C) ツアーの日時を変更するため　(D) 予約をキャンセルするため

語彙 insurance 保険　modify ～変更する

解説 テクニック21 ウェブサイト(文1)で核心語の'additional fee'に関する部分を探して読む。最初の段階で個人的な理由で日程を変更することは可能だが、一人当たり$15を払わなければならないと出ていることから、正解は(C)であることがわかる。Paraphrasing reschedule → modify the date

039. このWebサイトによると、Fraser Tourの経営方針の特徴は何ですか。

(A) イルカを見られなかったら、全額返金する。

(B) チケットが完売されない場合は、ツアーがキャンセルされる可能性がある。

(C) リピーターの客は、大幅な割引を期待できる。

(D) チケットの価格は、1年の時期により異なる。

語彙 vary 変化する　depending on ～ ～に応じて

解説 テクニック21 ウェブサイト(文1)の最初の段落で、イルカが見えない場合は全額を払い戻す方針が出ていたので、(A)が正解になる。Paraphrasing 1) spotted → seen　2) entire → full

040. Rankinさんについて何が示されていますか。

(A) 彼のスタッフ全員をツアーに連れてこようとしている。

(B) 予期せぬ事態によって彼の旅行が延期になった。

(C) ウェブサイトの操作に苦労している。

(D) ニュージーランドで会議に出席している。

語彙 navigate ～を操作する

解説 テクニック21 核心語の'Mr. Rankin'が書いた電子メール(文2)で予想外のことが起きて到着が遅れたと言っている。したがって、(B)が最も適切である。Paraphrasing 1) due to → because of　2) unforeseen → unexpected　3) circumstances → situation

041. Rankinさんは、いつ船旅に行くと考えられますか。

(A) 9月23日　(B) 9月30日　(C) 10月7日　(D) 10月14日

解説 テクニック28 電子メール(文2)で、日程を変更しようとしていると10月7日か14日が可能か聞いている。(C)と(D)の中で正解を見つけるためには旅行スケジュールが提示されているウェブサイト(文1)を改めて確認しなければならない。14日の午後はすでに完売(14 October, 2 P.M. Sold out)なので、(C) 7 October, 2 P.M.が正解になる。

■ Day 16 (p.160)

テクニック27

問題077-081は次のメモ、電話の伝言、Eメールに関するものです

正解 **077** (B)　**078** (C)　**079** (A)　**080** (B)　**081** (A)

文1

差出人：Teresa Griesmeier、最高執行責任者
宛先：Cornerstone Partners全従業員
日付：9月23日
件名：金曜日の閉鎖

金曜日午後から、保守部が天井に新しい照明設備を取り付けることになります。ビルの全体を通じて、現在使われている設備すべてが交換されます。長期的にコストを削減するという当社の構想に対応するため、現在の電球よりも少ない電力を消費する、エネルギー効率に優れたLED電球を取り付けることとします。

何にもさえぎられないアクセスを保守担当者に提供するため、9月27日金曜日午後2時から当ビルを閉鎖します。想定外の遅延がない限り、すべての作業は日曜日正午までに完了する予定です。

安全のため、どの机の上からも移動可能な品物(紙類、消耗品類、小型機器)をすべて取り除き、引き出しやキャビネットに安全に保管してください。また、ワークステーションのフロアスペースにある私物をすべて片付けてください。

closure 閉鎖　maintenance 保守　overhead 頭上にある　light 照明　fixture 器具　existing 既存の　support ～に対応する　initiative 構想　energy-efficient エネルギー効率に優れた　consume ～を消費する　electricity 電気の　bulb 電球　unobstructed さえぎるもののない　delay 遅延　safety 安全　remove ～を取り除く　portable 移動可能な　drawer 引き出し　ensure 確実に～する　workstation ワークステーション

文2

電話のメッセージ

宛先：Teresa Griesmeier
発信者：Kenneth Hoard(保守)
会社：社内
電話番号：内線1002

- ☑ あなたにお電話がありました
- ☐ あなたのお電話に折り返しました
- ☐ あとでかけ返します
- ☑ メッセージを残しました(下記参照)

メッセージ：
LED電球が金曜日の午後まで届かないため、作業者は土曜日の朝に取り付けを開始します。完了推定時刻は当初の計画よりも数時間後になります。何か質問がある場合にはお電話ください。

日付： 9月26日木曜日
時刻：午前10時4分
受付者：Ashleigh White

internal 社内の　arrive ～が届く　estimated 推定の　completion 完了　plan ～を計画する

文3

差出人：Ashleigh White
宛先：Cornerstone Partners従業員
日付：9月26日
件名：オフィス閉鎖

皆さん、こんにちは。

今、保守部から連絡がありまして、予定されていた週末の作業は、土曜日まで始まらないそうです。つきましては、明日は営業時間の終わりまで仕事することもできますし、当初の計画通り、午後2時に仕事を止めることもできます。どちらの場合でも、明日オフィスを離れる前に、Griesmeierさんのメモに書かれていた保守関連の作業をすべて必ず終わらせておいてください。

Ashleigh White
業務部、管理補佐

originally 当初は　case 場合　related 関連する　task 作業　outline 概要を述べる　memo メモ

077. このメモによると、なぜこの建物は一時的に閉鎖されるのですか。
(A) 机が交換される。　(B) 照明が取り付けられる。
(C) 床の表面を再仕上げする。　(D) 検査が行われる。

語彙 temporarily 一時的に　refinish ～の表面を再仕上げする　conduct (業務など)を行う

解説 テクニック21 回覧を見ると、Beginning on Friday afternoon, the Maintenance Department will be installing new overhead light fixtures.で、照明を新しく設置すると言っているので、正解は(B)である。Paraphrasing installing new overhead light fixtures → Lighting will be installed

078. Griesmeierさんがメモで述べた会社の目標とは何ですか。
(A) 業務の拡大　(B) 生産性の確保　(C) 経費節減　(D) 熟練した労働者の雇用

語彙 mention ～を述べる　expand ～を拡大する　productivity 生産性

解説 テクニック21 回覧で、長期的なコスト低減のための会社の仕組みを維持するために効率性の高い電球に変えると言っているので、正解は(C)である。Paraphrasing To support our company initiative to cut costs → Saving money

079. Hoardさんは、なぜGriesmeierさんに電話をかけましたか。
(A) 配送の問題を報告するため
(B) プロジェクトへの追加スタッフを依頼するため
(C) 注文への承認を得るため
(D) ミーティングをキャンセルするため

語彙 delivery 配送　approval 承認　cancel ～をキャンセルする

解説 テクニック21 核心語の'電話の理由'はHoardが残した電話のメッセージで電球が予想していた時間に到着しないことがわかるので、正解は(A)である。Paraphrasing The LED bulbs won't be arriving until Friday afternoon → To report a problem with a delivery

080. プロジェクト完了の新しい推定時間はいつですか。
(A) 土曜日の午前　(B) 土曜日の午後　(C) 日曜日の午前　(D) 日曜日の午後

語彙 afternoon 午後

解説 テクニック21 回覧で、照明の交替作業は金曜日の午後2時に開始して日曜日の12時に終了する計画だったのが、新しく予想している時間はもともと計画した時間から数時間後になると言っているので、土曜日の午後に作業を終える計画であることがわかるので、正解は(B)である。

081. Whiteさんは、従業員たちに何をするよう念を押していますか。
(A) 机から物を片付ける
(B) コンピューターの電源をオフにする
(C) オフィスの鍵を返す
(D) 必要な修理を報告する

語彙 remind ～に念を押す　desk 机　turn off 電源をオフにする　repair 修理

解説 テクニック05 要請/提案/勧告に関する情報は、主に文の中・後半に提示される。Whiteは電子メールで、Griesmeierがメモで頼んだことである机の上の片付けなどをオフィスを出る前に必ずやっておくことを説明しているので、正解は(A)である。Paraphrasing 1) remove all portable items → Clear items from their desks 2) remove and clear items → get rid of items

テクニック28

問題082-086は次の記事と番組表に関するものです

正解 **082** (D) **083** (A) **084** (B) **085** (C) **086** (C)

文1

ミュージカルスターの新たな挑戦

バンクーバー(8月14日)—Jean Paul Proctorはカナダで最も成功した舞台俳優の1人ですが、おそらくあなたは彼のことを聞いたことがないでしょう。彼は映画やテレビに登場しないので、熱心に劇場へ通う人だけが彼の非凡な才能に気づいていることでしょう。しかし、Proctorさんの最新プロジェクトである新番組、『Minor Details』が来月に登場すれば、この状況は変わると思われます。この番組でProctorさんは、他の誰1人として取材したがらなかったニュースを報道する奇妙なジャーナリスト、Benedict Frostを演じます。

「カメラの前で演技するのは想像していたよりもずっと難しいです」と、Proctorさんは最近のインタビューで述べました。「舞台の上で演技するのとは、ほんとうにまったく違います。私は基礎に戻らなければなりませんでした」

しかし、『Minor Details』はProctorさんの初めてのテレビ進出ではありません。8年前、彼は『Martin Who?』のコメディに主演しましたが、試験放送が極めて低い評価を受けたため、同シリーズは、始まる前に放映取り消しとなりました。この経験を思い出して、彼はこう述べました。「番組は取り消しとなりましたが、自分が興味を持った役を演じ続けていけば、最後に成功がやってくると心に誓ったのです」

これまで批評家は、『Minor Details』に惜しみない賛辞を送っています。Vancouver Entertainment Dailyの批評家であるKen Brownは、「Proctor氏は舞台で得られた技能をすべて使って、彼の役に現実感をもたらしている」と書いています。

appear 登場する avid 熱心な theatre-goer 劇場へ通う人 remarkable 非凡な premiere 初めて放送される weird 奇妙な cover ～を報道する foray (普段行かないところに)出かける star 主役を演じる pilot 試験的な rating 評価 eventually 最後には generous 惜しみない

文2

Inside Canadian Entertainment 13ページ

テレビの見どころ：9月5日

時刻	チャンネル	番組	あらすじ
午後6時	Director's Pick	The Road to Christmas	Debbieは休暇中、ルーマニアで迷子になる。新シリーズ。
午後6時30分	TELMUN	Marital Bliss	Johnが新しい仕事を探す中、Kimberlyは台所をリフォームする。新しいエピソード。
午後6時30分	Channel Crime	Minor Details	Benedictは、ある有名人の慈善活動の調査中にインスピレーションを得た。新シリーズ。
午後7時	TVG	10 Rounds	カナダのテレビ初出演のJune Lordが、最新アルバムから選りすぐりの曲を歌う。

summary 概要 marital 結婚の bliss この上ない喜び inspire ～にインスピレーションを与える investigate ～を調査する philanthropic 慈善の

082. この記事の目的は何ですか。

(A) できの悪いテレビ番組を批評すること (B) 新しい舞台作品を宣伝すること
(C) ある映画監督の経歴情報を伝えること (D) ある俳優の最新の役を描写すること

語彙 criticize ～を批評する

解説 テクニック01 記事(文1)のタイトルNew Challenge for Musical Starで、ミュージカルスターの'新しい'挑戦に関する内容が主に出ることがわかる。最初の段落で彼のTVプログラムの出演について説明しているので、(D)が正解である。

083. この記事の第1段落・7行目にある"covers"に最も意味が近いのは
(A) 報告する　(B) 広がる　(C) 保護する　(D) 旅行する
語彙 spread over ～ ～にまで広がる　protect ～を保護する
解説 〈誰も欲しがらない記事を'扱う'変な記者〉という要旨の文脈なので、提示された選択肢の中でこれを完成できる単語は(A)である。

084. この記事は、Proctorさんについて何と言っていますか。
(A) 彼は有名な映画プロデューサーである。　(B) 彼は以前テレビに出たことがある。
(C) 彼はその演技で数々の賞を受賞している。　(D) 彼は喜劇の役のみ引き受ける。
語彙 comedic 喜劇の
解説 テクニック21 核心語のMr. Proctorが記事に登場した部分を探して読む。記事(文1)の4番目の段階でMinor Details is not Mr. Proctor's first foray into televisionと、テレビでの初挑戦ではないと言っている。したがって、(B)が最も適切である。続く段階では以前の出演作に関してより具体的に語っている。

085. Proctorさんの番組は、どのテレビチャンネルで放送されますか。
(A) Director's Pick　(B) TELMUN　(C) Channel Crime　(D) TVG
解説 テクニック28 記事(文1)でもうすぐ放映されるテレビ出演作の情報を探してみると、最初の段落のMr. Proctor's latest project, Minor Details, a new television show, premieres next monthで、タイトルと放映時期を確認できる。これに気をつけて、編成表(文2)を見てみるとChannel Crime, Minor Detailsで正解(C)が確認できる。

086. 番組表は、これらのエピソードについて何を示していますか。
(A) 各番組の放送時間は1時間である。　(B) それぞれがBrown氏により批評される。
(C) それぞれが初めてテレビに登場する。　(D) それぞれがスタジオの観客を前にして生で録画された。
語彙 duration 持続時間　critique ～を批評する　for the first time 初めて　in front of ～ ～の前で
解説 テクニック30 編成表(文2)で、特にEpisode Summaryの項目を見てみると、それぞれNew series, New episode, New series, debut performanceという部分が目立つ。したがって、(C)が最も適切である。

● **読解同意語の練習問題**
正解 **1** (C)　**2** (D)　**3** (C)

1. 指示に注意深く従えば、その棚の組み立ては簡単です。
(A) 起こる　(B) 来る　(C) ～に従う　(D) ～を指定する
解説 followは人の話や指示に'従う'という意味で使われる。

2. 密輸品の没収は、密輸業者をひどくイライラさせました。
(A) 生態学　(B) 増大　(C) 危険　(D) 押収
解説 confiscationは没収(seizure, taking away)という意味で使われる。

3. 傘を持って行きなさい。予報では今日の午後、雨が予測されています。
(A) ～を要求する　(B) ～を依頼する　(C) ～を予測する　(D) ～を理解する
解説 calling forは要求する(request)という意味でよく使われるが、天気を予測する(predict, forecast)という意味としても使われる。

● 実践シミュレーション

問題042-046は次のテキストメッセージ、スケジュール、Eメールに関するものです。

正解 **042** (C) **043** (D) **044** (B) **045** (A) **046** (D)

文1

宛先：Tori Reville
差出人：Max Edwards
送信日：6月28日午前9時33分

Toriさん

Monolithが突然、来週のRockfestへの出演をキャンセルしなければならなくなりました。もし、あなたのバンドが依然として演奏を希望していれば、現在Quartzステージの午後5時の枠が空いています。できるだけ早くご連絡ください。プログラムは明日印刷されます。

unexpectedly 突然　performance 出演　slot 枠　stage ステージ

文2

Green Bay Rockfest
出演者スケジュール7月6日土曜日

	午後2時	午後3時30分	午後5時	午後7時
Diamondステージ	—	Dakota Crush	The Hackers	—
Topaz Arcステージ	Steve Hillage	Sweethearts	—	The Rock Brothers
Quartzステージ	Ikumi Harada	—	Bomb Threat	Fortune 77

来場者先着100名は駐車で25%の割引を受けられます。外部の飲食物は許可されませんのでご注意ください。その代わり、地元の業者によって無料のフードスタンドが提供されます。座席はありませんので、いすや敷物をご持参いただくことが推奨されます。当フェスティバルには雨天の際の予備日はありません。イベント当日の最新の気象情報については、www.Greenbayrock.orgを確認してください。

performer 出演者　attendee 参加者　arrive 到着する　parking 駐車　beverage 飲み物　permit ～を許可する　complimentary 無料の　concession 料金割引　vendor 業者　encourage ～を推奨する　chair 椅子　blanket 敷物　seating 座席

文3

宛先：max@greenbayrock.com
差出人：bbourne@bournephotography.com
日付：7月17日
件名：写真
添付ファイル：Topaz Arcステージの写真

Maxさん

フェスティバルのチケットをありがとうございました。すばらしいロック音楽の一日でした。私が撮ったすべての写真に目を通す機会はまだありませんが、ほんとうに際立っていると思える1枚を添付します。それには、Topaz Arcステージで演奏を始めたばかりのThe Rock Brothersが写っています。照明は見事で、彼らの真後ろにLeo Frigo Memorial Bridgeがくっきりと見えます。これは、フェスティバルのウェブサイトへ掲載する候補としてすばらしい1枚でしょう。これから撮影した写真にずっと目を通して、来年の宣伝キャンペーンで使用できるものが他にもないかどうかを確認します。

ごきげんよう。

André Bourne
Bourne Photography

amazing すばらしい　look through ～に目を通す　gorgeous 見事な　campaign キャンペーン

042. このテキストメッセージによると、6月29日には何が起こりますか。
(A) Edwardsさんがフェスティバルで演奏する。 (B) Belle Foundersがコンサートツアーを始める。
(C) スケジュールが印刷される。 (D) ステージが建設される。

語彙 according to ～ ～によると

解説 テクニック04 日付からちゃんと読む。テキストメッセージを送った日付はSent: June 28, 9:33 A.M. 6月28日で、programs are being printed tomorrow.でフェスティバルプログラムを明日印刷すると言っているので、正解は(C)である。

043. Revilleのバンド名は何ですか。
(A) Dakota Crush (B) The Hackers (C) Sweethearts (D) Bomb Threat

語彙 bomb 爆弾 threat 脅迫

解説 テクニック28 double passages, triple passagesで図表やスケジュール表が出ると100%連係問題である。RevilleがもらったテキストメッセージThe 5:00 P.M. slot on the Quartz stage is now available if your band still wants to playで、Quartzステージの5時公演を頼んでいて、スケジュールを見ると5時公演はBomb Threatがするので、正解は(D)である。

044. スケジュールでは何が示されていますか。
(A) 雨の場合にはフェスティバルのスケジュールが変更される。
(B) 来場者のために無料の食事が用意される。
(C) 好きな座席に座るには追加料金がかかる。
(D) 早く到着すると駐車場は無料である。

語彙 reschedule スケジュールを変更する extra 追加の

解説 テクニック21 スケジュールで外部の飲食は許可しないが、現場で無料で食べ物を提供すると言っているので、正解は(B)である。 Paraphrasing 1) but complimentary concessions will be provided by area vendors→ Free food will be available for attendees. 2) free food and complimentary concessions → costless food and free

045. Bourneさんの写真について何がわかりますか。
(A) 販売促進資料に使用される。 (B) 音楽フェスティバルで展示される。
(C) Leo Frigo Memorial Bridgeから撮影された。 (D) ウェブサイトで販売される。

語彙 promotional 販売促進の material 資料 display ～を展示する

解説 テクニック21 メールで彼が送った写真がフェスティバルのホームページに載せる写真としてよい候補だと言っているので、彼が撮った写真がフェスティバルの広報用であることがわかる。正解は(A)である。 Paraphrasing a great candidate for posting on the festival Web site→ be used in promotional materials.

046. Bourneさんは、Eメールに添付した写真をいつ撮影しましたか。
(A) 午後2時 (B) 午後3時30分 (C) 午後5時 (D) 午後7時

解説 テクニック28 double passages, triple passagesで図表やスケジュール表が出ると100%連係問題である。Bourneは、It shows The Rock Brothers as they are just starting their performance at the Topaz Arc stage.で、彼が添付した写真はTopaz ArcステージでThe Rock Brothersが公演を始める時撮った写真だと言って、彼らの公演時間は夕方7時なので、正解は(D)である。

テクニック29

問題087–091は次の方針とウェブフォームに関するものです。

正解 **087** (A) **088** (B) **089** (D) **090** (D) **091** (C)

文1

Jarrod's Menswearの返品条件

当社ではすべての商品について、購入日から4週間以内に返品された場合には全額返金いたします。衣料品は、未着用、未洗濯、未補正であること、また、香水は未使用であり、アクセサリーは販売時の状態でなければなりません。商品券、特注の衣類、および特売品は返却できません。購入品を返送する前に、お客様は返却承認コード(RAC)を申請する必要があります。これを取得するには、当社のカスタマーサービスセンター(555-2268)にお電話いただくか、またはウェブサイト(www.jarrods.com)にアクセスし、[返品]ページをクリックしてください。オンラインフォームに必要事項を正しく入力し、[送信]をクリックすると、指定されたEメールアドレスにRACが送られます。その後、お客様は購入品を当社6店舗のいずれかにご参していただくか、または宅配便でJarrods, Returned Items Division, Singer Industrial Complex, Calcutta 159-9734まで送ることにより、すばやく、簡単に返品できます。当店が破損した、または欠陥のある商品を販売した場合、お客様の送料もすべて当店が補償しますが、それ以外の場合には、宅配料金はすべてお客様の責任となります。返送する品物が輸送中に紛失しないようにするため、デジタル追跡が可能なパッケージの使用をお勧めします。

menswear 紳士服　unworn 未着用の　unwashed 洗濯されていない　unaltered 未補正の　fragrance 香水
customized 特注の　garment 衣類　nonreturnable 返却できない　authorization 承認　defective 欠陥のある
compensate ～に補償する　otherwise それ以外の場合　in transit 輸送中　digitally デジタル方式で
track ～を追跡する

文2

www.jarrods.com/refunds

ホーム	店舗情報	返品	Jarrods

購入品の返品

このフォームのすべての欄に正しく記入する必要があります。購入日、商品名、シリアル番号などの詳細は、店舗発行のレシートに記載されています。

日付：10月11日

パート1：お客様情報
名前：Chander Paul
住所：Halibut Tower # 6-123, Bangalee Road, Calcutta 159-9752
返品方法：　□店舗で　☒宅配便で

パート2：商品情報
シリアル番号：7876235
購入日時：9月24日午前11時14分
商品名：特注レザージャケット
返品理由：Tip Top Tailors製の同じジャケットが20ドル安く手に入る。

シリアル番号：125640019
購入日時：9月29日午後2時41分
商品名：Hermanブラックレザーブリーフケース
返品理由：必要な書類やファイルをすべて持ち運ぶには小さすぎる。

送信

サーバーエラー：現在、お客様のリクエストを処理できません。
返却承認コード(RAC)を入手するには、カスタマーサービスセンター(555-2268)にご連絡ください。

method 方法　custom-made 特注の　briefcase ブリーフケース

087. Jarrod'sについて何が示されていますか。
(A) 数カ所に店舗がある。
(B) 衣料品だけを売っている。
(C) 現在、男性用衣料品のセールを行っている。
(D) インターネットでのみ宣伝している。

解説 テクニック22 'Jarrod's'側の政策(文1)の中盤部でCustomers may then quickly and easily return their purchase at any of our six stores in personと、顧客が6つの店舗の中でどこでも直接返品できると言っているので、(A)が正解になる。 Paraphrasing six → several

088. 返品の手続きとして示されていないことは何ですか。
(A) 特別な番号を入手しなければならない。
(B) スタッフに購入証明書を提示しなければならない。
(C) 一部の返品では送料が払い戻されることがある。
(D) 追跡可能な発送方法を使用して返品するのが最良である。

語彙 reimburse ～を払い戻す　trackable 追跡可能な

解説 テクニック23 'the process for returns'に関する政策(文1)を各選択肢と対照しながら文の中に出る内容を消去する方法で解決する。(A)はBefore returning a purchase, customers must apply for a return authorization code (RAC)で、(C)はIf we have sold you a damaged or defective product, we will also compensate you for all shipping costsで、(D)は最後の文章の中のwe recommend using packages which can be digitally trackedで確認できる。したがって、この問題の正解は(B)である。 Paraphrasing 1) a return authorization code (RAC) → a unique number 2) shipping costs → transport costs 3) compensate → reimburse

089. Tip Top Tailorsについて何が示されていますか。
(A) アクセサリーの品揃えについてはインド最高である。
(B) Jarrod'sよりも品質の高い生地を使用している。
(C) Hermanブランドを在庫しているカルカッタ唯一の小売店である。
(D) Jarrod'sよりも安い価格で商品を提供している。

語彙 fabric 生地　retailer 小売店　stock ～を在庫する

解説 テクニック21 核心語の'Tip Top Tailors'が出る部分を探してみると、ウェブフォーム(文2)のI can get the same jacket made at Tip Top Tailors $20 cheaperで、正解(D)を見つけられる。 Paraphrasing cheaper → lower price

090. 購入された2つの商品について、フォームには何と書かれていますか。
(A) これらは同じ日に購入されている。
(B) どちらも損傷されている。
(C) クレジットカードで購入されている。
(D) どちらもレザーでできている。

解説 テクニック21 フォーム(文2)に言及された購入品の共通点を探す問題なので、特に商品情報(→ Part 2: Product Details)を集中して見ると、商品名(→ Product name)でleatherがくり返して出ることがわかる。したがって、(D)が正解になる。

091. フォームを送信した後で、Paulさんがエラーメッセージを受け取った理由は何だと考えられますか。
(A) 彼はこれらの商品を1カ月以上前に購入したから。
(B) 彼が購入した商品は、直接返品しかできないから。
(C) 彼が記入した品目の1つは返品できないから。
(D) 彼はフォームの必要事項すべてに記入したわけではないから。

解説 テクニック29 多重文での推論問題は連係文である可能性が高い。返品申請ができなかった点に注目して、政策(文1)で返品できない条件を探してみると、前半のGift vouchers, customized garments and sale items are nonreturnableで、商品券、カスタマイズ衣類、割引商品は返品できないと出ている。Mr. Paulが作成したフォーム(文2)上の商品がこれに当てはまるのか確認する。最初の商品にCustom-madeとなっているので、(C)が正解になる。

テクニック30

問題092-096は次のパンフレットと売上報告書に関するものです。

正解 **092** (A) **093** (A) **094** (D) **095** (A) **096** (A)

文1

The Vollrath Co., L.L.C.
1236 N. 18th Street
Sheboygan, WI 53081-3201

Vollrath Companyは、金属生産および製作に20年を超える経験を有しており、スチールを得意とする家族経営の企業です。

当社の金属製品はすべて、角棒、シート、チューブ、プレート、丸棒の形でご利用いただけます。

- ステンレス鋼：当社のステンレス鋼はさびや腐食に強い抵抗力があります。このため清掃しやすく、調理面での使用に理想的です。
- 冷間圧延鋼：冷間圧延鋼の強度は、産業用機器などの技術的に高精度の用途に適したものです。
- 低合金鋼：当社で最も人気のある製品であり、低合金鋼の強度と柔軟性は、自動車メーカーにご好評いただいています。
- 銅：銅管は曲げやすくはんだ付けしやすいので、水道管での使用には最適な選択です。

最低発注数量は1,000ユニットです。大量発注に対しては、割引価格で提供いたします。

お見積り、または詳細については、電話かEメールでお問い合わせください。電話番号：800-624-2051
customerserv@vollrathmanufacturing.com

family-owned 家族経営の　decade 10年　fabrication 製作　steel スチール　form 形態　bar 角棒　sheet シート　tube チューブ　plate プレート　rod 丸棒　resistant ～に抵抗力のある　rust さび　corrosion 腐食　ideal 理想的な　surface 表面　rolled steel 圧延鋼　suitable 適切な　technically 技術的に　precise 精密な　application 用途　industrial 産業用　alloy 合金　flexibility 柔軟性　manufacturer メーカー　copper 銅　solde ～をはんだ付けする　high-volume 大量の

文2

Vollrath Company売上報告書：3月および4月の販売数

月間販売目標：520,000ユニット

金属	3月	4月
ステンレス鋼	133,565	132,726
低合金鋼	154,100	153,378
冷間圧延鋼	121,042	120,215
銅	118,708	120,111
合計	527,415	526,430

monthly 月ごとの　sales 販売　target 目標

092. パンフレットによると、台所でよく使用される金属は何ですか。
(A) ステンレス鋼　(B) 冷間圧延鋼　(C) 低合金鋼　(D) 銅

語彙 brochure パンフレット

解説 テクニック09 本文の表現が質問にparaphrasingされている問題である！ 上記の会社のステンレスは錆と腐食に強いので、洗いやすくて、キッチンの調理準備台に理想的だと出ているので、正解は(A)である。
Paraphrasing 1) ideal for food-preparation surfaces → used in kitchens 2) used in kitchens and food-preparation surfaces→ built in kitchens and sink and workstation

093. The Vollrath Companyで一番売れている製品について、何が示されていますか。
(A) 車の製造に使用される。 (B) 清潔に保つのが簡単である。
(C) その金色がかった赤色が好まれている。 (D) 水道管にはよい選択である。

語彙 choice 選択

解説 テクニック28 本文に時間表や数字の図表が出る場合、100%連係問題である！ 図表の数値の中で、最も数値が高いのは低合金鋼(Low Alloy Steel)である。低合金鋼が最も売れている製品で、製造会社が好むと言っているので、正解は(A)である。 Paraphrasing a favorite of the automobile manufacturers → It is used for making cars

094. 売上表は、The Vollrath Companyについて何を示していますか。
(A) 3月よりも4月の方が冷間圧延鋼の売上が多い。 (B) 3月よりも4月の方が銅の売上が少ない。
(C) 4月初めに売上目標を引き上げた。 (D) 3月、4月とも、合計売上目標を達成している。

語彙 goal 目標

解説 テクニック30 営業報告書によると、Monthly sales target: 520,000 unitsで月の営業目標が520,000個だが、Total 527,415 526,430で、3月と4月にそれぞれ販売数が目標を超えているので、正解は(D)である。

095. カスタマーはどのようにして値段の割引を受けることができますか。
(A) 大量注文する (B) オンラインアカウントを作成する
(C) リピーターになる (D) フランチャイズを開く

語彙 repeat ～をくり返して行う franchise フランチャイズ

解説 テクニック06 何かの資格の獲得/利用方法に関する情報は本文の後半に提示される。パンフレットの最後の部分で、大量注文する時は割引を適用すると出ているので、正解は(A)である。 Paraphrasing We offer discounted pricing on high-volume orders. → By placing a large order

096. この会社について、何が示されていますか。
(A) 製品をメーカーに販売している。 (B) 製品を見る機会を顧客に提供している。
(C) 元金属工によって設立された。 (D) 30年以上営業している。

語彙 opportunity 機会 found ～を設立する

解説 テクニック21 各種の鉄鋼が調理準備台、産業用機器、自動車メーカー、水道管などに使われるので、製造会社に製品を売ることがわかる。具体的には、パンフレットの内容の中で低合金鋼がこの会社の最も人気のある製品で、強度と柔軟性があって自動車メーカーが最も好む製品だと出ているので、自動車メーカーに製品を販売していることがわかる。したがって、正解は(A)である。

● 読解同意語の練習問題

正解 **1** (D) **2** (A) **3** (B)

1. Irisは、その発明はDarrenのおかげだと考えています。
(A) ～と信じる (B) ～を称賛する (C) ～に捧げる (D) 原因が～にあるとする

解説 creditは信用という意味もあるが、～の手柄にする(attribute)という意味としても使われる。credit/attribute A to Bを覚えよう！

2. 製造が遅れたため、納期に間に合わせることができませんでした。
(A) 最終期限 (B) ニーズ (C) 要件 (D) 基準

解説 due dateは締め切り、提出期限(deadline)という意味で使われる。ちなみに、needs、requirements、standardsは動詞meetと一緒によく使われる。

3. 一卵性双生児の場合を除き、1人1人の遺伝子は独特のものです。
(A) 強力な (B) 異なる (C) ひとりぼっちで (D) 皮肉な

解説 uniqueは独特な、違う(different)という意味で使われる。

● 実践シミュレーション

問題047-051は次の招待状の下書きとEメールに関するものです。

正解 **047** (D) **048** (D) **049** (B) **050** (B) **051** (A)

文1

貴殿をWorld Society for the Protection of Animals (WSPA)のガラディナーへ謹んでご招待申し上げます。

6月18日土曜日
Wyatt Regency Hotel, New Orleans

会議最後の基調講演直後(終了予定は午後6時)、ロビーでカクテルが振舞われます。ディナーは午後7時Colonial Bayou Ballroomで始まります。

メニュー
前菜:ラムとブリーのコロッケ
スープ:ロブスターのビスクスープ
主菜:オヒョウの照り焼き
デザート:フルーツジェラートの盛り合わせ

閉会の挨拶
Anna Lansford博士、現WSAP PresidentおよびVice President of Medical Care、Tulane Medical Center

cordially 心から gala dinner ガラディナー protection 保護 serve (飲食物)を振る舞う keynote 基調speech 講演 conclude 終了する appetizer 前菜 bisque ビスク glazed 光沢のある halibut (魚)オヒョウ assortment 盛り合わせ gelato ジェラート remark (簡単な)感想

文2

差出人:Franklin Lee <flee@wyattregency.com>
宛先:Neil Portnoy <nportnoy@wspa.org>
Cc:Ruby Hothersahl <rhothersahl@wyattregency.com>
日付:4月23日
件名:ガラディナー

Portnoy様

メニューについてメッセージをいただき、ありがとうございました。貴委員会のガラディナーの予算は削減されましたが、その予算に合わせてすばらしい4コースのお食事をお出しすることができます。まず、2コース目のロブスタービスクをワイルドマッシュルームのクリームスープに変えることを提案いたします。その一方で、メインコースのオヒョウをチキンに変えるのも賢明でしょう。最後に、フルーツジェラートをお出しする代わりに、地元で人気のパンプディングを提供できます。このような変更でお客様のニーズに対応できると思います。

貴委員会の印刷の締め切りに間に合わせるには、メニューを今月末までに最終決定する必要があるとのことでした。私は4月28日から5月2日までイベントプランニングセミナーに出かけます。私が不在の間は、提携ケータリング業者のRuby Hothersahlが責任者となります。彼女はこのEメールのCCに入っています。彼女にご連絡の上、訂正内容をご確認ください。

よろしくお願いいたします。

Franklin Lee
Wyatt Regency Hotel、ケータリングマネージャー

despite 〜にもかかわらず reduced 削減された budget 予算 accommodate 〜に合わせる exceptional すばらしい mushroom マッシュルーム substitute 代用する wise 賢明な assume 〜と思う need 必要性 finalize 〜を最終決定する deadline 締め切り associate 提携の caterer ケータリング業者 in charge 〜 〜の責任を持つ revision 修正

047. 6月18日には何が起こりますか。
(A) 研究者が表彰される。 (B) 社長が指名される。
(C) 資金集めのイベントが開催される。 (D) 会議が終了する。

語彙 researcher 研究者 nominate ～を指名する end 終了する

解説 テクニック30 連係問題は一つの文の中でも総合して出題される。招待状の下書き(文1)で6月18日に動物保護のためのワールドソサイエティのガラディナーが開かれて、招待状に閉会のClosing Remarksに関する内容があるので、その日カンファレンスが終わることがわかる。この二つの内容を連係して、正解は(D)である。

048. メニューを見直さなければならないのはなぜですか。
(A) 追加の客に対応するため
(B) 特別な食事を必要とする客に適した選択肢を追加するため
(C) 編集上の誤りを訂正するため
(D) 総経費を削減するため

語彙 additional 追加の suitable ～に適した diet 食事 editorial 編集上の error 誤り

解説 テクニック21 電子メール(文2)のDespite your organization's reduced budget for the gala dinnerで、上記の委員会で減らしたガラディナーの予算に関する内容から類推すると、費用が問題であることがわかるので、正解は(D)である。 Paraphrasing 1) your organization's reduced budget → To reduce total expenses 2) reduced budget and total expenses → downsized estimated fund and full amount

049. Portnoyさんについて何が示されていますか。
(A) セミナーに出席する。 (B) メニューを印刷させる。
(C) Wyatt Regency HotelでLeeさんと会う。 (D) Tulane Medical Centerで働いている。

語彙 attend ～に出席する print ～を印刷する

解説 テクニック21 電子メールで、Portnoyが彼の委員会の印刷締め切りに合わせるために、今月末までメニューを完成しなければならないと言っていたと出るので、彼がメニューを印刷するようにすることがわかる。正解は(B)である。 Paraphrasing to meet your committee's printing deadline → will have the menus printed

050. このEメールの第1段落・6行目にある"assume"に最も意味が近いのは
(A) ～を詳細に調べる (B) ～と思う (C) ～を引き受ける (D) ～を推測する

解説 テクニック20 同意語問題は代入して意味も文法も合わなければならない。電子メールのI assume these changes will address your needs.に出るassumeは'考える、仮定する'という意味で、そのようにメニューを変えた方が要求を満たせると本人は思っているという意味で使われているので、その意味と最も似ているのは(B)である。

051. メニューのどの部分が変更されないと考えられますか。
(A) 前菜 (B) スープ (C) 主菜 (D) デザート

語彙 main course 主菜

解説 テクニック23 否定語NOTが入っている問題は選択肢を全部読む! 選択肢の三つが本文に出て、内容把握にも役に立つからである! メニューの修正を要請した部分で、スープのロブスタービスクを野生キノコクリームスープに、メイン料理のオヒョウ料理をチキンに、デザートの果物ジェラートをブレッドプリンに変えることを提案したので、変わらない部分は(A)である。

■ Day 18 (p.188)

MINI TEST 03

問題018-022は次のEメールと図表に関するものです。

正解 **018** (A) **019** (D) **020** (B) **021** (C) **022** (C)

文1

差出人：Frank Tasman
宛先：Harriet Cho: Todd Ford: Sharon Bhana: Steve Vengali
件名：昨年の経費
日付：1月21日 月曜日
添付ファイル：Expenditures

皆さん、こんにちは。

先週金曜日のミーティングで触れた経費レポートを添付しました。私たちは水曜日のマネージャーミーティングでこれをじっくりと見直しますが、その前にいくつかの点を明らかにしておきたいと思いました。

旅費はこれまでの年よりも大幅に増えていますが、新しい業務関係を積極的に構築しようとしているため、予測どおりの結果です。ご覧のとおり、旅費が最も高かった月は、新規顧客との契約数が最も多かった期間と対応しています。

残念ながら、12月までの1年間に事務用文房具に使った経費は250%以上増加しています。予算項目の年間増加量として、当社の25年の歴史の中でも最大です。これらのコストを制御するために何かをなさねばなりません。2月11日木曜日に全社的な新しいポリシーをいくつか導入するのはこのためです。主な変更点のいくつかをこの後で確認させてください。

あらゆるコピー機のデフォルト設定は、両面印刷に変更されます。さらに一部のデバイスは「低品質印刷」としてプログラムされ、従業員間で配布される資料のコピーにのみ使用されます。カラー印刷は、あなたの直属の上長からの特別な要求があった場合のみ使用できます。

事務用品の棚卸資産を監視して、在庫がある一定の個数よりも少なくなったら自動的に購入要求を送信する在庫管理用電子システムを購入するという提案もありました。最も価格の安いソフトウェアを調達するため、既存のベンダーに対してこうしたシステムの見積もりを提出するよう依頼する予定です。

事務費用を削減する方法について、その他どのような見識も歓迎します。水曜日にこれらとその他の財政的問題を見直すのを非常に楽しみにしています。

Frank

expense 費用　expenditure 経費　refer ～を話に出す　carefully じっくりと　beforehand あらかじめ　significantly 重大な　be in line with ～ ～どおりである　expectation 期待　aggressively 積極的に　forge ～を構築する　contact 関係　correspond to ～ ～に対応する　rise 上昇する　increase 増加する　budgetary 予算の　control ～を制御する　default デフォルト　in addition ～に加えて　device デバイス　low-grade 低品質　distribution 配布　suggestion 提案　stock management 在庫管理　monitor ～を監視する　inventory 棚卸資産　office supplies 事務用品　automatically 自動的に　intend ～する予定である　existing 既存の　vendor 業者　source 調達する　insight 見識　eagerly 熱心に　anticipate ～を楽しみに待つ　matter 問題

文2

Neptune Research
年間支出1月～12月

	第1四半期	第2四半期	第3四半期	第4四半期
マーケティング	16,000ドル	14,500ドル	20,000ドル	16,000ドル
機器のサービスと修復	1,000ドル	1,750ドル	2,000ドル	1,000ドル
事務用文房具	1,500ドル	2,250ドル	3,250ドル	4,700ドル
旅費	7,000ドル	13,000ドル	10,000ドル	11,500ドル
スタッフ教育	3,500ドル	2,500ドル	1,500ドル	1,000ドル
光熱費	1,200ドル	1,200ドル	1,200ドル	1,200ドル

research 研究　repair 修理　education 教育の　utility 光熱費

018. このEメールの目的は何ですか。
(A) 財務文書の特定の部分を見直す
(B) 新しいビジネスパートナーについての詳細を発表する
(C) ある業者の原材料の品質をレビューする
(D) 従業員に旅費の削減を要求する

語彙 specific 特定の　disclose ～を発表する　raw material 原材料　demand 要求する

解説 テクニック01 文章の目的に関する決定的な根拠は、主に前半に出る。電子メール(文1)の最初の段落で、支出報告書を添付した、いくつかを明確にしたいと加えている。したがって、(A)が最も適切である。 Paraphrasing expenditure report → financial document

019. このEメールの第2段落・2行目にある“forge”に最も意味が近いのは
(A) ～を偽造する　(B) ～を保護する　(C) ～を模倣する　(D) ～を作成する

語彙 falsify 新鮮な　protect ～を保護する　imitate ～を模倣する　create ～を作成する

解説 テクニック20 該当する部分を探して前後の脈絡を把握した後、提示されている選択肢に変えた時、最も意味が似ている単語を正解に選ぶ。<新しい会社との関係を‘構築’する>という要旨の文章に適切な単語は(D)である。

020. この企業が、新規顧客との契約数が最も多かったのはいつだったと考えられますか。
(A) 第1四半期　(B) 第2四半期　(C) 第3四半期　(D) 第4四半期

解説 テクニック29 多重文での推論問題は連係問題である可能性が高い。電子メール(文1)の2番目の段落で、出張費用が最も多かった時は新規顧客との契約件数が最も多かった時と出ているが、選択肢は四半期で提示されている。四半期の統計が出た図表(文2)で出張費用が最も多かった時を対照してみると、正解(B)を見つけられる。

021. このEメールによると、2月11日には何が起こりますか。
(A) 一部の従業員が、コスト削減のための提案を発表する。
(B) 注文した事務用文房具が到着する。
(C) 新しい就労規則が有効になる。
(D) オフィスにあるコピー機数台がサービスを受ける。

語彙 proposal 提案　regulation 規則　come into effect 効力を生じる

解説 テクニック21 核心語の‘February 11’に注意して電子メール(文1)を読んでみよう。3番目の段落の February 11, we will be introducing several new company-wide policiesを通じて、(C)が正解であることがわかる。 Paraphrasing company-wide policies → office regulations

022. 四半期ごとに増加しているのは何の費目ですか。
(A) 水道光熱費　(B) 機器のサービスと修復　(C) 事務用文房具　(D) スタッフ教育

解説 テクニック30 四半期別図表(文2)で、続けて伸びた項目は(C) Office stationaryである。

問題023-027は次のプレゼンテーション用スライド、Eメール、報告書に関するものです。

正解 **023** (B)　**024** (C)　**025** (C)　**026** (A)　**027** (B)

文1

Centurionカスタマーケアトレーニング──サービスコールガイドライン

スクリプト：現在のアプローチ
・コールセンターの係員は、あらかじめ設定されたスクリプトを使用してお客様のコールに対応している。
・コールセンターの係員は、スクリプトに書かれていない問題をすべて管理者に上申している。

ガイドライン：新しいアプローチ
・コールセンターの係員は、ガイドラインに従ってお客様のニーズに対応する。
・コールセンターの係員は、それぞれのお客様に合わせた解決策を提供する。

メリット
→ 上申されるコールの減少
→ 解決までの全体的な所要時間の減少
→ お客様の即座の満足

customer お客様　guideline ガイドライン　script スクリプト　approach アプローチ　address ～に対応する　escalate ～に上申する　supervisor 管理者　solution 解決策　benefit メリット　satisfaction 満足

文2

宛先：Centurion Customer-Care Team
差出人：Sylvester Watts, Staff Trainer
日付：August 23
件名：パイロットテストガイドライン

コールセンター責任者および管理者各位

カスタマーコール対応への新しいアプローチに関する講習会にご参加いただき、ありがとうございます。バーチャルビデオ会議により、私たちはリアルタイムでうまくコミュニケーションできると思います。

今朝申し上げましたとおり、私たちは、8月25日に始まる新しいガイドラインを使用した3カ月間のパイロットプログラムへ参加するよう、すべてのサービスセンターにお願いしています。この期間中、これまで皆さんに対して上申された問題への対応に関する参加者の有効性データを収集し、このアプローチを微調整して、全スタッフに公開できるようにします。

このパイロットには、East St. LouisとNewarkから各10名、FresnoとSpokaneから最低5名参加していただきたいと思います。参加者は、すべてのコールを記録すること、較正のために週に一度のフィードバックセッションに参加することを求められます。

よろしくお願いいたします。

Sylvester Watts
Centurion Service Operations、責任者

virtual 仮想　videoconference ビデオ会議　communicate コミュニケーションを取る　successfully うまく　participate ～に参加する　gather ～を集める　effectiveness 有効性　formerly これまで　fine-tune ～ ～を微調整する　require ～を求める　calibration 較正　purpose 目的

文3

ガイドラインパイロット予備報告書、第4週

事業所	参加人数
East St. Louis	10
Newark	8
Spokane	5
Fresno	8

初期の結果では、1コールあたりの通話時間は増えているが、ガイドラインを使ってお客様の問題を無事に解決できていることを示している。参加者が新しいアプローチにさらに慣れるに従い、通話時間が短くなると期待している。

preliminary 予備の　participant 参加者　initial 初期の　result 結果　resolution 解決策　decrease 減少する　familiar（物事が人に）よく知られている

023. このスライドによると、なぜCenturionは手続きを変更するのですか。
(A) 新しい政府規制に従うため
(B) お客様のニーズによりよく対応するため
(C) 係員がより多くのコールを上申できるようにするため
(D) 再教育の頻度を低減するため

語彙 procedure 手続き　regulation 規制　retraining 再教育　frequency 頻度

解説 テクニック21 ある種のparaphrasing問題である！ Benefits → Fewer escalated calls → Less overall time to resolution → Immediate customer satisfactionを一言で要約すると、To serve customer needs betterである。スライドに出る新しいアプローチ方法の利点は顧客の満足を早めるためであると理解できる。正解は(B)である。

024. Eメールで述べられているトレーニングについて、正しいことは何ですか。
(A) 8月25日に行われる。　(B) 3カ月以内にもう一度提供される。
(C) コンピューターを経由して実施された。　(D) 非管理職スタッフが参加した。

語彙 via ～を経由して　nonmanagerial 非管理職の

解説 テクニック21 電子メールの最初の段階で、教育に参加してくれてありがとうと言っていて、これから画像会議を通じてリアルタイムでコミュニケーションができると言っているので、パソコンを通じて教育が実施されたことがわかる。正解は(C)である。 Paraphrasing virtual videoconference → was conducted via computer

025. このEメールによると、パイロットへの参加者は何をすることを要求されますか。
(A) パートナーとともにサービスコールに対応する
(B) 数カ所のコールセンターに出張する
(C) 受信したコールをすべて記録する
(D) 同僚たちに対して、新しい手続きの訓練を施す

語彙 track 記録する　train ～を教育する　colleague 同僚

解説 テクニック05 要請/提案/勧告に関する内容は本文の後半に提示される。電子メールの内容の後半で、このプログラムに参加する従業員は全ての電話を記録して、補正目的のフィードバック時間に参加しなければならないと言っているので、正解は(C)である。 Paraphrasing 1) log all calls → Track every call they receive 2) track every call and log all calls →check and record all calls

026. パイロットへの参加者は誰であると考えられますか。
(A) コールセンターの係員　(B) Centurionの採用担当者
(C) 企業の責任者　(D) カスタマーケア管理者

語彙 recruiter 採用担当者　director 責任者

解説 テクニック01 文章を読む対象を探す問題と同じである。電子メールの最初の文章で、顧客の電話を受け取る問題がテーマであることがわかる。また、2番目の段落で、3カ月間のお試しプログラムに全てのサービスセンターの従業員の参加を要求すると言っているので、正解は(A)である。

027. 必要とされる人数のパイロット参加者を提供しなかったサービスセンターはどこですか。
(A) East St. Louis　(B) Newark　(C) Spokane　(D) Fresno

語彙 provide ～を提供する　required 必要な

解説 テクニック28 図表、グラフィック、スケジュール表が出る本文は必ず連係問題が出題される！　この問題では、報告書が図表形式である。電子メールでEast St. LouisとNewarkで10人ずつ、FresnoとSpokane支店で最低5人ずつ送ってほしいと言っているが、報告書ではNewarkで10人ではなく8人を送ったことがわかるので、正解は(B)である。

問題028-032は次の広告とEメールに関するものです。

正解 **028** (D)　**029** (D)　**030** (A)　**031** (B)　**032** (C)

文1

The Wild Blue Yonder：Massey University同窓会報 34ページ

有料広告

コピーエディターのご用命はTracy Flynnへ

私はこの5年間、フリーランスのライター兼編集者として働いてきました。Masseyで勉強している間、私は文芸学科の教育助手として働き、授業料を払いました。英文学の学位を取って卒業した後は、主としてビジネス記事の執筆、ビジネスプラン、パンフレット、製品カタログ、新聞広告などの校正に専念してきました。私は細部にまで注意を払います。また、納期を守らなかったことはありません。1時間あたりの料金は、仕事の種類と要求される期間によって異なります。複数の草稿、著しい編集、迅速な完成を求められる仕事は、高い料金がかかります。お客様に正確な見積もりを提供するために、作業の対象となる資料の草稿と、するべき内容を明確にした指示が必要です。詳細につきましては、traceyf@starmail.comで私と連絡が取れます。

yonder あそこの　alumni 卒業生たち　editor 編集者　mainly 主に　concentrate on ～ ～に専念する　article 記事　proof-read 校正する　have an eye for ～ ～を見る目がある　miss 逃す　deadline 納期　rate 料金　dependent on ～ ～によって決まる　time frame 期間　multiple 複数の　draft 草稿　rapid 迅速な　completion 完成　incur ～を招く　charge 料金　accurate 正確な　quote 見積もり　material 資料　reach ～に連絡する

文2

差出人：Shafraz Bejihmi <shafrazbejihmi@timordistributors.com>
宛先：Tracy Flynn < traceyf@starmail.com >
件名：編集作業
日付：3月3日

Flynn様

私の名前はShafraz Bejihmiです。現在、VauxhaulのTimor Distributorsに雇用されています。『The Wild Blue Yonder』2月号であなたの広告を読んだところ、同じ学校に通っていたことを考えると、あなたがこの週末までに完了させる必要のある仕事の完成に興味があるかどうか、興味を持ちました。

私の所属部門は政府入札に応札しようとしており、そのレビューのために編集者の業務が必要なのです。提出物はわずか30ページで、わずかな編集しか必要としないはずです。しかし、応札の締め切りが3月14日なので金曜日までには最初のレビューを終わらせる必要がありますが、推奨された変更点を詳しく検討し、矛盾点を解決するには、少なくとも私たちに1週間必要となります。レビューを3月7日までに終わらせることができますか。

この仕事を完了できると確信しているならば、この業務に対するおおよそのコストを記載の上、このEメールに返信してください。

どうぞよろしくお願いいたします。
Shafraz Bejihmi

distributor 流通業者 edition (本・雑誌・新聞などの) 版 given that ～ ～(that以下を) 考えると curious ～に興味がある division 部門 make a bid on ～ ～に応札する tender 入札 submission 提出 initial 最初の due 期限が来て go over ～ ～詳しく検討する discrepancy 矛盾 finish (仕事など) を終える confident 確信している assignment (あてがわれた) 仕事 reply to ～ ～に返信する approximate おおよその

028. Flynnさんは、彼女の顧客にどのようにサービスを提供していますか。
(A) 彼らのために広告を作成する (B) 新しい投資を勧める
(C) 消費者行動のトレンドを明らかにする (D) 彼らが書いた文書に磨きをかける

語彙 investment 投資 identify ～を特定する trend トレンド consumer 消費者 behavior 行動 refine ～に磨きをかける

解説 テクニック21 核心語の'Ms. Flynnの職業'を中心に読む。Ms. Flynnが作成した求職広告(文1)のタイトルから<校閲>の仕事をしていることが類推できる。正解は(D)である。Paraphrasing 1) proof-read → refine 2) business plans, pamphlets, product catalogs, and newspaper advertisements → written documents

029. この広告の第1段落・6行目にある"type"に最も意味が近いのは
(A) 記号 (B) 費用 (C) モデル (D) 種類

語彙 symbol 記号 model モデル sort 種類

解説 テクニック20 提示された選択肢の中で'タイプ、種類'を表すtypeの代わりに使える単語は(D)である。

030. Bejihmiさんについて何がわかりますか。
(A) Massey Universityに通っていた。 (B) 以前、Flynnさんを雇ったことがある。
(C) Vauxhalに2年間住んでいる。 (D) Timor Distributorsの責任者である。

解説 テクニック21 核心語の'Mr. Bejihmi'が作成した電子メール(文2)を集中的に読む。最初の段落のgiven that we attended the same institutionという内容を読む瞬間、広告(文1)で学校の名前が出たことを思い出さなければならない。文1で学校の名前を探してみると、正解(A)を見つけられる。

031. Flynnさんは、Bejihmiさんの仕事をいつ完了させる必要がありますか。
(A) 3月3日 (B) 3月7日 (C) 3月14日 (D) 3月30日

解説 テクニック21 核心語の'Mr. Bejihmi'が作成した電子メール(文2)で、'依頼作業の締め切り'に関する部分を読む。2番目の段落のCan you finish your review by March 7?で正解は(B)を見つけられる。

032. FlynnさんがBejihmiさんに追加料金を請求すると考えられるのはなぜですか。
(A) 資料が非常に技術的だから
(B) 資料のフォーマットがよくできていないから
(C) 資料が早急に必要とされているから
(D) 資料が古いから

語彙 charge ～に請求する unusually 異常に technical 技術的な poorly できが悪い format フォーマット out of date 古い

解説 テクニック29 多重文での推論問題は連係問題である可能性が高い。求職広告(文1)で、特に作業費用に関する部分を探してみると、後半に金額が高くなる三つのケースが提示される。この三つのケースに気をつけて電子メール(文2)の作業要求事項を見てみると、2番目の段落で分量が少なくて修正事項はわずかだが、入札が迫っているので急を要するというニュアンスで、検討を要求しているので、(C)が最も適切である。

■ Day 19 (p.198)

実践 01

問題001-002は次の広告に関するものです。

正解 **001** (D)　**002** (C)

EVERYBODY FITNESS CENTER

健康維持を習慣にして、夏に備えましょう！

3月から5月末まで、Everybody Fitnessのメンバーシップ1年間分が30%割引で購入できます。

これに加えて、お友達を1人紹介していただいた方には、さらに15%の割引をお楽しみいただけます。

以下の施設があります。

筋力トレーニング機器
個別トレーニング
24時間利用可能
有酸素運動マシン
フリーウェイト
保育室

routine 日課　fit 健康な　purchase ～を購入する　additional 追加の　amenities 施設　strength 力　equipment 機器　access (利用する)権利　cardiovascular 心臓血管の　weight ウェイト　childcare 保育

001. この広告によると、このフィットネスセンターの会員になるべき理由は何ですか。

(A) 人脈を広げるため　(B) 役に立つ資格を手に入れるため
(C) 屋外活動を楽しむため　(D) 健康的な習慣を身につけるため

語彙 advertisement 広告　expand ～を広げる　obtain ～を手に入れる　establish (地位、習慣など)を確立する

解説 テクニック21 広告のGet ready for summer with a routine to keep you fit!を見ると、健康を維持するために運動ルーチンで夏を準備しましょうと言っているので、正解は(D)である。 Paraphrasing a routine to keep you fit → To establish healthy habits

002. 顧客が割引を受けられる方法の1つは何ですか。

(A) 専任インストラクターとトレーニングする　(B) 家族プランに申し込む
(C) ジムへ3月に入会する　(D) 2年分のメンバーシップを購入する

語彙 instructor インストラクター　sign up ～に申し込む　gym ジム

解説 テクニック08 広告のの割引及び特典に関する情報は本文の中・後半に提示される。広告内容の中で中盤部に年間会員券を3月から5月の間に購入すると割引すると出ているので、正解は(C)である。 Paraphrasing From March through May, purchase a one-year Everybody Fitness membership at a 30 percent discount! → By joining the gym in March

問題003-005は次の記事に関するものです。

正解 **003** (D)　**004** (A)　**005** (A)

ポートランドでネットワーク接続
Deandra Coates

ポートランド(5月30日)――市当局は、市全体を網羅するコミュニケーションキオスクのネットワークを形成する、新たな三者間パートナーシップを発表しました。多くのキオスクでは、現在使用されていない公衆電話ボックスを活用します。ポートランドの住民および訪問者は、Wi-Fi、モバイルデバイスの充電、道案内、地図など、さまざまな無料サービスにアクセスできます。また利用者は、米国本土のどこへでも無料で電話をかけられます。

このパートナーシップには、オランダの技術企業Tweller、国内の通信接続業者RVO Cellular、McCain Marketing Groupが含まれます。TwellerとRVO Cellularは互いに提携してサービスを構築し、その一方でMcCain Marketingがキオスクにデジタル広告を出します。プロジェクト全体は民間の投資家から資金提供を受けており、これらの投資家は、デジタル広告の販売で補償されることとなります。

キオスクは段階的に展開されます。最初の50が6月末までに、その後18カ月間にわたって計350の施設が設置される見込みです。Twellerでは、オランダにて過去2年間同様のプロジェクトにかかわってきました。アムステルダムにある同社のキオスクだけでも50万人にサービスを提供し、毎週数千件の無料通話を可能にしています。

connect ～に接続する　city official 市当局　unveil ～を発表する　create ～を作成する　kiosk キオスク　utilize ～を利用する　telephone booth 電話ボックス　resident 住民　variety さまざまな　complimentary 無料の　continental 大陸にある　advertisement 広告　fund ～に資金援助する　roll out ～を売り出す　in stages 段階的に　install ～を設置する　involve ～を巻き込む

003. この記事で、キオスクで利用できると示されていないものはどれですか。

(A) 道案内　(B) 無線インターネット　(C) デバイスの充電　(D) 国際電話

語彙 indicate ～を示す　direction 道案内　charging 充電

解説 テクニック23 選択肢の核心語を中心に一つずつ情報を探して消去しながら問題を解く。最初に、Wi-Fi、携帯の充電、道案内及びアメリカ内の電話サービスを無料で利用できると言っている。したがって、(D)が正解になる。

004. このプロジェクトについて、何が示されていますか。

(A) 個人から資金提供を受ける。　(B) 旧式の移動通信用基地局を使用する。
(C) 6月に完成する。　(D) 同市に多数の観光客を引き寄せた。

語彙 privately 個人として　complete ～を完成させる　attract (魅力で)引き寄せる　tourist 観光客

解説 テクニック21 2番目の段落で、全体のプロジェクトは個人投資家から資金の支援を受けることになると言っているので、正解は(A)である。Paraphrasing 1) The entire project is funded by private investors → It will be privately funded　2) privately funded and funded through private investors → privately financed and financed through independent investors

005. Twellerについて何がわかりますか。

(A) 類似のキオスクの作成経験がある。　(B) 革新的な広告を作成する。
(C) ポートランドに拠点がある。　(D) RVO Cellularと合併する。

語彙 innovative 革新的な　based in～ ～を拠点とする　merge 合併する

解説 テクニック21 核心語の会社名Twellerが出る部分であるTweller has been involved in similar projects in the Netherlands over the past two years.で、その会社がオランダで類似のプロジェクトに参加したことがあると言っているので、正解は(A)である。Paraphrasing Tweller has been involved in similar projects → It has experience creating similar kiosks.

問題006-010は次のEメールに関するものです。

正解 **006** (C)　**007** (C)　**008** (D)　**009** (A)　**010** (A)

文1

宛先：m.hatsumi@funkmail.com
差出人：chrisworthington@hotelone.net
日付：9月9日
件名：ご予約について

Hatsumi様

このEメールは、9月15日から18日に開催される第5回Penrith Photographers' Conferenceの今年度メインスポンサーであり、名誉あるホストを務め、受賞歴のあるFairton Hotelの予約を確認するものです。Conferenceにお越しのお客様は、請求書の総額から15%の割引を受けられます。このすばらしい割引をご利用になるには、申込書の写しをお持ちになってチェックアウト時にご提示ください。

ご滞在の詳細は次のとおりです。

ご到着日	9月14日水曜日
ご出発日	9月18日日曜日
ご宿泊日数	4
ご宿泊者人数	2
1泊当たりのご宿泊費	145ドル
部屋	2ベッドルームスイート

Fairton Hotelは、ご宿泊の皆様に対して無料の朝食ビュッフェを提供いたします。また、地下の駐車場をご利用いただけます。

予約の取り消しもしくは変更は、少なくとも到着の48時間前までにお願いいたします。それを過ぎますと、追加料金がかかります。

ご質問がありましたら、当社ホームページのFAQページをご覧ください。もしくは、このEメールアドレスに返信されるか、555-8812へ直接ご連絡いただいても結構です。

当ホテルでの滞在をお楽しみいただけますよう願っております。
Fairton Hotelスタッフ

primary 第一の　sponsor スポンサー　take advantage of ～ (機会など)を利用する　arrival 到着　departure 出発　courtesy of ～ ～の提供によって　make use of ～ ～を利用する　cancellation キャンセル　modification 変更　arrive 到着する　refer 参照する　alternatively 代わりに

文2

To: chrisworthington@hotelone.net
From: m.hatsumi@funkmail.com
日付：14月9日
件名：返信：ご予約について

Fairton Hotel担当者様

私は貴ホテルに2ベッドルームスイートを予約しましたが、家族の緊急の都合によって同僚が会議に参加できなくなり、必要とするのはシングルルームだけになりました。私は、本日後ほど到着するのは承知していますが、まだこの変更が可能であることを願っています。返事はEメールでお願いします。新しい費用をお知らせください。

ご理解いただきありがとうございます。

よろしくお願いいたします。

Magato Hatsumi

co-worker 同僚　emergency 緊急の用事　participate in ～ ～に参加する

006. Penrith Photographers' Conferenceは、いつ始まりますか。
(A) 9月11日　(B) 9月14日　(C) 9月15日　(D) 9月1日

解説 テクニック21 核心語の'Penrith Photographers' Conference'の日程が言及されている部分を探してみると、最初の電子メール(文1)の最初の段落の中のthe fifth annual Penrith Photographers' Conference, September 15-18を通じて、正解(C)を確認できる。

007. 1通目のEメールによると、ホテルの宿泊客はどのようにすれば割引を受けられますか。
(A) 予約をオンラインで行う　(B) 4泊以上滞在する
(C) 申込証明書を提示する　(D) カスタマーサービス調査に回答する

解説 テクニック21 '割引方法'が問題のポイントであることを把握して、最初の電子メール(文1)を見てみよう。最初の段落で、カンファレンス参加者は15%の割引をもらえると、登録した領収書を保管して、チェックアウトの時見せてくださいと言っているので、(C)が正解になる。Paraphrasing 1) show → present 2) registration receipt → proof of registration

008. Fairton Hotelについて何が述べられていますか。
(A) 毎年、Penrith Photographers' Conferenceを主催している。
(B) 先ごろ全室を改装した。
(C) 植物園が見渡せる。
(D) ホテルの宿泊客に無料の食事を提供している。

語彙 botanic 植物の

解説 テクニック21 核心語の'Fairton Hotel'側が作成した最初の電子メール(文1)を集中的に読んでみると、表の下の段落で、Courtesy of the Fairton Hotel, guests can enjoy a complimentary breakfast buffetと、ホテルの宿泊者が朝食バイキングを無料で楽しめると出ている。したがって、(D)が最も適切である。Paraphrasing complimentary breakfast → free meal

009. Hatsumiさんについて何がわかりますか。
(A) 写真家である。　(B) 以前、Fairton Hotelに滞在した。
(C) これから賞をもらう。　(D) ゲストスピーカーである。

解説 テクニック21 最初の電子メール(文1)の最初の段落に出るカンファレンスに関する情報(→ the fifth annual Penrith Photographers' Conference)で、Mr. Hatsumiの職業が現れるので、(A)が正解である。

010. Hatsumiさんがおそらく追加料金を請求されるのはなぜですか。
(A) 予約を変更するのが遅かったから　(B) 部屋をダブルスイートにアップグレードしたから
(C) 地下の駐車場を使用するから　(D) 予約をキャンセルしたから

解説 テクニック29 多重文での推論問題は連係問題である可能性が高い。ホテル側が作成した電子メール(文1)で、'追加料金が発生する場合'に関する部分は、キャンセルまたは変更する場合、48時間前までしないと、追加料金が請求されると出ている。'Mr. Hatsumi'が作成した電子メール(文2)で関連内容を探してみると、中盤部に当日予約変更したことがわかる。したがって、(A)が最も適切である。

● **読解同意語の練習問題**

正解 **1** (C)　**2** (A)　**3** (B)

1. Darrenは、常に大勢の人を引きつけるすばらしい演説家です。
(A) ～を説明する　(B) ～をスケッチする　(C) ～を魅了する　(D) 絵を描く

解説 drawsは絵を描くという意味もあるが、'人を引く'、'興味を引く'という意味としてもよく使われる。

2. Johnは、辞任した理由を詳しく説明することを拒否した。
(A) 説明する　(B) 批判する　(C) 崇拝する　(D) 仕立てる、調整する
解説 elaborate onは詳しく説明する(detail, explain, add more information on)という意味で使われる。

3. そのアンケートは、食習慣に関する情報を引き出すことを目的としていた。
(A) ～を説明する　(B) ～を取り出す　(C) ～を誇張する　(D) ～を引き上げる
解説 elicitは引き出す、導き出す(bring out)という意味で使われる。

Day 20 (p.210)

実践 02

問題011-012は次のお知らせに関するものです。

正解 **011** (A)　**012** (D)

Farley Libraryは、3月24日水曜日午後6時にDamien Bradleyをお迎えします。Bradleyは、彼の最新ノンフィクション作品『The Shadow Dancers』について話す予定です。Romeo Press発行のこの本では、パプアニューギニアの部族民たちの部族的習慣を詳細に描写しています。このイベントにはどなたでも参加できます。入場料はかかりません。お席には限りがあり、事前予約は受け付けておりませんので、Bradleyの作品に興味をお持ちの方は早めにお越しください。詳しくは、555-2234にお電話いただくか、またはwww.farleylibrary.orgをご覧ください。

Farley Library

host (パーティー・会合など)の主人役を務める　volume 本　describe ～を描写する　in detail 詳細に　tribal 部族の　tribesman 部族民　event イベント　admission 入場　fee 料金　interested in ～ ～に興味がある　arrive 到着する　reserve ～を予約する　in advance 前もって

011. Damien Bradleyとは誰ですか。
(A) 作家　(B) 放送記者　(C) 図書館職員　(D) ダンサー
解説 テクニック21 核心語の'Damien Bradley'に注意して文章を読んでみると、前半のBradley will talk about his newest work of non-fictionを通じて、(A)が正解であることがわかる。

012. このイベントの座席を取るにはどうすればいいですか。
(A) インターネット経由で　(B) 電話で　(C) 個人の推薦により　(D) 直接出向く
語彙 obtain ～を手に入れる　recommendation 推薦　in person 本人が直接
解説 テクニック06 資格の獲得/利用方法に関する情報は、主に文章の後半に提示される。'席の確保方法'が問題のポイントであることを把握する。後半で入場料がないと示した後で、席に限りがあり、事前予約ができないので早く来るようにと言っている。したがって、正解は(D)が最も適切である。

問題013-015は次のEメールに関するものです。

正解 **013** (D)　**014** (A)　**015** (B)

宛先：Gareth Rogers, Lee Haslem, Amy Tam, Michael Greatbatch
差出人：Natalia Harris
件名：来週
日付：5月24日

私はまず、皆さんが今週、追加の任務を迅速に完了してくださったことに感謝したいと思います。Diane Summersは来月まで仕事に戻りません。来週終わらせなければならない作業をここに列挙します。私は、事務所内でできるだけ均等にこれらを分かち合おうと努めました。

Garethは5月28日、新しいマグカップ、ティーバッグ、インスタントコーヒー、ココアパウダーをDelightful Drinksに注文して、品物が届いたら、給湯室にすべてきちんと保管します。

Leeは、3階の書類整理用のキャビネットを整頓します。すべての文書が購入日順にファイルされているのを確認してください。会計部門では、オンラインデータベースを更新する補助も求めています。来週の午後は、毎日約2時間これに費やされることを予想しています。

Amyは毎日、受領した注文および発送したすべての貨物を詳細に記録します。日付、購入者の連絡先の詳細、荷受人の名前と住所、個々の貨物の内容を忘れずに記録してください。

Michaelは5月26日と5月29日の給湯室掃除を担当します。掃除用具は2階の倉庫に保管されています。

皆さんの努力に感謝いたします。

Natalia Harris

promptly 迅速に　task 作業　share ～を分かち合う　evenly 均等に　store ～を保管する　neatly きちんと　arrange ～を整頓する　make sure ～ 確実に～する　numerically 数の　purchase 購入　accounting 会計　make a request 要求する　assistance 支援　keep a record of ～ ～を記録に残す　detailed 詳細な　contact 連絡先　recipient 荷受人　content 内容　be responsible for ～ ～の責任を負う　storage 保管　appreciate ～に感謝する

013. Harrisがこのメールを送信したのはなぜですか。

(A) 新しいビルへの引っ越しの手伝いを頼むため

(B) 遅れた配達品の受領を確認するため

(C) 従業員に対し、業績へのフィードバックを行うため

(D) 従業員に対し、割り当てられた任務を伝えるため

語彙 receipt 受領　performance 業績　inform ～を伝える　designated 割り当てられた

解説 テクニック01 最初の段落で追加業務を迅速に処理してくれたことに感謝すると、来週も業務を処理してほしいと加えているので、(D)が最も適切である。文章の目的に関する決定的な根拠は主に前半に出る。
Paraphrasing task → duty

014. Rogersさんは、5月28日に何をしなければなりませんか。

(A) 注文する　(B) ファイルのフォルダーを並べ替える

(C) 給湯室にモップをかける　(D) 出荷情報を記録する

語彙 place an order 注文する　rearrange 並べ替える　mop モップをかける

解説 テクニック21 核心語の'Mr. Rogers'と'May 28'に気をつけて文章を読む。2番目の段落のGareth will order new mugs, tea bags, instant coffee and hot chocolate powder from Delightful Drinks on May 28を通じて、正解(A)を確認できる。Paraphrasing order → place an order

015. 会計部門について、何が示されていますか。

(A) 1日に2時間しか働かない。　(B) データベースを最新の状態にしたいと思っている。

(C) 掃除用具でいっぱいの部屋がある。　(D) 整理の必要な文書がある。

語彙 up to date 最新の

解説 テクニック21 核心語の'the accounting department'に関する部分を探す。3番目の段落でオンラインデータベースの更新を手伝ってほしいと頼まれた情報が出るので、正解は(B)であることがわかる。
Paraphrasing update online database → bring database up to date

問題016-020は次のお知らせと通知に関するものです。

正解 **016** (C) **017** (D) **018** (B) **019** (C) **020** (D)

文1

初公開

連絡先：Robert Houston [(06) 555-7748]

3月3日

Puff Adder Booksのティーン向け新刊書

『Above the Castle』Jed Clampet著
海を渡ってきた不思議なうわさと、町にやってきた見知らぬ人が登場する、小さな島の地域社会を舞台にしたこのテンポの速いスリラーは驚きの連続です。

『My Hawaii』Benny Manu著
このエッセイ集では、まるでフィクションのような生き生きとした語り口で、プロの旅人Benny Manuがハワイでの冒険を再現します。授業で使用できる論題も収録。

『Leila's Treasure』Josie Robbins著
女王が突然姿を消してその娘が即位したとき、誰にとっても予期していないことだらけでした。この王族へのユーモアあふれる見方は、昔ながらのイギリスの喜劇です。

『Jerra Lake』Aiko Miyamoto著
湖畔の小さな村で友人グループが夏を過ごすことになったけれど、そこではすべてが見た目どおりではありませんでした。この小説は昨年度のMiskin Prize for Fiction受賞者の作品であり、友情の真の意味を巧みに考察しています。

release 公開　contact 連絡先　castle 城　rumor うわさ　fast-paced テンポの速い　recall ～を思い出す　vivid 生き生きと　discussion 討論　abound ～がたくさんある　vanish 突然消える　assume (役目などを)引き受ける　throne 王位　hilarious とてもおかしい　royalty 王族　lakeside 湖畔の　recipient 受賞者　skillfully 巧みに

文2

Arrowtown催し物カレンダー

6月19日土曜日

Arrowtown Bookstore (145 Victoria Avenue) が、『Better Writing Magazine』副編集長のGeraldine Huntを中心にしたグループディスカッションを主催します。数カ月前にPuff Adder Booksからデビュー作が発売された作家であるJed Clampet、Benny Manu、Josie Robbinsが、どのようにしてプロの作家になったかを短くプレゼンテーションします。彼らが、前例に続くことを願うアマチュア作家の質問に答えて助言をいたします。最後にサイン会を行います。詳細については、(06) 555-7834へお電話ください。

host ～を主催する　editor 編集者　author 作家　publication 出版　release 発売する　respond 答える　recommendation 助言　occur ～が起こる　proceeding 一連の出来事

016. お知らせに出てくるすべての本には何が共通していますか。

(A) すべてフィクションの作品である。
(B) すべてハワイを舞台にしている。
(C) 思春期の若者を対象にしている。
(D) 初めて本を書く作家が執筆している。

語彙 in common 共通して　mean ～するつもりである　adolescent 思春期の若者　pen (ペンで)書く

解説 テクニック21 発表(文1)の上段のPuff Adder Books' New Titles for Teensを通じて、10代のための本だとわかるので、(C)が正解になる。Paraphrasing teens → adolescents

017. このお知らせによると、誰が賞を勝ち取りましたか。
(A) Clampetさん　(B) Manuさん　(C) Robbinsさん　(D) Miyamotoさん
解説 テクニック21 核心語の'受賞者'を探す問題である。発表(文1)の最後の段落に紹介(→ recipient of the Miskin Prize for Fiction)された(D) Aiko Miyamotoが正解である。Paraphrasing prize → award

018. 6月19日のイベントのテーマは何ですか。
(A) 書店はどのように廃れつつあるか　(B) 成功する作家になるには
(C) 優れた編集者になるには　(D) クラスの授業プランを立てるには
語彙 obsolete 廃れた
解説 テクニック21 核心語の'June 19'に気をつけて文章を読んでみると、イベント告知(文2)の中盤部でhow they became professional writersと出るので、(B)が最も適切である。

019. この通知によると、Huntさんはこのイベントで何をしますか。
(A) ファンのために本にサインをする
(B) ジャーナリストとしてのアドバイスをする
(C) パネルディスカッションの進行役をする
(D) 飲み物と軽食を提供する
語彙 autograph サイン　admirer ファン　journalistic ジャーナリストとしての　beverage 飲み物
解説 テクニック21 核心語の'Ms. Hunt'に気をつけて告知(文2)を見ると、前半のa group discussion led by Geraldine Huntを通じて、正解(C)を見つけられる。Paraphrasing group → panel

020. このイベントで著者がサインをしない本はどれですか。
(A) Above the Castle　(B) My Hawaii　(C) Leila's Treasure　(D) Jerra Lake
解説 テクニック23 否定語NOTがはいっている問題は一つずつ対照して、選択肢を消去しながら解く。イベント関連告知(文2)の前半のAuthors Jed Clampet, Benny Manu, and Josie Robbinsで参加する作家の名前がわかる。しかし、提示されているのは作品のタイトルなので、出版社側が出した発表(文1)と対照して、参加しない作家の作品を探す。文1の最後の段落の(D)が正解になる。

● 読解同意語の練習問題
正解 **1** (C)　**2** (D)　**3** (A)
1. 長い対立の時代に、この2つの国は平和のために努力しました。
(A) 日　(B) 概要　(C) 期間　(D) 消しゴム
解説 eraは期間(period)や時代(age)という意味で使われる。

2. 今週初めに発表されたクリスマスセール全体の総額は失望するものでした。
(A) 人々　(B) 形状　(C) 記号　(D) 数字
解説 figuresは上記の選択肢に出る意味を全部持っている。上記の文章では数字(figures)の意味で使われた。

3. 薬の製造は、アメリカで最ももうかるビジネスです。
(A) 利益の上がる　(B) 人気のある　(C) 魅力的な　(D) 支援する
解説 profitableは利益になる(lucrative)という意味で使われる。

Day 21 (p.220)

実践 03

問題021-023は次の返金領収書に関するものです。

正解 **021** (C) **022** (C) **023** (D)

Chur Sportswear Co.
290 Eden Avenue
Hamilton
336-8895

日付：6月29日　　受付：Edward Corkery

返品
メンズバスケットボールスニーカー赤、サイズ11　90.00ドル
小計　90.00ドル
売上税　9.00ドル
Chur商品券による
返金総額　99.00ドル

返品理由：
色違い ✓　　サイズ違い
破損　　その他

詳細：息子が欲しかったのは青のスニーカーでした。

Judith Everett　　Ken Brown
お客様署名　　店長署名

購入から30日以内の返品のみ受け付けます。返品の認定を受けるには、購入を証明するものと写真付きの身分証明書をご提示ください。使用されたと明らかにわかる商品は返品できません。方針の全文については、www.chursportswear.comをご覧ください。

subtotal 小計　refund 返金　gift certificate 商品券　signature 署名　accept ～を受け容れる　proof 証明　photographic 写真の　identification 身分証明書　approve ～を承認する　merchandise 商品　complete 完全な　policy 方針

021. 支払いはどのように返金されましたか。
(A) 現金で　(B) 銀行小切手で　(C) 店のギフト券で　(D) クレジットカードで返金処理

語彙 reimbursement 返金処理

解説 テクニック06 資格の獲得、利用方法に関する内容は本文の後半に提示される。'払い戻し方法'に関する情報を探してみよう。中盤部のTotal refunded with Chur Gift Certificate, $99.00で正解(C)を確認できる。
Paraphrasing gift certificate → gift voucher

022. Everettさんはなぜ靴を返品しましたか。
(A) 彼女には小さすぎたから。　(B) 靴紐がなかったから。
(C) 彼女の息子が別の色を好んだから。　(D) 彼女の夫が同じ靴を買っていたから。

語彙 shoe lace 靴紐　prefer ～を好む

解説 テクニック21 核心語の'返品理由'(→ Reason for return)を中心に文章を読む。色の間違いにチェック(Incorrect color)されていて、息子が青いシューズを欲しがる(→ Details: My son wanted the blue colored sneakers)と加えているので、(C)が正解になる。

023. Everettさんの返品について何がわかりますか。

(A) Edward Corkeryにより承認された。

(B) 販売日よりも1カ月以上後に発生した。

(C) Everettさんは店舗が発行したレシートを紛失した。

(D) Everettさんはスニーカーを完璧な状態で返品した。

語彙 authorize 承認する　occur 起こる　receipt レシート　condition 状態

解説 テクニック21 核心語のreturnに注目して読む。(A)は後半の店舗のマネージャーの署名(Store Manager signature)の名前と比較してみると誤答なので消去できる。他の選択肢も最後の段落の返品政策と比較して対照してみると、Merchandise that has been clearly used cannot be returnedを通じて、(D)が最も適切であることがわかる。

問題024-026は次の情報に関するものです。

正解 **024** (B)　**025** (C)　**026** (A)

www.perryprint.com/faqs

Perry Print
よくたずねられる質問

Perry Printは、私のビジネスにどのように役立ちますか。
Perry Printのスタッフは、場面に適した商品をお客様が選択するためにお手伝いした経験が豊富です。御社のお客様に長く残る印象を与えるために、当社は、御社のロゴやスローガンをどのような素材にでも印刷できます。御社がまだロゴをデザインしていない、または時代遅れのロゴを現代的なものにしたいという場合には、御社にお選びいただけるよう、当社のグラフィックチームが喜んで、デザイン候補をいくつかブレインストーミングいたします。

どのような製品を提供していますか。
当社で最もよく売れているプロモーション製品には、コーヒーマグ、鉛筆、野球帽、文房具がありますが、これがすべてではありません。こちらをクリックして、当社の全製品をご覧ください。必要なものが見つからない場合には、当社の多数のサプライヤーに特別注文いたします。御社から特別なプレゼントを受け取ったとき、御社のお客様にとても喜んでいただけるよう、当社は最高品質の製造業者からのみ仕入れています。

オンラインで注文できますか。
当社ウェブサイトを先日アップグレードしたので、購入品を決めていただくときに、テレビ電話で当社スタッフにご相談いただけるようになりました。さらに、現在のロゴをスキャンして当社ウェブサイトにアップロードしていただくことで、当社製品に御社独自のロゴを印刷した場合の見た目を確認していただくこともできます。

発送にはどのくらい時間がかかりますか。
選択後、782-2428に電話で注文してください。当社は、すべての購入品をCanuck Couriers経由で輸送します。カナダの住所すべてについて、14日以内の配送を保証します(その他の国宛ての注文の大まかな配送日については、こちらをクリックしてください)。

benefit ～の役に立つ　experienced 経験を積んだ　assist 支援する　merchandise 商品　occasion 場面　material 素材　in order to ～ ～のために　lasting 長く残る　impression 印象　modernize ～を現代化する　outdated 時代遅れの　promotional プロモーション用　include ～を含む　stationery 文房具　place an order 発注する　supplier サプライヤー　manufacturer 製造業者　ensure ～ ～を保証する　overjoyed 大喜びの　consultation 相談　additionally さらに　shipping 発送　ship 輸送する　delivery 配送　approximate 大まかな

024. Perry Printはどのタイプの企業ですか。

(A) 衣料品小売業　(B) 注文ギフト製作会社　(C) 文房具店　(D) コーヒーショップ

語彙 custom 特別注文の

解説 テクニック01 最初の段落を通じて、製品に会社のロゴやスローガンを印刷してくれる会社であることがわかる。したがって、最も適切なのは(B)である。

025. 出荷について、何が示されていますか。

(A) お客様が配送会社を選択できる。　(B) 追加料金を払えば、速達便を利用できる。

(C) 注文品を国外の住所宛てに発送できる。　(D) 購入者は、配送物受取時にサインをする必要がある。

語彙 available 利用可能な　fee 料金　dispatch ～を発送する

解説 テクニック21 核心語の'shipping'に気をつけて文章を読んでみると、配送期間が出る最後の段落に、他の国に送る注文品に関する配送期間が出るので(C)が正解になる。

026. この情報によると、Perry Printのウェブサイトでお客様は何ができますか。

(A) 製品カタログを閲覧する　(B) 注文品の代金を支払う

(C) お客様の声を読む　(D) 製造プロセスを知る

語彙 browse 閲覧する　testimonial 証言　manufacturing 製造

解説 テクニック21 核心語の'ウェブサイト'に集中して文章を読む。2番目の段落のClick here to view our full range of productsを通じて、最も適切なのは(A)であることがわかる。Paraphrasing 1) view → browse　2) full range of products → product catalog

問題027-031は次の記事とウェブサイトに関するものです。

正解 **027** (A)　**028** (B)　**029** (C)　**030** (A)　**031** (B)

文1

新しい隣人がやってきた

Milne Universityは、大学のキャンパスから南へ1.5キロメートルと、ご近所であるFranklin Amphitheaterにこのたび引っ越してきたばかりの新しい隣人、Henry Dance Troupeをあたたかく歓迎したいと思います。15年前に結成されたHenry Danceは、通常、1年のうち6カ月間を国内ツアーに費やしているので、一時的な会場を借りるにとどまっていました。しかし、Franklin Amphitheaterが売りに出されていることを発見したことで、芸術監督のNigel Higginsは長年の方針を見直すこととなりました。Higginsさんは、さらに続けて次のように述べました。「Franklin Amphitheaterは、すばらしい個性を持った、開放的な施設です。創設以来、出演者や小道具、管理スタッフが初めて同じ屋根の下に住めるようになるのです。まったく新しい空間をデザインして建設するよりも、このように完全な設備の整った施設に入居する方がずっと安上がりでした。また、近所にMilne Universityがあるというのも、すばらしいことです。私たちは、若い人々が舞台芸術の熱心な支援者になるのを見てきました。常連の学生さんをたくさんお迎えするのを楽しみにしています」

現在、当学の工学部で教えているJohn Murdoch教授はこのニュースを聞き、ただちにFranklin Theater Associationに参加して「私は舞台の大ファンなので、このように大変評判のいい舞踏団を近所に迎えられて、とてもうれしい」と喜びを表しました。

新しい施設での初の上演作品は、振付師Joy Bledisloeによるモダンダンス作品、『Sailing to the Sun』で、6月17日金曜日に初日を迎えます。
チケット情報については、同舞踏団のウェブサイト(www.franklindance.org)をご覧ください。

addition 追加　extend (気持ちなど)を述べる　troupe 一座　amphitheater (座席が半円形に並べられた)劇場　come together 団結する　rent ～を借りる　temporary 一時的な　venue 会場　cause ～に…させる　reassess 見直す　long-standing 長年の　expansive 開放的な　allow ～できる　house ～を収容する　prop 小道具　managerial 管理の　cheap 安い　equipped 装備の整った　completely 完全に　ardent 熱心な　supporter 支援者　look forward to ~ing ～するのを楽しみにしている　host (会合などの) 主人役を務める　patron 常連客　department 学部　association 協会　express ～を表現する　well-respected 大変評判のいい　production 作品　premises 施設　choreographer 振付師

文2

Franklin Dance Troupe				
チケットを買う	ホーム	今季スケジュール	この舞踏団について	お問い合わせ

チケット料金：
大人 35ドル
Theater Associationメンバー 25ドル
学生 20ドル
小人(10歳未満) 10ドル

学生がFranklin Amphitheaterのチケット窓口でチケットを購入する場合は、有効な身分証明書を必ず持参してください。

rate 料金　valid 有効な　identification 身分証明書

027. この記事は、どこに掲載されると考えられますか。
(A) 大学の新聞　(B) ビジネス雑誌　(C) 旅行本　(D) 図書館のパンフレット

解説 テクニック01 文章の目的と関係がある。文章の前半に集中してヒントを探す。最初の段落で、キャンパス近くの劇場に新しく入ってくる劇団を歓迎すると、Milne大学を主語にして文章を展開するので、最も適切な媒体は(A)である。

028. この舞踏団について、何と言っていますか。
(A) Higginsさんにより設立された。　(B) これまで長期的な本拠地を持ったことがなかった。
(C) 国際的に公演している。　(D) 最近、名称を変更した。

語彙 **found** 設立する　**long-term** 長期にわたる　**headquarters** 本拠地　**perform** 上演する　**internationally** 国際的に　**change** ～を変更する

解説 テクニック21 舞踊団が紹介された記事(文1)の2番目の段落で、全国ツアー公演が理由で仮の場所をレンタルしてきたと出る。したがって、(B)が正解になる。 Paraphrasing temporary venue → never + long term headquarters

029. この記事の第2段落・11行目にある"space"に最も意味が近いのは
(A) 距離　(B) プライバシー　(C) 利用可能な場所　(D) 期間

語彙 **distance** 距離　**privacy** プライバシー　**period** 時期

解説 テクニック20 該当する部分を探してみると、<完全に新しい'空間'を設計及び建設すること>いう文脈である。提示された選択肢の中で代わりに使える最も適切な表現は(C)である。

030. Franklin Amphitheaterの長所として、Higginsさんが挙げていないことは何ですか。
(A) 歴史的伝統　(B) 見込み客への近さ　(C) 収容人数　(D) 使用準備ができていたこと

語彙 **benefit** 長所　**heritage** 伝統　**proximity** 近さ　**potential** 潜在的な　**accommodating** ～を収容する　**readiness** 準備ができていること

解説 テクニック23 核心語の2番目の段落の'Mr. Higgins'のインタビュー内容と各選択肢を対照しながら消去する方法で問題を解決する。The Franklin Amphitheater is an expansive facilityとIt will allow us to house our performers, props and managerial staff under the same roofで(C)を、fully equipped facilitiesで(D)を、We have found young people to be ardent supporters of the performing arts and look forward to hosting a large number of student patronsで(B)を確認できる。したがって、この問題の正解は(A)になる。

031. Murdochさんは、公演を見るためにチケットにいくら払うと考えられますか。
(A) 35.00ドル　(B) 25.00ドル　(C) 20.00ドル　(D) 10.00ドル

語彙 **pay for ～** ～のために支払う

解説 テクニック28 チケットの金額が提示されているウェブサイト(文2)を参考して、記事(文1)で'Mr. Murdoch'が出た部分を探さなければならない。文1の3番目の段落で協会に加入したことが出るので、これにもとづいて文2を再確認すると、Theater Association members $25で正解(B)を確認できる。

● 読解同意語の練習問題

正解 **1** (B)　**2** (C)　**3** (D)

1. Amyは、彼女には教師の資格を有していないと認めました。
(A) 広大な　(B) 適格な　(C) 有名な　(D) 個人向けの

解説 qualifiedは'資格がある'という意味で使われる。be eligible/qualified forの形態でよく使われる。

2. 両者を公平に扱うのは、審判の責任です。
(A) 非常に　(B) 完全に　(C) 公平に　(D) 正直に

解説 fairlyはとても(very)、かなり(quite)という意味もあるが、公正に(impartially, equally)という意味もある。ここではその意味である。

3. ロールプレイングゲームは、物語を語るための単なる系統的で即興的な空間です。
(A) 重要な　(B) オプションの　(C) 義務的な　(D) 意図されたものではない

解説 improvisedは'即席に作った'、'即興の'、'計画のない'(unplanned)という意味で使われる。

■ Day 22 (p.230)

実践 04

問題032-033は次の招待状に関するものです。

正解 **032** (C)　**033** (B)

Donald家は
Boss Clothing
の
National Marketing Manager
に最近昇進した
Jasmine Donald
をたたえる祝賀晩餐会への
貴殿の出席を歓迎いたします。

晩餐会は
2月5日金曜日
午後7時から午後10時まで
Zodiac Hotel (1053 Banner Street
Medford, WA 3148) のGemini Ballroomで
行われます

全5品のフルコースが供されます。

presence 出席　congratulatory 祝いの　in honor of ～ ～をたたえて　promote ～を昇進させる　be held 開催される　meal 食事

032. Jasmine Donaldについて、何が示されていますか。
(A) Zodiac Hotelに雇用されている。　(B) Medford市に住んでいる。
(C) 仕事での地位が変わった。　(D) 成功したファッションデザイナーである。

語彙 employ 雇用する　change 変わる　position 地位

解説 テクニック21 核心語の'Jasmine Donald'を祝うためのディナー招待状で、最初の段落の中盤部のwho was recently promoted to National Marketing Managerを通じて、〈最近昇進したこと〉がわかるので、(C)が最も適切である。

033. このイベントについて何が述べられていますか。

(A) ライブのショーが催される。 (B) 食事を含む。

(C) 昼食前に始まる。 (D) 庭園で行われる。

語彙 include ～を含む

解説 テクニック21 最後の段落A full five course meal will be served.で正解(B)を見つけられる。

問題034-036は次のフォームに関するものです。

正解 **034** (C) **035** (B) **036** (A)

関税申告書6-K

発送人の詳細は、荷物上部の明確に見えるところに表示されていなければなりません。
荷物の内容物は検査されることがあります。

発送人の詳細：		受取人の詳細：	
名前：	David Woo	名前：	Melanie Briasco
住所：	142 Robinson Road	住所：	Rm 3160, Serra Tower
	M6 8 GA		1-3, Chiyoda-ku
	MANCHESTER		TOKYO
国：	England	国：	Japan

_____ 贈物 _____ 書類 X 商品見本 _____その他

個数	内容品の説明	重量(kg)	推定価格
5	金のネックレス	0.16	48.50ポンド
		総重量	総価格
		0.16	48.50ポンド

市販品についてのみ記入してください：

原産国：台湾 認可番号：WX087510000

郵送料および諸費用：

郵送料	38.00ポンド
保険の有無(X)有( )無	5.00ポンド
未払い金総額：	45.00ポンド

私、署名者は、この申告の記載事項が真実かつ正確であること、およびこの小荷物には、国際法により違法と見なされるいかなる品物も入っていないことを確認します。

署名：David Woo 日付：2月24日

visible 目に入る addressee 受取人 description 説明 weight 重量 estimated 推定の value 価格 necklace ネックレス license (正式な)認可 postage 郵送料 insurance 保険 amount due 未払い金 undersigned 署名者 declaration 申告 parcel 小荷物 deem ～と見なす illegal 違法な

034. Wooさんは、なぜこのフォームに記入したと考えられますか。

(A) 海外ベンダーからの配達物のために署名をしている。

(B) 台湾旅行のためのビザが必要である。

(C) ビジネスパートナーに見本を郵送している。

(D) 壊れやすい品物を送付する許可を求めている。

語彙 overseas 海外の　in need of ～ ～を必要として　permission 許可　courier ～を送付する
delicate 壊れやすい

解説 テクニック02 本文の作成目的を問う問題である。前半に正解の根拠が確実に出ていないと、文章の中・後半に明確な目的が出る。内容物をチェックする中盤部のCommercial Sampleに表示されているので、(C)が最も適切である。

035. 小包には何が入っていますか。
(A) 花瓶　(B) 宝飾品類　(C) 記憶装置　(D) 香水

語彙 vase 花瓶　jewelry 宝飾品類　storage 収納　device 機器　perfume 香水

解説 テクニック21 中盤部の内容物の説明(Description of Package content)に書かれたGold necklacesを通じて、正解(B)を見つけられる。Paraphrasing necklace → jewelry

036. 小包に保険をかけるには、いくらかかりますか。
(A) 5.00ポンド　(B) 38.00ポンド　(C) 45.00ポンド　(D) 48.50ポンド

語彙 cost (お金、費用などが)かかる　insure ～に保険をかける

解説 テクニック21 '保険料'が問題のポイントであることを把握して、内訳を見てみると、後半のInsurance? (X) yes ( ) no, → 5.00で(A)が正解であることがわかる。

問題037-041は次のEメールに関するものです。

正解 **037** (C)　**038** (A)　**039** (D)　**040** (C)　**041** (B)

文1

宛先：wjericho@plusbank.com
差出人：abelushi@netcast.com
日付：7月7日
件名：カスタマーサービスのお願い

Jericho様

10カ月のビジネスプロジェクトのためにバルセロナへ出発する直前、私はPlus Bankの担当者に対し、私の銀行取引明細書をスペインの住所へ転送するように依頼しました。しかし、現行のプロジェクトが想定していたよりもはるかに早く完了したため、私は予想よりも早く自宅の住所へ戻ることになります。そこで銀行の書簡すべてについて、7月31日から元の自宅住所への送付を再開していただきたいと思います。

さらに、帰国したら私は住宅ローンを申し込む計画です。私の状況に最も適した住宅ローンについて、貴行が何らかの情報を提供できると期待していました。私は貴行のホームページを検索しましたが、関連するリンクを見ようとすると、そのページが存在しないというメッセージが必ず表示されます。

ご協力に感謝いたします。

よろしくお願いいたします。

Adrian Belushi

depart 出発　representative 担当者　redirect ～を転送する　statement 取引明細書　anticipate ～を予想する　resume 再開する　correspondence 書簡　additionally さらに　loan ローン　suitable 最適な　mortgage 住宅ローン　situation 状況　relevant 関連する　appear 現れる　exist 存在する

文2

宛先：abelushi@netcast.com
差出人：wjericho@plusbank.com
日付：7月7日
件名：ご依頼に関して

Belushi様

先ほどいただいたEメールへの返事を書いております。まず、口座取引明細書の送付先住所に関しては、ご希望のとおりにご自宅住所への書簡送付を再開するように手配いたしました。次に、必要とされる条件に最適な融資の種類は、中古住宅の購入と新しい家の建築のどちらをご希望でいらっしゃるのか、どのような規模のローンをお考えかなど、いくつかの要因および年収や月々の支出といった具体的な費用に左右されます。このため、ノッティンガムに無事お戻りになってから、最寄りのPlus Bank支店にお越しになり、この件について融資担当者と話し合ってください。

また、当行ホームページの操作時にお客様が経験された問題について、心からお詫び申し上げます。当行のIT部門は、この1週間同様の苦情を多数受領しておりまして、現在、問題解決に取り組んでおります。

よろしくお願いいたします。

Walter Jericho
顧客窓口責任者

regarding ～ ～に関して　with respect to ～ ～に関しては　make arrangements 手配する　sort 種類　financing 融資　requirement 必要条件　depend on ～ ～に左右される　factor 要因　existing 既存の　specific 具体的な　expense 支出　matter 件　apology 謝罪　navigate ～を操作する

037. 1通目のEメールの目的は何ですか。
(A) スペインの銀行で開設した口座を解約すること
(B) 国外銀行との振替料金に異議を唱えること
(C) 銀行の顧客個人情報を更新すること
(D) 銀行の他の支店の場所についてたずねること

語彙 close an account 口座を解約する　dispute 異議を唱える　transfer 振替

解説 テクニック01 目的に関する問題なので、特に前半に気をつけて読んでみると、最初の段落でスペインに行く前に銀行書類を受け取る住所を変えたが、プロジェクトが予想より早く終わって早く帰るようになったと、7月31日からは元の住所に送って欲しいと言っている。したがって、(C)が最も適切である。

038. Belushiさんについて、何が正しいと考えられますか。
(A) 彼の永続的な居住地はノッティンガムにある。
(B) 彼の携帯電話番号が変わった。
(C) 彼は8月にバルセロナを去るつもりである。
(D) 彼が以前出した住宅ローンの申請は断られている。

語彙 permanent 永続的な　residence 居住地　intend ～するつもりである　leave ～を去る　decline ～を断る

解説 テクニック29 多重文の推論問題は連係問題である可能性が高い。核心語の'Mr. Belushi'が送信者である最初の電子メール(文1)と、受信者である2番目の電子メール(文2)を総合的に見てみよう。(B)、(C)、(D)に関してはどこにも情報が出ない。(A)に関する内容は文1の最初の段落のmy original home addressと、文2の最初の段落のyou have safely returned to Nottinghamを連係して把握できる。正解は(A)である。

039. JerichoさんはBelushiさんに何をするよう提案していますか。
(A) バルセロナから戻ったら、もう一度彼に電話をかける
(B) 銀行からの融資がなぜ必要なのか、詳しく説明する
(C) 銀行のIT部門に直接Eメールする
(D) 銀行の従業員の1人と面談する

語彙 directly 直接

解説 テクニック05 要請/提案/勧告に関する内容は、主に文章の中・後半に提示される。核心語のMr. Jerichoが送信者である2番目の電子メール(文2)を中心に読む。最初の段落の最後に一番近い銀行の支店を訪問して、ローン担当者と話してくださいと言っているので、(D)が正解になる。Paraphrasing a loan officer → bank's employee

040. 融資のタイプを決める際にBelushiさんが考慮すべき要因として、挙げられていないものはどれですか。

(A) 購入を希望する家のタイプ

(B) 毎月の支出額

(C) ローン返済に必要な期間

(D) 毎年、彼が稼ぐ収入の額

語彙 amount 金額　period 期間　require 必要である　repay 返済する　income 収入　earn (金を)稼ぐ

解説 テクニック23 選択肢の核心語を中心に本文と対照しながら一つずつ消去する。2番目の電子メール(文2)の最初の段落のwhether you are planning to buy an existing home or build a new oneで(A)を、specific details of your annual salary and monthly expensesで(D)と(B)を確認できる。したがって、この問題の正解は(C)である。Paraphrasing 1) salary → income 2) expenses → expenditures

041. 2通目のEメールの第1段落・11行目にある"matter"に最も意味が近いのは

(A) 物質　(B) 懸念事項　(C) 結果　(D) 過失

語彙 substance 物質　concern 懸念事項　oversight 過失

解説 テクニック20 該当する部分を探して、提示された選択肢に変えた時、文脈上最も相応しい単語を正解として選ぶ。〈ローン問題について担当者と話してください〉という要旨の文章に適切な単語は(B)である。

● 読解同意語の練習問題

正解 **1** (A)　**2** (D)　**3** (C)

1. 降雨量が不安定な 地域では、灌漑手段が必要でしょう。

(A) 一様でない　(B) 大量の　(C) 正確な　(D) 高級な

解説 erraticは不規則な(irregular)という意味で使われる。

2. 地元の人々は、火山がいつ噴火するかわからないと警告しました。

(A) 継続する　(B) 壊れる　(C) 興奮させる　(D) 爆発する

解説 eruptは噴出する、爆発する(explode, break out)という意味で使われる。

3. そのメンバーの衰弱した健康状態を考慮して、代表団は彼を外しました。

(A) 活発な　(B) 力強い　(C) 弱い　(D) 平凡な

解説 feebleは弱々しい(weak)という意味で使われる単語である。

Day 23 (p.240)

(p.240)

実践 05

問題042-043は次の手紙に関するものです。

正解 **042** (C)　**043** (D)

Ryan School of Business
17月7日

Felicity Snowden
52 Cambridge Street
Ronoco, CA 93623

Snowden様

Ryan School of Businessの駐車場ビルに車を停めるスペースが必要である場合は、駐車場ビルの1階に置かれている自動販売機で1日パスを買うことができます。または、1学期間有効の料金割引パスを購入することもできます。学期パスに申し込むには、同封の書類に必要事項を記入し、提出してください。8月1日より前に申し込みを完了していただければ、9月1日に授業が始まる前に、あなたの現在の住所に駐車パスを郵送することができます。

1学期の駐車許可費用の150ドルを必ず申込書に同封する必要があります。これは、Ryan School of Business宛に小切手を切り、当校のキャンパス宛に郵送することで支払いが可能です。また、申込書に用意されている欄にクレジットカード情報を記入することで、クレジットカードで支払うこともできます。現金での支払いを希望する場合は、487 Simons Streetにある学生サービスビルまで完成した申込書を持参してください。受付時間は月曜日から金曜日の午前9時から午後5時までです。7月31日金曜日は大学の78周年記念日で休日となりますためご注意ください。

よろしくお願いいたします。
Jerry Sullivan
Jerry Sullivan
学生サービス責任者

pass パス　automatic vending machine 自動販売機　be situated on ～ ～に置かれている　alternatively また　concession 料金割引　valid 有効な　entire 全体の　semester (2学期制の)学期　apply for ～ ～に申し込む　fill in ～に記入する　submit ～を提出する　enclosed 同封された　complete ～を完了させる　application 申し込み　post ～を郵送する　fee 料金　permit 許可　accompany ～に添える

042. この手紙は何のために書かれましたか。
(A) あるビルへ自動車で行く道順を教えるため
(B) 学生に未払い費用の支払いを促すため
(C) 許可の取得方法を説明するため
(D) 新しい駐車場の建設が完了したことを通知するため

語彙 provide (情報などを)提供する　directions 道順　urge ～を促す　outstanding 未払いの　acquire 取得する　construction 建設

解説 テクニック01 文章の目的に関する問題である。最初の文章で駐車が必要な場合に関する解決策を提示している。したがって、(C)が最も適切である。文章の目的に関する決定的な根拠は、主に前半で見つけられることを覚えておく。

043. 7月31日には何が予定されていますか。
(A) 学生のための情報パックがすべて配送される。
(B) Snowdenさんが改訂後の授業時間割を受け取る。
(C) 学校が授業料を値上げする。
(D) ある機関の創立が祝われる。

語彙 pack パック　deliver ～を配送する　revised 改訂された　timetable 時間割　increase ～を上げる　cost 費用　tuition 授業　founding 創立　institution 機関　commemorate (特別な出来事など) を祝う

解説 テクニック07 未来に起こることに関する問題は、主に正解の根拠が文章の後半に提示される。2番目の段落の最後の文章で7月31日が開校記念日だと出ているので、(D)が正解になる。Paraphrasing university → institution

問題044-047は次の広告に関するものです。

正解 **044** (A) **045** (B) **046** (D) **047** (B)

Future Stepsで専門能力開発を

自由な時間がない、でもプロとして向上したい？ Future Stepsは3月8日から、あなたの個人的なスケジュールに合わせられる柔軟性を持ったトレーニングの提供を始めます。

新しい物は何？

週末の集中ワークショップ：1日または2日間
対話型オンラインセミナー
早朝または深夜コース。月曜日から金曜日まで

Future Stepsは、あらゆるレベルのプロに向けて、価格競争力のあるコースを提供します。各コースは、経営、財務、販売、マーケティングセクターにわたり豊富な経験を持つ当社のビジネス専門家が開発しています。

4年間連続してIHPの「Business Trainers of Excellence Award」を受賞しているFuture Stepsは、明らかにこの分野でのリーダーです。

価格、スケジュール、開講コースの詳細については、当社ウェブサイト(www.futuresteps.com)をご覧になるか、またはカスタマーサービス(08400 268 177)にお電話ください。

advance 向上する flexibility 柔軟性 intensive 集中的な interactive 対話型の competitively priced 価格競争力のある seasoned 経験豊富な sector 部門 in a row 連続して

044. この広告の目的は何ですか。

(A) 新しいコースを宣伝すること
(B) コース料金の値上げを通知すること
(C) 初めて賞を獲得した人を発表すること
(D) 新しいウェブサイトを売り込むこと

解説 テクニック01 文章の作成目的を問う問題である。最初の段落でFrom 8th of March, Future Steps will be offering training with the flexibility to meet your personal scheduleと、柔軟に顧客のスケジュールに合わせてトレーニングを提供していると、新しくなった点を述べる。したがって、(A)が正解になる。

045. Future Stepsはどのように変わりましたか。

(A) すべてのコースを午前中の講義用に設計した
(B) 受講生がオンラインでクラスをとれるようにした
(C) 販売およびマーケティングコースを追加した
(D) お客様のサイトにセミナーやクラスを手配した

解説 テクニック21 核心語の'changed'を通じて、既存と変わった点、つまり新しくなった点が何かというのが問題のポイントであることを把握する。2番目の段落でWHAT'S NEW?の下に三つが提示されていて、Online interactive seminarsが(B)と関連がある。

046. Future Stepsについて、示されていないものは何ですか。

(A) ビジネスに関連したクラスを提供している。
(B) 成功した組織である。
(C) ビジネス経験のある講師を採用している。
(D) 仕事検索サービスを提供している。

語彙 deliver ～を提供する instructor 講師

解説 テクニック23 3番目の段落のCourses are developed by our seasoned business experts across the sectors of management, finance, sales and marketingで(C)と(A)を、4番目の段階のWinner of the IHP "Business Trainers of Excellence Award" for the fourth year in a row, Future Steps is clearly the leader in our fieldで(B)を確認できる。したがって、この問題の正解は(D)になる。

047. ウェブサイトにアクセスする理由として何を挙げていますか。
(A) 午前のクラスに申し込むため　(B) クラスの費用をチェックするため
(C) 講師の経歴を確認するため　(D) Future Steps賞に応募するため

語彙 sign up for ～に申し込む

解説 テクニック21 核心語の'website'に気をつけて文章を読むと、最後の段落でFor further information on prices, times and available courses, please visit our websiteと、受講料、時間、講座に関する情報を確認できる所として提示されるので、(B)が最も適切である。Paraphrasing price → cost

問題048-052は次のEメールに関するものです。

正解 **048** (D)　**049** (C)　**050** (A)　**051** (A)　**052** (B)

文1

差出人：gprentice@burgessandson.co.uk
宛先：ndownes@xsmail.co.uk
件名：就職の面接
日付：2月3日
添付ファイル：新入社員マニュアル

Downes様

先月、Brighton Job Fairの当社ブースでお会いできて光栄でした。Ludgard Internationalにおけるあなたの過去の業務経験についてお聞きし、とても興味を持ちました。私たちが話し合った職務に対し、応募書類を提出してくださったのを見てうれしく思っています。

選考委員会はすでにあなたの応募書類を承認し、来週、Lawson Streetにある当社本社にパネル面接にお出でいただくよう求めています。以下の中から、最もご都合のよい日時を選んでください。

1月19日火曜日、午前11時または午後3時
1月20日水曜日、午前10時または午後2時
1月21日木曜日、午前10時30分または午前11時30分

面接の前に添付の小冊子を読んでいただき、当社の方針と規則を理解しておくようにお勧めします。面接担当者は、あなたが抱えている質問になんでも喜んでお答えいたします。見込みのある応募者全員を面接したところで、1月25日月曜日までに、委員会がその決定を通知します。幸運をお祈りしております。

よろしくお願いいたします。

Gina Prentice

previous 以前の　application 応募書類　committee 委員会　approve 承認する　suitable 最適な　familiar よく知られている　candidate 志願者　inform 通知する　decision 決定

文2

宛先：gprentice@burgessandson.co.uk
差出人：ndownes@xsmail.co.uk
件名：返信：就職の面接
日付：2月4日

Prentice様

Burgess and Sonにおける就職面接に呼んでいただき、ありがとうございます。さまざまな建築プロジェクトに携わって成功を収めた数年間ののち、私は現在、自分自身のチーム運営に挑戦することを切望しています。できれば午後に面接していただきたいので、午後3時の枠をお願いしたいと思います。

最後に、ブースで話していたときに、私が面接に呼ばれた場合には、私の人格や労働倫理を保証できる身元保証人数人の氏名と連絡先を携えてくるようにとおっしゃいました。このことは問題ではありませんが、具体的な人数を教えていただければと思っています。

この機会をいただき本当にありがとうございます。もう一度お会いするのをとても楽しみにしています。

よろしくお願いいたします。
Nick Downes

be eager to ～ ～を切望する　take on ～ ～を引き受ける　challenge 挑戦　slot 時間枠　referee 身元保証人
vouch for ～を保証する　work ethic 労働倫理　appreciate 感謝する　opportunity 機会

048. Downesさんは、どのようにしてBurgess and Sonに就職口があることを知りましたか。
(A) 同僚から　(B) 同社のニュースレターから　(C) 新聞広告から　(D) 就職相談会で

語彙 colleague 同僚

解説 テクニック21 求人告知を知ったきっかけに注意して文章を読んでみると、最初の電子メール(文1)の最初の文章で決定的な根拠を見つけられる。したがって、(D)が正解になる。Paraphrasing job fair → career expo

049. Downesさんは、面接の前に何をするよう指示されましたか。
(A) 健康診断を受ける　(B) 履歴書をコピーする
(C) マニュアルを丹念に読む　(D) 最新の写真をEメールで送る

語彙 check-up 健康診断　resume 履歴書　scrutinize ～を詳しく調べる

解説 テクニック05 要請/提案/勧告に関する内容は本文の後半に提示される場合が大半である。最初の電子メール(文1)の最後の段落で添付ファイルを読むようにと言っているので、(C)が最も適切である。Paraphrasing 1) read → scrutinize　2) booklet → manual

050. Downesさんの面接はいつになると思われますか。
(A) 火曜日　(B) 水曜日　(C) 木曜日　(D) 金曜日

解説 テクニック29 多重文の推論問題は連係問題である可能性が高い。2番目の電子メール(文2)の最初の段落に適切な時間帯が出るが、曜日を確認するためには最初の電子メール(文1)の中で'インタビュー日程'に関する情報を探さなければならない。Tuesday, 19 January, 11:00 A.M. or 3:00 P.M.で、正解(A)を確認できる。

051. Downesさんはなぜ、新しい仕事を探しているのですか。
(A) リーダーとしての地位を強く願っているから　(B) 再び昇進を逃したから
(C) 別の市に引っ越したかったから　(D) 自宅でより長い時間を過ごしたかったから

語彙 desire ～を強く願う　pass ～ over ～を逃す

解説 テクニック21 核心語の'Mr. Downes'が作成した2番目の電子メール(文2)に注目する。最初の段落で、これから自分がチームを運用してみたいと言っているので、(A)が最も適切である。Paraphrasing be eager to → desire

052. Downesさんは何の情報を要求していますか。
(A) 誰が面接をするのか。　(B) 身元保証人情報を何人分提出する必要があるのか。
(C) 新しい職の給料はいくらか。　(D) 同社のオフィスへはどのように行けばよいのか。

語彙 reference 身元保証　salary 給料

解説 テクニック05 要請/提案/勧告に関する情報は文章の後半に提示される。2番目の電子メール(文2)の2番目の段落で、推薦者の連絡先及び名前を準備してほしいと、具体的な数字を教えて欲しいと言っている。したがって、(B)が正解になる。

● **読解同意語の練習問題**

正解 **1** (B)　**2** (B)　**3** (A)

1. Claraは、非常に興味深く、洞察力に富んだ意見を提供しました。
(A) おもしろい　(B) 先見の明のある　(C) 厳しい　(D) 幅広い

解説 insightfulは先見の明がある、予知の(farsighted, prescient, provident)という意味で使われる形容詞である。

2. この航空機は、乗組員を除き、300人を運べます。
(A) ～と共に　(B) ～以外に　(C) ～を調べる　(D) ～に関して
解説 excludingは～を除いて(other than, except for)という意味で使われる。

3. そのセールスマンは、本当に欲しいわけではない物を買うよう、顧客をそそのかしました。
(A) ～を惑わせた　(B) ～を励ました　(C) ～を可能にした　(D) ～を要請した
解説 enticeは誘惑する(allure, attract)という意味を持っている。

Day 24 (p.252)

実践 06

問題053-054は次の手紙に関するものです。

正解 **053** (B)　**054** (D)

Broadfoot's
786 Palm Grove - Repulse Bay, Hong Kong

14月7日

Joy Nguen様

Madeline Tower 679 Galway Road
Wan Chai, Hong Kong

Nguen様

Broadfoot's V.I.P. Clubへようこそお越しくださいました。この新しいメンバーシップは、オンラインまたは店舗でのお買い上げすべてについて、あなたに15パーセントの割引を受ける権利を与えます。これには、あらゆる衣料品、家電製品、家具が含まれます。さらに、V.I.P.カスタマーのみが利用できる、特別なお買い得品が記載されたニュースレターを年に4回お届けします。メンバー限定のこのセールは3カ月に1回開催され、価格は最大40%まで大幅に値下げされます。

あなたの新しいステータスのメリットにはさらに、月々の支払額をご指定の銀行口座から引き落とすだけの自動支払いサービスがあります。このサービスの利用を希望しない場合には引き続き小切手でお支払いいただくか、またはBroadfoot'sデパートへお越しください。www.broadfoots.com/activateにアクセスするか、または555-3366に電話して、カードにPIN番号をロードし、今すぐV.I.P.特典をお楽しみください。

よろしくお願いいたします。
Stanley Chow
顧客窓口責任者

entitle ～に権利を与える　**purchase** 買い物　**include** ～を含む　**home appliance** 家電製品　**additionally** さらに　**quarterly** 年に4回の　**deal** お買い得品　**available** 利用できる　**be held** 開催される　**slash** (値段)を切り下げる　**benefit** 特典　**status** ステータス　**automatic** 自動　**payment** 支払い　**withdraw** (預金など)を引き出す　**expenditure** 支出　**nominate** ～を指名する　**account** 口座　**pay** 支払う　**cheque** 小切手　**department store** デパート　**load** ～をロードする　**relation** 関係

053. この手紙の対象は誰ですか。
(A) スポーツジムのメンバー　(B) デパートのお客さま
(C) 顧客サービス担当者　(D) 銀行の支店長

語彙 representative 担当者

解説 テクニック01 文章を読む対象に関する質問である。最初の段落で、'買い物する人'を対象とする手紙であることがわかる。また、2番目の段落ではvisiting any Broadfoot's department storeと、より具体的に店舗の情報が出る。したがって、(B)が正解になる。

054. V.I.P.クラブメンバーの1人になる利点の1つは何ですか。
(A) 会社のニュースレターに無制限にオンラインでアクセスできる。
(B) すべての買い物で20パーセントの割引を受ける権利が与えられる。
(C) 新しいカードとともに無料の商品券を受け取る。
(D) 月々の請求を自動的に支払わせることができる。

語彙 unlimited 制限のない　access アクセス　free 無料　gift certificate 商品券　automatically 自動的に

解説 テクニック21 問題の核心語である'benefits'に気をつけて文章を読むと、2番目の段落のFurther benefits of your new status include an automatic payment service, which simply withdraws your monthly expenditures directly from your nominated bank accountを通じて、正解(D)を確認できる。

問題055-057は次の記事に関するものです。

正解 **055** (C)　**056** (D)　**057** (B)

7月16日 – 運輸省は昨日、ラグランとハミルトンの間を高速1号線で南に移動するドライバーに対し、7月28日から8月末まで大幅な遅延が予想されることを伝える声明を発表しました。休日にラグランから出て行く車による交通渋滞を緩和するため、建設作業員が高速道路を拡張し、3車線目を作ります。この追加車線の建設中、ドライバーが使用できるのは1車線のみとなります。

工事の対象となる高速の区間には、Huntley Power StationやTe Rapa Dairy Factoryへの交通量の多い入り口が含まれます。従業員に対し、これらの構内へは2つめの入り口を使用するようにと知らせる看板が高速道路沿いに立てられます。

また、高速道路の拡張が行われるのと同時に、Symonds Street出口が閉鎖されます。高速1行線でラグランのダウンタウンに通勤する方は、さらに1～2キロメートル北にあるグラフトンの出口から出ることをお勧めします。グラフトンで高速を降りてから、ドライバーは臨時標識に従ってHarbor Bridgeを渡り、市の中心へ戻ることができます。

3車線目は、来年早い時期に高速1号線の北行線に追加される計画です。

ministry 省　transport 運輸　release ～を発表する　statement 声明　inform ～に通知する　expect ～を予想する　significant 大幅な　delay 遅延　construction 建設　widen ～を拡幅する　include ～を含む　lane 車線　in order to ～ ～のために　reduce ～を緩和する　gridlock 渋滞　cause ～を引き起こす　leave ～を離れる　motorist ドライバー　additional 追加の　section 区画　power station 発電所　dairy 乳製品の　erect ～を立てる　secondary 2番目の　premises 構内　expansion 拡張　take place 起こる　commuter 通勤者　recommend ～を推奨する　follow ～に従う　temporary 臨時　lead ～を導く　add ～を追加する　northbound 北行きの　strip 線

055. これは何に関する記事ですか。
(A) 市への観光産業を盛んにするための提案　(B) 新しいショッピングモールの開発
(C) 近い将来の技術計画　(D) 市の商業地区から車両を閉め出す計画

語彙 proposal 提案　increase ～を増大させる　impending 近い将来の　ban ～を禁止する　vehicle 車両　district 地区

解説 テクニック01 文章のテーマを問う問題である。テーマに関する問題なので、特に前半に気をつけて読む。最初の段落で交通局の発表があったと、作業チームが道路拡張工事を行う予定だと加えているので、(C)が最も適切である。

056. 高速1号線について、本文から何がわかりますか。
(A) Symonds Streetより先には延びていない。　(B) 以前は8車線あった。
(C) 50年以上前に建設された。　(D) 休暇中は非常に交通量が増える。

語彙 extend 延びる　past 以前は　construct ～を建設する　heavily 大量に

解説 テクニック21 核心語のHighway 1を中心に本文を読む。最初の段落のin order to reduce the gridlock caused by holiday traffic leaving Raglanを通じて、休暇シーズンの停滞を解決するための対策であることがわかる。したがって、(D)が正解になる。Paraphrasing 1) gridlock → heavily traveled　2) holiday → vacations

057. ラグランについて何と言っていますか。

(A) 最近、新しいアパートが建てられた。
(B) ダウンタウン地区には橋を通ってアクセスできる。
(C) Te Rapa Dairy Factoryの本社がある。
(D) 輸送部門は7月に拡張される。

語彙 recently 最近　access ～にアクセスする　head office 本社　transportation 輸送　division 部門

解説 テクニック21 核心語のRaglanを中心に文章を読む。3番目の段落で、Raglan市内に行く人々のための出口及びアクセス方法を提示している。Graftonから高速道路を抜けて、Harbor Bridgeから中心部に繋がる臨時表示を参考すればいいと言っているので、(B)が最も適切である。

問題058-062は次のEメールと調査に関するものです。

正解 **058** (D)　**059** (C)　**060** (B)　**061** (B)　**062** (A)

文1

宛先：ktanaka@aceraccounting.com
差出人：orders@gloverstationary.com
日付：4月14日午前11時51分
件名：出荷番号FRT 7723

Tanaka様

変わらぬご愛顧を頂き、ありがとうございます。当社のMorristown倉庫は、本日午後4時以降にあなたのオンライン注文を発送する準備をしております。

個数	商品	価格
1	リサイクル紙製封筒(1箱2000枚入り)	60ドル
1	Glover G1宛名シール・ブランク(1箱5000枚入り)Fシリーズプリンターおよびコピー機用	29.50ドル
1	Glover G1コピー用紙(10000枚入り)在庫一掃セール	45ドル
1	Glide 11Xブラックインク・プリンターカートリッジ(3個入り)	149.95ドル
	3日配送	19.95ドル
	Glover商品券GGC 6783による支払い総額	304.40ドル
	商品券GGC 6783残高	45.60ドル

在庫一掃セール中に大幅割引された商品と、開封または使用された商品はすべて返品できませんのでご注意ください。当店の返品条件についての詳細はwww.gloverstationary.com/returnsをご覧ください。

当店が引き続き最高品質の商品と最高に充実したショッピング体験をお届けできるように、http://www.gloverstationary.com/questionnaireのお客様満足度アンケートにご協力ください。6月1日までにご回答いただいたお客様には、当店から特別なプレゼントをお送りします。

Glover Stationaryカスタマーサービス
電話：555-8834、月曜日から土曜日、午前9時から午後9時まで

shipment 出荷　appreciate ～に感謝する　warehouse 倉庫　prepare ～を準備する　dispatch ～を発送する　order 注文　clearance sale 在庫一掃セール　in addition to ～ ～に加えて　nonreturnable 返品できない　regarding ～ ～について　Qty 個数(quantityの略)　envelope 封筒　item 品目　shipping 出荷　gift certificate 商品券　amount 金額　ensure 確実に～する　fulfilling 満足がいく　fill out 記入する　satisfaction 満足　submit ～を送信する

DAY 24

文2

http:// www.gloverstationary.com/questionnaire

お客様満足度アンケート

このアンケートにすべてお答えいただきますと、次のお買い物で20パーセント割引を受けられます。Eメールアドレスを記入してください。

パート1：Glover Stationaryをどこで知りましたか。
新聞/雑誌　ブログ　友人/同僚　パンフレット　その他

パート2：最近、当社店舗にご来店いただいた方にお伺いします。どちらの店舗にいらっしゃいましたか
(商品をオンラインでご購入されたお客様は、このパートは飛ばしてください)。
デボン　エイボン　マウント・ウェリントン
受けたサービスをどのように評価しますか。
優れている　良い　悪い

パート3：商品をオンラインで購入された方にお伺いします。当社ウェブサイトをどのように評価しますか
(商品を店舗でご購入されたお客様は、このパートは飛ばしてください)。
優れている　良い　悪い
ウェブサイトの操作でアシスタントが必要だった方にお伺いします。受けたアシスタントをどのように評価しますか。
優れている　良い　悪い

パート4：当社から購入した製品の品質をどのように評価しますか。
優れている　良い　悪い

complete ～を完了させる　eligible ～する資格がある　purchase ～を購入する　colleague 同僚　skip ～を飛ばす　rate ～を評価する　satisfactory 満足のいく　navigate ～を操作する　assistance アシスタント

058. Tanakaさんが購入したもののうち、返品できない品物は何ですか。
(A) リサイクル紙製封筒　(B) 宛先ラベル　(C) インクジェットプリンター　(D) コピー用紙

解説 テクニック21 核心語が'返品不可'がポイントであることを把握する。電子メール(文1)で返品できない商品に関する内容を探してみると、表の下にクリアランスセール中の商品、開封した商品、または使用した痕跡がある商品は返品できないと出ている。買い物内訳表のGlover G1 copy paper (10000 sheets) CLEARANCE SALEを通じて、正解(D)を見つけられる。

059. Tanakaさんの注文について何が示されていますか。
(A) 彼が一部の品物の数量変更を依頼した。　(B) それは彼の会社のモリスタウン支店に向けて発送される。
(C) 彼は商品券で請求書を清算した。　(D) それは4月14日に到着する。

語彙 settle ～を清算する　bill 請求書

解説 テクニック21 核心語の'Mr. Tanaka's order'に関する情報が出ている電子メール(文1)を集中的に読む。特に、注文内訳表のTotal paid by Glover gift certificate GGC 6783項目で商品券で決済したことがわかるので、(C)が正解になる。Paraphrasing paid → settled

060. アンケートに記入したお客様にはどのような特典が与えられますか。
(A) 現在の買い物を無料で送付　(B) 将来の購入で価格を割り引き
(C) 宛先シールを1パッケージ無料　(D) 6月1日の特別イベントへご招待

語彙 benefit 特典　free 無料の　reduction 割引　invitation 招待

解説 テクニック21 核心語の'benefit'に注目して文章を読む。調査(文2)の上段にAfter completing this questionnaire, you will be eligible for a 20 percent discount off your next purchaseと出ているので、この情報を提示された選択肢と比較すると、(B)が最も適切である。Paraphrasing 1) discount → reduction 2) next → future

061. アンケートでTanakaさんが記入しないのはどのパートですか。
(A) パート1　(B) パート2　(C) パート3　(D) パート4

解説 テクニック29 多重文での推論問題は連係問題である可能性が高い。調査(文2)の質問の中で答えを省略できるものから探してみると、Mr. Tanakaの購入経路によって(B)か(C)が正解になる確率が高い。注文内訳が出ている電子メール(文1)で、注文方法、または場所に関する根拠を探してみると、最初の段落でyour online orderと出ているので、これにもとづいて文2の質問2のIf you purchased a product online, please skip this partを確認できる。正解は(B)である。

062. このアンケートでは、Glover Stationaryについて何が暗示されていますか。
(A) 少なくとも3軒の実店舗がある。　(B) 最近ウェブサイトを立ち上げた。
(C) ラジオで商品を宣伝している。　(D) 1日24時間、カスタマーサービスホットラインを運営している。

語彙 physical 物理的な　launch ～を開始する　promote ～を宣伝する　operate ～を運営する

解説 テクニック21 調査(文2)の質問2 Part 2: If you have recently visited one of our stores, which branch did you visit?の下に三つの店舗が提示されているので、(A)が最も適切である。

● 読解同意語の練習問題

正解 **1** (B)　**2** (B)　**3** (A)

1. そのコースは、物理、化学、生物を含みます。
(A) ～を奨励する　(B) ～を含む　(C) ～を教える　(D) ～を学ぶ

解説 encompassは含む(include)、取り囲む(surround)という意味で使われる。

2. この軽率な行動に何が続くのか、彼らはまだ気づいていません。
(A) ～を引き起こす　(B) ～を引き出す　(C) ～の後に続く　(D) ～を保証する

解説 ensueは結果として起こる、続く(follow)という意味を持つ。

3. その旅は、2度の鉄道の乗り換えを伴う。
(A) ～を誘惑する　(B) ～を議論する　(C) ～を疑う　(D) ～を含む

解説 entailは伴う、含む(include)、要求する(require)という意味で使われる。英英辞典には、何かを必要とするようにする、または含む(to make something necessary, or to involve something)と出る。

DAY 24

DAY 25

■ Day 25 (p.262)

実践 07

正解 **063** (B)　**064** (C)

問題063-064は次の広告に関するものです。

Heavenly Heights

Heavenly Heightsには現在、1ベッドルームと2ベッドルームのリース物件が数室あります。ジャクソンビルの中心に位置するこの近代的な48室の高層アパートは、多忙なプロフェッショナルにとって理想的です。施設には、会議室、ヘルススパ、ジム、地下駐車場が含まれており、居住者全員が利用できます。このアパートはハーバーブリッジを見渡し、数え切れないほどのレストランやバーから楽に歩いて行ける距離にあります。詳細について、または空室のツアーのご予約は、当社の親切な不動産仲介業者にご連絡ください。関心のある賃借人は、何時でも、何曜日でも歓迎です。

Heavenly Heights
17 Queen Street
Jacksonville
555-6189
www.heavenlyheights.com

several いくつか available 利用可能な lease 賃貸 multi-story 高層の facility 施設 resident 居住者 overlook ～を見渡す harbor 港 countless 数えきれない vacant 空き premises 場所 realtor 不動産仲介業者 tenant 賃借人

063. この広告は何を述べていますか。

(A) 売り出し中の別荘　(B) 賃貸用アパート

(C) 企業向け引越サービス　(D) 地域の観光名所

語彙 accommodation 住みか rent 賃貸 corporate 企業 regional 地域の tourist attraction 観光名所

解説 テクニック01 文章のテーマに関する質問である。特に、前半に気をつけて読む。最初の文章で、現在、いくつかの部屋が賃貸用に出ていることがわかるので、(B)が正解になる。Paraphrasing lease → rent

064. 読者は何をするように促されていますか。

(A) 権利放棄書に署名する　(B) 預金する

(C) 見学する　(D) ニュースレターを購読する

語彙 waiver (権利、主張などの) 放棄 [証書] deposit 預金 subscribe 購読する

解説 テクニック05 要請/提案/勧告に関する情報は、主に文章の後半にで出る。後半で、より多くの情報が必要な時や見学日程を決めたい時はいつでも歓迎すると加えている。したがって、(C)が最も適切である。

問題065-067は次のメモに関するものです。

正解 **065** (A) **066** (C) **067** (D)

編集者のコラム

この『Sugar and Spice』11月号は、本誌の10周年を記念しています。私たちはこの出版物を10年前に発刊しました。そして現在は、この国で高級料理についてはトップクラスの雑誌の1つとなっています。私たちは25,000人を超える購読者と、はるかに多数の無料ウェブサイト閲覧者という読者を有しています。レストランの店主たちは、私たちの記事を称賛するばかりです。さらに、今年のEverglades Food Festivalでは、料理に関する最高の出版物に与えられる第1位の賞をいただきました。私は編集担当者として、私たちの献身的なスタッフ、ゲストライター、広告主、ますます増えていく愛読者の皆さんに感謝したいと思います。皆さんがいなければ、私たちの成功は1つも可能ではなかったでしょう。

Rene Dawson

commemorate ～を記念する launch (事業、会社など) を起こす publication 出版物 fine dining 高級料理 restaurateur レストランの店主 praise ～を称賛する culinary 料理の editor-in-charge 編集責任者 dedicated 献身的な advertiser 広告主

065. Dawsonさんのメモの目的は何ですか。

(A) 感謝の意を表すこと　(B) 特別な提供を延長すること

(C) 新しいライターを紹介すること　(D) 資金援助を呼びかけること

語彙 gratitude 感謝の気持ち prolong ～を延ばす

解説 テクニック01 文章の目的を問う問題である。テーマに関する問題なので、特に前半に気をつけて読む。前半で、雑誌の創刊記念号であることを明らかにして、今までの過程と評価を説明した後、編集長としての感謝の言葉を伝えて、お陰様で成功できたと手紙を書き終えている。したがって、(A)が正解になる。

066. Sugar and Spiceについて何が示されていますか。

(A) 現在、新しいスタッフを採用中である。　(B) もうすぐオンラインで読めるようになる。

(C) 継続的に人気が上昇している。　(D) 広告料金を引き下げた。

語彙 popularity 人気

解説 テクニック21 中盤部で購読者数が25,000人で、ウェブサイトを見る読者はもっと多いと言って、最後の部分でthe growing number of loyal readersと、読者がもっと増えていると出ているので、(C)が最も適切である。

067. Dawsonさんはなぜ、Everglades Food Festivalについて述べましたか。

(A) そこで料理教室を主宰したから
(B) そこで就職希望者数人にインタビューしたから
(C) その雑誌が、イベントのメインスポンサーだったから
(D) そのイベントで、雑誌が栄誉を得たから

語彙 seeker 探す人　primary 最も重要な　accolade 名誉

解説 テクニック21 核心語の'Everglades Food Festival'が出る部分を探す。中盤部で、最高の料理出版物賞を受賞したと出るので、(D)が正解であることがわかる。Paraphrasing award → accolade

問題068-072は次のチラシとEメールに関するものです。

正解 **068** (C)　**069** (B)　**070** (D)　**071** (C)　**072** (B)

文1

毎年恒例・第6回Ralston Music Festival
9月18〜20日

Ralston Songwriters' Associationの後援によるRalston Music Festival (RMF) は、今年のイベントのために過去最高のラインナップを準備しました。地元の音楽家に支援された3日間にわたる世界的に有名なパフォーマンスは、最も熱烈な音楽ファンを満足させること間違いありません。また、主催者は食べ物の屋台やギフトショップを用意し、お子様連れのご家族向けのアクティビティも準備しています。

皆さんに興味を持っていただけそうな演目の一部を以下にまとめます。

● 9月18日金曜日、午後3時、Edmond Gallery
『A History Of Music』初日。この展示は10月20日まで見学できます。平日は午前9時から午後6時まで開場。週末は午前11時から午後4時まで。入場無料。

● 9月19日土曜日および20日日曜日、午前10時から午後8時まで、Ralston Town Square
家族全員で楽しめる図画工作、軽食店、屋台のほか、地元の音楽クラブにより短いパフォーマンスを上演。入場無料。

● 9月19日土曜日、午後6時、Ralston Outdoor Soundstage
(雨天の場合は屋内：Mehrtens Auditorium) Romanian Gypsy Choirによるコンサート (皆様の要望に応えて再演)。チケットが必要。

● 9月19日土曜日および20日日曜日、午後12時から午後5時まで、Cooks Gardens
地元の音楽家や音楽教師による無料音楽レッスン。

● 9月20日日曜日、午後6時から午後8時まで、Leighton Theater
国際的に認められているオペラ歌手、Dame Yvonne Wardが「Flight of the Valkyries」などの人気曲を歌います。チケットが必要。

チケットは9月2日より購入可能です。演目や上演時間の詳細については、フェスティバルのホームページ (www.rmf.org.uk) をご覧ください。

support 〜を支援する　songwriter 作詞・作曲家　association 協会　lineup ラインナップ　renowned 有名な　satisfy 〜を満足させる　enthusiastic 熱烈な　stall 屋台　act 演目　potential 可能性のある　summarize 〜を要約する　stand 屋台　choir 合唱団

DAY 25

文2

宛先：Garth Edger <gedger@rmf.org.uk>
差出人：Andrei Dorin <adorin@starmail.org.ro>
件名：パフォーマンス
日付：9月25日

Edger様

Ralston Music Festivalにおいて、私たちの伝統的なルーマニアのジプシー音楽を演奏する機会を与えていただいたことに、もう一度お礼を申し上げます。天候のせいで私たちが望んでいた屋外での演奏はできませんでしたが、室内の会場でもこの上なく幸福でした。雨天にもかかわらず数千の人々が私たちのショーを見に来られ、そのうちかなりの数の方が私たちのアルバムを買ってくださいました。Ralstonには幸せな思い出しかありません。再び私たちの出演予約をご希望の場合には、私たちは喜んで戻って参ります。

どうぞよろしくお願いいたします。

Andrei Dorin

traditional 伝統的な　**allow** ～を許す　**prefer** ～を好む　**in spite of ～** ～にもかかわらず　**significant** かなりの
delighted (非常に)喜んでいる　**return** 戻る

068. 日曜日の午後6時に実施が予定されているイベントではないものは何ですか。
(A) オペラの公演　(B) 工作のアクティビティ　(C) 無料の音楽クラス　(D) 食品マーケット

語彙 **operatic** オペラの

解説 テクニック23 チラシ(文1)で、核心語の'日曜日6時'に関する部分を探して、各選択肢と対照して本文に出た行事を消去する方法で解決する。2番目の項目のFun for the whole family with arts and crafts, snack bars and food stands in addition to short performances by local musical clubsで(B)と(D)を、5番目の項目のInternationally recognized opera singer Dame Yvonne Ward will sing The Flight of the Valkyries and other favoritesで(A)を確認できる。したがって、この問題の正解は(C)である。

069. 新しい展示はいつ始まりますか。
(A) 9月2日　(B) 9月18日　(C) 9月19日　(D) 9月20日

語彙 **exhibition** 展示

解説 テクニック21 核心語が'展示オープニング日付'がポイントであることを把握してチラシ(文1)を見ると、Friday, 18 September, 3:00 P.M., Edmond Gallery Opening of A History Of Musicで正解(B)を見つけられる。

070. このフェスティバルについて、何が示されていますか。
(A) 1週間続く。　(B) 1年に2回開かれる。
(C) 毎日午前10時に始まる。　(D) オンラインで宣伝されている。

解説 テクニック21 選択肢の核心語と文1を全般的に対照しながら読む。上段のThe 6th Annual Ralston Music Festival 18-20 Septemberで(B)と(A)が誤答であることがすぐわかる。また、(C)は詳細日程を通じて適切ではないことがわかる。したがって、(D)が正解になるが、これに関する根拠は最後の段落のFor further information about acts and their performance times, please visit the festival home page at www.rmf.org.ukである。

071. Dorinさんはなぜ、EdgerさんにEメールを送りましたか。
(A) 公演のチケットについてたずねるため　(B) パフォーマンスをキャンセルするため
(C) 感謝の気持ちを表すため　(D) 招待を辞退するため

語彙 **decline** ～を辞退する

解説 テクニック01 文章の目的に関する問題である。決定的な根拠は主に前半に出る。電子メール(文2)の最初の文章でチャンスをくれてもう一度感謝すると言っているので、(C)が最も適切である。Paraphrasing thank → express ・・ gratitude

072. Romanian Gypsy Choirについて、本文から何がわかりますか。
(A) このフェスティバルに参加したのは初めてだった。
(B) Mehrtens Auditoriumで演奏した。
(C) 現在、ワールドツアー中である。
(D) 非常に有名なギタリストがいる。

語彙 perform 演奏する

解説 テクニック21 核心語の'Romanian Gypsy Choir'が出る文1の3番目の項目(Indoor location in the event of rain: Mehrtens Auditorium) Concert by the Romanian Gypsy Choir (back by popular demand)で、(A)は誤答であることがすぐわかる。また、合唱団員が作成した電子メール(文2)にも(C)や(D)に関する内容が見つからないので消去できる。(B)の根拠を探すと、中盤部のAlthough the weather didn't allow us to perform outdoors as we would've preferred, we were more than happy with the indoor venueが該当する。

● **読解同意語の練習問題**

正解 **1** (A) **2** (B) **3** (C)

1. 私の最も<u>強烈な</u>願いは、この仕事を正確かつ公正に終わらせることです。
(A) 熱心な (B) 肯定的な (C) 眺めの良い (D) 基本的な

解説 ferventは熱烈な(passionate, ardent)という意味を持つ単語である。

2. 知事は、減税するという公約<u>を守りました</u>。
(A) ～を約束しました (B) ～を実現しました (C) ～を呼び起こしました (D) ～を利用しました

解説 honorは約束や協定を履行する(fullfill)という意味がある。

3. Darrenはチームに<u>欠かせない</u>人物で、私たちは彼なしにはやっていけなません。
(A) 必ずしも必要ではない (B) 義務的な (C) 欠かせない (D) 偶然の

解説 integralは核心的な、必修の(important, essential)という意味の単語である。

Day 26 (p.272)

実践 08

問題073-074は次のEメールに関するものです。

正解 **073** (A) **074** (D)

宛先：Devon Manufacturing従業員
差出人：Peter Coleman
日付：1月11日
件名：署名と提出

従業員各位

皆さん全員、当社の最新従業員マニュアルの改訂版を受け取りました。このマニュアルにはDevon Manufacturingの規則と手続きがすべて記載され、工場のあらゆる職位に対して期待する内容と報酬の概要が記されています。各マニュアルの裏面には正式な確認フォームがあります。マニュアルを読み終わったらそのフォームに記入し、人事部のMark Taylorに提出してください。あなたの署名は、あなたがマニュアルの内容をすべて読んで理解し、会社の全規則に従うことを約束した証拠とみなされます。

お手数ですがよろしくお願いします。

Peter Coleman
人事部、部長

manufacturing 製造 regulation 規則 procedure 手続き outline ～の概要を述べる expectation 期待 compensation 報酬 position 職位 rear 裏面 acknowledgment 認めること human resources 人事部 signature 署名 proof 証拠 content 内容 abide by (規則などに)従う

DAY 25
DAY 26

073. Colemanさんは、Eメールで何を説明していますか。
(A) 会社の小冊子　(B) 採用手続きの変更
(C) 仕事の欠員　(D) トレーニングセミナー

語彙 vacancy 欠員

解説 テクニック01 文章のテーマに関する質問である。特に、前半に気をつけて読む。最初の文章に出る従業員のマニュアルが主な根拠となり、正解(A)を見つけられる。Paraphrasing manual → booklet

074. Colemanさんは、従業員に何をするように求めていますか。
(A) 職務を列挙する　(B) ミーティングに参加する
(C) パンフレットの複製を返却する　(D) フォームを提出する

語彙 attend ～に参加する　hand in ～を提出する

解説 テクニック05 要請/提案/勧告に関する情報は、主に文章の中・後半に登場する。要請事項は丁寧な命令文として出る確率が高いことを類推できる。中盤部でplease complete the form and submit itと、フォームを作成して提出するように頼んでいるので、(D)が正解になる。Paraphrasing submit → hand in

問題075-078は次のEメールに関するものです。

正解 **075** (B)　**076** (D)　**077** (B)　**078** (A)

宛先：rmohammed: shiggins: tlove: ledwards: mhutchins: treynolds
差出人：kcho
日付：10月12日
件名：投資クラブ

Raj、Simon、Theresa、Linsey、Mark、Tara

私が社内報に載せた案内通知に返事をくださった皆さんに感謝します。従業員投資クラブの結成に多くの皆さんが興味を持ってくれたことに、とてもワクワクしています。投資をどこから始めるかについて、すでにいくつか提案をいただいています。

Theresaは、月例ミーティングとともに、たとえば、近々Westwood Libraryで行われる不動産開発業者Anne Bignelのプレゼンテーションのような地元のセミナーに参加すべきではないかと思っていました。10月18日土曜日午後8時から、Bignelさんが最新の著書『Renting for Retirement』を宣伝する全国ツアーの一環として不動産から収入を得るための彼女の戦略をレビューします。私は、その日の午後6時にBridge StreetのTatiana's Caféで会合を行うことを提案します。私たちは最初の投資の選択について検討し、ミーティングを開催する時間と場所を選択できます。終了したら、プレゼンテーションを見るために共に図書館へ向かうことができます。皆さんはどう思いますか。

よろしくお願いいたします。
Karen

investment 投資　reply 返信する　notice 案内通知　suggestion 提案　upcoming 近いうちに行われる　real estate 不動産　renting 賃貸する　recommend ～を提案する　hold ～を開催する

075. このEメールの目的は何ですか。
(A) グループにさらにメンバーを引き付ける　(B) 今後のミーティングの詳細を伝える
(C) ゲストスピーカーの会場を手配する　(D) 将来の投資に対する提案を求める

語彙 attract (魅力で)引き付ける　solicit 請い求める

解説 テクニック01 文章の目的を問う問題である。最初の段落では、電子メールを書く経緯と所感を明らかにして、続く段落でこれからの活動に関する提案を説明しながら、まずセミナー前に会って詳細を決めたらどうかと、意見を問うことで終わる。したがって、(B)が最も適切である。

076. Bignelさんについて何が暗示されていますか。
(A) 通常はセミナーの前にカフェに立ち寄る。　(B) ウェストウッドに不動産物件をいくつか所有している。
(C) 市立図書館でアルバイトをしている。　(D) 住宅から収入を得ることについて書いている。

語彙 property 不動産　housing 住宅

解説 テクニック21 核心人物の名前'Ms. Bignel'に注意して文章を読んでみると、2番目の段落のMs. Bignel will review her strategies for making money from real estate as part of her national tour promoting her latest book "Renting for Retirement"を通じて、正解(D)を見つけられる。Paraphrasing real estate → housing

077. 第2段落・6行目にある"selection"に最も意味が近いのは：

(A) 種類　(B) 選択　(C) 物質　(D) 立場

語彙 variety 種類　choice 選択　substance 物質　position 立場

解説 テクニック20 該当する部分を探してみると、<最初の投資対象に'選択したもの'を議論する>が要旨である。提示された選択肢の中で、このような意味を完成するのに最も適切な単語は(B)である。

078. このグループのメンバーについて、示されていないものは何ですか。

(A) Bignelさんの本を購入した。　(B) 同じ企業に雇用されている。

(C) 10月18日に会合を行うようだ。　(D) 投資について詳しく学びたいと思っている。

語彙 employ 雇用する　be likely to ～ ～するようだ

解説 テクニック23 核心語のthe group's memberを中心に選択肢を消去しながら問題を解く。最初の段落のI just wanted to thank everyone for replying to the notice I put in the company magazineで(B)を、2番目の段落のTheresa wondered if, in conjunction with our monthly meetings, we should attend some local seminars ～ October 18とI recommend we meet that day at 6:00 P.M.では(D)と(C)を類推できる。したがって、この問題の正解は(A)になる。

問題079-083は次のEメールに関するものです。

正解 **079** (A)　**080** (C)　**081** (D)　**082** (C)　**083** (B)

文1

宛先：Anita Lower <alower@hansolpottery.com>
差出人：Donald Fallon <df99@hansolpottery.com>
日付：8月16日
Cc：Fred Mulraney <fredm@hansolpottery.com>, Jane Adams <ja7@hansolpotter.com>
件名：電話会議

Lower様

私は、Hansol Potteryの南オフィスで働き始めたばかりです。効果的なマーケティング戦略を策定するため、月例電話会議に出席することになっています。残念ながら、今朝の電話会議は接続が悪くて大部分を聞き取れませんでした。この定期ディスカッションに参加できなければ、職務を適切にこなせません。私の上司は、東オフィスのFred MulraneyとJane Adamsも同様の技術的問題を経験していると言っていました。他の支社でも問題が生じていると推定してもよいと思います。

本社が社員との明瞭な通信回線を持てるように、各支社の電話会議設備をアップグレードすることはできるでしょうか。

ありがとうございました。

Donald Fallon
Hansol Pottery、南オフィスマーケティング担当

potter 陶器　be supposed to ～ ～することになっている　participate in ～ ～に参加する　conference call 電話会議　strategy 戦略　portion 部分　properly 適切に　take part in ～ ～参加する　similar 同様の　assume ～と推定する　personnel 社員

DAY 26

文2

宛先：Donald Fallon, Fred Mulraney, Jane Adams
差出人：Anita Lower
日付：8月18日
件名：コミュニケーションの更新

Donald様、Fred様、Jane様

今、スピーカーフォンを2台注文したところです。8月25日までには届くはずです。私たちが2台だけ買ったのは、各支店に1台ずつ購入する前に、必要な動作をすることを確かめたかったからです。これらを皆さんのところへ送る前に、当社の会議室数カ所でテストする計画です。満足いくものであると判断されたら、私が8月30日にDonaldのオフィスを訪ねて、次回のマーケティングミーティングよりも前に新しい機器をセットアップします。Donaldから新しいシステムについてのフィードバックを受けた後、9月7日にFredとJaneを訪問します。この新しいTrisonic製の電話は、非常に感度の高いマイクロホンを備えていて、不要なバックグラウンドノイズを多く送信してしまうことがよくあるため、適切な設定を見つけるのに苦戦するかもしれません。その場合は、代わりのサプライヤーを調査する必要があるかもしれません。

近いうちにお会いしましょう。

どうぞよろしくお願いいたします。
Anita Lower
Hansol Pottery、技術部門

deem ～と見なされる　satisfactory 満足のいく　sensitive 感度の高い　broadcast ～を送信する　unwanted 不要な　struggle 苦戦する　investigate ～を調査する

079. 1通目のEメールの目的は何ですか。
(A) 技術的なトラブルを明らかにすること　(B) 転勤を依頼すること
(C) 問題への解決策を提供すること　(D) 辞任を発表すること

語彙 disclose 明らかにする　solution 解決策

解説 テクニック01 前半で自分の所属及び業務について簡単に述べた後で、電話会議中に接続が悪くて多くの部分を聞き取れなかったと説明して、他の支店の状況を加えてから、最後の段落ではこれに関する解決策を要請する脈絡である。したがって、(A)が最も適切である。

080. Fallonさんについて何が示されていますか。
(A) 情報テクノロジーの高い学位を持っている。
(B) 以前、Lowerさんの上司と話をしたことがある。
(C) 8月26日、彼が初めて出席したマーケティング会議にうまく参加できなかった。
(D) 支給が約束された会社の携帯電話をまだ受け取っていない。

解説 テクニック22 推論問題の選択肢に期間/金額/時点が出る場合、注意して読む。核心語の'Mr. Fallon'が作成した最初の電子メール(文1)の最初の段落で、I couldn't hear a significant portion of this morning's call because of the poor connectionと、今日の午前の電話会議で多くの部分を聞き取れなかったと説明している。また、このメールの作成日はDate: August 16で確認できる。したがって、(C)が正解である。

081. Lowerさんは、Trisonic製の電話が満足のいくものだったら何をすると暗示していますか。
(A) Eメール経由でミーティングを行う　(B) サプライヤーに値引きを要求する
(C) ベンダーの変更について彼女の上司と話し合う　(D) 他の支店のために追加購入する

語彙 conduct ～を行う　demand ～を要求する

解説 テクニック30 連係問題は一つの文でも出題される。'Ms. Lower'が作成した2番目の電子メール(文2)の前半のWe have only bought two as we wish to ensure they work as required before we purchase one for each branchで、まず二つだけ購入したが、正常に動作すると、各支店のために購入することを類推できるので、(D)が最も適切である。

082. 2通目のEメールで、Trisonic製の電話について何と言っていますか。
(A) さまざまな形や色で売られている。
(B) 市場でもっとも革新的な電話である。
(C) オフィス環境の不要な音を送信することがある。
(D) 資格のある技術者による定期的な保守が必要である。

語彙 innovative 革新的な　transmit ～を送信する　undesired 不要な　qualified 資格のある

解説 テクニック21 核心語の'Trisonic phones'を中心に読む。2番目の電子メール(文2)の後半で、マイクが敏感で周りの騒音まで拾うので設定が大変かも知れないと言っている。したがって、(C)が正解になる。
Paraphrasing 1) broadcast → transmit　2) unwanted → undesired

083. 9月7日にLowerさんはどこにいると考えられますか。
(A) 南支店　(B) 東支店　(C) 会社の本社　(D) ベンダーのオフィス

解説 テクニック30 多重文で推論問題は連係問題である可能性が高い。'September 7'に気をつけて'Ms. Lower'が作成した2番目の電子メール(文2)を読むと、後半でI will then visit Fred and Jane on September 7と、FredとJaneを訪問すると言っている。彼らがいる場所の情報を最初の電子メール(文1)で探してみると、最初の段落のFred Mulraney and Jane Adams at our eastern officeを通じて、正解(B)を見つけられる。

● **読解同意語の練習問題**

正解 **1** (D)　**2** (A)　**3** (B)

1. 企業は、景気後退のあらゆる<u>影響</u>を感じ始めています。
(A) 気楽さ　(B) 幸福　(C) 専門的知識　(D) 影響

解説 impactは影響(influence)という意味で使われる。

2. その航空会社は、来月新しい太平洋横断サービス<u>を開始します</u>。
(A) ～を開始する　(B) ～を超過する　(C) ～を断念する　(D) 繁栄する

解説 launchは製品を発表する、始める(start, commence)という意味である。

3. 現在の難局は、景気後退と住宅市場の崩壊<u>に由来します</u>。
(A) ～を見落とします　(B) 由来します　(C) ～を具体化します　(D) ～を把握します

解説 stem fromは～から由来するという意味で、result from、derive fromも意味が似ている。

Day 27 (p.284)

実践 09

問題084-085は次の広告に関するものです。

正解 **084** (D)　**085** (C)

新しいスポーツ複合施設、ベンダーを募集中

Bosca Stadiumは、8月15日、日本の大阪に堂々オープンします。開閉式の屋根を備えた最大収容人数8万人のこの多目的複合施設は、競技大会やスポーツの試合、さらに音楽パフォーマンスも主催できるように建てられています。スタジアム管理部では、この新しい場所で事業を展開することに興味のある、経験豊富なフードショップやギフトショップのオーナーからの申し込みを受け付けています。詳しくはwww.bosca-stadium.co.jpをご覧ください。興味のある方は全員、事業の経歴や現在の財政状況の詳細を記入して申込書を完成させていただくようにお願い申し上げます。

accept ～を受け付ける　vendor ベンダー　multipurpose 多目的　retractable 開閉式　spectator 観客　host ～を主催する　athletic 運動競技の　performance パフォーマンス　management 管理(部門)　application 申し込み　experienced 経験を積んだ　party 関係者　complete ～を完成させる　status 状況

084. この広告の対象は誰ですか。
(A) 運動競技のトレーナー　(B) スポーツファン　(C) プロのアーティスト　(D) 事業主

解説 テクニック01 文章を読む対象を問う問題である。広告のタイトルを通じて、(D)が正解であることがわかる。
Paraphrasing vendors → owners

085. 興味のある人は何をすべきですか。
(A) 手付金を払う　(B) コールセンターに電話する。
(C) 申込書に記入する　(D) セミナーに参加する。

語彙 deposit 手付金

解説 テクニック06 資格の獲得や使用方法に関する情報は文章の後半に提示される場合が多い。最後に興味のある会社は申請書を作成してほしいと言っている。したがって、(C)が正解になる。 Paraphrasing complete → fill in

問題086-088は次のニュースレターに関するものです。

正解 **086** (C)　**087** (D)　**088** (B)

KBA Academy、3月開講

3月5日水曜日より、Knoxville Business Associationは、協会メンバーに向けた新しい教育プログラムであるKBA Academyを提供いたします。クラスは毎月第1水曜日の午後6時から9時までの予定で、639 Plymouth StreetのKBAオフィスで開催されます。このプログラムの目的は、当協会のシニアメンバーに対し、ノックスビル地区で小規模企業を展開した知識や経験を分かち合う機会を提供することにあります。インターネットマーケティングや経営コンサルティング、販売など、さまざまな分野のエキスパートがプレゼンテーションを行います。初回セッションでは、Goldberg and Goder会計事務所のシニアパートナーであるGary Goderが、「税金と小規模企業のオーナー」をテーマに話します。

入場料は1セッションにつき5ドルで、軽い夕食をご提供します。1回目のクラスへの申し込みは、水曜日から土曜日の午後1時から4時の間に、管理オフィスBridget Park (555-1996) に電話してください。プレゼンテーションのテーマ一覧については、協会ニュースレターの2月号に掲載されます。

association 協会　offer ～を提供する　educational 教育的　be held 開催される　provide ～を提供する　opportunity 機会　senior シニア　share ～を分かち合う　region 地域　expert 専門家　a variety of さまざまな　field 分野　accounting 会計　firm 会社　debut 初めての　admittance 入場料　on offer 提供される　apply for ～ ～に申し込む　administration 管理

086 何が宣伝されていますか。
(A) 人前で話すためのスキルを向上させる組織　(B) 新しい会計事務所
(C) 一連の夜間セミナー　(D) オンラインショッピングモール

語彙 organization 組織　improve ～を改善する　skill スキル

解説 テクニック01 文章のテーマを問う問題である。タイトルのKBA Academy To Open in Marchから、主に'教育'に関する情報が出ると類推できる。最初の文章にはより具体的に出ているので、(C)が正解になる。
Paraphrasing educational program → seminar

087. このビジネス協会について、何と言っていますか。
(A) 委員長はBridget Parkである。　(B) 年間購読料は5ドルである。
(C) そのウェブサイトは現在、更新処理中である。　(D) 管理事務所は土曜日も開いている。

語彙 chairwoman 委員長　subscription 購読料金

解説 テクニック21 2番目の段落のTo apply for the first class, please call Bridget Park in the administration office at 555-1996, Wednesday to Saturday between 1:00 P.M. and 4:00 P.M.が正解(D)の根拠である。

088. 2月のニュースレターについて、何が示されていますか。

(A) その月の第1水曜日に配布される。
(B) KBA Academyの詳細が記載される。
(C) 事業主が利益を増大できる方法についての記事で構成される。
(D) インターネットマーケティングの専門家へのインタビューが特集される。

語彙 distribute ～を配布する contain ～を含む consist of ～ ～で構成される article 記事 increase ～を増大させる profit 利益 feature ～を特集する

解説 テクニック21 核心語の'the February newsletter'に注意して文章を読んでみると、最後の段落でA full listing of presentation topics will be printed in the February edition of the Association newsletterと、2月号に全体の講演の目録が掲載されると言っているので、(B)が正解になる。

問題089-093は次の求人広告とEメールに関するものです。

正解 **089** (C) **090** (A) **091** (D) **092** (C) **093** (B)

文1

Universal Composition Instructionでは、台湾において至急充当したい欠員があります。

和声楽講師(台北)

✓ 修士(作曲)必須
✓ 過去にあらゆるレベルの生徒を教えた経験が5年以上あること
✓ 毎週3回以上、午後に勤務できること

サウンドエンジニア(高雄)

- アナログおよびデジタルレコーディング用のさまざまなシステムに経験があること
- 数カ所の現場を行き来するための独自の交通手段を持っていること
- 週末に働けること。ショーは1年を通して、主に土曜日および日曜日の夕方に開催されます

詳細情報や応募要項の請求については、管理責任者Ben Wong (bwong@uci-tw.com) にEメールでお問い合わせください。

composition 作曲 instruction 使用説明 immediate 緊急の vacancy 欠員 fill ～を埋める harmony 和声学 instructor 講師 postgraduate degree 大学院の学位 necessary 必要な at least 少なくとも previous 過去に transport 交通手段 in order to ～ ～のために venue 場所 predominantly 主に all year round 1年中 request ～を要求する application 申し込み head 長 administration 管理

文2

宛先：Ben Wong <bwong@uci-tw.com>
差出人：Gulilai Yukan <gyukan@bassbin.co.tw>
日付：11月11日
件名：サウンドエンジニア
添付ファイル：GYukan Resume.doc

Wong様

御社がTaiwanmusicjobs.co.twに投稿されたサウンドエンジニア募集広告への返事としてこのメールを書いています。私はそのポジションに関心があることを表明したいと思います。私の経験と柔軟性は、私がその仕事の理想的な候補であると信じるものです。

私はこれまで、アナログ、コンピューターベースの両方を含む、あらゆる大手ブランドのレコーディング機器を使って仕事をしてきました。この7年間はBass Bin Studioのジュニアサウンドエンジニアとして勤務しており、台湾の新進気鋭のロックバンドが商業的に成功した最初のアルバムのレコーディングを手伝っただけでなく、彼らのツアーにも同行しました。

以下に私の履歴書を添付します。私の資格情報についてご質問がありましたら、遠慮なく私のウェブサイト(www.yukanmusic.co.tw)をご覧ください。そこには、私が携わった一部のプロジェクト動画と、私がレコーディングしたコンサートのオーディオサンプルが掲載されています。よろしくお願いいたします。

どうぞよろしくお願いいたします。

Gulilai Yukan

attachment 添付ファイル in response to ~ ~への返事として interest 関心 flexibility 柔軟性 candidate 候補 equipment 機器 assist ~を支援する up and coming 新進気鋭の commercially 商業的に attach ~を添付する résumé 履歴書 credential 資格情報 feel free to ~ 遠慮なく~する include ~を含む footage 画像

089. 和声楽講師のポジションについては、何が暗示されていますか。

(A) フルタイムのポジションである。 (B) 11月11日に始まる。
(C) 初心者の指導も含まれる可能性がある。 (D) 学生のリサイタルのビデオ録音が求められる。

語彙 recital リサイタル

解説 テクニック21 核心語の'harmony instructor'に気をつけて求人告知(文1)を読む。Harmony Instructorの志願資格を2番目の項目のAt least 5 years previous teaching experience with students of all levelsを通じて、(C)を類推できる。

090. Universal Composition Instructionについて正しいことは何ですか。

(A) 複数の都市に支店がある。 (B) 優れた才能のある学生には、授業料の割引を提供する。
(C) 専門的な音響機器を貸し出している。 (D) 政府出資による教育機関である。

語彙 branch 支店 offer ~を提供する discounted 割引の tuition 授業料 gifted 天賦の才のある rent out ~ ~を貸し出す specialized 専門的な funded 資金供給される institution 機関

解説 テクニック21 核心語の'Universal Composition Instruction'が出した求人告知(文1)を各選択肢と対照する。求人地域がTaipeiとKaohsiungの2カ所(→ Harmony Instructor (Taipei), Sound Engineer (Kaohsiung))なので、(A)が正解になる。

091. Yukanさんはいつ働きますか。

(A) 平日の午前 (B) 平日の午後 (C) 週末の午前 (D) 週末の夕方

解説 テクニック21 '勤務可能な時間'がポイントであることを把握して、志願者'Mr. Yukan'の電子メール(文2)から読んでみる。タイトルのSubject: Sound Engineerを通じて、<サウンドエンジニア>に志願することがわかる。求人告知(文1)の'サウンドエンジニアの志願資格'を対照してみると、Must be available on weekends as shows are predominantly held on Saturday and Sunday evenings all year roundと出ている。したがって、(D)が最も適切である。

092. Yukanさんについて、本文から何がわかりますか。

(A) オーディオ機器を設計している。 (B) 意欲的なミュージシャンである。
(C) 有名なスタジオに雇用されている。 (D) 音楽学校で働いている。

語彙 aspiring 意欲的な employ ~を雇用する well-known 有名な

解説 テクニック21 核心語の'Mr. Yukan'が作成した電子メール(文2)で、2番目の段落のFor the last seven years, I have been working as the junior sound engineer at the Bass Bin Studio, where I have assisted many of Taiwan's up and coming rock bands record their first commercially successful albums as well as traveling with them on tourから正解(C)を見つけられる。

093. このEメールによると、Wongさんは、Yukanさんが録音した音楽をどこで聴くことができますか。

(A) 添付されたファイルで (B) Yukanのホームページで
(C) Bass Binで (D) Taiwanmusicjobs.co.twで

解説 テクニック21 核心語の'Mr. Yukan'が作成した電子メール(文2)の最後の段落で自分のホームページ(my website, www.yukanmusic.co.tw)を知らせて、It includes footage of some of the projects I have worked on, and audio samples of concerts I have recordedと加えている。したがって、(B)が正解になる。 Paraphrasing website → homepage

● **読解同意語の練習問題**

正解 **1** (C)　**2** (D)　**3** (A)

1. 先生の質問に、2人の子どもが同時に答えました。

(A) とうとう　(B) 続けて　(C) 同時に　(D) 確実に

解説 simultaneouslyは同時に(at the same time)という意味で使われる重要な動詞である。TOEICだけでなく、他の検定試験でもよく出題される単語である。

2. 治療は、患者それぞれのニーズに合わせられます。

(A) ～を監視する　(B) ～を公開する　(C) ～を上げる　(D) 特別注文される

解説 tailorは本来ハサミで生地を裁するという意味で個人に合わせる(customize, individualize)という意味で使われる。

3. あなたがしてくださったことすべてに対する私たちの感謝のしるしとして、この贈り物を受け取ってください。

(A) 感謝の気持ち　(B) 見積もり　(C) 尊敬　(D) 成功

解説 gratitudeは感謝(appreciation)という意味で使われる単語である！　感謝をするといいことが起こるので、この単語は必ず覚えてたくさん言ってみよう！

Day 28 (p.294)

実践 10

問題094-095は次の通知に関するものです。

正解 **094** (D)　**095** (C)

Phoenix Musicは、ブルースのレジェンド、Franky Bonesが7月21日水曜日午後5時から8時まで公演することを喜びとともに発表します。最も優れたライブパフォーマンスに与えられるZepplin Awardを3度受賞したBonesが、最新アルバム『Outside Looking In』から自身のお気に入りの曲を選んで演奏します。彼の『Farewell to Clubland』シリーズ3作目にして最終章であるこのアルバムは今年のトップセラーの1枚であり、評論家から絶賛されています。現代最高のミュージシャンを目の当たりにするチャンスを逃さないでください。チケットは10ユーロで、ケンブリッジの227 Ingester StreetにあるPhoenix Musicで購入できます。または、当社コールセンター、555 1120にご連絡ください。

announce ～を発表する　performance パフォーマンス　selection 選りすぐりのもの　farewell 別れ　rave 絶賛の　review レビュー　critic 評論家　witness ～を目の当たりにする　miss ～を逃す　cost (お金、費用が) かかる　purchase ～を購入する　contact ～に連絡する

094. Bonesさんとは誰ですか。

(A) Zepplin Awardの公式審査員　(B) Phoenix Musicの経営者

(C) ケンブリッジから来た音楽評論家　(D) 才能あるブルースミュージシャン

語彙 official 公式の　judge 審査員　talented 才能ある

解説 テクニック21 核心語であるMr. Bonesを探して読む。最初の文章のPhoenix Music is delighted to announce a public performance by blues legend Franky Bonesで、正解(D)を見つけられる。Paraphrasing legend → talented musician

095. 『Outside Looking In』について、何が示されていますか。

(A) 10カ月間のツアーの間に書かれた。　(B) ベストボーカリストにノミネートされた。

(C) アルバムシリーズの最終作である。　(D) 世界で100万枚以上売れた。

語彙 receive ～を受ける　nomination 推薦された作品　worldwide 世界的に

解説 テクニック21 核心語の'Outside Looking In'に関する部分を探して読むと、中盤部で〈最新アルバム〉であり、〈シリーズの中の3番目で、最後のアルバム〉であることがわかるので、(C)が正解になる。Paraphrasing final chapter → last part

問題096-098は次の広告に関するものです。

正解 **096** (B)　**097** (D)　**098** (C)

The Foster Gallery
134 London Street, Dannevirke 5106

7月26日、私たちは年に一度の古本セールを主催します。地元住民の皆様のご厚意により寄付された膨大な数のフィクション、ノンフィクション作品が並びます。収益はすべて当ギャラリーのワークショッププログラムおよび展示会に寄付されます。このイベント中、ギャラリーの入り口で入場料は請求されません。

The Foster Galleryは75年前、19世紀の探検家であるGlenn Fosterの実家に設立されました。Fosterは旅行を通じて絵画や彫刻、仮面、部族の伝統的な手工芸品など大量のコレクションを蓄積しましたが、それらは今でも見ることができます。手入れの行き届いた敷地内にはその土地原産の低木や花が多数見られ、いくつかの美しい水景もあります。

古本セール期間中は、ギャラリーのギフトショップでもすべてのアイテムを15%割引いたします。ギャラリーの営業時間は、月曜日から金曜日までは午前9時から午後6時、週末は午前10時から午後3時までです。

ギャラリーでは現在、世界的に有名な写真家、Gretel Hindelによる「In Color We Trust」を8月20日まで展示します。詳細についてはvisit www.fostergallery.orgをご覧ください。

second-hand 中古の　enormous 膨大な　profit 利益　exhibit 展示　door charge 入場料　entrance 入り口　found ～を設立する　explorer 探検家　amass ～を蓄積する　sculpture 彫刻　tribal 部族の　well-maintained 手入れの行き届いた　ground 敷地　shrub 低木　water feature 水景　world renowned 世界的に有名な

096. 何が宣伝されていますか。

(A) 閉店セール　(B) 資金集めのイベント
(C) Glenn Fosterによるセミナー　(D) 骨董品オークション

語彙 closing down 閉店　fund-raising 資金集め　antique 骨董品

解説 テクニック01 文章のテーマを問う問題である。根拠は主に前半に出る。最初の文章で古本販売イベントというイベントの種類を把握できる。続いて、収益金の全てをギャラリーの運営費として使うと出ているので、(B)が最も適切である。

097. The Foster Galleryについて、何が示されていますか。

(A) 正面入り口を改築している。
(B) 芸術鑑賞教室を開いている。
(C) 地元アーティストの作品を定期的に展示している。
(D) 以前は個人の住居だった。

語彙 appreciation 鑑賞　residence 住居

解説 テクニック21 2番目の段落のThe Foster Gallery was founded seventy five years ago in the family home of nineteenth-century explorer Glenn Fosterを通じて、正解(D)を見つけられる。
Paraphrasing family home → private residence

098. 7月26日に、The Foster Galleryで起こる予定ではないことは何ですか

(A) ギャラリーの訪問者は入場料を支払う必要がない。
(B) ギャラリーのギフトショップでは値段が下がる。
(C) ギャラリーは午後9時まで閉まらない。
(D) 写真が展示される。

語彙 reduce (値段)を下げる

解説 テクニック23 核心語の'July 26'がこの広告で知らせるイベントの開催日であることを把握して、本文と各選択肢を対照しながら消去していく。3番目の段落のThe gallery's hours of operation are from 9:00 A.M. to 6:00 P.M. Monday to Friday, and 10:00 A.M. to 3:00 P.M. on weekendsで、(C)が間違った説明であることがわかる。テクニック22 このように否定語NOTが入っている問題で、選択肢に期間/金額/時点が出ると、正解になる可能性が高いので注意して見よう！

問題099-103は次のEメールに関するものです。

正解 **099** (C)　**100** (A)　**101** (D)　**102** (B)　**103** (B)

文1

宛先：customerservice@supercheapcameras.com
差出人：jbignel@consumernews.com
日付：2月3日
件名：Klareのバッテリー

関係者各位

先月、当社の購買部長がSuper Cheap Camerasを訪れて、本誌の写真部門で使用するためPearsonのモデルJK 60デジタルカメラを8台と、Klareのデジタルカメラ用バッテリーパックを8個購入しました。残念ながら、当社のフォトグラファーたちはバッテリーの寿命について大きな問題に遭遇しました。広告に載っていたよりも大幅に短期間で電池が切れてしまうのです。この広告こそ、Pearson製の方が多少安かったにもかかわらず、Pearson製のものではなく、Klareのバッテリーを私たちが購入した理由だったのです。私はこれらの製品に非常に失望しており、御社がこの問題に対する解決策を提示できることを願っています。

ありがとうございました。

Jerry Bignel
事務部長

concern ～に関係する　**run out**（在庫品、補給などが）切れる　**sole** ただ1つの　**solution** 解決策

文2

宛先：jbignel@consumernews.com
差出人：customerservice@supercheapcameras.com
日付：4月3日
件名：返信：Klareのバッテリー

Bignel様

昨日の午後にKlareの品質管理の専門家に連絡したところ、使用していないときにバッテリーをどこに保管しているか、どのように充電しているかを確認するよう勧められました。購入された時点で、Julie Townsend様には正しい保管方法と充電手順を説明したパンフレットを店員がお渡しすることになっていました。先月の購入時、Townsend様がそのパンフレットを受け取ったかどうかをご確認いただけますでしょうか。受け取っていらっしゃらなければ、その小冊子の電子版をEメールで喜んでお送りいたします。

それでもバッテリーが期待以下の動作を続ける場合は、店舗までお持ちください。無料で交換させていただきます。Townsend様はSuper Cheap Camerasの大切なお客様です。ご迷惑をおかけしましたことをお詫び申し上げます。

よろしくお願いいたします。
Stanley Ng
Super Cheap Cameras、店長

recharge ～を充電する　**be supposed to ～** ～することになっている　**replace** ～を交換する　**valued** 大切な

099. 1通目のEメールの目的は何ですか。
(A) ある商品に対する返金を求めること　(B) 間違った納品請求書について議論すること
(C) 購入品の問題を説明すること　(D) 以前の注文を変更すること

語彙 dispute ～を議論する

解説 テクニック01 最初の電子メール（文1）の前半で、カメラとバッテリーを購入したが、バッテリーの寿命に深刻な問題があったと説明する脈絡なので、最も適切なのは(C)である。Paraphrasing issue → problem

100. Jerry Bignelはどのような企業に勤めていますか。
(A) 普通の出版社　(B) 電気製品の小売店　(C) 不動産業　(D) 写真スタジオ

語彙 **retailer** 小売店

解説 テクニック21 核心語の'Jerry Bignel'が作成した最初の電子メール(文1)で、雑誌社の写真部で使うカメラとバッテリーだったと説明している。したがって、(A)が最も適切である。

101. Julie Townsendの仕事は何ですか。
(A) 事務部長　(B) 品質管理の専門家　(C) 販売担当者　(D) 購買部長

語彙 **representative** 担当者

解説 テクニック21 核心人物の名前である'Julie Townsend'に気をつけて文章を読むと、2番目の電子メール(文2)の最初の段落のCould you ask Ms. Townsend if she received that pamphlet when she made her purchase last month?を通じて、先月購入した人という事実が出る。選択肢が役職として提示されているので、購入者に関する情報を最初の電子メール(文1)で探してみると、最初の文章のLast month, our purchasing manager visited Super Cheap Cameras to buyを通じて、正解(D)を確認できる。

102. Jerry Bignelは最初に何をするよう求められていますか。
(A) Klareの品質管理部門に電話をかける　(B) 取扱説明書を受け取っているかどうかを確認する
(C) 配送先住所を提供する　(D) 商品の購入日を確認する

解説 テクニック05 要請/提案/勧告に関する情報は、主に文章の中・後半に提示される。文2の最初の段落の最後の部分で、バッテリー保管方法及び充電方法に関するパンフレットをもらったはずだと、それを確認してほしい(→ At the time of purchase, the clerk was supposed to give Julie Townsend a pamphlet)と言っているので、(B)が最も適切である。Paraphrasing pamphlet → instruction booklet

103. Klareのバッテリーについて何と言っていますか。
(A) Stanley Ngによって推薦された。　(B) Pearsonのバッテリーよりも高額である。
(C) 12時間持つと宣伝されている。　(D) JK 60カメラで使用するためにのみ設計されている。

語彙 **endorse** ～を推薦する　**cost** (費用が)かかる

解説 テクニック21 核心語の'Klare batteries'に気をつけて文章を読むと、最初の電子メールのThis advertising was the sole reason why we purchased the Klare batteries instead of those manufactured by Pearson, even though Pearson's are slightly cheaperを通じて、Pearsonの製品が少し安い(→ Pearsonのバッテリーより高い)ことがわかる。したがって、(B)が正解になる。

● 読解同意語の練習問題

正解 **1** (B)　**2** (B)　**3** (B)

1. 組織内での彼の立場を考えると、現在のCEOが引退したときには、White氏が会社を引き継ぐだろうと多くの人が信じています。
(A) 評判　(B) 立場　(C) 永続性　(D) 期間

解説 この文章でのstandingは'地位、身分、立場'を意味するので、'立場、地位、役職'を意味するpositionと意味が通じる。

2. 残念ながら、インターンが昨日、発送を依頼された小包の住所を混同しました。
(A) ～を混ぜ合わせました　(B) ～を混乱させました
(C) ～をまき散らしました　(D) ～を仲間に加えました

解説 '～をごちゃ混ぜにする'という意味のmix upと最も近い意味の単語は'混同する・混乱させる'という意味のconfuseである。

3. 特別な広告キャンペーンの結果、その慈善団体は、恵まれない子どもたちを支援するためにかなりの大金を集めました。
(A) 目が覚めました　(B) ～を集めました　(C) ～に言及しました　(D) ～を持ち上げました

解説 後ろのmoneyが重要な手がかりになって、この文章のraiseは'(資金などを)集める'という意味であることがわかるので、正解は(B)である。raise moneyは'募金する'という意味で覚えておこう！

Day 29 (p.304)

実践 11

問題104–105は次のお知らせに関するものです。

正解 **104** (D)　**105** (B)

Hemel Public Libraries
Main Street, Hemel, Herts HP1 1TA
(01442) 255-112

図書館会員：Anna James　会員ID番号：TR567809

12月18日

James様

当館のシステムが、次の品目の返却期限が過ぎていることを示しています。

Learning Spanish by Juan Garcia　貸出日：9月21日　期限：12月1日

これはLearning Spanishに対する2度目の延滞通知です。この品目は、当館の回収箱の1つに入れることで、いつでも図書館に返却できます。この品目が返却されるまで、あなたに1日あたり30セントの料金が課されます。12月17日現在、あなたの延滞金の合計は5ドル10セントです。図書館からさらに何らかの品目を借りるには、その前に延滞金を支払う必要があります。よろしくお願いいたします。

item 品目　overdue 期限を過ぎた　check ～ out ～を借りる　due 期限　reminder 延滞通知　charge (税金などを) 課す　fee 料金　pay 支払う　prior to ～ ～より前に　attention 注意

104. このお知らせの主たる目的は何ですか。
(A) 新しい言語学の教科書を発表する　(B) 新しい図書館会員を歓迎する
(C) 新しい図書館の開館を宣伝する　(D) 会員に問題について伝える

語彙 linguistic 言語学　advertise ～を宣伝する　issue 問題

解説 テクニック01 文章の目的に関する根拠は、主に前半で見つけられる。本文の最初の文章Our system is showing the following item is overdueを通じて、延滞中であることを知らせる目的であることが明らかになっているので、(D)が最も適切である。

105. この図書館について、何が示されていますか。
(A) Jamesさんからの寄付を辞退している。　(B) Jamesさんに以前連絡を取っている。
(C) Jamesさんを夕食に招待している。　(D) Jamesさんへの返金を拒否している。

語彙 decline ～を辞退する　donation 寄付　reject ～を拒否する

解説 テクニック21 前半でThis is your second reminder for Learning Spanishと、〈2回目〉のリマインドだと出ていることから正解(B)を見つけられる。

問題106-108は次の広告に関するものです。

正解 **106** (B)　**107** (C)　**108** (C)

Lucy's Food Market
214 Gonville Avenue, Orange County, California
555-2437
www.lucysfoodmarket.com

お祝いのためにケータリングサービスが必要ですか？　Lucy's Food Marketにおまかせください。パーティーで喜ばれるものを驚くほどたくさん取り揃えております。会社のイベント、社交的な催し、卒業式、記念日などどんなことを主催するとしても、私たちはあなたが必要とする専門知識を持っています。

当店で最も人気のある料理をいくつかご覧ください。

ベジタリアンプラッター(12人前) スチームした新鮮な採れたて野菜の盛り合わせ、バターを添えて。15ドル

ビスケットプラッター (15人前) 当店のベーカリーで焼き上げた美味しいビスケットを各種取り揃えました。お好きなものを選んでください。アレンジは当店が行います。12ドル

ランチョンプラッター (15人前) 選りすぐられた最高級品質の肉、チーズ、自家製パンを。ポテトチップ6袋とディップ、ボトル入り飲料水が無料でついてきます。40ドル

アペタイザープラッター (8人前) ビーフ、ポーク、チキン、フィッシュ、ベジタリアンなど、指でつまんで食べられるさまざまな食品を盛り合わせます。30ドル

7日以上前にお知らせいただけば、その他名物料理にも対応できます。1皿あたりの価格は、材料に応じて40～80ドルです。

詳細や価格については、当社ウェブサイトをご覧ください。
オンライン予約サービスもございます。
10皿以上のご注文は、20%割引を受けられます。

market マーケット　caterer ケータリングサービス　take care of ～ ～の面倒を見る　incredible すばらしい　range 範囲　put on 並べる　occasion 機会　graduation 卒業式　expertise 専門知識　popular 人気のある　dish 料理　vegetarian ベジタリアン　platter 大皿　mixture 混合　freshly 最近　harvest 収穫する　vegetable 野菜　steam 蒸す　garnish ～を飾る　scrumptious おいしい　choose ～を選択する　arrangement 準備　complimentary 無料の　dip ディップ　comprise of ～ ～から成る　a variety of さまざまな　accommodate ～に対応する　specialty 名物の　provide ～を提供する　at least 少なくとも　notice (事前の) 通知　depending on ～ ～に応じて　ingredient 材料　offer ～を提供する　reservation 予約　order 注文　eligible ～する資格がある　discount 割引

106. この広告の目的は何ですか。

(A) 新しいレストランの開館を知らせる　(B) 利用可能なケータリングの選択肢を説明する
(C) カフェテリアのメニュー変更を説明する　(D) さまざまな個別包装された食事を宣伝する

語彙 explain ～を説明する　available 利用できる　option 選択肢　individually 個別に　wrapped 包装された　meal 食事

解説 テクニック01 文章の目的を問う問題である。根拠は主に前半で見つけられる。最初の文章を通じて、食べ物を提供しているお店の広告であることを類推できる。また、人気のあるメニューを紹介している。したがって、(B)が最も適切である。

107. 飲み物つきのプラッターはどれですか。

(A) ベジタリアンプラッター　(B) ビスケットプラッター
(C) ランチョンプラッター　(D) アペタイザープラッター

解説 テクニック21 核心語の'beverage'に気をつけて'platter'の種類を説明している部分を見てみると、Luncheon PlatterのIncludes half a dozen complimentary bags of chips, dip and bottled waterで、正解(C)を見つけられる。Paraphrasing bottled water → beverage

108. カスタマーはどのようにしてLucy's Food Marketで値引きを受けられますか。

(A) 同社のウェブサイトから注文する　(B) 少なくとも1週間前に注文する。
(C) 10皿以上注文する　(D) 少なくともメインコースを1つ注文する。

語彙 order 注文する　in advance 前もって　minimum 最小限
解説 テクニック06 資格の獲得/利用方法などに関する情報は、主に文章の後半に提示される。最後の文章 Orders of 10 or more platters are eligible for a 20% discountで、10個以上注文すると20%の割引をもらえると出ているので、(C)が正解である。

問題109-113は次のウェブページとEメールに関するものです。

正解 **109** (C)　**110** (A)　**111** (D)　**112** (C)　**113** (D)

文1

WWW.Brennerinn.co.uk

当ホテルについて	予約	施設	スペシャルイベント

Brenner Inn
63 Featherston Street, Bristol BS2 England
555-9226

Brenner Innはブリストルの中心に位置しています。もともと鋳物工場だったこの歴史的建造物は、心をこめて改修され、現在は65室のスイートと食事施設、会議場を持つまでに拡張されました。近隣にはギャラリーや博物館が数カ所、スーパーマーケットも1軒あり、オフィス街まではバスで5分です。

当ホテルの会議場はさまざまなサイズの会議室数室で構成され、必要なものはすべて揃っています。すべての部屋に、コンピューター、インターネットアクセス、ホワイトボード、プロジェクターをご用意しております。ご宿泊の有無に関係なく、会議にお越しのお客様全員に、無料のバレーパーキングを提供いたします。

新登場のHotel Plusプログラムについておたずねください。メンバーは、できたての朝食、無制限のインターネットアクセスを無料で楽しめます。また、レギュラーデラックスルームから、独立したダイニングルームと広々としたバルコニーを持つスペリオールスイートへのアップグレードを受けられます。Hotel Plusプログラムの詳細については、[スペシャルイベント] ページをご確認ください。

6月1日より前にオンライン予約した方は、特別な宿泊料金の対象になります。詳細については、[予約] をクリックしてください。

booking 予約　**facility** 施設　**inn** 宿屋　**be located in ～** ～に位置する　**foundry** 鋳物工場　**historic** 歴史的な　**structure** 建造物　**renovate** ～を改装する　**enlarge** ～を大きくする　**nearby** すぐ近くの　**district** 地域　**comprise of ～** ～から成る　**various** さまざまな　**completely** 完全に　**cater** 必要なものを供給する　**be outfitted with ～** ～が装備されている　**access** アクセス　**free** 無料の　**valet parking** 係員つきパーキング　**on offer** 提供して　**stay** 宿泊　**complimentary** 無料の　**unlimited** 無制限の　**superior** 上質の　**separate** 独立した　**spacious** 広々とした　**check out** ～をよく調べる　**book** 予約　**rate** 料金

文2

宛先：Robert Lakeland <rlakeland@fastmail.net>
差出人：Derek Pickering <dpickering@brennerinn.com>
日付：5月21日
件名：Brenner Inn

Lakeland様

ご要望にお応えして、先日、Brenner Innにご宿泊いただいたときの請求書の要約を以下に示します。ご滞在をお楽しみいただけたことと思います。また、お目にかかれる日が来ますことを楽しみにしております。

・チェックイン：　5月15日
・チェックアウト：　5月18日
・302号室　1泊60ポンド
(スペリオールスイートへの無料アップグレード)
・できたての朝食　無料
・合計　180ポンド

DAY 29

よろしくお願いいたします。
Derek Pickering

in response to ~ ~に応えて　request 要望　rundown 要約　bill 請求書　stay 宿泊　look forward to ~ing ~ ~することを楽しみにしている　charge 請求

109. Brenner Innについて何と言っていますか。
(A) 劇場の隣にある。　(B) もうすぐ改築される。
(C) 街の中心地にある。　(D) みやげもの店がある。

語彙 souvenir みやげもの

解説 テクニック21 核心語の'the Brenner Inn'のウェブページ(文1)を集中的に読む。最初の文章The Brenner Inn is located in the center of Bristolを通じて、(C)が正解であることがわかる。Paraphrasing center → middle

110. Brenner Innで利用できるものとして、挙げられていないものはどれですか。
(A) フィットネスセンター　(B) 食事の施設　(C) 無料駐車場　(D) ビジネス機器

語彙 equipment 機器

解説 テクニック23 ウェブページ(文1)で'利用施設'に関する部分を探して、各選択肢と対照しながら言及されている内容を消去する方法で問題を解決する。最初の段落のhold 65 suites, dining facilities, and conference centerで(B)を、2番目の段落のAll rooms are outfitted with computers, internet access, whiteboards and projectorsで(D)を、Free valet parking is on offer to all conference guests whether they are staying at the hotel or notで(C)を確認できる。したがって、この問題の正解は(A)である。

111. 期間限定で提供されるものは何ですか。
(A) インターネットへの無料接続　(B) 近所の観光名所までの送迎
(C) できたての朝食　(D) 宿泊費の割引

語彙 attraction 観光名所

解説 テクニック21 Brenner Innのウェブページ(文1)の最後の段落で、Book online before June 1 to be eligible for our special room ratesと、6月1日前までオンライン予約限定で特別価格で利用できると出ているので、(D)が最も適切である。Paraphrasing rate → price

112. PickeringさんがこのEメールを送信したのはなぜですか。
(A) 予約を確認するため　(B) 手付金をお願いするため
(C) 請求の明細を提供するため　(D) 一連のサービスを発表するため

語彙 confirm ~を確認する　deposit 手付金　supply ~を提供する

解説 テクニック01 電子メール(文2)の目的に関する問題である。最初の文章を通じて、最近の宿泊に関する請求書の概要を知らせるためであることがわかる。したがって、(C)が正解になる。Paraphrasing 1) rundown → list 2) bill → charge

113. Lakelandさんについて何が示されていますか。
(A) スペリオールスイートを予約した。　(B) 会議室の利用を依頼した。
(C) 家族とともに旅行していた。　(D) Hotel Plusプログラムのメンバーである。

解説 テクニック29 多重文で推論問題は連係問題である可能性が高い。文1の4番目の段落に記述されているHotel Plus programの会員特典の中で、文2に提示されたComplimentary upgrade to superior suiteから見ると、(D)が正解であることがわかる。

● **読解同意語の練習問題**

正解 **1** (D)　**2** (C)　**3** (A)

1. 追加料金を払えば、カスタマーは、標準の1年保証を3年に引き延ばすことを選択できます。
(A) ~を集める　(B) ~を提供する　(C) ~を定義する　(D) ~を延長する

解説 extendは時間や空間を'延長[拡大、拡張]する'という意味である。したがって、'延ばす・伸ばす、延長する'という意味のlengthenが最も近い意味である。

2. Carl Urbanが、Emerald Manufacturingの新しい設計部長として任命されたことを記念するセレモニーが、今週金曜日に行われます。

(A) 会う約束をした　　(B) グループのメンバーシップ

(C) 地位に対する任務　　(D) 委員会の選択

解説 appointmentは'予約、約束'という意味もあるが、この文章では'任命、指名'を意味するので、〈役職に任命する〉という意味の(C)が最も適切である。

3. 最近の臨床実験は、Haneda歯磨き粉が日本のどのブランドの歯磨き粉より70%効果的に歯を白くすることを示してくれた。

(A) 実験　(B) 展示　(C) エラー　(D) 表現

解説 上記の文章でtrialは'実験'という意味で使われている。clinical trialは'臨床実験'だと覚えよう！

Day 30 (p.316)

FINAL TEST

問題	文の種類	問題の種類	テクニック	時間配分(秒)				
				問題と選択肢を読む	本文に目を通す	核心語を読む	正解を選ぶ	所要時間
114	記事	目的、記事	1, 14	3	35		10	151
115		空白を埋める	19	10		25	10	
116		推論(詳細)	21	23		25	10	
117	チャット	目的	1	3	60		10	184
118		文章の意味	18	10		10	15	
119		将来何が起こるか	7	3		15	10	
120		詳細情報	21	13		25	10	
121	ガイドライン	目的	1	3	40		10	159
122		詳細情報	21	23		20	10	
123		推論(詳細)	21	23		20	10	
124	メモ	トピック、メモ	1, 17	3	35		10	204
125		否定語NOT	23	23		25	10	
126		詳細情報	21	23		20	10	
127		空白を埋める	19	10		25	10	
128	ウェブ、Eメール	推論のパラフレージング	22, 10	23	60	20	10	222
129		類義語	20	3			10	
130		目的	1, 26	5			10	
131		推論、関連付け	29	23		25	10	
132		名前	3	3		10	10	
133	Eメール	否定語NOT	23	17	45	30	10	251
134		類義語	20	3			10	
135		詳細情報	21	23		20	10	
136		グラフのリンケージ	28	23		20	10	
137		未来、パラフレーズ	7, 10	5		15	10	
138	ウェブ、フォーム、Eメール	詳細情報	21	23	60	20	10	335
139		推論のパラフレージング	22, 10	23		25	10	
140		図表とスケジュールのリンク	28	23		20	10	
141		図表とスケジュールのリンク	28	23		20	10	
142		推論(詳細)	21	23		25	10	
143	スケジュール、レビュー、Eメール	詳細情報	21	23	60	20	10	340
144		詳細情報	21	23		25	10	
145		図表とスケジュールのリンク	28	23		25	10	
146		図表とスケジュールのリンク	28	23		25	10	
147		詳細情報	21	23		20	10	

問題114-116は次の記事に関するものです。

正解 **114** (A)　**115** (C)　**116** (B)

Little Rock (5月7日)—今朝の記者会見で、Razorback NewscorpはWalton Miles Mediaの買収に関する詳細を発表しました。Walton MilesはLittle Rockにある1つを含めた、3つのラジオ放送局をArkansasに所有しています。── [1] ──。昨年の夏、同社は政治的出来事の報道を行ったことで、名誉あるGoldwater Awardを受賞しました。── [2] ──。同社は各市場において最も多くのラジオ聴衆者数がいます。

「我々はWalton Miles Mediaを引き継ぎ、優れた伝統あるジャーナリズムを継続することをとてもうれしく思います」とRazorback NewsCorpの社長であるDanielle Silvermanは述べています。もともとはHelen Waltonが、5年前に引退したSanford J. Miles, Jr.とともにWalton Milesを立ち上げました。── [3] ──。「我が社の優れたジャーナリストたちは、今回の件がもたらす新たな資産とともに、素晴らしい仕事をし続けてくれるでしょう」と、Waltonさんは述べました。

announce 発表　detail 詳細　recipient 受賞者　prestigious 名誉ある　coverage 報道　political 政治の　listener ラジオ聴衆者　respective それぞれ　legacy 遺産　high-caliber 高品質、優れた　journalism ジャーナリズム　originally もともとは　found 設立する　exceptional 優れた　continue 続ける　opportunity 機会

114. この記事の目的は何ですか。

(A) メディア企業の買収を公表すること　(B) 人気番組の終了を発表すること
(C) ラジオ局の歴史を説明すること　(D) 賞の受賞者を発表すること

語彙 publicize 公表する　explain 説明する　award 賞

解説 Articleのテーマや目的は、本文の最初の部分に答えの根拠がある！
本文のIn this morning's press conference, Razorback Newscorp announced details of its purchase of Walton Miles Media.で、今朝の記者会見でRazorback NewscorpがWalton Miles Mediaを買収したことを発表したと出ているので、正解は(A)である。

115. 次の文は、[1]、[2]、[3]、[4]のどこに入るのが最適ですか。
「彼女は退職することを考えていたので、Waltonさんはこれを会社にとって絶好の機会と考えました」

(A) [1]　(B) [2]　(C) [3]　(D) [4]

語彙 retire 退職する

解説 文章を入れる問題は、根拠となる単語やフレーズを観察しながら、文脈の流れを把握しなければならない。本文のHelen Walton originally founded Walton Miles with Sanford J. Miles, Jr., who retired five years ago.は、Helen Waltonが5年前に退職したSanfordとこの会社を一緒に設立したという文脈である。Retiredが核心語である。この文章の次に、Waltonも退職を考えていた時期で、この会社のためのいいチャンスだと思ったという文章が出るのが適切なので、正解は(C)である。

116. Walton Mediaについて示していることは何ですか。

(A) 最近財政的困難に直面した。　(B) 2人の共同経営者によって設立された。
(C) 5年前に設立された。　(D) 以前は音楽局を運営していた。

語彙 face 直面する　difficulties 困難　found 設立する　operate 運営する

解説 ParaphrasingはTOEICパート7の基本であり、核心である！　本文のHelen Walton originally founded Walton Miles with Sanford J. Miles, Jr., who retired five years ago.で、Walton Milesは元々Helen WaltonとSanford J. Milesが一緒に設立したと出ているので、正解は(B)である。Paraphrasing 本文のHelen Walton originally founded Walton Miles with Sanford J. Miles, Jr.→ 選択肢のit was launched by two business partners

問題117-120は次のオンラインチャットディカッションに関するものです。

正解 **117** (B)　**118** (D)　**119** (C)　**120** (B)

Khalid Muhammad (木曜日、午前10時12分):
やあみんな。今からCubicon Technologiesとのミーティングで話し合うことが決定した議題をメールでお知らせします。皆の仕事の進捗状況はどうですか。

Ricardo Ortiz (木曜日、午前10時12分):
火曜日にプレゼンテーション用の小冊子のコピーを取りました。クライアントから会議の出席者全員に行き渡るようにコピーを取ってほしいと要望があったのです。何も変更がないといいのですが。

Iris Zhao (木曜日、午前10時13分):
私は販売プレゼンテーションを完成させました。全て話し合ったとおりです。

Khalid Muhammad (木曜日、午前10時14分):
Iris、食事の注文はしましたか。 Cubiconは金曜日、10人の担当者が会議に出席することを確認しました。

Iris Zhao (木曜日、午前10時15分):
はい、Carlotti's Bakeryで朝食セットを注文しました。クロワッサン、コールドカット、チーズ、フルーツサラダといった内容です。

Ricardo Ortiz (木曜日、午前10時15分):
私は明日の午前9時に部屋を予約する予定なので、午前10時の会議が行われる会議室に向かう前にプレゼンテーションをもう1度おさらいすることができます。

Khalid Muhammad (木曜日、午前10時16分):
それで足りると思いますか。私たちを含めて17人ですよ。

Iris Zhao (木曜日、午前10時17分):
朝食セットはたいていかなり多めですが、念のためもう1つ別のものを注文しておきます。

Khalid Muhammad (木曜日、午前10時18分):
わかりました。そしてRicardo、部屋を予約してくれてありがとう。最後にもう1度全体をおさらいするのはいい考えですね。

Iris Zhao (木曜日、午前10時18分):
また金曜日の午後、結果の報告と次の段階の計画を練るために1時間、時間を取りました。

finalize 決定する　agenda 議題　status 状態　individual 個々の　task 仕事　presentation プレゼンテーション　packet 小冊子　attend 参加する　breakfast 朝食　order 注文する　in case 念のため　debrief ～に関する報告をする　step 段階

117. チャットの目的は何ですか。
(A) Webサイトの内容を更新すること
(B) 会議の準備を完了すること
(C) 出張を計画すること
(D) お客様のご要望について話し合うこと

語彙 preparation 準備　business trip 出張　request 要望

解説 文章の目的を問う問題は、主に最初の部分に答えが出る！
本文のHey guys and girls. I'm about to e-mail the finalized agenda for the meeting with Cubicon Technologies. What's the status on your individual tasks?で、会社の従業員がCubicon Technologies社とのミーティング準備について、各自担当している業務をチェックするための話をしているので、正解は(B)である。

118. 午前10時16分にMuhammadさんが「それで足りると思いますか」と発言した時、彼はどのようなことを暗示しているでしょうか。
(A)チームが準備をするにはもっと多くの時間が必要であること。
(B) Ortizさんはコピーを作りすぎたこと。
(C) 会議室が小さすぎること。
(D) Zhaoさんはもっと多くの食べ物を注文する必要があること。

語彙 suggest 暗示する　prepare 準備をする

解説 オンラインチャットやメッセージの流れでは、'突っ込む文章'に注意しよう！
"Do you think that's enough?"は、この文章のすぐ前にある文章ではなく、前の前の文章に対する返事である！
前の前の文章である、午前10時15分のIris Zhaoの話であるI ordered a breakfast tray from Carlotti's Bakery. It comes with croissants, some cold cuts and cheeses and a fruit salad.で、Zhaoがベーカリーで朝食トレーを注文したという話に対して、Muhammadはそれが十分だと思うのかと聞きながら、17人が食べると付け加えているので、Muhammadは食べ物をもっと注文しなければならないと思っていることが分かる。正解は(D)である。

119. Ortizさんは次にすると予想されることは何ですか。

(A) プレゼンテーションの練習　(B) プレゼンテーション小冊子を持っていくこと
(C) 部屋の予約　(D) Carlotti's Bakeryに電話すること

語彙 practice 練習　deliver 配信　reserve 本

解説 未来形の質問は、それに合う時制の表現を覚えておこう！ 未来形の表現として、be going to, will, be supposed/expected/scheduled to vなどの表現が使われる。
本文の午前10時15分のRicardo Ortizの話であるI am going to schedule a room for 9 AM tomorrow so we can run through the presentation one more time before we head over to the conference room for the 10 AM meeting.で、明日の朝9時のためにルームを予約すると言っているので、正解は(C)である。Paraphrasing 本文のI am going to schedule a room → 選択肢のreserve a room

120. Cubicon Technologiesとの会議はいつ開催されますか。

(A) 木曜日の午後　(B) 金曜日の朝　(C) 月曜日の朝　(D) 水曜日の午後

語彙 take place 開催する

解説 ( )部分もちゃんと読まないと問題が解けない！
( )部分で、当日が木曜日であることは、基本的に覚えておいて解けなければならない問題である！
本文の午前10時15分のRicardo Ortizの話であるRicardo Ortiz (Thursday, 10:15 AM): I am going to schedule a room for 9 AM tomorrow so we can run through the presentation one more time before we head over to the conference room for the 10 AM meeting.で、この会話を交わしている時間は木曜日の午前で、明日の午前10時のミーティングを準備するために、明日の午前9時にルームを予約すると言っていることから、Cubicon社とのミーティングは明日、つまり金曜日の午前であることを予想できる。正解は(B)である。

問題121-123は次のガイドラインに関するものです。

正解 **121** (A)　**122** (A)　**123** (D)

Broadmoor Condominiums内の広告と内覧についてのガイドライン

・責任の所在：部屋の所有者は、Broadmoor複合施設での部屋とその説明について、広告の誠実性と透明性を確保する責任があります。The Broadmoor Condominium Associationおよびその取締役会は、無責任または不正な広告に起因するいかなる問題についても責任を負いません。

・内覧可能な時間帯：部屋の所有者は、月曜日から木曜日の午前8時30分～午後5時30分、金曜日・土曜日・日曜日の午前10時～午後8時30分の時間帯でのみ、内覧会を設定することができます。この時間外で内覧会を設定した場合、特に隣人から騒音の苦情を受け取った場合は、理事会によって罰金を科される可能性があります。

・広告ポスターやディスプレイ：「販売」または「賃貸」を募集する広告は、正面玄関ホールの警備デスクのそばにある掲示板に掲示することができます。窓やその他の公共エリアにポスターを掲載することは固く禁じられています。

ご協力感謝いたします。

Sal Delmonica社長
Broadmoor Condominium Association理事会

guideline ガイドライン　advertise 広告　responsibilities 責任の所在　owner 所有者　ensure 確保する　honesty 誠実性　transparency 透明性　with respect to ～ ～について　depiction 説明　arise 発生する　irresponsible 無責任　dishonest 不正　viewing 見ること　particularly 特に　noise 騒音　complaint 苦情　neighbor 隣人　sign ポスター　display 掲載する　security desk 警備デスク　common area 公共スペース　strictly 固く　prohibit 禁止する　cooperation 協力

121. このガイドラインは誰によって作成されましたか。

(A) Broadmoor Condominiumsのオーナー　(B) Broadmoor Condominiumsへ訪れた人
(C) マンションを購入する可能性がある人　(D) 元Broadmoor Condominium Association会員

語彙 visitor 訪問者　potential 可能性　buyer 購入者

解説 文章のテーマや目的を問う問題は、主に最初の部分に答えの根拠が出る!
本文の ·Responsibility: Unit owners are responsible for ensuring honesty and transparency in advertising, both with respect to the unit and the depiction of the Broadmoor complex.で、Broadmoorコンドミニアムも所有者に広告する時に、正直さと透明性を担保することを要求しながら、これに関するガイドラインを提示しているので、このガイドラインは、現在このコンドミニアムを所有している人のためであることがわかる。正解は(A)である。

122. 部屋の広告ポスターはどこに掲載できますか。

(A) 指定された掲示板　(B) 共用エリアのデスク　(C) コンドミニアムの窓　(D)正面玄関ホールの窓

語彙 designated 指定された　place 場所

解説 質問のキーワードに下線を引いておく!
Signsが出る部分は、本文の後半にある。
本文のSigns indicating "for sale" or "for rent" may be posted on the bulletin board by the security desks in the entrance hall.で、売買とレンタルの広告は、玄関ホールのセキュリティデスクの隣にある掲示板に掲示しなければならないと言っているので、正解は(A)である。Paraphrasing 本文のbe posted on the bulletin board → 選択肢のon a designated bulletin board

123. ガイドラインによると、次のうち内覧会の開催が認められる時間はどれですか。

(A) 月曜日の午後6時　(B) 木曜日の朝8時　(C) 土曜日の午前9時　(D) 日曜日の午後7時

語彙 acceptable 認められる　hold 開催する

解説 本文のThe owner of the unit may schedule open houses only between the hours of 8:30 AM and 5:30 PM Monday through Thursday and 10:00 AM and 8:30 PM on Friday, Saturday, and Sunday.で、オープンハウスが可能な時間は月曜日から木曜日は午前8時30分から午後5時30分までで、金曜日、土曜日、日曜日は午前10時から夕方8時30分までと言っているので、選択肢の中でこれに該当する時間帯は(D)である。

問題124-127は次のメモに関するものです。

正解 **124** (D) **125** (C) **126** (A) **127** (D)

メモ

送信先 : Grint Architectural Groupの従業員
送信元 : Amelia Grint
件名 : Delaney Toole
送信日 : 6月2日

6月15日(金)に開催されるConference Room Cでの会議に、Delaney Tooleが参加することを発表できてうれしく思います。Tooleさんの建築会社、Toole Architecture and Designsは、環境にやさしい設計を専門としています。── [1] ──。彼女の会社は数々の賞を獲得したプロジェクトを生み出しています。そのプロジェクトの中には、Rothlis Institute for Sustainable ArchitectureによってDesign of the Yearとも言われた、Meadow-Hart Houseも含まれているのです。── [2] ──。
Tooleさんは顧客との会議のために市内に来ており、Meadow-Hart Houseの設計に関するプレゼンテーションをすることに同意していただけました。── [3] ──。この建物は何カ所かに広い屋内広場を組み込まれており、驚くほどエネルギー効率がよいです。Meadow-Hart Houseについてもっと知ることは、私たちのShirley Buildingの設計を行う上で大きな助けとなるでしょう。

Tooleさんは金曜日の午後4時(当初予定されていた会議の時間)まで参加することができないため、代わりに午後3時30分に開始します。── [4] ──。Tooleさんはその後45分間の講演を行います。

join 参加する architectural 建築の firm 会社 specialize in ~ ~に特化する environmentally 環境に friendly やさしい create 作る award-winning 賞を獲得した sustainable 持続可能な incorporate 組み込む interior 内部の incredibly 信じられないほど energy efficient エネルギー効率がよい

124. このメモのテーマは何ですか。
(A) 新入社員について (B) 起工式について (C) 企業合併について (D) 今度の訪問について

語彙 employee 従業員 groundbreaking 起工 ceremony 賞 merger 合併

解説 メモ、記事(article)、広告のテーマや目的は、主に最初の部分に答えが出る！
メモのI am pleased to announce that Delaney Toole will be joining us at our meeting in Conference Room C on Friday, June 15.で、Delaney Tooleが6月15日金曜日のミーティングに参加することをお知らせすると言っているので、正解は(D)である。

125. 次の選択肢のうち、Meadow-Hart Houseについて言及していないものはどれですか。
(A) 広い広場がある。 (B) 環境にやさしい。
(C) 予定より早く完成した。 (D) その設計が賞を獲得した。

語彙 ahead of ~より先に

解説 否定語Notが入っている問題は、選択肢を全部読んでから本文を読む！
メモのHer firm has created several award-winning projects, including the Meadow-Hart House, which was recently named Design of the Year by the Rothlis Institute for Sustainable Architecture.で、Rothlis Institute for Sustainable ArchitectureからMeadow-Hart Houseで今年のデザイン賞を受賞したと出ている。また、This building, which incorporates several large interior open spaces, is incredibly energy efficient.で、複数のオープン空間を統合したこのMeadow-Hart Houseの建物は信じられないくらいエナジー効率性が高いと出ているが、建築日程に関する話は出ていないので、正解は(C)である。

126. Grintさんは金曜日の会議についてどんなことを言っていますか。
(A) 当初の予定より早く開始する。 (B) 別の部屋で会議が行われる。
(C) スケジューリングの都合が悪く、中止になる。 (D) Rothlis Instituteの従業員が進行する。

語彙 conflict 相反

解説 TOEICの読解問題で( )部分は全部読む！ ParaphrasingはTOEICパート7の核心である！
本文のBecause Ms. Toole cannot join us until 4:00 P.M. on Friday (the originally scheduled time for our meeting) we will start at 3:30 P.M. instead.で、もともと計画していたミーティング時間は、金曜日4時だが、少し早めの3時30分に開始すると言っているので、正解は(A)である。 Paraphrasing 本文

の4:00 P.M. on Friday (the originally scheduled time for our meeting) we will start at 3:30 P.M. instead → 選択肢のit will begin earlier than originally planned

127. [1]、[2]、[3]、[4]のうち、次の文が入る場所として最適なものはどれですか。
「これによって生じた時間において、我々の当初の議題を取り扱います」
(A) [1]　(B) [2]　(C) [3]　(D) [4]

語彙 cover 扱う

解説 文章を入れる問題は、パート6と7で文脈をつかむのが基本である。
30分の余裕ができたという本文の内容が根拠になる。Because Ms. Toole cannot join us until 4:00 P.M. on Friday (the originally scheduled time for our meeting) we will start at 3:30 P.M. instead.で、もともと4時にミーティングを開始すると計画していたが、3時30分に開始するという文章の次に上の文章を入れると流れが自然である！　つまり、(D)が正解である。

問題128-132は次のウェブページとEメールに関するものです。

正解 **128** (D)　**129** (C)　**130** (A)　**131** (C)　**132** (C)

文1

ホーム画面	よくある質問	お問い合わせ

センター 615

コワーキングスペースで仕事することを考えたことがありますか。フリーランサーや芸術家、新興企業、中小企業、旅行者の方にとっては最適の場所なのです。さて、そんな場所をNashvilleの都心にご用意しました。

広く、開放感のある空間は新鮮な空気と自然光にあふれており、テーブルと机を備えています。そこで椅子に座ってノートパソコンの電源を入れ、仕事を開始することができます。また、複数人での会議なども可能です。1時間ごとに予約できる会議室や、プライベートオフィスもご用意しています。Center 615では、高速Wi-Fiや安価なプリンター、コピー機が利用可能となっており、また数多くのネットワーキングイベントも開催しています。毎日24時間営業です。

お客様のニーズに合わせて複数の会員プランをご用意しています。Community Planに加入すると、月に15日間オープンスペースのご利用が可能です。毎日オープンスペースをご利用されたい場合は、Community Plus Planをお選びください。Dedicated Planではプライベートオフィススペース(机と椅子、小さいテーブルが各1つずつと、クライアント用の肘掛け椅子を備えています)をご利用いただけます。夜間と週末のみご利用されたい場合は、Night Owl Planをお選びください。

1日間試しにコワーキングスペースを体験してみたい方は、$24 Daily Drop-Inチケットをご購入ください。こちらの詳細についてのお問い合わせや、予約をご希望の方は、AllisonkKosh@center615.comのAllison宛てにメールでご連絡いただくか、615-343-3434までお電話ください。

お客様のビジネスの規模は問いません。無料の社内駐車場や無制限の会議室の使用、イベントスペースの特別使用権などのたくさんの設備を活用し、お客様の成長するビジネスにとって理想的な職場を見つけてください!

Center 615を見学してみてください。Nashvilleの中心に位置する場所で、プライベートオフィスルームがある、コワーキングルーム、会議室などご用意しております。体験ツアーを予約し、今日の新しい仕事場を見つけてください！

coworking space コワーキングスペース（オープンオフィス）　freelancer フリーランサー　start-up 新興企業　traveler 旅行者　concept 概念　fire something up 作動させる　reserve 予約する　several 複数　space スペース　private プライベートの　dedicated 専用の　purchase 購入する

DAY 30

文2

送信先: Allison Kosh <allison.kosh@center615.com>
送信元: Benson Staples <bstaples@pinpoint.com>
タイトル: 会員に関するお問い合わせ
送信日:1月15日

こんにちは、アリソン。

私は先週、Daily Drop-InチケットCenter 615を訪問させていただき、会員になりたいと考えております。Pinpoint Solutionsという小さな新興企業が利用する、プライベートオフィススペースを探しています。そこで会員プランの契約を行いたいのですが、その前に注意点として、我が社は仕事で多くのクライアントに会うのです。そのため交通アクセスに問題がないことを確認する必要があります。近くに手頃な価格で利用できる駐車場があるかどうか、教えていただけますでしょうか。

どうぞよろしくお願いいたします。
Benson Staples, 社長
Pinpoint Solutions

inquiry 問い合わせ　pass チケット　interested in ～ ～に興味がある　sign up 契約する　client クライアント
transportation 交通　affordable 手頃な価格で　parking lot 駐車 場

128. WebサイトはCenter 615についてどのようなことを示していますか。
(A) ノートパソコンのレンタルが可能である。
(B) 旅行代理店を通じて割引が適用できる。
(C) 無料で使えるプリンターがある。
(D) 24時間営業である。

語彙 rent 借りる　travel agency 旅行代理店

解説 質問のキーワードに下線を引く！ Webpage、center 615が質問のキーワードである！
ParaphrasingはTOEICパート7の基本である！
最初のウェブページのWe're open every day of the week and around the clock.で、センター615は毎日24時間運営すると言っているので、正解は(D)である。Paraphrasing 本文のopen every day of the week and around the clock → 選択肢のit is open 24 hours a day

129. 次のうち、Web ページ上で、2 段落目の 4 行目にある "reserve" に最も似た意味のものは何ですか。
(A) 取り戻す　(B) 集中する　(C) 使う準備をする　(D) 隠しておく

解説 同意語問題は代入して、意味と文法が全部合うと正解である！
ウェブページの2番目の段落の"We also offer private offices, as well as conference rooms that you can reserve by the hour."に出る"reserve"の意味は'予約する'という意味で、選択肢の中で最も意味が近いもので、代入できるのは(C)である。

130. なぜStaplesさんは メールを送ったのでしょうか。
(A) 将来起こりうる問題を解決するため　(B) 予定をキャンセルするため
(C) 招待券の申し込みをするため　(D) 体験ツアーの予約をするため

語彙 resolve 解決する　potential 可能性　request 申し込みをする

解説 2番目のメールのBefore I sign up, though, I should note that I meet with a lot of clients, so I need to be sure that transportation will not be a problem.で、Staplesは彼が契約する前に、ビジネスのために多くの顧客に会うので交通手段を確認する必要があると言っているので、正解は(A)である。

131. Staplesさんにとって最も適切な会員プランは何ですか。
(A) Community Plan　(B) Community Plus Plan
(C) Dedicated Plan　(D) Night Owl Plan

語彙 appropriate 適した

解説 4つの選択肢が出る問題は連係問題である！

日程のスケジュール表が4つの選択肢を提示する場合も多い。
この問題では、最初のpassageの3番目のparagraphで、4つのplanが出ている！
2番目のメールのI'm looking for a private office space to house a small start-up called Pinpoint Solutions. Before I sign up, though, I should note that I meet with a lot of clients, so I need to be sure that transportation will not be a problem.で、Staplesは小規模のスタートアップのための個人オフィス空間を探していて、多くの顧客とのミーティングをしなければならないと言っている。最初のウェブページのPrivate office space (which includes a desk and chair, a small table, and armchairs for clients) is available with our Dedicated Plan.で、615で、提供されている多くのプランの中でDedicated Planの内容を見ると、個人オフィス空間で、顧客のためのアームチェアを含む小さなテーブルと椅子などが含まれていると出ているので、最も適切なプランであることがわかる。正解は(C)である。

132. Koshさんがどんな人かについて、最も可能性の高いものはどれですか。
(A) Pinpoint Solutionsのクライアント　　(B) 駐車場のオーナー
(C) Center 615の従業員　　(D) コワーキングを楽しむフリーランサー

語彙 client 顧客、クライアント

解説 タイトル、メールアドレス、日付からちゃんと読んでおく！
2番目のメールのTo: Allison Kosh allison.kosh@center615.comで、受信者がAllison Koshで、メールアドレスがcenter615.comなので、Koshはこのセンター615の職員だと類推できるので、正解は(C)である。

問題133-137は次のEメールに関するものです。

正解 **133** (D)　**134** (B)　**135** (C)　**136** (B)　**137** (A)

文1

送信先：Kim Colby <scolby@ColbyCelebritytours.com>
送信元：Jeff Bertis <j.Bertis@ChateauMarchmont.es>
送信日：1月23日
タイトル：提案

親愛なるColbyさんへ

先日は、Hollywood地区で行われるColby Celebrity Toursの宿泊地として当ホテルを利用いただく件についてお話しするため、Chateau Marchmontにご滞在の際にお客様とお会いできてうれしく思います。ご存じのように、当ホテルHollywood Walk of Fameの近くにあり、またスイミングプールやレストラン、無料の朝食、広々とした駐車場などの多くの設備をご用意しています。

当ホテルの提案を手短に述べますと、我々は全ツアーの最初と最後の晩の宿泊料金をお話しした料金で、12部屋ご用意することをお約束いたします。シングルルームは1泊350ドル、ダブルルームは1泊495ドルです。各ツアーの15日前までに必要な客室数をご確認いただき、使用しない部屋はキャンセルを行っていただけます。各ツアーの初日の午後3時から午後5時までの会議室の使用料金に対して、250ドルの追加料金を頂戴いたします。料金の総額の50%を、預け金として各ツアーの開始15日前までにお支払いください。残りの料金はツアー最終日にお支払いください。また、チェックアウト時にツアーガイドの方がお支払いいただくこともできます。お話を進めたいとご希望の場合は、お知らせください。契約の準備をしてお待ちしております。

敬具

Jeff Bertis
Chateau Marchmont 営業部長

proposal 提案　pleasure 喜び　home base 本拠地　region 地域　amenities 設備　Hollywood walk of fame ハリウッドの「星が連なる歩道」　complimentary 無料　ample 十分な広さの　summarize 要約する　rate 料金　unused 使わない　charge 料金　deposit 預け金　balance 残りの料金　checkout チェックアウト　proceed 進める contract 契約

DAY 30

文2

送信先 : Jeff Bertis <j.bertis@chateaumarchmont.com>
送信元 : Kim Colby <kcolby@colbycelebritytours.com>
送信日 : 2月24日
タイトル: 今後の対応について
添付ファイル: 契約書

親愛なるBertisさんへ

Colby Celebrity Toursは素晴らしいツアーとして安定して評判を得ており、御社のホテルはその評判を継続させてくれるものであると期待しております。署名済みの契約書を添付いたしました。Jazz StuartとAmir Novalの2人のうち、いずれかが各ツアーを引率いたします。2人はChateau Marchmontでの自らの責務を認識しております。ツアーシーズンが近づきましたら、改めてご連絡いたします。

今シーズンのHollywood地域のツアーの日程は以下のとおりです。

開始(チェックイン)	7月 6日	7月20日	8月3日	8月17日	9月2日
終了(チェックアウト)	7月12日	7月26日	8月9日	8月23日	9月8日

敬具

Kim Colby
Colby Celebrity Tours

follow up 今後の対応　well-established 安定した　reputation 評判　excellence 素晴らしさ　continue 続行する　attached 添付された　lead 引率する　aware 知っている　be in touch 連絡を取る　draw 引く

133. Chateau Marchmont Hollywoodの宿泊者が利用できないものは何ですか。
(A) 駐車場　(B) 朝食　(C) プールの利用　(D) 空港送迎

語彙 pool プール　access 利用

解説 否定語NOTが入っている問題は、質問の選択肢を事前に全部読んでおく！
最初のメールのAs you know, our hotel is located close to the Hollywood Walk of Fame and offers many amenities, including a pool, a restaurant, complimentary breakfasts and ample parking.で、Chateau Marchmontはプール、レストラン、無料朝食、駐車場など多くの便利な施設を提供すると出ているが、空港までの交通手段に関する話は出ていないので、正解は(D)である。

134. 最初のメールにおける2段落目の2行目にある"rates"に最も近い意味の単語は何ですか。
(A) 間隔　(B) 価格　(C) 評価　(D) 速度

語彙 evaluation 評価

解説 同意語問題は意味も合って、その単語を代入しても文法も合わなければならない！
最初のメールの"To summarize our proposal, we will guarantee you twelve rooms on the first and last nights of all your tours at the rates we discussed."に出ている"rates"の意味は、'料金'という意味で、選択肢の中で最も意味が近い単語は(B)である。

135. 次の選択肢のうち、2通目のメールでColbyさんについて言及しているものは何ですか。
(A) 彼女は他の場所で宿泊施設を見つけるだろう。　(B) 彼女は最近自分の会社を立ち上げた。
(C)彼女はその提案の条件を受け入れた。　(D) 彼女は有名人ツアーを引率するだろう。

語彙 accommodation 宿泊施設　celebrity 有名人

解説 Double passage, triple passageで、連係問題は必ず出題される！　通常5問のうち連係問題が2問くらい出題される。
最初のメールの"Let me know if you wish to proceed and I will prepare a contract."で、話した通りに進めたい場合は契約書を準備すると言っていて、2番目のメールのColby Celebrity Tours has a well-established reputation for excellence and I believe your hotel will help us continue that reputation. The signed contract is attached.で、Colby Celebrity Toursは名声もあり、Chateau

Marchmontがその名声を維持するのに役立つと信じているので、契約書に署名をして添付したと言っているので、正解は(C)である。

136. Colby Celebrity Toursは何日での会議室の使用を希望しましたか。
(A) 7月26日　(B) 8月3日　(C) 8月23日　(D) 9月8日

語彙 require 求める

解説 Double、Triple passagesで、本文のScheduleや図表は必ず連係問題の根拠になる！
最初のメールのWe will charge an additional $250 to use our meeting room from 3:00 P.M. to 5:00 P.M. on the first day of each tour.で、各ツアーの初日にミーティングルームの使用料を請求すると言っていて、2番目のメールのHere are this season's tour dates for the Hollywood area: Start(check-in) July 6 July 20 August 3 August 17 September 2のチェックインする日付の中で選択肢に出ている日付は8月3日なので、正解は(B)である。

137. StuartさんとNovalさんは何をすると予想されますか。
(A) 未払い料金の支払い　(B) 宿泊料金の交渉
(C) 50%のデポジットの送付　(D) 到着時刻と出発時刻を確認する

語彙 outstanding balance 未払い料金　negotiate 交渉　arrival 到着　departure 出発

解説 ParaphrasingはTOEICパート7の基本であり、核心である！
2番目のメールのOne of two tour guides, Jazz Stuart or Amir Noval, will lead each tour.で、二人のツアーガイドに関する内容が出て、最初のメールのThe balance is due on the last day of the tour and can be made by your tour guides upon checkout.で、未支払金額はチェックアウトの時にガイドが支払うことができると出ているので、正解は(A)である。Paraphrasing 本文のThe balance is due on the last day of the tour and can be made by your tour guides → 選択肢のpay outstanding balance

問題138-142は次のウエブページ、オーダーフォーム、Eメールに関するものです。

正解 **138** (C)　**139** (A)　**140** (C)　**141** (D)　**142** (C)

文1

◀ http://www.essexmanor.com/home

ホーム	お問い合わせ先	製品一覧	注文

Essex Manor Coffees 株式会社

Essex Manor Coffees 株式会社は、高級市場向けの高品質のコーヒー豆とコーヒーの完成品の卸売会社です。私たちが選りすぐった最高の品を提供できるのは、最高品質の品種を我が社に提供してくれる、世界中のコーヒー豆栽培者との強い結びつきがあるからです。私たちのクライアントは、受賞歴のあるおいしいコーヒーのクリエイターや、高級ギフトショップのオーナー、素晴らしいデザートをメニューに載せているカフェやレストランなどです。

私たちは当社の製品のサンプルを喜んで提供いたします。お客様のご負担は送料のみで、注文フォームから4つまで品をお選びいただけます。追加でサンプルをご購入の場合でも、お手頃価格でご購入が可能です。

すべての注文において、翌々日配送便をお勧めします。また米国外への出荷をご希望の場合、製品の保護のため、25ドルの特別梱包をお勧めいたします。

wholesaler 卸売業者　coffee bean コーヒー豆　gourmet 美食家　extraordinary すごい　established 確立された　relationship 関係　grower 栽培者　provide 提供する　quality 品質　variety 品種　creator クリエイター　delicacy 珍味　owner 所有者　exclusive 高級な　modest お手頃な　recommend 勧める　protect 保護する　merchandise 商品

DAY 30

文2

購入者名: House of Beans Canada
サンプル注文フォームの注文番号 8876-HOBC

品目ID	概要	数量	価格
BMCB90	Blue Mountain Coffee Beans	1	
KCB462	Kona Coffee Beans	1	
TMC308	Torres Mexican Coffee	1	
BSC48	Bermudi Salted Coffee	1	
Essex Manor Coffees Ltd	特別梱包		$25.00
		合計	$25.00

sampler サンプル　description 概要　quantity 数量

文3

送信先 : customerservice@essexmanor.com
送信元 : lkimmel@houseofbeanscanada.com
送信日 : 11月21日
タイトル : 注文番号 8867-HOBについて

私は昨日注文品を受け取りました。単にうっかり忘れてしまったのだと思うのですが、製品BSC48が入っていませんでした。私たちは次の連休シーズン用に製作しているギフトバスケットに、その製品がぴったりだと思っております。そのため、製品サンプルを数点送っていただけるとありがたく思います。

また、当店のスタッフとともにKCB462を試飲いたしました。高級感あふれたなめらかな風味があり、当店がHouse of Beansで取り扱っている豆とはかなり違います。同じ特徴を持つ他の豆でお勧めはありますか。

Lee Kimmel, Owner
House of Blues Canada

oversight 見落とし　include 含める　appreciate 感謝する　basket バスケット　assemble 集める　season シーズン　rich 高級な　smooth なめらかな　flavor 風味　distinct はっきり異なる　characteristic 特徴

138. Essex Manor Coffees 株式会社についてどんなことが述べられていますか。
(A) いくつかのコーヒー豆農園を経営している。　(B) レストランで働きたい人を教育している。
(C) 小売店や飲食店に製品を販売している。　(D) ギフトショップのチェーン店を運営している。

語彙 operate 経営する　plantation 農園　train 教育する　retail outlet 小売店

解説 タイトルからちゃんと読む！ Paraphrasingはパート7の基本であり、核心である！
最初のウェブページの始まりはEssex Manor Coffees Ltd.である！
最初のウェブページの最初のparagraphの下段のOur clients include award-winning creators of coffee delicacies themselves, owners of exclusive gift shops, as well as cafes and restaurants who offer fine desserts on their menus.で、Essex Manor Coffeesはコーヒー製造業者、ギフトショップ、カフェ及びレストランに品物を納品すると出ているので、正解は(C)である。 Paraphrasing 本文のOur clients include award-winning creators of coffee delicacies themselves, owners of exclusive gift shops, as well as cafes and restaurants → 選択肢のit sells products to retail outlets and restaurants

139. Web ページのサンプルについて述べているものは何ですか。
(A) 5個以下のサンプルは無料である。　(B) 大量に注文すると安くなる。
(C) 本社に展示される。　(D) 温暖な気候の場所には運送できない。

語彙 save 安く抑える　headquarter 本部　ship 運送する　warm 暖かい　climate 気候

解説 Paraphrasingはパート7の基本であり、核心である！
最初のウェブページのYou pay only for shipping and you may indicate up to four items on the

order form.で、4つまでは無料でサンプルをもらえると出ているので、正解は(A)である。 Paraphrasing 本文のup to four items → 選択肢のFewer than five samples

140. 注文に関して最も適切なものはどれですか。
(A) 梱包に不備があったために商品が台無しになった。 (B) 翌日配達で配送された。
(C) 別の国に送られた。 (D) 予定より遅れて到着した。

語彙 **spoiled** 台無しになる **poor** 拙い **packaging** 梱包

解説 注文書、スケジュール表、図表やグラフが出ると、それが連係問題の根拠になる！
最初のメールのFor requests that require us to ship outside the United States, we suggest deluxe packaging, a $25.00 charge, to protect against the merchandise.で、アメリカ以外の地域への配送は25ドルのデラックス包装をお勧めしていて、2番目の注文書のCustomer: House of Beans Canada → Deluxe Packaging $25.00で、顧客名にカナダがあり、デラックス包装の料金が出ているので、この注文はアメリカ以外の地域であるカナダに送ると類推できるので、正解は(C)である。

141. 注文したのに届けられなかった商品はどれですか。
(A) Blue Mountain Coffee Beans (B) Kona Coffee Beans
(C) Torres Mexican Coffee (D) Bermudi Salted Coffee

語彙 **miss** 届かない

解説 注文書、スケジュール表、図表やグラフが出ると、それが連係問題の根拠になる！
3番目のメールのI'm sure it was a simple oversight but item BSC48 was not included.で、Kimmelは彼が受け取ったサンプルの小包にBSC48が抜けていると言って、2番目の注文書のBSC48 Bermudi Salted Coffeeで、アイテム番号BSC48はBermudi Salted Coffeeなので、正解は(D)である。

142. Kimmelさんはメールで何と言いましたか。
(A) 彼はギフトバスケットを受け取ったことに感謝している。
(B) 彼は新しいスタッフアシスタントを雇った。
(C) 彼は特定のコーヒー製品に非常に興味を持っている。
(D) 彼はEssex Manor Coffees 株式会社のお得意様だ。

語彙 **grateful** 感謝している **particular** 特定の **regular** 定期的な

解説 In addition、Moreover、However、But、Unfortunatelyの後ろには答えの根拠が出る！
3番目のメールのIn addition, my staff members and I sampled item KCB462. It has a rich, smooth flavor, distinct from most of the beans that we carry at House of Beans. Can you recommend any other coffees that have the same characteristics?で、Kimmelは、サンプルの中で風味が豊かで滑らかなコーヒー豆を見つけて、それと似ている特徴を持つコーヒー豆を紹介してほしいと要請しているので、正解は(C)である。

問題143-147は次のスケジュール、レビュー、Eメールに関するものです。

正解 **143** (B) **144** (A) **145** (D) **146** (C) **147** (B)

文1

Alabama Theaterでの公演予定表

木曜日、5月17日
The Han Dynasty Trio - 中国のジャズバンド(Tide Stage)
・Marcus Wang - ピアノ、Carolina Wang - ベース、Jason Zhang - ドラム
・入場開始時間は午後7時30分、開園時間は午後8時30分

The Sophie Vincent Band - ウエストコースト・ロックのレジェンド(Crimson Stage)
・With Sonia Buck - キーボード、Leon Johnette - ベース、Violet Burroughs - ドラム、Tobias Lin - トランペット
・入場開始時間は午後8時、開園時間は午後9時

金曜日、5月18日
Unicorn Fight - 日本から来たロックのスーパーバンド (Tide Stage)
· With Takeshi Unicorn - ギター・ボーカル、Hiro Unicorn - ベース、Akiko Unicorn - ドラム、Yoshi Unicorn - バイオリン
· 入場開始時間は午後8時30分、開園時間は午後9時30分。

土曜日、5 月19日
Jazz Disaster - フロリダの名高いジャズ・トリオ(Stage A)
· 入場開始時間は午後9時、開園時間は午後10時

theater 劇場　trio トリオ、三重奏　bass ベース　legend 伝説　disaster 災害

文2

Sophie Vincent - Latest Crush
Pete Commerによる論評

Sophie Vincentの新アルバム『Latest Crush』は素晴らしいクオリティでした。Vincentさんの歌唱力は時間の経過とともに着実に向上しており、このアルバムにおける彼女の音域は本当に素晴らしいです。曲は全てヴィンセント自身によって書かれ、彼女のツアーバンドによって演奏されました。特に、驚異的なエレクトリックベースの旋律は、CD全体を通して胸躍るリズムを生み出しています。もしVincentさんのこれまでのアルバムが好きなファンなら、彼女が新しく見せた努力の結果に驚きこそすれ、失望することはないでしょう。

review 総評、批評　winner 勝者　capabilities 能力、可能性　steadily 着実に　improve 改善する　outstanding 驚くべき　phenomenal 驚異的な　create 生み出す　driving 猛烈な　rhythm リズム　effort 努力　disappoint 失望する

文3

送信先: crayburn@mailme.com
送信元: rperry@alabamatheater.com
送信日:5月16日
件名: チケットの注文

親愛なるRayburnさんへ

このメールは今週末Alabamaで開催されるUnicorn Fight concertのチケットを購入されたお客様にお送りしています。反響板と場内アナウンス設備の不調により、会場がCrimson Stageへと変更になりましたので、ご了承ください。土曜日に行われるJazz Disasterの公演は予定通り開催されますので、こちらもご留意ください。

敬具

Richard Perry
Assistant Manager, Alabama Theater

advise 通知する　relocate 移転する　due to ～ ～が原因で　unexpected 予期しない　soundboard 反響板
P.A. system (Public Address System) 場内アナウンス設備　performance 公演

143. 予定表によると、一番開園時間が遅いグループは何ですか。
(A) Unicorn Fight　(B) Jazz Disaster
(C) The Han Dynasty Trio　(D) The Sophie Vincent Band

解説 全体を把握しないと答えが見つからないマクロ問題を解いてみよう！
最初のスケジュールに各バンドの日程が出る。これを全部読んで全体的に把握しないと解けないマクロ問題である。Jazz Disaster──Renowned jazz trio from Florida (Stage A) · Doors open at 9:00 P.M./

Show begins at 10:00 P.M.で、開始時間が10時で、最も遅い時間に公演するグループがJazz Disasterなので、正解は(B)である。

144. 論評家はSophie Vincentの何を賞賛していますか。
(A) 彼女の声域　(B) 彼女の柔らかい音色　(C) 彼女の情熱　(D) 彼女の感性

語彙 admire 賞賛する　sensitivity 感性　passion 情熱

解説 固有名詞は必ず読んで、その固有名詞が出る部分をちゃんと読むと答えを見つけられる！
Sophie Vincentに関する批評を問う問題なので、2番目のpassage〈論評〉で、固有名詞のSophie Vincentを探して問題を解く。論評の2文目、Ms. Vincent's vocal capabilities have steadily improved over time, and her range on this album is truly outstanding.で、Vincentのボーカル能力が徐々に上がってきて、このアルバムで彼女の音域が本当に素晴らしいと言っているので、正解は(A)である。

145. 論評家から賞賛された楽器奏者は誰ですか。
(A) Ms. Burroughs　(B) Mr. Chesnay　(C) Ms. Wang　(D) Mr. Johnette

語彙 instrumentalist 楽器奏者　praise 賞賛する

解説 Notably、最上級、importantなどが入っている文章は重要な答えの根拠になる！
最上級、重要だ、目立つなどの意味は重要な内容なので、問題に出る！
しかも、この問題は連係問題である！
2番目の論評のNotably, the phenomenal electric bass lines create a driving rhythm throughout the recording.で、Sophie Vincentバンドのアルバムで、驚異的なエレクトリックベースラインが強力なリズムを作り出したと言いながら褒めていて、最初のスケジュールのThe Sophie Vincent Band――West Coast rock - music legends (Crimson Stage)・With Sonia Buck - keyboard, Leon Johnette - bass, Violet Burroughs - drums, Tobias Lin - trumpetで、ベースを担当する人はLeon Johnetteと出ているので、正解は(D)である。

146. Rayburnさんがコンサートに参加する日はいつですか。
(A) 5月16日　(B) 5月17日　(C) 5月18日　(D) 5月19日

語彙 attend 参加する

解説 Schedule、図表、グラフが入っている問題は、必ず連係問題として出題される！
3番目のメールのYou are receiving this e-mail because you purchased a ticket for the Unicorn Fight concert this weekend at the Alabama. Please be advised that the concert will be relocated to the Crimson Stage due to unexpected work on the soundboard and P.A. system.で、彼女が買ったUnicorn Fightコンサートの場所がCrimson Stageに変わったと連絡があって、最初のスケジュール[Schedule]のFriday, May 18 Unicorn Fight――Rock supergroup from Japan (Tide Stage)で、Unicorn Fightが公演する日付は5月18日の金曜日なので、正解は(C)である。

147. メールによると、プログラムはなぜ変更されたのですか。
(A) 出演者のキャンセルのため　(B) 機械の修理のため
(C) チケット販売の低迷のため　(D) 配送の遅延のため

語彙 cause 原因　cancellation キャンセル　equipment 機械　repair 修理　delay 遅延

解説 リスニングパート3と4、リーディングパート7で、Please be advised ～、Please remember、Don't forget、I want to remind you～の後ろには答えの根拠が出る！
3番目のメールのPlease be advised that the concert will be relocated to the Crimson Stage due to unexpected work on the soundboard and P.A. system.で、コンサートの場所がCrimson Stageに変わった理由は、サウンドボードとスピーカーシステムに関する予想外の作業のためだと出ているので、正解は(B)である。**Paraphrasing** 本文のdue to unexpected work on the soundboard and P.A. system → 選択肢のequipment repairs

キム・デギュンの読解同意語総まとめ

読解の同意語は旧TOEICからあったものである。全体的にアルファベット順にまとめたが、前の部分に最近出題されたものを並べる独特な並べ方をしている。試験を受けた人はその価値がわかると信じている。

■ A

appear = seem (〜のようだ)
allow = make possible (可能にする)
approve = accept (承認する、受け入れる)
assistant = secretary (アシスタント、秘書)
author = writer (著者、作家)
acquire = purchase, buy (取得する、購入する)
award = accolade (賞、褒章)
ask = solicit (依頼する、懇願する)
area = subject (分野、科目、トピック)
assume = suppose (仮定する、前提とする) assumeは「責任を負う」の意味もある。
(ex) assume the responsibility (責任を取る) このとき assume = take
attractive = inviting = engaging = fascinating = pleasing (魅力的な)
amount = cost of purchase = value (金額、購入価格、価値)
adjust = modify (調整する、修正する)
atmosphere = environment (雰囲気、環境)
accommodation = lodging, hotel (宿泊施設、ホテル)
advantage = plus (利益、長所)
assess = judge, appraise (評価する)
accommodate = fit (適合する)
account = narrative (説明、物語、談話)
acknowledge = recognize (認識する、認める)
address = give attention to (注意を向ける、注意を払う)
adjust = adapt (調整する、適応させる)
anticipate = expect (予測する、予期する)
appeal to = attract (訴える、引き付ける)
apply = put to use (適用する、利用する)
appreciate = understand (認識する、理解する)
appreciation = thanks (感謝(の気持ち))
article = item (記事、品物)
as = because (〜だから、〜なので)
assemble = build (組み立てる、作る)
assess = judge (評価する、判断する)
associate = join (結び合わせる、参加する)
assume = take on (責任などを負う)
assume = undertake (引き受ける、着手する)
assure = promise (保証する、請け合う)
account for = explain, expand in detail, elaborate, illustrate, describe (釈明する、説明責任を負う)
account for = make up, take up, occupy, constitute (構成する)
advantage = benefit (利益・メリット)
attorney = lawyer (弁護士)
alliance = network (同盟、ネットワーク)
assess = critique (評価する、批評する)
additional = extra = more (追加の)
at least = minimum (少なくとも)
analyze = evaluate (分析する、審査する)
affordable = low-cost (手頃な価格の、低価格の)
aisle = corridor, hallway ((スーパーマーケットなどの)通路、廊下)
allure = tempt, charm, attract, enchant (誘惑する、魅惑する)
accord = give (与える)
accord = agreement (合意)
accrue = accumulate (増える、蓄積する)
appreciable = considerable, large (相当の、かなりの)
article = provision, item, writing (条項)
ambience = atmosphere (ムード、雰囲気)
agreement = contract (協定、契約)
take into account = take into consideration (考慮に入れる)
allowances = consideration (容認、考慮)
application = submission (応募、提出)
applicant = a person who seeks admission (応募者、志願者)
aware = conscious (気付いている、意識している)
allot = allocate, apportion (割り当てる、分配する)
allotted = assigned, allocated (割り当てられた)
announce = declare, pronounce (発表する、公表する)
agency = bureau ((政府、官庁の)局)
apply for = submit an application (申し込む)
advise = inform, recommend (知らせる、通知する)
air = broadcast (放送する)
arrange = prepare, make arrangements (準備する)
attendee = attendant (参加者)
address = deal with, handle (対処する)
attach = enclose, include (添える、同封する)
additional = extra, more, further (追加の)
annual = yearly, once a year (年に一度の、毎年の)
accommodate = hold, lodge, board (泊める)
aircraft = plane (飛行機)
assist = help, support (支援する)
available = free (空いている)
administrative = executive (行政の、管理の)
attend = participate in, take part in (参加する)
attachment = accessory (付属品、アクセサリー)
apparel = clothing = garment (衣服、衣類)
accessibility = reach (届く距離(範囲))
auction = sale (オークション、競売)
a dozen = 12 (12個、ダース)
a couple of = 2 (2、3の、2つの〜)
account = bank account (預金口座)
account = description, report (説明)
address = deliver a speech (演説をする)
address = deal with, handle (対処する)

acknowledge = admit, recognize（認める）
acknowledge = express thanks（感謝の意を表す）
a variety of = many, different（さまざまな、いろいろな）
assume = take over, take on（（責任などを）引き受ける、引き継ぐ）
assume = suppose（仮定する、想定する）
address = handle, deal with, manage, treat（対処する）
alert = attentive, active, lively, vigilant（用心深い、機敏な）
a return authorization code → a unique number（返品確認コード→独自の番号）

■ B

bill = charge（請求する）
broadcast = transmit（放送する、送信する）
business = company（企業、会社）
breakdown = analysis（分析）
bulk orders = large orders（大量注文）
benefits package = fringe benefits（福利厚生）
budget cut = budget reduction（予算削減）
balance = remainder（残り、余り）
balance = amount（残高、総額）
break up = divide（分割する）
break down = classify（分類する）
brisk = strong（活発な、精力的な）
buy = purchase（買う、購入する）
begin = start = initiate（始める、開始する）
businessman = entrepreneur（起業家、実業家）
broken = out of order, not working, malfunctioning（故障した）
blessing = benediction = felicity（祝福、神への祈り）
bookish = pedagogic = pedantic（学者ぶった、教育者ぶった）
before = prior to（〜より前に）
branch = local office（出張所）
branch office = local office（支店、支社）
business transaction = business deal（商取引、商売上の取引）
business owner = proprietor（事業主、経営者）
business certificate = business license（事業免許）
bring = take（持って行く、連れて行く）
business firm = commercial company（商事会社、商社）
basic = primary, necessary（基本の、必要最小限の）
business hours = working hours, operating hours（営業時間、業務時間）
brochure = pamphlet（パンフレット、（小）冊子）
book = reserve, make a reservation, make a booking（予約する）
bilingual = speaking two languages（バイリンガル）
balance = ability to remain upright（平衡を保つ、バランスよく立たせる）
behind = following in rank（下位に）
business travelers = corporate travelers（出張者）
bus, train → public transportation（公共交通機関）
business plans, pamphlets, product catalogs, and newspaper advertisements = written documents（文書）*さまざまな単語を要約したparaphrasing同義表現

■ C

consideration = factor（〜（考察事項）を決定する要因）
critical = important（重要な）
condition = state（状態）
collect = pick up（迎えに行く）
center = middle（中央、中心）
contact = converse（連絡する、会話する）
code → number（記号→番号）
contract → agreement（契約→合意）
coordinate = organize（まとめる、編成する）
check = follow（確認する）
custom = personalized（特別注文の、個別の）
courtesy = free（優待、無料の）
commence = begin（始まる、開始する）
catalogue = list（目録、カタログ）
compensate = reimburse, make up for（補償する）
critical = essential, important（重要な）
countless = numerous（数えきれないほど多くの）
considerable = significant（かなりの）
courteous = polite（礼儀正しい、丁寧な）
combine = mix（混ぜ合わせる）
customized = custom-made, tailored, individualized（特注の）
container = receptacle（容器）
call on = visit, come by, drop by, stop by（訪ねる、立ち寄る）
capacity = role（立場、役割）
certain = specific（明確な）
certain = sure（確信している）
chance = opportunity（チャンス、好機）
charge = expense（料金、費用）
charge = demand（請求する）
climate = conditions（気候、天気の状態）
command = mastery, ability（統制、指令）
commission = fee（手数料）
complimentary = free（無料の）
concern = worry（心配、不安）
concern = involve（関わる、関与する）
condition = state（状態、様子）
conditions = circumstances（事情、状況）
consideration = attention（思いやり、心遣い）
cover for = substitute for（代わり（代理）をする）
cover = include（取り上げる、盛り込む）
cover = pay（費用を払う、負担する）
cover = discuss（議論する）
cover = report on（報道する、報告する）
cover = handle, deal with（代行する、引き受ける）
credit = recognition（評価、認めること）
current = valid（最新の、期限切れでない）
confirmed = approved（承認された）
carry = keep in stock（物を在庫として持っている）
cast = assign a role（役を割り当てる）
consider = think about（検討する）

confiscation = taking away（押収）
cooling = refrigeration（冷却）
charge = bill（請求する）
correct = change（修正する、変える）
cargo = freight（貨物、積荷）
code = password（暗証番号、暗号）
company officer = CEO, President, Director = executive（代表取締役、会長、重役）
considerable = significant（かなりの）
confirm = verify, double check（確認する、確かめる）
complain = grumble（不平・不満を言う）
celebrate = congratulate = memorialize = commemorate = felicitate（祝う、記念する）
contest = struggle = contend = vie = emulate（争う）
contract = outsource（外注する、アウトソースする）
call for = require（要求する）
call for = forecast（予測する）
call forの二つの意味を必ず暗記しましょう！
certain = confident, sure（be動詞の後に叙述的に使われるとき「必ず」）
certain = specific（名詞の前に限定用法で使われるとき、ある程度の、いくらかの）
citizenship = nationality（国籍）
copy = duplicate, reproduction（コピー）
certified copy = attested copy（認証謄本、証明謄本）
completely = totally, entirely（完全に、全く）
certificate = official document（証明書、公文書）
cancel = call off（中止する、取りやめる）
comply with = follow, observe（準拠する、従う）
current = present（現在の）
cancellation = termination（中止、終了していること）
check = verify, confirm（確認する）
convenience = ease（便利さ、容易さ）
cooperation = collaboration（協力、協調）
commercial = business（商業の、ビジネスの）
country = nation（国、国家）
customer = consumer（顧客、消費者）
commercial = ad, advertisement（コマーシャル、広告）
construction worker = crew（建設作業員、組、グループ）
competition = contest（コンテスト）
contact = reach, phone, call, email, keep in touch（連絡する）
courteous = friendly（礼儀正しい、親切な）
colleague = coworker, companion, associate（同僚）
cultural awareness = cultural sensitivity, understanding culture（文化的認識）
convention = conference, meeting（会議、協議会）
complete = finalize（仕上げる、終える）
contractor = construction company（建設会社、建築請負業者）
competitor = rival（競争相手、ライバル）
chemical residue = chemical traces（化学残留物、化学的痕跡）
concert = musical event（コンサート、音楽イベント）
commitment = duty, responsibility（義務、責任）
commitment = devotion, dedication（献身）
carry = take somewhere（持ち運ぶ、携行する）
command = order（命令する）
concern = worry, anxiety（心配、不安）
concern = interest（関心）
condition = state（状態、様子）
condition = requirement（条件）
copy machine = photocopier（コピー機）
credit = trust（信用する）
credit = prasie（称賛）
credit ～ for (with) = attribute（～のおかげだと考える）
credit = add money（口座に入金する）
cover = hide, protect, conceal（隠す）

■ D

decline = drop（減る、減少する）
decline = refuse, reject, turn down（断る、拒む）
diagram = chart（図表）
discussion = debate（議論）
deadline = due date（締切）
discount = reduction（割引、値引き）
delivery = shipment（配送）
diamond → item（実際の試験でダイヤモンドを物品に言いかえていた）（ダイヤモンド→商品）
dimension = characteristic（特徴、特質）
deal = amount（量）
degree = level（レベル、度合い）
deliver = give = present（手渡す、配達する）
direction = guidance（指示、アドバイス）
device = equipment（機器、装置）
delay = postpone, put off, push back, take a rain check（延期する、先延ばしにする）
donation = contribution（寄付金）
deficit = shortage, lack of, run out of（不足（額））
deserve = be eligible for, be suitable for（～にふさわしい）
different road = alternate route, alternative, detour（他の道、代替経路）
deplorable = grievous = lamentable = mournful = moanful = doleful = pathetic = pensive = disconsolate（嘆かわしい、悲しげな）
delight = gladden = rejoice = enrapture = exult = exhilarate（喜ばせる、楽しませる）
direct = supervise = superintend = surveil（監督する、管理する）
deplete = exhaust = drain = fatigue（使い果たす、使い尽くす）
drive = campaign（運動）
delegate = give an authority, representative（権限を与える、代表者）
decline = fall, refuse（自動詞 = fall, decrease, drop [減る]、他動詞 = refuse, reject [拒絶する]）
due = scheduled（予定された）
deals = bargains（取引）
district = region, area（地域）

department = division, section（部、局）
document = paper, certification（文書、書類）
discount = reduce, mark down（割引く、値引く）
district = area（地域）
dissatisfied = unsatisfied（不満な）
dropout = stop, cut off, malfunction（脱退する、やめる）
defective = damaged（壊れた、欠陥した）
donation = contribution（寄付金）
deadline = by + 時点 = no later than +時点（〜までに）
differ = change（異なる、変わる）
detail = find out more = more information（詳細、詳しく述べる）
different = unique（変わった）
degree = level（レベル、度合い）
degree = qualification（学位、資格）
draw = illustrate, sketch（描画する）
draw = attract, pull（引く）

■ E

established = founded（設立された）
efficient = effective（効率的な、効果的な）
enter = input（入力する）
expanded = enlarged（拡大された）
enter = type（入力する）
extend = lengthen（伸ばす、延ばす）
endorsement = testimonial（証言、顧客の声）
every day = daily（毎日の）
endorse = recommend（推薦する）
exercise machines = athletic equipment（運動器具）
extend = increase = prolong = lengthen（延ばす、拡大する）
employment = hiring（雇用）
effective = starting, beginning, as of +時点：（実施される、開始の）
effects = possessions（私物、所有物 - 複数形であることに注意！）
engagement = obligation（約束、義務）
entry = submission（登録、提出）
establish = introduce（発表する、はっきりさせる）
establish = set up（設立する、定める）
estimation = opinion（意見）
expedite = speed up（早める）
extend = offer（与える、提供する）
(ex) Thank you for your hospitality you extended to me when I was in Paris.（私がパリにいた時に施してくれた、あなたのもてなしに感謝します）
expire = end（終了する、死）
erase = change（消す、変更する）
engage in = take part in = participate in = be present at（参加する、携わる）
economize = save = spare = retrench = pinch = trim = thrifty = frugal = provident = austere（倹約する、節約する）
elements = storms（風、雨など厳しい）自然の力 - elementsが複数形であることに注意！）
element = part, factor（要素、要因）
even = equal（等しい、同一の）
establishment = enterprise, company（企業、民間組織）
expire = lose validity（失効する）
emphasize = stress（強調する）
eye-catching = attractive（人目を引く）
excellent salaries = competitive salaries（高給）
encourage = ask, urge, require（勧める、促す）
examine = study, review, look over（調べる、研究する）
establish = found（設立する）
executives = management, administration（経営陣）
expert = specialist（専門家）
expenditure = expense, cost（出費、費用）
exclusively = only, just（ただ〜だけ）
emphasize = focus（on）（目立たせる、（関心などを）集中させる）
edge = margin（縁）
edition = version（版）
elaborate = complicated, complex, detailed（入り組んだ、複雑な）
elaborate = detail（詳しく述べる）
elicit = bring out（引き出す、取り出す）
eliminate = remove（取り除く）
elucidate = clarify（解明する、明かにする）
elude = escape, avoid, exit（避ける、逃げる）
embody = personify, incorporate（具体化する、擬人化する）
emerge = appear, come out, arise（現れる、出現する）
eminence = fame（高名）
emit = release, exhale, give off, discharge（放出する）
emphasize = stress, underscore（強調する）
employ = use, adopt（使用する、採用する）
enable = permit, allow（可能にする、許可する）
enact = pass（（法案など）制定する、通過させる）
enclose = surround（取り囲む）
encompass = include, surround（取り囲む、包含する）
encourage = motivate, promote（自信を与える、促進する）
encroach = invade, intrude（進入する）
encroachment = erosion（浸食）
endangered = threatened, imperiled（危険にさらされた）
endeavor = strive, try, struggle（努力する）
endorse = support, advocate, approve（支援する、支持する）
endow = grant, bestow, confer, donate, give（与える）
end = goal, objective, purpose, cause（目的、目標）
engage = hire, involve（in）（雇う、参加させる）
engaged = occupied, involved, busy（塞がっている、使用中の）
enhance = improve, strengthen, elevate（（価値などを）高める、さらに良くする）
enlarge = expand（大きくする、拡大する）
enormous = huge, vast, tremendous, immense（巨大な、莫大な）
ensue = follow（結果として起きる、結果として起きる）

ensure = guarantee, insure（保証する、請け合う）
entail = require, involve（必然的に伴う、必要とする）
enterprise = undertaking（事業）
entice = allure, attract（誘惑する、引き付ける）
entire = whole, complete（全体の、全部の）
environment = ecosystem, setting, locality（環境、生態系）
equip = furnish（with）（備え付ける）
equitable = fair, just（公正な、公平な）
era = period, age（時代）
erratic = irregular（不規則な、不安定な）
erupt = explode, break out（爆発する、勃発する）
escalate = increase, expand（（段階的に）増加する、拡大する）
especially = notably, specifically（特に、とりわけ）
essential = crucial, vital, important / fundamental（最も重要な／根本的な）
establish = institute, organize, found, set up（設立する）
established = qualified（設立された、資格を与えられた）
estimate = calculate, predict / assess, judge（見積もる、推定する／評価する、判断する）
even = unchanged, constant, equal（一定の、不変の、穏やかな）
eventually = ultimately, finally（最終的に、結局のところ）
evident = apparent, clear, obvious, manifest（明らかな、明白な）
evoke = stimulate（引き起こす、かき立てる）
examine = inspect, investigate（調査する、検査する）
excavate = uncover, dig, unearth（掘り出す、明るみに出す）
exceed = go beyond, surpass, excel（～をしのぐ、～に勝る）
exceedingly = extremely（非常に）
exceptional = unusual（並外れた、非常に優れた）
excluding = other than, except for（～を除いて）
execute = perform, do（実行する、遂行する）
exercise = use, do（使う）
（ex）Use / Exercise caution！（ご注意ください！）
exhausted = tired, depleted（疲れた、使い尽くされた）
exhibit = show, feature, display（展示する）
exotic = unusual（変わっている、他とは異なる）
expanse = area（（広い）空間）
expend = use, spend, consume（費やす、消費する）
expertise = skill（専門技術）
explicit = clear, obvious, overt, manifest（はっきりした、明確な）
exploit = use, utilize, accomplishment（利用する、活用する）
express = record（表す、表示する）
expressly = specially, definitely（特に、明確に）
extend back = reach back（遡る）
extensive = far-reaching, large, wide（広範囲に及ぶ、広い）
extensively = drastically（大々的に）
extent = degree, scope（程度、度合い）
exhaustive = thorough（徹底的な）
extinct = die out, outdated（絶滅した、廃れた）
extol = praise（称賛する）
extract = derive, draw, abstract（引き出す）
extracted (from) = removed (from)（抽出される、摘出される）
extraneous = inessential, irrelevant（無関係な）
extreme = great / severe, drastic（極度の／極端な）
extend = stretch（伸ばす、広げる）
expire = end（終了する、死）
early = in advance（早く、あらかじめ）
education, academic background = degree = high school diploma（教育、学歴、学位）
extend = continue（延ばす）
exceed = go over, surpass（上回る、超える）
expenditure report = financial document（支出報告書）

■ F

field = industry（領域）
forms = documentation（書類）
footwear = shoes（靴）
finalize = settle（決着をつける、決定する）
facility = establishment（施設）
field = profession（専門分野）
fine = acceptable（満足できる、期待に沿う）
finish = coating（仕上げる、コーティング）
flat = fixed（変化が少ない、一定の）
follow = understand（理解する）
（ex）Do you follow me？（わかりますか？）
follow = obey（従う）
follow = pay attention to（注意を向ける）
form = establish（設立する）
fresh = original（新たな、斬新な）
flyer = advertisement（チラシ、広告）
fixed = flat, not change（不変の、一定の）
fund = budget = finance（資金、予算）
food = meal = dish = cuisine = catering（食品、料理、食事）
free quote = free estimate（無料見積もり）
firm = company = corporate = enterprise（会社、企業）
free = complimentary = at no charge（無料の）
famous = renowned, noted, notable, reputed, reputable, well known, prominent, eminent, distinguished, celebrated（有名な、名高い）
flourish = flour = prosper = thrive（繁栄する）
following = under-mentioned（下記の）
filling = applying, sending, submitting（記入する、提出する）
firm = company, business（会社）
field = area（分野、領域）
flight attendant = flight service specialist（客室乗務員）
fit = suit（合う、適合する）
final candidate = successful candidate（最終候補（者））
floor = story（階）
findings = result（（調査、研究）の結果）

fulfill = suit, meet（満足させる）
free（of charge）= complimentary, no extra cost（無料の）
following = after（～の後に）
fluency = ability to speak well（流ちょうさ）
facilitate = make easier, aid, assist（容易にする、手助けする）
fade away = disappear, diminish（徐々に消えていく）
faint = dim, feeble（かすかな、おぼろげな）
fairly = decidedly（明らかに、かなり）
faith = pride, belief（自信、信念）
far-reaching = broad, extensive（広範囲に及ぶ、大掛かりな）
fascinate = greatly increase（魅了する）
fashionable = popular（流行している）
favor = approval（好意的な態度）
feasible = possible（実現可能な）
feature = characteristic（特徴、特性）
feeble = weak（弱い）
fervent = passionate, ardent（熱心な）
figure = shape, sculpture, statue, number（形状、彫像、数字）
finance = pay for（融資する、支払う）
fine = thin, tiny, minute, delicate（細い、繊細な）
fit = adjust, suit（適合させる）
fix = repair, attach to（修理する、固定する）
flair = talent（才能）
flake = fragment（破片、断片）
flavor = taste（味、風味）
flawless = unblemished, perfect（欠点のない、完璧な）
flight = escape（逃亡、逃避）
float = drift along（漂流する、浮かぶ）
flood = inundation, deluge（洪水、氾濫）
flourish = prosper, thrive, succeed（繁栄する）
fluctuate = move up and down, vary（上下する、変動する）
focus on = concentrate on（集中する）
foliage = leaf（葉）
forage = feed, search for food（（食料を）探し回る、（食物を）与える）
foremost = leading, chief, most respected（最高位の）
forestall = prevent（防ぐ）
forge = create replacement（偽造する）
formidable = dreadful, great（恐ろしい、素晴らしい）
forsake = abandon, leave（見捨てる）
fortify = strengthen, reinforce（元気づける）
foster = promote, bring up（助長する、育てる）
founder = fail, sink（失敗する、沈没する）
fragrant = aromatic, scented（よい香りの）
frigid = very cold, freezing（ひどく寒い、極寒の）
frivolous = trivial（取るに足りない）
fuel = encourage, boost（あおる、刺激する）
fulfill = accomplish, satisfy, meet, suit（満足させる、遂行する）
fundamental = basic, underlying, radical essential（基本的な、根本的な）
furthermore = in addition, additionally（さらに、その上に）
fusion = union（融合、統合）
food = lunch = meal = luncheon（食品、昼食）
flex = bend（曲げる）
file = keep（保管する、保持する）
fly = by plane（飛行機に乗って行く）
furnish = provide（提供する）
food establishment = restaurant（レストラン、飲食店）
farewell = goodbye（別れの言葉）
figure = number（数字）
figure = person（人物）
figure = shape（姿、外形）
fairly = quite（かなり）
fairly = impartially（公平に）
finest = best（最高の、最も良い）
fine = good（良い、健康な、素晴らしい）
fine = monetary penalty（罰金）
follow = go after（後を追う）
follow = monitor（監視する）
frustrating = disheartening, unsatisfactory（失望させるような）
family home = private residence（実家、自宅）
fruit and berries = produce（果物の農産物）

■ G

growth = development（成長、発展）
good = valid（有効な）
gift = donation（贈与、寄付）
grant = fund（授与されたもの、資金）
guarantee = warranty（保証）
generate = produce, bring about（～を生む、～を起こす）
gain = attract（勝ち取る、誘致する）
gather = collect（集める、収集する）
grow = develop（成長する）
grow = increase（増える）
gather = collect, converge, assemble, bring together（まとめる）
guidance = assistance, instruction（指導、指示）
government = administration（政権）
gentleman = male（紳士、男性）
ground floor = first floor（1階）
goal = target, aim, purpose, objective（目的、目標）
gratitude = appreciation（感謝の気持ち）
gainful = lucrative, profitable（もうかる）
gap = difference（ずれ、差）
gather = collect（集める、収集する）
gauge = measure, judge, assess to（正確に測定する、判断する、評価する）
genuinely = truly, actually（本当に、誠実に）
given = particular, specified（（後ろ、名詞を修飾する限定的な用法で）指定された、指定の、特定の）
glossy = shiny（光沢のある）
glue = stick（接着する、くっつける）

golden age = at its peak, heyday（最盛期、黄金期）
gorgeous = magnificent, wonderful（豪華な、見事な）
govern = regulate, control, manage（制御する、規定する）
gradual = slow, steady（漸進的な）
grasp = seize / understand（つかむ／理解する）
grasp = understand（理解する、把握する）
green hand = untrained worker, apprentice（初心者、未熟者）
ground = reason（理由、根拠）
ground = land, soil（土地、地面）
guarded = protected（保護された）
guess = conjecture（推測する）
guide = direct, instruct（案内する、指導する）
gridlock = heavily traveled（交通渋滞）

■ H
hold = host（主催する）
holiday = vacation（休暇）
home = accommodation（家、宿泊施設）
head = management（経営陣）
handbook = manual（手引き書）
help = assistance（援助、支援）
handle = manage, deal with（操作する、対処する、取引する）
hold up = delay（遅らせる）
held up = delayed（遅延の）
help = avoid（cannot help ~ing）（～を避ける、～するのを防ぐ）
highlight = feature（～を呼び物にする、～を特集する）
hold = conduct, host + a meeting（開催する、主催する）
honor = fulfill（履行する）
how = method（方法）
hire = employ（雇う）
headquarters = main offices（本社）
heating, gas, power = utility（水道、電気、ガスなどの設備）
hold = possess（保持する）
huge = substantial（大規模な、大量の）
hospitality field = hotel, restaurant（サービス業）
high = peak（最盛期の、ピークの）
habitat = environment, home, habitation（居住地、生活環境）
halt = stop（停止する、中断させる）
hamper = hinder, impede, obstruct（妨げる、妨害する）
harness = utilize, use（利用する、役立てる）
harsh = severe, strict（厳しい）
haul = carry, pull, tug（運ぶ、引っ張る）
hazardous = dangerous, risky（危険な）
heartened = encouraged（勇気づけられた、励まされた）
heed = attention, notice, care（注意、関心）
height = peak, summit（頂点、山頂）
heighten = elevate, increase（上げる、高める、増加させる）
hence = consequently, therefore（したがって、この理由で）
henceforth = from now on, from then on（この時点より、これ以降）
highlight = emphasize（強調する）
hinder = interfere with, tamper with（妨げる、邪魔する）
hold = contain（とどめておく、抑える）
hollow = empty, vacant（中が空洞の、（人が）中身のない）
hone = improve（磨きをかける）
house = place（家）
hub = center, central point（中心地、拠点）
huge = mammoth, tremendous, enormous, immense（巨大な、莫大な）
hustle = hurry, hasten, rush（急ぐ、急がせる）
hybrid = combination, mixed breed（混血、掛け合わせ）
hypothesis = theory（仮説）
helmet = safety equipment（ヘルメット）
handbook = manual, brochure, instructions（手引き書）
hold = have, keep（維持する、保持する）
hotline = customer service center（直通電話、お客様相談窓口）
hospital = medical facility（病院、医療施設）

■ I
immediate = nearby（近くの、すぐそばの）
install = build（設置する、取り付ける）
increase = rise, go up, soar（上昇する、増加する - 自動詞）
increase = boost, attract, raise（上昇させる、増加させる - 他動詞）
ID = evidence（身分証明書）
immediate = current（即時、現行の）
impact = effect（影響、効果）
impact = influence（影響を与える - 他動詞）
indestructible = unbreakable（破壊できない）
in transit = ship（輸送中の）
income = revenue = earnings（収入、収益）
increase = double（増加させる、倍増させる）
invoice = bill（請求書）
investigate = check（調査する）
income = revenue, earnings, proceeds（収入、収益）
illiterate = unlearned = nescient（無知な、無学の）
insightful = farsighted = prospective = prescient = provident（先見の明のある、洞察力のある）
input = suggestion, perspective, opinion（（意見・アドバイスなどの）提供）
integral = important（不可欠の、欠くことのできない）
inform = notify, tell（通知する）
including = involving, containing（含む）
incomplete = deficient, unfinished（不完全な、不十分な）
infer = assume, suggest, imply（推測する、ほのめかす）
implement = execute（実行する、遂行する）
illegal = unlawful（違法な）
intensive = thorough（集中的な、徹底した）
inspection = check up（調査）
immediately = promptly, instantly（すぐに）
industry = business（産業（界）、工業（界））
including = inclusive of（～を含む）

improve = upgrade（改良する、向上させる）
initially = at the start of（最初に（は））
ingredient = material（（料理の）材料、原料）
in addition = what's more, moreover（さらに、その上）
inquiry = question（問い合わせ、質問）
identical = same, indistinguishable（同じ、そっくりの）
ignite = set fire, kindle（火をつける、火がつく）
illuminate = clarify（明らかにする）
illusion = impression（勘違い、思い違い）
imaginable = conceivable, possible, feasible（想像できる、可能な）
imaginative = creative（想像力豊かな、独創的な）
immense = very big, magnificent（巨大な、素晴らしい）
immutable = unchangeable（不変の）
impair = damage = injure（悪くする、損なう）
impede = interrupt, prevent, hamper（妨げる、邪魔する）
impediment = obstacle（障害（物）、妨害（物））
implement = tool（道具、用具）
implement = execute, perform（遂行する、実行する）
imposing = substantial, enormous（堂々とした、力強く立派な）
impound = contain（囲い込む、閉じ込める）
improvised = unplanned, spontaneous（即席の、即興の）
inauspicious = unfavorable（不吉な、不運な）
incessant = unceasing, constant, continuous（絶え間ない）
incidental = minor（偶発的な、付随的な）
incipient = initial（初めの、初期の）
incise = cut, carve（刻む、彫刻する）
incisive = acute, keen, sharp（鋭利な、鋭い）
inclination = tendency, preference（傾向、性向）
incognizant = unaware of（気づかない）
incoherent = disconnected, disjointed（一貫性のない、まとまりのない）
incompletely = partially（不十分に）
inconsequential = unimportant, trivial（重要でない、取るに足りない）
incorporate = include, contain / integrate, combine（～を包含する/～を組み込む）
incorporate = integrate, combine（～を組み込む、～と合体する）
incredible = unbelievable, remarkable（信じられない、信じられないほど素晴らしい）
indicate = show（示す）
indicate = suggest, imply（暗示する、示唆する）
indifferent = uninterested, apathetic（無関心な）
indigenous = native（土着の、先住の）
indispensable = essential, requisite, necessary（必要不可欠の、必須の）
individual = distinct, characteristic（独特な、目立った）
induce = generate（誘発する）
induce = persuade（説得する、勧誘する）
inept = incompetent（適性のない、能力のない）
inert = motionless（自力で動くことができない、不活発な）
inevitable = unavoidable, without exception（避けられない、例外のない）
infectious = contagious（感染性の、うつりやすい）
infinite = limitless, unlimited（無限の、限りない）
inflame = anger, arouse（怒らせる、激怒させる）
inflated = expanded（膨らんだ、膨張した）
influential = important, powerful（影響力のある、有力な）
infrequent = sporadic, intermittent, occasional（不定期に起きる、散発的な）
ingenuous = clever, innovative（率直な、正直な）
ingenuity = inventiveness（発明の能力、創造力）
inhabit = live in, dwell in（住む、居住する）
inherent = inborn, innate, intrinsic, congenital（本来備わっている、持ち前の）
inhibit = restrict, hinder（抑制する、妨げる）
inimical = unfriendly, hostile（敵意のある）
initiate = start, begin, commence（開始する、始める）
innovation = change（刷新、革新）
innumerable = countless, numberless（無数の）
inspect = examine（調査する、検査する）
inspired = motivated（触発された、やる気のある）
intact = unchanged, unbroken, whole, complete（破損していない、完全なままの）
integral = essential, whole, entire（欠かせない、完全にそろった）
integrate = unify（まとめる、統一する）
intensify = strengthen（増強させる、強くさせる）
intent on = willing to（熱中している）
intention = purpose / willingness（目的、意思があること）
intricate = complex, complicated（複雑な）
intrigue = fascinate（興味を引き付ける）
invaluable = precious, priceless（非常に貴重な、かけがえのない）
invariably = always, without exception（必ず、いつも）
invent = devise, create（発明する、考案する）
irreparable = irremediable, permanent（修理不可能な、治癒不可能な）
irreversible = permanent（元に戻せない）
issue = topic, question, matter（重要な話題（問題））
input = opinion = view（意見、情報）
invent = originally develop（発明する、開発される）
issues = problems（問題）
issue = edition（（書籍の）号、版）
issue = publish, give out（発行する、出版する、支給する）
issue = distribute, give, provide（配給する、支給する）
invalid = unavailable, unusable, worthless（無効な）
ingenious = creative, imaginative, innovative, inventive, resourceful（独創的な）
instruction, training, presentation = educational resources（教育、訓練）
instant coffee, tea bags, and fruit concentrate → beverages（飲料）- 複数の簡単な単語をパラフレージング

■ J

job responsibility = job duty（職務）
join = alliance（同盟）
joyous = joyful = merry = ecstatic = festive = jubilant（楽しい）
job position = job opening（求人）
jeopardize = endanger, threaten（危うくする、危険にさらす）
join = connect（接合する、結び合わせる）
join = meet（合流する、落ち合う）
judicious = wise, discreet, sensible（思慮分別のある、賢明な）
journal = magazine = periodical（定期刊行物）
just = only（ただ〜だけ）
just = a short time ago（ちょうど、先ほど）
just = exactly, completely（まさに、全く）

■ K

keep = maintain（保持する、保つ）
keep = continue, go on（〜し続ける）
knowledge = familiarity, proficiency（知識、知恵）
known = popular, well-known, renowned, famous, famed（有名な）
keen = sharp, intelligent（鋭い）
key = substantial, very significant（極めて重要な）
kin = relatives（親族、血縁者）
keep = stay in state（持ち続ける）
keep = maintain without change（（状態を）保つ）

■ L

lease = rent（賃借（賃貸）する）
lucrative = profitable（利益の上がる、もうかる）
lead = host（司会者）
lesson = advice（教訓）
laundry appliances, washing machines → equipement（洗濯機 → 機器 - 上位概念へのパラフレーズ）
landmark = important（重要な）
leading = prominent（優れた）
learn = find out（知る）
leave = absence（休暇）
like = such as（例えば〜のような）
line = series（製品の種類・路線）
look into = investigate（調査する）
luggage = baggage（手荷物）
launch = commence（立ち上げる）
lost = misplaced = missing（失われた、行方不明になった）
liable = be responsible for（法的な責任がある）
liable = be easy to（〜しやすい）
liable = prone, susceptible, vulnerable（〜しがちな）
learned = scholarly = omniscient = erudite（学識のある、博学な）
luxurious = wasteful = lavish = extravagant = thriftless = prodigal（贅沢な、贅沢好きな）
letter = correspondence（手紙、書簡）注意！correspondenceは数えられない名詞である！
lady = female（女性）
legal = lawful（合法の）
low-cost = cost-effective（低コストの）
learn = study（学ぶ）
learn = know（知る）
lacking = without, missing（〜がなく、不足している）
lading = cargo（貨物）
landslide = victory（地滑り的勝利）
launch = start, begin（立ち上げる）
leading = dominant, main（主要な）
legitimacy = authority（合法性）
likewise = similarly（同様に）
limit = restrict, confine（制限する、限定する）
link = connect（つなぐ、結びつける）
locality = place, site（場所）
look = gaze, stare, peer（じっと見る）
loom = emerge（ぼんやりと現れる）
luxuriant = thriving（緑豊かな）
low-sodium = little sodium（低塩の）
lock = a theft prevention device（ロック、盗難防止装置）
landscaping = gardening（造園）
last = final（最後の）
last = most recent（最新の）
last = continue, keep on（続く、持続する）
lecture = business talk（講義、講演）

■ M

mark = limit（時限、時間の制限）
manufacture = produce（製造する）
management = chairman（経営者）
manual = booklet（取扱説明書）
moisten = wet（湿らす、湿る）
misinform = mistake（誤解させる）
mayor = city official, government official（市長）
maintained = kept（維持された）
matter = situation（状況、事態）
monitor = observe（監視する、観察する）
merge with = combine, consolidate, acquire（合併する、統合する）
maintain = affirm（支持する）
market = buyers（市場）
matter = concern（（考慮すべき）事、事柄）
measures = actions（手段、方策）
meet = come across, encounter（遭遇する、出くわす）
meet = achieve, fulfill, satisfy（満足させる、達成する）
model = exemplary（模範となる）
models = designs（型、様式）
modest = limited（ささやかな、わずかな）
moderate = affordable, reasonable, competitive（価格が適正な）
melancholy = discouraged = disheartened = depressed = gloomy（憂鬱な）
marital = wedded = matrimonial = conjugal（結婚の、婚姻の）
miserly = stingy = penny-pinching（ケチな）

main office = central office, headquarters, center (↔branch office)（本社↔支社）
memo = memorandum, note, message（メモ）
monitor = check, observe（監視する）
many = a lot of, numerous（多くの）
medium = average（中間の）
minutes = summary of a meeting（議事録）
medical report = medical document（医学報告）
manufacture = make（作る、製造する）
manager = managerial staff（部長）
manufacturer = maker（メーカー、製造業者）
move = transfer, relocate（移動させる）
merchandise = goods, commodity, product, line（商品）
magnificent = superb（壮大な、最高の）
mainly = generally（主に、大部分は）
maintain = sustain（維持する、持続する）
meeting = conference（会議）
more = further（それ以上の）
movie = film（映画）
microwave oven = kitchen appliance（電子レンジ、家電製品）
mark = write（印を付ける）
mark = celebrate（祝賀する）

■ N

next = future（次の～、翌～）
natural = logical（起こるべくして起こった、理にかなった）
note = state, say, mention（～に言及する）
notice = announcement（お知らせ、予告）
not approved = permission denied（許可されていない）
negotiable = change（交渉できる）
note = notice（注意、注目）
news article = news story（ニュース記事）
newest = brand-new, all new, latest（最新の）
note = take note（気づく、注目する）
nationwide = all over, throughout, across（全国的な）
nutritional supplement = health related product（栄養補助食品）
notice = notification（通知）
notice = become conscious（気づく）
note = memo（メモ、手書き）
note = realize（～に気づく）
nails, hammer, screwdriver → a hardware store（金物店：釘、ハンマー、ドライバー→上位概念（金物店））
new stores = additional stores（新しく開店した店）

■ O

open = available（利用可能な）
outside = external（外部の）
objectives = goals, aim, purpose（目的、目標）
on track = focused（順調に進んで）
order = command（命令する）
outgoing = social, friendly（外向的な、社交的な）
outstanding = unpaid, delinquent, unpaid, overdue, remaining（未払いの）
overlook = neglect（見て見ぬふりをする）
overlook = provide a view of（見渡す、見渡せる）
outstanding = stellar, exceptional, superb（極めて優れた）
outgoing = resigned（辞職する、退陣する）
outgoing = sending（投函できる）
overtime = additional hours, extra hours（超過時間、延長時間）
overseas = international, abroad, worldwide（海外の、外国の）
outlast =（more）durable（より長持ちする）
on time = punctually（定時に）
original = first（最初の）
operation = function（働き、機能）
office = agency, bureau（事務所、局）
operative = worker, detective（職人、探偵、刑事）
owner = proprietor（所有者）
operating = running（動いている）
on site = on-the-spot（現場で）
occasion = event（大事な行事）
on a quarterly basis = four times a year（四半期ごと）
organize = arrange for（計画する）
output = production（生産）
observe = watch, monitor（監視する）
observe = follow, comply with（（法律などを）遵守する）
outstanding = excellent（極めて優れた）
order = make one's purchase（注文する）
over = more than（～以上）

■ P

portrait = description（（言葉による）描写、描出）
path = way（小道）
point = time（時点）（at this potin）
products = goods（商品）
purchaser = customer（購入者）
promote = advance（昇進させる、促進する）
promotion = advancement（昇進）
paid = settled（支払われた、精算された）
present = display（提示する、表示する）
proofread = correct mistakes, refine（校正する）
position = role（職、地位）
paperwork = documentation（文書業務）
pricey = expensive（高価な）
performing = playing（演奏すること、上映すること、演じること）
purchased = bought（購入された）
pipe = tubing（管）
placing = putting（設置すること）
part = component（部品）
pension = retirement plan（年金）
profit = earning（利益）
pollution = contamination（汚染）cf. pollutant（汚染物質）
perform = carry out, function（実行する）
performing = playing（演奏すること、上映すること、演じること）

performance = achievement（業績、功績）
period = interval（期間）
pick = choose（選ぶ）
place = put（置く）
place = submit（(新聞・雑誌などに広告を)出す）
place = display（掲載する）
pose = present（提示する）
positive = optimistic（楽観的な）
promote = encourage（促進させる、奨励する）
property = location（地所）
provision = arrangement（準備）
put off = postpone（延期する）
pay = finance, sponsor, fund（出資する）
preference = favorite（好み）
production facility = factory, plant（生産施設、工場）
poultry = chicken（鶏肉）
polar（極地の）= arctic（北極の）/ antarctic（南極の）
period = duration, length, time（期間）
perquisites = special benefits（手当、特典）
pertinent = relevant（関連のある）
properly = correctly, adequately（適切に）
proof = evidence（証拠）
policy = rule（政策、方針）
penalty = fine, punishment（罰金、罰）
previous = former, prior（前の、事前の）
picture = photograph, image（写真）
permit = license（許可(証)）
penalize = punish, fine（罰する）
permanent = eternal, stable（永久的な、不変の）
process = treat, work out（処理する）
proprietor = owner（所有者）
particular = specific（特定の）
processing = procedure（処理）
purchase = buy, available（購入する）
production director = producer（製作者）
pharmaceutical = medicine（薬剤）
previously = formerly, before（前に）
plentiful = substantial（十分な、かなりの）
property = real estate（不動産）
prior to～ = before～, ～in advance（～の前に）
professional = career（専門的職業）
postpone = delay, put off（延期する）
patronage = frequent customer（得意客）
performance = accomplishment, achievement, result（業績、功績）
post = advertising（掲載する、掲示する）
prepare = fill out, fill in, complete（(書類を)作成する）
previous = in the past（以前の）
pass = elapse（(時間が)経過する）
permit = approve（許可する）
Personnel Department = Human Resources Department（人事部）
power = electricity（電力）
plumbing = pipe（配管）
population = the number of people（人口）
poor = need the most improvement（みすぼらしい）
party = social gather（パーティー、懇親会）
play = drama（演劇）
promotion = bargain（販促活動）
performance = show, concert（公演）
performance = record（実績）
pedaling = physical exercise（ペダル踏み、運動）

■ Q

quality control = quality inspection（品質管理）
quote = price（相場）
quota = assignment, allocation（割り当て）
quote = quotation, estimate（見積もり）
qualified = eligible（for）（資格のある）
qualification = prerequisite = must = necessary = at least（必要条件）

■ R

resolution = correction（解決）
revenue = profitability（収益）
return = be back（戻る）
rate = price, charge, fee（価格、料金）
retain = contract（(人を)契約して雇う - 誤答率の高い同義語の問題！）
renovated = remodeled（リフォームされた）
role = position（地位、職）
restore = repair（修復する）
repeat = twice（繰り返す）
read = scrutinize（校正する）
run = continue（続ける）
reading material = material, paper, report, document, magazines（読み物）
road work = a construction project（道路工事）
refurbishment = restoration（改修）
resume [rizú:m] = restart（再開する）
resume [rézumèi] = employment history（履歴書）
receive = acquire（受け取る）
recommend = endorse, support（推薦する）
renowned = celebrated, distinguished（名高い、著名な）
requirement = qualification（必要条件）
reference letter = recommendation letter（推薦状）
recession = depression, slump（不景気、不況）
randomly = irregularly（ランダムに）
range = variety（多様性）
reaction = response（応答、反応）
reasonably = moderately（分別をわきまえて、適度に）
reflect = indicate, show（示す）
regarding = concerning, about（～について、～に関して）
renew = refresh（新しくする）
represent = speak for（代表する）
resolved = decided（決心した、決意した）
rest = remainder（残り）
restricted = limited（制限された）
retain = keep（保っている）
right = exactly（ちょうど、完全に）

roughly = approximately（大体、約）
run = operate（動作する）
residence = house, home, property（住宅）
reorganization = restructuring, personnel change（再編成、改造）
revise = proofread, modify, correct, edit（修正する）
ration = allocation, distribution（割り当て量）
rate = evaluate, appraise, assess（評価する）
roster = list（名簿、リスト）
reservation = hesitation, objection（遠慮すること）
request = ask for, require（要請する、要求する）
register = enlist（登録する）
refer to = look up, consult（参照する）
residence = dwelling（住居）
recently = currently, lately（最近）
registration fee = listing fee（登記料）
rule = regulation（規則）
receive = get（受け取る）
report = information（報告）
require = need, request（要求する、必要とする）
respective = particular, individual（それぞれの、個別の）
requirement = necessity, prerequisite（必需品、必要条件）
roundup = summary（総まとめ）
respond to = answer（応答する）
reside = live（住む）
recommend = refer to（推奨する）
related = relevant（関連した）
rule out = exclude（除外する）
responsibility = obligation（責任、義務）
rapturous = exultant, hilarious（有頂天の）
register = sign up for, enroll in（登録する）
recommend = suggest, propose（提言する）
repair (work) = renovation, improvement（修理する）
result = performance（業績、実績）
rate = rank, estimate（評価する、格付けされる）
referral = reference (letter)（推薦）
restaurant = dining establishment（レストラン）
raise = collect（募る、集める）
renew = extend（更新する、期限を延長する）
reasonable = affordable, competitive（価格が適正な）
realty developer = realtor（不動産業者）
return = recall（返す）
recommendation letter = references（推薦状）
reception = gathering（歓迎会）
reporter = journalist（記者）
rate = judge（評価する）
reservation = booking（予約）
reservation = concern, doubt（ちゅうちょ、疑問、懸念）
response = reaction（反応）
response = answer（回答）
raise = increase, move upwards, lift（上げる、高める）
raise = cause（引き起こす）
raise = bring up, take care of（育てる）
reach = arrive at / in（着く、到着する）
reach = contact（連絡する）
respect = admiration（敬意、称賛）
respect = aspect, point（点、事項）
rest = remainder（残り）
rest = break（休憩）
run = function（機能する）
run = continue（続く）
run = manage（運営する、経営する）
require = demand, request（要求する、要請する）
resign = abandon, leave, quit, step down（辞める、辞任する）
reimbursement = compensation, refund, repayment（返済、償還）
reveal = demonstrate, display, show（見せる、公開する）
reserve = arrange to use（予約する）
review = read through（おさらいする）
remove = wipe away（(化粧や汚れなどを)落とす）
recreational zone = play area（遊び場）

■ S

stress = emphasize（強調する）
　(ex) stress the importance（重要性を強調する）
set = arrange（設定時間、スケジュール）
squeeze = make fit（無理に入れる：squeeze A into Bの構文で使われる）
scientist = researcher（科学者）
support = assistance（支援、サポート）
source = find（出典を明らかにする）
supervise = oversee（監視する、監督する）
superior = excellent（優れた）
ship = dispatch（発送する）
spare = give（分け与える）
six → several（6の → いくつかの）
supermarkets = stores（スーパーマーケット）
sensitive information = confidential information（機密情報 = 秘密情報）
stipulate = require（要求する）
set up = organize（組織する）
stimulate = boost（刺激する、活性化する）
satisfy = fulfill（満足させる）
secure = safe（安全な）
secure = obtain（確実に手に入れる）
selection = choice（選択）
serve = act（役目を果たす）
serve = work for（～のために働く）
shape = condition（状態）
sharp rise = rapid rise（急激な上昇）
singular = exceptional（並外れた）
sound = solid（堅実な）
spot = space（場所）
status = state（地位）
stemming from = resulting from（～から生じる）
step = action, measure（措置、手段）
stock = inventory（在庫）
stress = emphasize（強調する）
stressed = overburdened（ストレスを感じる）

stretch = section（(一続きの)時間、期間）
suit = fit（適合させる）
support = confirm（支持する）
suspended = temporarily stopped（一時的に停止した）
sustain = suffer（耐える）
synonymous = equal（同義語の）
solicit = collect = gather（募る）
sale = savings, discount, mark down（セール、割引イベント）
ship to XXX → receive（出荷する → 受け取る）
salary = payment for employees = wage（給料）
survey = market research（調査）
survey = ask = inquire = query（調査する）
spare = give（(時間などを)割く）
(ex) Would you spare a few minutes?（ちょっと時間ありますか？）
status = condition, position（状況）
sigh = deplore = grieve = wail = lament = mourn = moan（ため息をつく）
sign = put your signature on（署名する）
submit = present, turn in（提出する）
surrender = give up（諦める）
strictly = firmly（厳密に）
show = reveal, present（見せる）
show = display（展示する）
state = say, utter（言葉にする）
start = begin（開始する）
subject = topic（主題、テーマ）
small = little（小さい）
sound system = speaker system（音響機器）
submit = turn in, hand in, send in（提出する）
sauna = spa（サウナ）
special offer = promotional offer（特別提供）
staff lounge = facility（スタッフ用ラウンジ、社員休憩室）
senior = chief, head（上級の）
simultaneously = at the same time（同時に）
skill = technique（技術）
several = diverse（それぞれの）
supervise = oversee（監督する、監視する）
status = state（地位）
schedule = itinerary（予定(表)、スケジュール）
show = fair, show (case)、display, expo, exposition, exhibition（展覧会、展示会）
supervise = oversee（監視する、監督する）
state = mention（述べる）
safe = less risky（安全な）
send = provide（提供する、送る）
small lunch = lighter meal（軽いランチ）
stationery = envelop（事務用品、封筒）
stamp = postage（切手）
solicit = ask for（懇願する）
sell = market（売る）
slowly = gradually, steadily（徐々に）
successor = replacement（後継者）
stock = share（株）
spreadsheet program, word processing, data entry → computer skills（コンピュータ技術 - 上位概念へのパラフレーズ）
serve = offer（供給する）
serve = work（勤務する）
stock = supply（備蓄品）
suggest = recommend（提言する、推奨する）
suggest = imply, infer（暗示する）
secure = certain, safe（(形容詞で)安全な、確実な）
secure = obtain（(動詞として)手に入れる）
secure = protect（(動詞として)保護する）
step = stage, phase（段階）
step = footstep（踏み段）
step = measures, actions（手段、措置）
step = stair（階段）
succeed = do well（成功する）
succeed = follow（後に続く）
spacious = broad, huge, large, roomy（広々とした）
submit = hand in（提出する）
special summer barbeque = gathering（夏のバーベキュー）
shuttle service → new service（シャトルサービス→(文脈により)新しいサービス - 既出語のパラフレーズ）

■ T

t-shirt → clothing（Tシャツ、服）
trial = experiment（試験、検査）
treat = handle, deal with（処理する）
tailor = adapt（合わせる）
taste = preference（好み）
tips = suggestions, advice（助言、ヒント）
track = monitor（監視する）
treat = deal with（処理する）
turn = transform（変える）
talks = discussions = speeches（協議、講演）
thorough = exhaustive（徹底的な）
traffic jam = congestion, bumper to bumper, be stuck, be backed up, be held up（交通渋滞）
tailored = customized, individualized（仕立てのきちんとした）
tentative = temporary, provisional, indefinite（暫定的な、一時的な、不確かな）
travel = go, move（動く、進む）
travel destination = tourist attraction（旅行先、観光名所）
take over = assume（(責任などを)引き受ける、引き継ぐ）
take place = be held, be hosted（開催される）
tournament = competition（トーナメント試合）
tour = sightseeing（小旅行、ツアー）
term = word（用語、言葉）
term = period（期間）
terms = conditions（条件、条項）
take off = leave the ground, depart（離陸する、出発する）
take off = remove clothing（服を脱ぐ）
take off = become successful（うまくいき始める）
thank = express gratitude（～に感謝する、～にお礼を述

べる）
telecommuting = work from home（在宅勤務）

■ U
updated = improved（更新した、最新の）
unwanted = undesired（望まれていない）
university = institution（大学）
up to = maximum（最大～まで）
underwater = below the sea（水中の、海底の）
untiring = tireless = patient = enduring（疲れ知らずの、不屈の）
usher = escort, guide（案内係、先導役）
use = utilize（活用する、利用する）
update = upgrade（改訂する）
unless = if not, except（もし～でなければ、ただし～の場合を除く）
unveil = release, show（発表する）
upcoming = future（今度の）
used = secondhand, pre-owned（中古の）
unsanitary = unclean（不衛生な）
urge = encourage, plead, recommend（勧める、促す）
unique number = code（独自の番号）

■ V
valuable = useful（有益な）
value = principle（価値）
vacancies = available units（空き、空室）
vegetation = plants（草木、植物）
vessels = a cruise ship（船舶、大型船）
voluntarily = willingly（自発的に）
valid = legitimate（合法的な）
voucher = coupon（クーポン券、割引券）
venue = place, location（（イベントの）会場、開催地）
vacation → 5/10 days off（休暇 → 5日または10日の休暇 - 数字はその時の状況に合わせて）
vehicle = car = transportation（車（両）、乗り物）

■ W
well = fully（完全）
（ex）well informed（情報を十分に知った）
warranted = guaranteed（保証された）
where = location = venue（場所）
when = time（時刻）
workshop, seminar, fair = event（イベント）
web site = internet, online, homepage, www.kinglish.com（ウェブサイト、ホームページ）
work out = complete, fill out, fill in（解く、きちんと答えが出る）
weekend = Saturday, Sunday（週末）
wear = have something on（身に着ける）
wear = gradually decay（すり減る、擦り切れる）
workshop = educational event（勉強会、学会）

■ Y
yield = produce（生産する）
yield = give up（明け渡す、放棄する）

■ Z
zest = enthusiasm, eagerness, energy, interest（熱意、活力）

TOEIC® L&R TEST
〔Part 7 長文読解〕完全攻略　正解が見えてくるキム・デギュンメソッド

2020年 2 月 10 日　第 1 刷発行

著　者　キム・デギュン

発行者　浦 晋亮

発行所　IBC パブリッシング株式会社
〒162-0804 東京都新宿区中里町29番3号 菱秀神楽坂ビル 9F
Tel. 03-3513-4511　Fax. 03-3513-4512
www.ibcpub.co.jp

印 刷 所　株式会社シナノパブリッシングプレス

ISBN978-4-7946-0611-2